RESPONSABILIDADE DO GESTOR NA ADMINISTRAÇÃO PÚBLICA

ASPECTOS GERAIS

JOSÉ MAURÍCIO CONTI
THIAGO MARRARA
SABRINA NUNES IOCKEN
ANDRÉ CASTRO CARVALHO

Coordenadores

RESPONSABILIDADE DO GESTOR NA ADMINISTRAÇÃO PÚBLICA

ASPECTOS GERAIS

Volume 1

Belo Horizonte

2022

© 2022 Editora Fórum Ltda.

É proibida a reprodução total ou parcial desta obra, por qualquer meio eletrônico, inclusive por processos xerográficos, sem autorização expressa do Editor.

Conselho Editorial

Adilson Abreu Dallari
Alécia Paolucci Nogueira Bicalho
Alexandre Coutinho Pagliarini
André Ramos Tavares
Carlos Ayres Britto
Carlos Mário da Silva Velloso
Cármen Lúcia Antunes Rocha
Cesar Augusto Guimarães Pereira
Clovis Beznos
Cristiana Fortini
Dinorá Adelaide Musetti Grotti
Diogo de Figueiredo Moreira Neto (*in memoriam*)
Egon Bockmann Moreira
Emerson Gabardo
Fabrício Motta
Fernando Rossi
Flávio Henrique Unes Pereira

Floriano de Azevedo Marques Neto
Gustavo Justino de Oliveira
Inês Virgínia Prado Soares
Jorge Ulisses Jacoby Fernandes
Juarez Freitas
Luciano Ferraz
Lúcio Delfino
Marcia Carla Pereira Ribeiro
Márcio Cammarosano
Marcos Ehrhardt Jr.
Maria Sylvia Zanella Di Pietro
Ney José de Freitas
Oswaldo Othon de Pontes Saraiva Filho
Paulo Modesto
Romeu Felipe Bacellar Filho
Sérgio Guerra
Walber de Moura Agra

FÓRUM
CONHECIMENTO JURÍDICO

Luís Cláudio Rodrigues Ferreira
Presidente e Editor

Apoio: Associação dos Magistrados Brasileiros

Coordenação editorial: Leonardo Eustáquio Siqueira Araújo
Aline Sobreira de Oliveira

Rua Paulo Ribeiro Bastos, 211 – Jardim Atlântico – CEP 31710-430
Belo Horizonte – Minas Gerais – Tel.: (31) 2121.4900
www.editoraforum.com.br – editoraforum@editoraforum.com.br

Técnica. Empenho. Zelo. Esses foram alguns dos cuidados aplicados na edição desta obra. No entanto, podem ocorrer erros de impressão, digitação ou mesmo restar alguma dúvida conceitual. Caso se constate algo assim, solicitamos a gentileza de nos comunicar através do *e-mail* editorial@editoraforum.com.br para que possamos esclarecer, no que couber. A sua contribuição é muito importante para mantermos a excelência editorial. A Editora Fórum agradece a sua contribuição.

Dados Internacionais de Catalogação na Publicação (CIP) de acordo com ISBD

R434	Responsabilidade do gestor na Administração Pública: aspectos gerais / José Maurício Conti ... [et al.]. - Belo Horizonte : Fórum, 2022.
	321p. ; 17cm x 24cm. – (v.1)
	ISBN: 978-65-5518-412-9
	1. Direito. 2. Direito Administrativo. 3. Direito Financeiro. 4. Direito Público. 5. Administração Pública. 6. Direito Governamental. I. Conti, José Maurício. II. Marrara, Thiago. III. Iocken, Sabrina Nunes. IV. Carvalho, André Castro. V. Título.
2022-1631	CDD: 341.3 — CDU: 342.9

Elaborado por Vagner Rodolfo da Silva - CRB-8/9410

Informação bibliográfica deste livro, conforme a NBR 6023:2018 da Associação Brasileira de Normas Técnicas (ABNT):

CONTI, José Maurício; MARRARA, Thiago; IOCKEN, Sabrina Nunes; CARVALHO, André Castro (coord.). *Responsabilidade do gestor na Administração Pública*: aspectos gerais. Belo Horizonte: Fórum, 2022. 321p. ISBN 978-65-5518-412-9. v.1

SUMÁRIO

APRESENTAÇÃO...11

A RESPONSABILIZAÇÃO DO GESTOR PÚBLICO SOB A ÓTICA DO DIREITO FINANCEIRO CONTEMPORÂNEO, O PRINCÍPIO DA SEGURANÇA JURÍDICA E A NECESSIDADE DE SISTEMATIZAÇÃO DA JURISDIÇÃO FINANCEIRA

José Maurício Conti, Sabrina Nunes Iocken 13

1	Introdução...13
2	As inseguranças jurídicas paralisantes e suas múltiplas causas 16
2.1	Diversas esferas de competência em relação ao fato antijurídico.............18
2.2	Instabilidade jurídica e o decisionismo processual 20
3	O debate contemporâneo sobre a responsabilidade dos gestores públicos no âmbito da jurisdição financeira...20
3.1	As reformas no âmbito da jurisdição francesa e o regime de responsabilização dos gestores públicos 21
3.2	A jurisdição financeira e o regime sancionatório 25
3.3	Governantes e o regime de responsabilidade 27
3.4	Regime unificado de responsabilidade: é possível avançar? 30
4	Considerações finais...32
	Referências 33

QUEM RESPONDE PERANTE A ADMINISTRAÇÃO PÚBLICA? CONTRIBUIÇÕES PARA A DELIMITAÇÃO DE FRONTEIRAS ENTRE AS RESPONSABILIDADES DE PESSOAS FÍSICAS E JURÍDICAS NO DIREITO ADMINISTRATIVO SANCIONADOR

Thiago Marrara 35

1	Introdução...35
2	Ilustração do problema: quem responde pela infração concorrencial? 35
3	Responsabilidade da pessoa física perante a Administração no SBDC.............37
4	Pessoa física e jurídica como sujeitos autônomos 39
5	A imprescindível distinção dos comportamentos da pessoa física.............40
6	Parâmetros de reconhecimento do ato institucional 42
7	Ordem interna e teoria do órgão 43
8	Parâmetros do Direito Ambiental, Civil e Trabalhista 45
9	Parâmetros da legislação anticorrupção 50
10	Parâmetros sobre responsabilidade do Estado no Direito Interno.............51
11	Parâmetros sobre responsabilidade do Estado no Direito Internacional 54
12	Parâmetros do Direito Concorrencial europeu 55
13	Conclusões...57
	Referências 58

CONTROLE DA ADMINISTRAÇÃO PÚBLICA E OS NOVOS PARÂMETROS DE RESPONSABILIZAÇÃO-SANÇÃO E RESPONSABILIZAÇÃO-REPARAÇÃO: INTERAÇÃO INTERINSTITUCIONAL E ENTRE OS SISTEMAS DE RESPONSABILIDADE CIVIL, ADMINISTRATIVA E PENAL

Ismar dos Santos Viana..61

1 Introdução...61
2 Impactos da jurisprudência do STF na responsabilização-sanção e responsabilização-reparação..62
2.1 Temas 897 e 899: a interdependência entre o reconhecimento da prática de ato doloso tipificado na Lei de Improbidade Administrativa e a imprescritibilidade das ações de ressarcimento ao erário fundadas em decisões de Tribunais de Contas...........................63
2.2 Tema 835 – RE 848.826: competência para julgamento de contas de prefeitos: reflexos da responsabilização na esfera de controle externo na esfera da inelegibilidade eleitoral..65
2.3 Tema 642 (RE nº 1.003.433-RJ): impactos na efetividade plena do controle da gestão de recursos públicos...69
3 Reflexos das mudanças dos parâmetros normativos do controle da Administração Pública brasileira...72
3.1 Comentários à Nova Lei de Licitações – NLLC (Lei nº 14.133, de 2021) 73
3.2 Comentários à Lei de Improbidade Administrativa Reformada (LIA Reformada) pela Lei nº 14.230, de 2021 76
4 Interação do sistema constitucional de controle da Administração Pública...................81
5 Conclusão..83

O REGIME DE RESPONSABILIZAÇÃO DO ADMINISTRADOR PÚBLICO E O PRINCÍPIO DA REALIDADE

Guilherme Corona Rodrigues Lima 85

1 Introdução...85
2 Breves notas sobre o microssistema de combate à corrupção e a responsabilização do Administrador Público no Brasil..86
3 O princípio da realidade constante do artigo 22 da LINDB..89
4 Aspectos a serem considerados na responsabilização do Administrador Público: um diálogo com a LINDB..91
5 A cosmovisão, o planejamento e o princípio da realidade...92
6 Conclusão..94
 Referências..94

QUEM CONTROLA O ADMINISTRADOR PÚBLICO?

Fernando Menezes de Almeida...97

1 Premissa..97
2 Tendência de amplificação do controle 98
3 Raízes dessa tendência na Constituição de 1988..98
4 A tradicional responsabilidade administrativa...99
5 O aumento da pressão dos controles externos sobre a Administração 100
6 O caso especial da Lei de Improbidade...101

7	Recentes alterações na Lei de Improbidade	101
8	O ressurgimento da ênfase na segurança jurídica na função de controle	102
9	A tendência legislativa de valorização da segurança jurídica	103
10	A necessidade de evolução no modelo institucional de controles	103

CONTROLE NA ADMINISTRAÇÃO PÚBLICA
Carlos Nabil Ghobril, Cláudio Tucci Junior 105

1	Considerações iniciais	105
1.1	Controle da Administração Pública: origem e fundamentos	105
2	A Reforma do Estado	107
3	O controle da Administração e a Constituição Federal de 1988	110
4	Supremo Tribunal Federal e controle interno	112
5	Controle externo da Administração Pública: Tribunais de Contas, Poder Legislativo, Poder Judiciário e sociedade	112
6	Controladorias	113
7	Ministério Público nas ações de controle da gestão pública	114
8	Governança e integridade na gestão pública: minimizando os riscos	114
9	O controle social	116
10	Portal da Transparência	116
11	Ferramentas essenciais	117
12	Considerações finais	117
	Referências	118

A DESPESA COM PESSOAL E A LC Nº 178/21: UMA ANÁLISE DA RESPONSABILIZAÇÃO DO GESTOR PÚBLICO PERANTE O TRIBUNAL DE CONTAS
Aline Paim Monteiro do Rego 121

1	Introdução	121
2	Das alterações promovidas pela LC nº 178/21 na LRF	123
3	Da recondução da despesa com pessoal aos limites legais	127
3.1	Do regime ordinário de recondução da despesa com pessoal previsto na LRF	127
3.2	Do regime extraordinário de recondução da despesa com pessoal previsto na LC nº 178/21	129
4	Das sanções aplicáveis pelo descumprimento do limite da despesa com pessoal	131
5	Do papel do Tribunal de Contas no controle da despesa com pessoal e na responsabilização do gestor público	133
6	Conclusão	140
	Referências	141

RESPONSABILIDADE DO AGENTE PÚBLICO: UMA ANÁLISE DO ARTIGO 28 DA LINDB À LUZ DE ASPECTOS ESTRUTURAIS E ESFERAS DA RESPONSABILIDADE, FENÔMENO INTERPRETATIVO E INCERTEZA DO DIREITO
Paulo Henrique Macera 145

| 1 | Introdução | 145 |

2	Categorização das esferas de responsabilidade e sanção dos agentes públicos	146
3	Interpretação, volição, discricionariedade e a relação desses aspectos com a responsabilidade do agente público	156
4	Análise do artigo 28 da LINDB	165
5	Conclusão	171
	Referências	172

O PODER LEGISLATIVO E O ENFRENTAMENTO DA CORRUPÇÃO
Rodrigo Oliveira de Faria 175

1	Introdução	175
2	Descrédito, desconfiança e associação com a corrupção: o Legislativo na berlinda	176
3	Delineamentos conceituais e taxonômicos	180
4	Apontamentos recentes acerca do arcabouço legislativo de combate à corrupção e a estratégia de criminalização da corrupção	184
5	Presidencialismo de coalizão e incentivos a práticas corruptivas: apontamentos sobre o escândalo do Mensalão	188
6	Instrumentos legislativos de supervisão e papel do Parlamento no combate à corrupção	192
	Referências	201

DIREITO PÚBLICO SANCIONADOR E O PRINCÍPIO *NE BIS IN IDEM*: A EXPERIÊNCIA PORTUGUESA COMO ALTERNATIVA AO MODELO BRASILEIRO DE INDEPENDÊNCIA DAS INSTÂNCIAS
Marcelo Cheli de Lima 203

1	Introdução	203
2	A regra da independência das instâncias no modelo brasileiro	204
3	Teoria da unidade do *jus puniendi* estatal	205
3.1	Fundamentos unitários da imputação	206
3.2	*Ne bis in idem*	207
3.2.1	Aspecto material	208
3.2.1.1	O princípio da proporcionalidade	209
3.2.1.2	A Lei de Introdução às Normas do Direito Brasileiro (LINDB)	210
3.2.1.3	A nova Lei de Improbidade Administrativa	211
3.3	Aspecto processual	211
3.3.1	Exceções à independência das instâncias: a supremacia da esfera penal	212
4	Alternativa ao modelo brasileiro	214
4.1	A experiência portuguesa: o Decreto-Lei nº 433/1982 e os ilícitos de mera ordenação social	214
5	Sugestões para alteração do atual modelo brasileiro de independência das instâncias	216
6	Conclusão	217
	Referências	218

A RESPONSABILIZAÇÃO DO AGENTE PÚBLICO PÓS-COVID-19, O FEDERALISMO CENTRÍPETO E O ESTADO DE NECESSIDADE ADMINISTRATIVA
Wilson Accioli de Barros Filho 221

1   Introdução 221
2   O estado de necessidade administrativa: compreensão e acomodação jurídica no regime de Direito Administrativo 223
3   Pontuais obrigações gerais – de ordem nacional – contidas na Lei nº 14.133/2021 alheias às realidades dos Municípios brasileiros: reflexos na responsabilização do agente público 229
3.1   As locações de bens imóveis pela Administração Pública: o estado de necessidade administrativa e a flexibilização da regra inserida no §1º do inciso III do art. 9º da Lei nº 14.133/2021 229
4   Conclusão 233
       Referências 233

RESPONSABILIDADE DO GESTOR PÚBLICO E OS RISCOS NA INOVAÇÃO
Rodrigo Jacobina Botelho 235

1   Introdução e aspectos gerais 235
2   Nova conformação dos bens públicos 238
3   Responsabilidade do gestor na inovação 240
4   A pluralidade de sistemas e órgãos de controle 244
5   Conclusão 247
       Referências 249

GESTÃO PÚBLICA RESPONSÁVEL EM TEMPOS DE CRISE: UM PROBLEMA DE SEGURANÇA JURÍDICA
Isabella Remaili Monaco 251

1   Introdução 251
2   Breves apontamentos sobre as regras fiscais e a responsabilidade na gestão pública ...252
3   Estado de calamidade pública e financeira e a flexibilização das regras fiscais 254
3.1   Principais limites impostos pelas regras fiscais constantes da CF/88 e da LRF 255
3.2   Sanções institucionais e pessoais ao descumprimento das normas fiscais 258
3.2.1 Riscos ao gestor público em situações excepcionais 260
4   Reflexões acerca das flexibilizações trazidas pela EC nº 106/2020, LC nº 173/2020 e EC nº 109/2021 261
4.1   Flexibilizações, segurança jurídica e controle 265
5   Conclusões 266
       Referências 266

A ÉTICA NA ADMINISTRAÇÃO PÚBLICA E AS NOVAS FERRAMENTAS LEGAIS COMO MECANISMOS DE COMBATE À CORRUPÇÃO
Henrique Serra Sitjá, Ana Cristina Moraes Warpechowski 269

1   Introdução 269
2   O comportamento corrupto em observação 270

2.1	A aprendizagem behaviorista de reforços e punições	271
2.2	A habituação coletiva da desonestidade e a aprendizagem social	274
2.3	As consequências sociais da corrupção	278
2.4	A elevação dos padrões éticos como medida profilática	280
3	Por uma Administração Pública ética: as contribuições das novas leis e uma proposta de modelo de aprendizagem social	282
3.1	Governo digital, transparência ativa e ouvidorias	283
3.2	Leis Anticorrupção, Anticrime e informantes	285
3.3	Próximos passos: novos canais de incentivo ao comportamento ético	288
4	Considerações finais	292
	Referências	293

O PORTAL ELETRÔNICO DE TRANSPARÊNCIA FISCAL COMO INSTRUMENTO DO CONTROLE SOCIAL 4.0: ANÁLISE DO ALCANCE E LIMITAÇÃO DOS DADOS DISPONIBILIZADOS À LUZ DA LEGISLAÇÃO FINANCEIRA E DA LEI DO GOVERNO DIGITAL

Ana Carla Bliacheriene, Antonio Blecaute Costa Barbosa, Daniela Zago Gonçalves da Cunda 297

1	Introdução	297
2	Conceito e características do portal eletrônico de transparência fiscal	299
3	Conteúdo do portal eletrônico de transparência fiscal	303
4	O papel (para além) de fiscalizador dos Tribunais de Contas do Brasil e o controle 4.0	305
5	Atores do *controle social* 4.0 e seus mecanismos de atuação	308
6	Possibilidades e limites dos portais eletrônicos de transparência fiscal para o controle social 4.0	310
7	Considerações finais	313
	Referências	315

SOBRE OS AUTORES 319

APRESENTAÇÃO

Por longo tempo, a doutrina especializada concentrou sua atenção sobre a responsabilidade do Estado na ordem interna ou internacional. Esse tema clássico de tantos ramos de Direito Público, como o Internacional, o Administrativo e o Financeiro, é frequentemente apontado como sinônimo da própria teoria da responsabilidade. Nos cursos e manuais de Direito Administrativo, isso fica evidente, pois, de maneira geral, o tratamento da responsabilidade centra-se em debates acerca da responsabilidade extracontratual das pessoas jurídicas em exercício de funções públicas.

Ao longo dos anos, porém, percebeu-se que a responsabilização institucional do Estado não é suficiente para dissuadir práticas ilícitas nas mais diversas esferas. É preciso ir além para inibir as pessoas físicas que movem as pessoas jurídicas no sentido do ilícito. É preciso dedicar mais atenção e normas à responsabilização das pessoas físicas, principalmente as que exercem função de gestão com poderes decisórios.

Essa percepção explica, nas últimas décadas, o fenômeno da multiplicação das esferas de responsabilidade, lastreado na edição de leis que estipulam infrações e sanções aos gestores não apenas de entidades estatais, como também de entidades não estatais que atuam perante o Estado, seja na qualidade de contratadas, seja como delegatárias de suas funções, seja como destinatárias da regulação e de outros poderes estatais.

Forma-se, assim, um conjunto de normas jurídicas que atribuem, com crescente intensidade, mais deveres e responsabilidades tanto aos que tomam decisões finais quanto aos que auxiliam de maneira decisiva na sua preparação, a exemplo dos agentes de assessoramento e de consultoria.

No plano legislativo, a multiplicação das normas de responsabilização ocasionou a superação da tríade repetida tradicionalmente. Novas esferas surgiram, extrapolando a clássica divisão das responsabilidades penal, civil e administrativa. Para além dessas esferas, fala-se igualmente de responsabilidade política, de responsabilidade financeira, de responsabilidades híbridas, a exemplo da regida pela lei de improbidade e pelas leis dos crimes de responsabilidade, além de responsabilidades administrativas especiais, como a dos gestores de empresas estatais, entre outras.

A multiplicação das esferas de responsabilidade, agora igualmente voltadas a coibir comportamentos do gestor, não veio acompanhada, porém, de um regramento geral, de um corpo de normas básicas, capaz de promover a necessária articulação processual e decisória, de assentar pilares fundamentais ao exercício do poder fiscalizatório e punitivo do Estado.

As esferas de responsabilidade passaram a se somar de modo relativamente caótico, gerando, entre outras distorções, conflitos positivos de competência, conflitos negativos, abusos punitivos, violações do *bis in idem*, desrespeito a garantias processuais fundamentais vinculadas à ampla defesa e ao contraditório, violações ao princípio da intranscendência, entre outros.

Os problemas não param por aí. Paralelamente à constituição de novas formas de responsabilização, um movimento de consensualização passou a caracterizar o Direito

Público brasileiro e a afetar os processos sancionatórios ao oferecer ferramentas dialógicas como os acordos de leniência (para cooperação instrutória) e os ajustamentos de conduta. Ocorre que a consensualização tampouco veio acompanhada de normas gerais. Seus institutos emergiram pontualmente em uma ou outra lei específica, criando um regime assimétrico, seletivo e marcado por um grau precário de articulação.

Esses e outros problemas derivados da expansão nem sempre prudente e planejada do direito positivo ocasionam um risco fatal: o de reduzir ainda mais a legitimidade do Estado no exercício de seus poderes punitivos e de, em vez de incrementar o Direito Sancionador, contribuir para seu enfraquecimento e sua derrocada. Em certa medida, essas forças de reação à expansão irrefletida do Direito Público Sancionador, sobretudo em detrimento dos gestores, já se sentem no Brasil. Exemplo disso é a Lei Federal nº 14.230/21, editada pelo Congresso para modificar a Lei de Improbidade com o objetivo evidente de coibir a vulgarização dessa esfera de responsabilização e controlar excessos punitivos.

Atento a esses fenômenos, o programa de pós-graduação *stricto sensu* da Faculdade de Direito da USP instituiu uma disciplina de mestrado e doutorado exclusivamente voltada ao tratamento da responsabilidade do administrador. De início, seu foco recaiu sobre a responsabilidade dos agentes públicos como gestores, principalmente aqueles em função decisória ou em funções de assessoramento, fundamentais à tomada das decisões. Aos poucos, porém, mostrou-se essencial cuidar igualmente do regime dos gestores de pessoas não estatais, mas que interagem com o Estado e submetem-se ao seu poder punitivo, como os gestores de empresas acusadas no âmbito da Lei de Defesa da Concorrência, da Lei de Improbidade ou da Lei Anticorrupção.

Em repetidas edições, a disciplina ensejou a realização de inúmeros eventos, disponíveis à comunidade jurídica em plataformas digitais. Promoveu, ainda, o diálogo dos mestrandos e doutorandos com grandes especialistas no tema e gerou um corpo robusto de reflexões teóricas sobre a responsabilidade dos gestores na e perante a Administração. A série de livros que ora se traz ao público reflete os debates conduzidos em proporção à importância que o tema ganhou no mundo jurídico.

Para apresentar essas reflexões de forma minimamente sistematizada aos leitores, optou-se por repartir a obra em volumes temáticos. O volume I cuida de aspectos gerais da teoria da responsabilidade. O volume II dedica-se a temas novos, como o da responsabilidade financeira e fiscal, entre outras. O volume III trata da improbidade administrativa, cujo regime jurídico foi objeto de amplas reformas recentes, além de outros assuntos relacionados à responsabilidade administrativa.

Com essa iniciativa, espera-se contribuir com o avanço da ciência jurídica no tratamento de um tema tão relevante ao gestor, aos entes responsáveis pela execução de políticas públicas, aos órgãos de controle e às empresas. Aos coautores, nosso agradecimento pelo tempo dedicado às reflexões, à participação nos debates e à redação dos textos que agora compõem esta coletânea.

Os coordenadores
Maurício Conti, Thiago Marrara, Sabrina Iocken
e André de Castro Carvalho

A RESPONSABILIZAÇÃO DO GESTOR PÚBLICO SOB A ÓTICA DO DIREITO FINANCEIRO CONTEMPORÂNEO, O PRINCÍPIO DA SEGURANÇA JURÍDICA E A NECESSIDADE DE SISTEMATIZAÇÃO DA JURISDIÇÃO FINANCEIRA

JOSÉ MAURÍCIO CONTI

SABRINA NUNES IOCKEN

1 Introdução

A responsabilidade dos gestores públicos, bem como daqueles que se relacionam com a Administração Pública, é uma preocupação que sempre esteve presente na sociedade, desde que se ajustou e se desenvolveu essa forma de organização social. O crescimento do Estado, o aumento de suas funções e a participação na vida de todos, de modo direto e indireto, intensificaram tais relações, tornando-as cada vez mais profundas e complexas.

No entanto, esse vigor nem sempre tem sido acompanhado de medidas que confiram maior estabilidade às relações sociais, especialmente as que se desenvolvem no campo estatal. Dessa lacuna decorre um problema que tem afetado, e muito, a eficiência do setor público, por adicionar um fator prejudicial ao bom funcionamento da gestão pública: a insegurança nas relações estabelecidas, decorrentes de diversas causas, como a falta de regulamentação adequada e precisa, instabilidade jurídica dos órgãos decisores e muitas outras que levam a injustiças no tratamento da questão e dos envolvidos.

Um prejuízo que recai sobre a sociedade como um todo, que se vê frequentemente privada de ações governamentais mais ágeis e eficientes, submetidas a freios impostos por uma burocracia minuciosa e exigente, formalista, focada em tentar, na maioria das vezes, sem sucesso, criar meios de evitar desvios de recursos públicos, mas que não raro custam mais do que eventuais danos que possam ser experimentados.

Uma difícil equação que envolve sopesar um excesso de controle, a fim de evitar prejuízos de diversas naturezas a um custo que pode ser demasiado alto, e uma flexibilização que pode resultar em facilitar os mal-intencionados a se apropriar indevidamente dos recursos públicos. A isso se soma a complexificação das instituições, que ampliam suas funções, crescem em dimensão e autonomia, corporificam-se em órgãos cada vez maiores que atuam de forma isolada e pouco cooperativa. O ordenamento jurídico se agiganta de modo setorizado, produzindo um emaranhado de normas cujas interação e integração dificultam a compreensão e diminuem a coesão necessária do que se espera de um sistema que tem por missão dar segurança a todos os atores, inclusive àqueles que integram e se relacionam com a Administração Pública.

O quadro hoje se mostra desfavorável para a gestão pública nesse aspecto, e o ordenamento jurídico, para que seja útil ao desenvolvimento social e econômico, precisa se aperfeiçoar, tanto no que se refere ao conjunto de normas, sistematização, lógica e organicidade, quanto aos órgãos e às instituições envolvidos na elaboração, na execução e, principalmente, no controle e na fiscalização das políticas públicas que atendem as necessidades públicas e levam à concretização dos objetivos fundamentais do Estado.

No entanto, não é o que se constata atualmente.

Instituições, poderes e órgãos da Administração Pública se multiplicaram ao longo da evolução do Estado, sem que as delimitações de suas funções tenham se tornado claras e precisas o bastante para evitar superposições e interferências, fazendo dos sistemas de controle da Administração Pública muitas vezes não um aliado, mas um adversário do gestor público e de terceiros que têm relação com o Poder Público.

No Brasil, apenas para ilustrar com algumas referências, temos, no sistema de controle e fiscalização da Administração Pública constitucionalmente institucionalizado, os controles internos e externos de cada unidade federativa.

O controle externo exercido pelos Tribunais de Contas (TCs) desempenha suas funções fiscalizatórias em sentido amplo, sendo-lhes resguardado, em razão da autonomia federativa, o poder de moldar sua estrutura, com procedimentos próprios e específicos. Com isso, há um número expressivo de Tribunais de Contas, todos com autonomia e independência para exercer suas funções.

Não difere do sistema de controle interno, também edificado no âmbito de um modelo federativo e com órgãos próprios em cada um dos poderes, muitas vezes com vários em um mesmo Poder. Não raro, pelas mesmas razões anteriormente apontadas, os diversos órgãos se superpõem na atuação sobre determinada situação, potencializando conflitos geradores de insegurança jurídica aos envolvidos e deixando os gestores públicos vulneráveis a punições injustas.

Não são apenas os sistemas de controle interno e externo que atuam na fiscalização da gestão pública, por óbvio. Polícia, Ministério Público e Poder Judiciário têm papel fundamental nesse campo. E inúmeros são os instrumentos para essa ação. Ações civis públicas, atos de improbidade administrativa, crimes contra a Administração Pública e crimes de responsabilidade são apenas alguns exemplos que mostram a amplitude dos vários poderes, órgãos e instituições que têm atuação voltada ao controle de atos próprios da Administração Pública. E que tal como os demais, submetidos a uma organização federativa, dão origem a uma multiplicidade de órgãos em uma mesma instituição ou Poder, inseridos nas várias unidades da federação. Sem contar as divisões internas de competências em cada uma delas e as várias esferas de atuação.

Nessa encruzilhada de sistemas de controles, os gestores nem sempre têm perfeita clareza, nos casos concretos, quanto à submissão a um ou outro sistema, havendo inúmeros casos de competências conflitantes, quer em decorrência de transferências intergovernamentais, quer em decorrência de pluralidade de entes federados e recursos de diversas fontes envolvidos em uma mesma obra ou política pública. Não é difícil imaginar a insegurança do gestor público em lidar com essa diversidade de controles, que podem ou não agir com alinhamento e harmonia.

A complexidade e o gigantismo da Administração Pública, é fácil notar, não trabalham alinhados ao interesse do bom gestor; pelo contrário, o que se vê é uma sucessão de obstáculos a serem superados, e com muita dificuldade, para fazer com que a gestão pública caminhe para atender as necessidades públicas e os anseios da sociedade. Tudo isso gera custos de diversas naturezas: recursos desperdiçados, tempo perdido, transtornos desnecessários e injustiças cometidas.

Fatos semelhantes são observados sob a ótica do ordenamento jurídico. Multiplicidade de procedimentos, diversidade de normas e órgãos na apuração, processo e julgamento, que não atuam de forma alinhada e cooperativa, deixando o Direito sem racionalidade, em um cipoal de normas e decisões desalinhadas, sem conexão e coerência lógica, inutilizando sua função principal de dar organização e segurança à vida em sociedade.

A responsabilização dos gestores e demais partícipes nas relações com o Poder Público se espalha pelos vários ramos do Direito, com manifestações nos campos civil, administrativo, penal, político e financeiro, fragilizando-os e tornando-os alvos fáceis de ataques de todos os lados.

Crimes contra as finanças públicas, apurados, processados e julgados sob o crivo do Direito Penal, muitas vezes têm seus mesmos fatos submetidos à apreciação no âmbito de atos de improbidade administrativa, cujos órgãos responsáveis pela sua avaliação estão em outra esfera da Justiça, suscetíveis a outra ótica, em ramo diverso do Direito. Podem ainda estar sendo objeto de investigação por outros órgãos da Administração, no próprio Poder Executivo, ou ainda pelo sistema de controle, cujas condutas e respectivas tipificações submetem-se às normativas próprias da ação na esfera administrativo-financeira dos Tribunais de Contas. Assim ocorre com atos que podem tipificar improbidade administrativa, crimes de responsabilidade e tantos outros.

Vive-se o que já está sendo denominado "direito administrativo do medo",[1] que não tardará em se expandir para "direito financeiro do medo", "direito civil do medo", e fazer da gestão pública uma atividade verdadeiramente "perigosa", colocando carreiras e biografias em risco permanente, o que só tende a afastar dela aqueles que agem com competência e boa-fé e não desejam arriscar-se a prejuízos que serão difíceis de reparar.

São razões fortes o suficiente para que os estudiosos do tema direcionem seus esforços a fim de aperfeiçoar o ordenamento jurídico e mudar esse quadro. Modificações da legislação vigente, melhor compreensão das normas em vigor, interpretações mais condizentes com uma visão ampla e coesa do sistema de normas aplicáveis às situações, decisões dos órgãos judiciais e administrativos são algumas das frentes nas quais essa atuação se faz cada vez mais urgente e necessária.

Nesse sentido caminha a proposta deste texto, em que se procura, ainda que parcialmente, contribuir para esse aperfeiçoamento.

---

[1] Sobre o tema v. VALGAS, Rodrigo. *Direito administrativo do medo*: risco e fuga da responsabilização dos agentes públicos. São Paulo: Thomson Reuters Brasil, 2020.

Para isso, inicia-se partindo de uma questão: *pelo que somos ou deveríamos ser responsáveis?*

Vivemos numa sociedade global estruturada em torno de redes locais/globais que seguem lógicas distintas, possuindo cada qual seu próprio código de valoração.[2] A compreensão da responsabilidade decorre, portanto, dos códigos de valoração institucionalizados que moldam a ação humana, conforme o tempo e a cultura local, buscando erguer seus limites por meio do *enforcement* estatal.

As inovações tecnológicas mudam o mundo, que se torna cada vez mais conectado, dinâmico e complexo, o que se reflete nas relações sociais e institucionais. A modernização das instituições deve acompanhar essa evolução, e a necessidade de agirem de forma harmônica e cooperativa torna-se um imperativo inafastável. O Direito e a Administração Pública não podem ficar à margem desse processo; pelo contrário, devem acompanhá-lo de perto e, se possível, antecipar-se aos fatos que se mostram certos e inevitáveis.

Há muito que fazer, e não é possível em curto espaço de tempo apontar soluções prontas e definitivas. Já é um avanço identificar e sistematizar as principais questões, o que permite caminhar no sentido correto e direcionado aos resultados esperados.

Atribuição e individualização da responsabilidade, antijuridicidade e reprovabilidade da conduta, dosimetria sancionatória, repercussão em outras esferas de responsabilidade, comunicação entre elas, competências de órgãos e procedimentos aplicáveis são apenas algumas de muitas dessas questões que precisam ser resolvidas.

Já há alguns avanços, como se poderá constatar, tanto no âmbito do ordenamento jurídico nacional quanto estrangeiro, mas são ainda incipientes, mostrando que o caminho a percorrer é longo.

2 As inseguranças jurídicas paralisantes e suas múltiplas causas

No âmbito nacional, a previsão constitucional da fiscalização financeira e orçamentária encontra-se disciplinada nos arts. 70 a 75 da Constituição. No que se refere ao controle externo, múltiplas foram as competências atribuídas constitucionalmente pelo art. 71 aos Tribunais de Contas, possibilitando a atuação não apenas no campo próprio da jurisdição financeira com competência típica de julgamento das contas de gestão, mas também na esfera não jurisdicional, como se dá, por exemplo, no exame das políticas públicas, ou mesmo das contas governamentais, que atravessam o campo da responsabilidade política.

Em que pese a existência desse arcabouço constitucional, fato é que o sistema brasileiro de controle externo atualmente é composto por 33 Tribunais de Contas, cada qual com seu próprio sistema normativo processual,[3] estabelecido pelas Leis Orgânicas,

---

[2] "Visto que a criação de valor depende da hierarquia de poder entre as redes que organizam a vida humana [...] valores e criação de valores são amplamente uma expressão de relações de poder." Como alerta Castells, amplamente, não significa exclusivamente, uma vez que todo poder é contrariado pelo contrapoder, o que pode resultar em valores diferentes como diretrizes do comportamento humano, moldadas pelos contextos culturais (relacionado a valores e crenças); contexto espaço-temporal; contexto institucional (relacionado a instituições políticas e ambiente legal). (CASTELLS, Manuel. *Outra economia é possível*: cultura e economia em tempos de crise. 1. ed. Rio de Janeiro: Zahar, 2019, p. 15-17).

[3] Sobre a Instituição Fiscal Independente (IFI) do Brasil, agência criada pela Resolução nº 42/2016, v. CORDEIRO RODRIGUES, Diogo Luiz; CONTI, José Maurício. A Instituição Fiscal Independente do Brasil em perspectiva

pelos Regimentos Internos e pelos demais atos editados internamente, que disciplinam a maneira pela qual os gestores públicos devem submeter a sua prestação de contas.

O exercício pleno da jurisdição financeira ocorre nos processos de prestação de contas de gestão. Já os processos relativos às contas governamentais são julgados anualmente pelos Poderes Legislativos, após a emissão do parecer prévio emitido pelos Tribunais de Contas. Nesses processos de prestação de contas governamentais o julgamento pela responsabilidade política ocorre no respectivo Poder Legislativo, ou seja, na Câmara de Vereadores, no caso dos Municípios, na Assembleia Legislativa, no caso dos Estados, e no Congresso Nacional, no caso da União.

Como reforçam Santos e Coutinho[4] as contas de governo possuem natureza política, dado que expressam o cumprimento, ou não, das disposições orçamentárias aprovadas pelo Poder Legislativo (PPA, LDO e, sobretudo, LOA), no que tange ao planejamento, à organização, à direção e ao controle de políticas públicas, sob uma perspectiva macro. Ao passo que as contas de gestão se referem aos procedimentos de gestão e execução do orçamento.

Apenas estas duas modalidades, contas de gestão e contas de governo, devido ao seu amplo alcance no que se refere à responsabilidade dos gestores públicos, já demandariam a formatação de uma sistemática equânime de responsabilização. A falta de uniformidade não se limita aos Tribunais de Contas, e menos ainda à organização do sistema brasileiro de normas que envolvem a responsabilização no âmbito da gestão pública.

Essa diversidade na forma, no tratamento, nos regimes jurídicos e principalmente na abrangência e nos órgãos envolvidos na responsabilização dos gestores públicos é ampla e diversificada no mundo todo, como se pode constatar no estudo sobre os sistemas de responsabilidade financeira aplicados nos países europeus coordenado por Stéphanie Damarey,[5] professora de Direito Público da Universidade de Lille, cujo trabalho ofereceu uma visão geral dos regimes de responsabilidade existentes no Direito europeu. Não se trata, portanto, de uma particularidade do sistema brasileiro, do nosso sistema de controle externo e da atuação de nossos Tribunais de Contas.

Observam-se, por exemplo, como no sistema francês,[6] diferenças nos órgãos de responsabilização e no tratamento entre agentes do processo orçamentário, que tem as categorias dos gestores orçamentários e dos contabilistas. Estes últimos respondem perante os Tribunais de Contas; e os primeiros, perante o tribunal de disciplina orçamentária e financeira,[7] com diferentes regimes jurídicos e sancionatórios.

Órgãos importantes como aqueles que realizam atividades de auditoria e controle interno, constitucionalmente institucionalizados no sistema brasileiro, têm funções distintas nos diversos países, certos deles com poderes sancionatórios, outros não. Alguns têm poderes mínimos, como o de emitir alertas sobre irregularidades detectadas,

---

comparada: em busca de virtudes e fragilidades. *Revista de Direito Brasileiro*, [s.l.], v. 27, n. 10, p. 70-91, abr. 2021. ISSN 2358-1352. Disponível em: https://www.indexlaw.org/index.php/rdb/article/view/6316/5335. Acesso em: 14 jan. 2022.

[4] SANTOS, Aline Sueli de Salles; COUTINHO, Doris de Miranda. O papel do Tribunal de Contas frente à *accountability*. *Revista de Direito Administrativo e Constitucional – A&C*, ano 25, n. 72, p. 220, abr./ jun. 2018.

[5] DAMAREY, Stéphanie. *Régimes de responsabilité financière des gestionnaires publics*: Analyse comparée, Propositions pour un régime de responsabilité des gestionnaires publics. Université de Lille, 2020.

[6] Que será objeto de referências específicas no item subsequente.

[7] *Cour de discipline budgétaire et financière* – CDBF.

outros têm possibilidade de acompanhar as recomendações efetuadas por ocasião dos trabalhos de auditorias realizadas e há os que têm poder sancionatório, capaz de obter indenização pelos danos causados à Administração.

Tribunais de Contas têm regimes jurídicos diferenciados, como a *Corte dei Conti* italiana, que tem jurisdição sobre os gestores públicos, distinguindo entre responsabilidade contábil e responsabilidade administrativa. Já o sistema português adota um regime de responsabilidade unificado, sendo relevante notar – no que difere do sistema brasileiro – que está na mesma condição dos tribunais judiciais.

Na síntese comparativa entre os sistemas da Espanha, Itália e Portugal, o relatório de Damarey evidencia as diferenças entre o regime de separação entre os gestores orçamentários e os contabilistas (presentes na Itália e Portugal, ausentes na Espanha), as sanções (indenizações, restituições ou multas) e as penalidades, com suas espécies, características e culpabilidade, ficando clara a diversidade de regimes jurídicos, em seus diversos aspectos, apenas nesses três países.[8]

2.1 Diversas esferas de competência em relação ao fato antijurídico

A temática não é nova, como bem relatado por Venâncio: "o agente público quando acionado, por ação de improbidade, ajuizada com fundamento na Lei nº 8.429/92, também responde a processo crime pelo mesmo fato e, de acordo com a natureza da relação que mantém com o poder público, responde ainda a processo administrativo disciplinar ou processo político, este apenado com a perda ou cassação do mandato eletivo. E com a possibilidade, ainda, de ser investigado e apenado pelo Tribunal de Contas".[9]

É preciso reconhecer que as violações legais decorrentes dos deveres financeiros repercutem também em outras esferas, seja pela possibilidade de configurar infrações político-administrativas, improbidades administrativas e até condutas delituosas. Mas em que medida as múltiplas e "independentes" instâncias poderiam conduzir o gestor público às mesmas sanções em esferas distintas, fomentando uma disfuncionalidade do princípio do *non bi in idem?*

De fato, o ordenamento jurídico possibilita que o mesmo fato antijurídico possa fundamentar a responsabilização no âmbito do processo administrativo disciplinar/ processo de responsabilidade política, da ação por improbidade administrativa; da ação penal; e da ação perante o Tribunal de Contas. As sanções aplicadas nessas esferas recaem sobre o patrimônio pessoal, a perda do cargo, da função, do emprego ou do mandato eletivo, a multa pecuniária, além de impedimentos diversos e, quiçá, da aplicação da pena de suspensão dos direitos políticos, acarretando a inelegibilidade do condenado.

No que toca à responsabilidade financeira, muitas normas que estabelecem a responsabilização dos gestores públicos remetem a outras normas com as mesmas tipificações, mas com regimes sancionatórios distintos.

Essa identificação de conteúdo ocorre, por exemplo, no processo de *impeachment*. No âmbito federal, a Lei nº 1.079/1950 disciplina os crimes de responsabilidade e define

---

[8] DAMAREY, *op. cit.*, p. 136-137.

[9] VENÂNCIO, Denilson Marcondes. *Non bis in idem* e as sanções administrativa, improbidade e penal. *Fórum Administrativo – FA*, Belo Horizonte, ano 13, n. 153, p. 26, nov. 2013.

o processo de julgamento.[10] No âmbito municipal, o Decreto-Lei nº 201, de 1967, por exemplo, elenca o rol de condutas puníveis com a aplicação da pena de cassação do mandato, por configurar, em tese, infrações político-administrativas. A simples leitura de alguns dos incisos que tipificam condutas passíveis de cassação do mandato (incisos VI, VII, VIII e X do art. 4º) já põe em debate a questão da tipicidade extremamente aberta e a possibilidade de sobreposição de competências. O inciso VI, por exemplo, trata do descumprimento do orçamento aprovado para o exercício financeiro; o inciso VII fala em praticar, contra expressa disposição de lei, ato de sua competência ou omitir-se na sua prática; o inciso VIII, por sua vez, trata da omissão ou negligência na defesa de bens, rendas, direitos ou interesses do Município sujeito à administração da Prefeitura; e o inciso X fala em proceder de modo incompatível com a dignidade e o decoro do cargo.

Também como exemplo, pode-se citar o julgamento das contas, o qual repercute no instituto da inelegibilidade, conforme disciplina o art. 1º da LC nº 64/90. A redação contida no art. 1º sofreu modificações significativas nesse sentido. O inciso "g", alterado pela LC nº 135/2010, passou a exigir para fins de inelegibilidade que a rejeição das contas decorra de irregularidade insanável que configure ato doloso de improbidade administrativa. Recentemente a LC nº 184/2021 excluiu os responsáveis que tenham tido suas contas julgadas irregulares sem imputação de débito e sancionados exclusivamente com o pagamento de multa.

Da mesma forma decisões judiciais ou até mesmo os procedimentos de apuração no âmbito do Ministério Público, por vezes, repercutem na competência fiscalizadora e julgadora dos Tribunais de Contas. Além do debate sobre o *bis in idem* das sanções reparatórias e sancionatórias, deve se levar em conta também a duplicidade de atuação, que, em grande medida, conduz a sobrestamentos ou mesmo arquivamentos face à identificação, em algum momento, da existência de algum processo judicial ou mesmo de inquérito investigatório na esfera do Ministério Público Estadual.

Alguns acordos de cooperação entre as instituições[11] buscam mitigar os custos da duplicidade de atuação e até mesmo facilitar a troca de informações, o que pode significar um passo inicial em relação à necessidade de melhor desempenho do controle público. Mas ainda é preciso evoluir no sentido de uma integração necessária dos sistemas de responsabilização que são acionados simultaneamente ou até em momentos distintos em razão das mesmas condutas ilícitas. Tais acordos permitiram, contudo, ter mais clareza de que há um significativo volume de processos, ainda que não mensurado, decorrentes da mesma conduta infratora, os quais estão sendo apurados, por exemplo, tanto em processos de prestação de contas como em ações de improbidade administrativa.

Nessas hipóteses, hoje cabe ao julgador definir eventual arquivamento ou mesmo a manutenção de tramitação processual, possibilitando decisões casuísticas, ora considerando a repercussão das ações judiciais, ora não considerando tal impacto no âmbito da jurisdição dos Tribunais de Contas. Ressalta-se que exercer ou não exercer a jurisdição financeira está intrinsecamente relacionado à instabilidade jurídica dos

---

[10] A matéria está sendo objeto de estudo por comissão presidida pelo Ministro Ricardo Lewandowski para elaborar uma proposta de atualização da Lei do *Impeachment*.

[11] Para exemplificar, v. o termo de Cooperação Técnica 05/2016 celebrado entre o TCE/SC e o MP/SC. Disponível em: file:///C:/Users/TCE/Downloads/Termo%20de%20Coopera%C3%A7%C3%A3o%20n.%20005-2016%20 (MPSC%20e%20MPC-SC).pdf. Acesso em: 16 mar. 2022.

órgãos decisores, de modo que é preciso avançar para tornar mais precisa a delimitação em relação às múltiplas atuações nos diversos órgãos de controle.

Assim, a necessidade de delimitar com maior precisão o campo de atuação de cada jurisdição, em especial a financeira, torna-se fundamental para conter a disfuncionalidade das múltiplas atuações institucionais e ao mesmo tempo para possibilitar uma melhor eficiência no desempenho das atividades de controle.

2.2 Instabilidade jurídica e o decisionismo processual

Os 33 Tribunais de Contas que compõem o sistema de controle externo possuem, cada qual, o seu próprio sistema normativo processual,[12] com procedimentos, prazos, espécies sancionatórias e recursais diversas. Tal lacuna normativa nacional deve ser considerada como um fator importante que contribui para a insegurança da responsabilidade dos gestores públicos no campo da jurisdição financeira.

A questão já é objeto de discussão e debate no âmbito do Poder Legislativo nacional. A PEC nº 329/2013 insere, no próprio art. 73, um parágrafo que atribui competência expressa do TCU para a iniciativa de lei complementar sobre normas gerais pertinentes à organização, à fiscalização, às competências, ao funcionamento e ao processo dos Tribunais de Contas. A PEC nº 40/2016 também prevê a inserção do art. 73-A na Constituição, determinando a edição de lei complementar que uniformize os processos nos Tribunais de Contas, e cria condições para a simetria prevista no art. 75, estabelecendo diretrizes e assegurando as garantias processuais às partes nos processos de julgamentos de contas, o que certamente é uma necessidade para tornar mais seguro e eficiente o controle da Administração Pública, com harmonização federativa.[13]

A solidez do Sistema Tribunal de Contas e, portanto, o da jurisdição financeira passa inegavelmente por tal integração processual, sendo oportuno adequar as lógicas institucionais individualizadas de cada um desses 33 Tribunais de Contas para uma sistemática única de prestação de contas públicas.

3 O debate contemporâneo sobre a responsabilidade dos gestores públicos no âmbito da jurisdição financeira

Prestar contas e responder pela utilização e gestão dos recursos públicos tornaram-se atividades cada vez mais complexas, sobretudo pelo fato de que muitas atividades que eram prestadas diretamente pelo Estado passaram a ser concretizadas, por conta dele, por uma plêiade de organismos e entidades autônomas e privadas.[14]

A questão central da responsabilidade financeira é definida por Bouvier com precisão: "o bom uso do dinheiro público entendido como regular é, em última análise,

---

[12] Sobre a Instituição Fiscal Independente (IFI) do Brasil, agência criada pela Resolução nº 42/2016, v. CORDEIRO RODRIGUES, Diogo Luiz; CONTI, José Mauricio. A instituição fiscal independente do Brasil em perspectiva comparada: em busca de virtudes e fragilidades. *Revista de Direito Brasileiro*, [s.l.], v. 27, n. 10, p. 70-91, abr. 2021. ISSN 2358-1352. Disponível em: https://www.indexlaw.org/index.php/rdb/article/view/6316/5335. Acesso em: 14 jan. 2022.

[13] CONTI, José Maurício. *Levando o Direito Financeiro a sério*: a luta continua. São Paulo: Blucher, 2019, p. 339-343 ("'PEC do padrão mínimo' vai aperfeiçoar Tribunais de Contas").

[14] CLUNY, António. *Responsabilidade Financeira e Tribunal de Contas*. Lisboa: Coimbra Editora, 2011, p. 14-16.

garantido por um mecanismo essencial, o da responsabilidade financeira".[15] Ou seja, atestar a fiabilidade na gestão dos recursos públicos.

Cluny reproduz, ainda, o conceito de responsabilidade financeira apresentado pelo Tribunal de Contas de Portugal, que se dá "[...] quando alguém possa vir a constituir-se na obrigação de repor fundos públicos ou suportar as sanções legalmente previstas, no âmbito do controle jurisdicional do Tribunal de Contas, em virtude da violação das normas disciplinadoras da atividade financeira pública".[16]

O regime de responsabilização, portanto, serve não apenas para inibir a prática de atos lesivos no trato dos recursos públicos, mas também para promover um ambiente de segurança, com respostas precisas sobre quais condutas levam à responsabilização; quais as sanções aplicáveis e em que medida. Enfim, todo o arcabouço normativo necessário para conferir segurança e previsibilidade aos responsáveis pela gestão e execução dos recursos públicos e, ao mesmo tempo, salvaguardar a boa gestão do patrimônio público.

Nesse sentido, Bouvier[17] aponta que o princípio da responsabilização financeira está alicerçado em dois pilares de legitimidade, o primeiro decorrente da sua natureza política, por ser o elo de controle da regularidade das operações realizadas pelo Poder Público, e o segundo, pela perspectiva gerencial, a qual está atrelada à eficiência da gestão pública como garantidora dos objetivos que constam no orçamento.

Nesse aspecto, releva destacar a atenção que o renomado jurista francês chama para a necessária modernização e adaptação do sistema de responsabilização para a moderna Administração Pública, resultante de uma interpenetração da cultura empresarial com a do setor público tradicional. Mostra que é preciso adaptar o sistema de responsabilização do gestor público, que deve conciliar e integrar o orçamento de meios com o orçamento de resultados, estabelecendo essa responsabilização com caráter gerencial.[18]

Portanto, a regularidade e eficiência na gestão dos recursos públicos são vetores que permeiam todo o processo evolutivo da responsabilidade e instigam o debate contemporâneo.

3.1 As reformas no âmbito da jurisdição francesa e o regime de responsabilização dos gestores públicos

A transformação digital e a capacidade de processamento de um volume disruptivo de dados (*big data*)[19] têm impulsionado mudanças estruturais e profundas nas organizações complexas.[20] A transformação digital vai além de mudanças relacionadas aos artefatos de tecnologia da informação, pois impacta diretamente nos mecanismos

---

[15] BOUVIER, Michael.La responsabilité financière publique confrontée à un système budgétaire en transition. *Revue française de finances publiques*, n. 139, p. 17-21. Trad. livre.

[16] CLUNY, *op. cit.*, p. 58.

[17] BOUVIER, *op. cit.*, p. 18. Trad. livre.

[18] BOUVIER, Michael. La responsabilité financière publique confrontée à un système budgétaire en transition. *Revue française de finances publiques*, n. 139, p. 17-21. Trad. livre.

[19] Sobre o uso da inteligência artificial no âmbito do Direito v. FREITAS, Juarez; FREITAS, Thomas Bellini. *Direito e Inteligência Artificial*. 1. ed. Belo Horizonte: Fórum, 2020.

[20] Para uma nova perspectiva de análise, Garcia traz um estudo sobre 51.183 decisões proferidas pelo TCU, entre 2011 e 2020. GARCIA, Gilson Piqueras. *Jurimetria aplicada aos Tribunais de Contas*. Belo Horizonte: Fórum, 2021.

de *enforcement* do Estado, materializados pelo exercício de sua jurisdição sobre os gestores públicos.

Gilles Babinet,[21] que representa a França no grupo *Digital Champions*, da União Europeia, além de assessorar o governo francês em questões digitais, é enfático sobre o impacto da tecnologia na ação pública, a qual exigirá uma reformatação que obrigará os Estados a acabarem com a burocracia, com certas missões e com certos fatores simbólicos.[22]

A *Cour de Comptes*, após 215 anos da criação, anuncia o "JF2025", ou seja, o novo projeto estratégico da corte francesa,[23] propondo mudanças que redesenham a arquitetura da jurisdição financeira. São doze orientações direcionadas a "reformatar" a jurisdição financeira com o propósito maior de reforçar o *watchdog*[24] da confiança democrática,[25] e não apenas sobre a perspectiva da consistência e qualidade de suas atividades.

Jacques Chevallier traz um histórico do processo de transformação pública que tem ocorrido na França, o qual se volta para o atendimento de três requisitos: simplicidade, rapidez e proximidade.[26] De acordo com Chevallier, dar "mais liberdades e responsabilidades aos gestores públicos" insere-se como um dos objetivos da transformação pública.

Os estudos sobre as possibilidades de mudanças nos sistemas de responsabilidade dos gestores públicos contaram com Relatório elaborado, em 2020, por Jean Bassères e Muriel Pacaud, além do trabalho realizado por Stéphanie Damarey.[27] O diagnóstico da prof. Damarey mapeou os regimes de responsabilidade dos gestores públicos e suas sanções nos países europeus, levando em consideração os atores envolvidos e as supostas infrações.

A multiplicidade de esferas de responsabilidade do gestor público e as dificuldades de lidar com elas, tornando urgente e necessária a proposta de reforma do sistema, não são particularidades brasileiras. Sua complexidade está presente em todos os sistemas jurídicos, e a falta de uniformidade[28] e de sistematização é a regra.

Vários dos problemas identificam-se por serem comuns a todos os sistemas, como o fato de que "o julgamento das contas dos contadores públicos, há muito, sofre de confinamento em uma esfera objetiva na qual não é possível avaliar o contexto, o ambiente, o comportamento do contador, se ele é ou não sincero".[29] A questão já tem

---

[21] BABINET, Gilles. *Refondre les politiques publiques avec le numérique administration*: territoriale, état, citoyens. Paris: Dunod, 2020, p. 231.

[22] BABINET, *op. cit.*, p. 209.

[23] Vide https://www.ccomptes.fr/fr/actualites/jf2025-le-projet-strategique-des-juridictions-financieres.

[24] Sobre "watchdog democracy", v. WILLEMAN, Marianna Montebello. *Accountability democrática e o desenho institucional dos Tribunais de Contas no Brasil*. Belo Horizonte: Fórum, 2019.

[25] Moscovici acentua ainda a necessidade de fortalecer o elo do Tribunal com os cidadãos, com a possibilidade de indicação dos temas de investigação, além do Tribunal de Contas francês se tornar o ator principal na condução da avaliação das políticas públicas. MOSCOVICI, Pierre. Interview de Pierre Moscovici, Premier président de la Cour des comptes. *Gestion & Finances Publiques*, [s.l.], v. 4, n. 4, p. 5-9, 2021.

[26] CHEVALLIER, Jacques. La politique de transformation publique de 2017 à 2021. *Revue française d'administration publique*, v. 180, n. 4, p. 1091-1104, 2021.

[27] Deve-se ter em conta que os estudos realizados ainda dependem da implementação. Para uma perspectiva crítica sobre o andamento da reforma v. https://www.lagazettedescommunes.com/792812/responsabilite-financiere-une-reforme-inachevee/.

[28] GARCIA, Gilson Piqueras. *Jurimetria aplicada aos Tribunais de Contas*. Belo Horizonte: Fórum, 2021.

[29] Tradução livre "En effet, un schéma de responsabilité ne peut conduire à paralyser l'action administrative. Il faut donc envisager que les erreurs les plus vénielles ne soient pas condamnées". DAMAREY, *op. cit.*, p. 101.

sido objeto de discussão no ordenamento jurídico francês, que tem se debruçado sobre o tema, em função dos estudos, das propostas e da reforma do sistema, que deu origem à vasta produção acadêmica e governamental sobre o assunto.

No relatório produzido sob o comando da Prof. Stéphanie Damarey, identificam-se vários regimes de responsabilidade, nem todos com distinção perfeitamente nítida entre si, e com diferentes tratamentos conforme o país.[30]

a) Responsabilidade administrativa, como sendo a responsabilidade relacionada à reparação de danos causados pela Administração.

b) Responsabilidade civil, que pressupõe que o responsável civil assuma as consequências em reparar os danos causados a outrem.

c) Responsabilidade contábil, voltada a responsabilizar aqueles que gerem recursos públicos.

d) Responsabilidade financeira, que na França relaciona-se às obrigações dos gestores públicos em informar sobre o uso de recursos públicos, sendo esta a que mais se relaciona ao aspecto central deste texto. Não obstante, não se pode desconsiderar que os problemas da falta de uniformidade e segurança jurídica estão presentes no sistema de responsabilização do gestor público em seu sentido mais amplo.

e) Responsabilidade fiscal, equivalente à responsabilidade financeira, referente à responsabilização de servidores públicos e pessoas físicas por omissão, com dolo ou culpa grave, que tenha causado danos ao Estado. Cabe pontuar que, no Brasil, adota-se a expressão para indicar a responsabilidade no âmbito da Lei de Responsabilidade Fiscal, que prevê especialmente sanções institucionais para as violações às normas de gestão fiscal responsável.

f) Responsabilidade gerencial, relacionada à execução das políticas públicas, com fundamento em eficiência, eficácia, desempenho e resultados.

g) Responsabilidade penal, que atinge aqueles que tenham causado "perturbação da ordem social".

h) Responsabilidade política, que envolve a perda de confiança do Parlamento e abrange também, para os eleitos, as sanções eleitorais, já que os eleitos são responsáveis perante os seus eleitores. No Brasil, insere-se especialmente no contexto dos crimes de responsabilidade, sujeitos a procedimentos próprios de natureza jurídico-política, pela prática de condutas tipificadas como tal. É também uma forma de identificar a responsabilidade sob o ponto de vista político-eleitoral, sancionável com a perda ou não renovação do mandato do gestor eleito.

i) Responsabilidade profissional, relacionada às condutas do agente como servidor da Administração Pública e sujeito às normas próprias do cargo e ao sistema disciplinar e hierárquico ao qual está submetido.

Especificamente em relação à responsabilidade financeira, a primeira questão considerada relevante para o estudo comparativo decorre da identificação da sua

---

[30] Observe-se que as expressões utilizadas, por várias vezes, são semelhantes às existentes no Brasil, mas com significados diversos. É o caso, por exemplo, da responsabilidade fiscal, que aqui se relaciona com condutas próprias da Lei de Responsabilidade Fiscal, que em regra são puníveis no âmbito do ente federado, e não da pessoa física do gestor.

natureza jurisdicional, classificação que também é adotada pela Intosai (*International Organization of Supreme Audit Institutions*). Cabe ressaltar que 40 Estados foram apontados como jurisdicionais sob um modelo de Instituições Superiores de Controle (ISC) jurisdicional. Esses países também se consultaram no âmbito da Declaração de Paris, de 13 de novembro de 2015, para identificar os principais valores e as características desse tipo de ISC (independência, imparcialidade, transparência, colegialidade, procedimento independente e contraditório, etc.).

De acordo com Damarey, em 2019, esses Estados acordaram os princípios que norteiam a atuação jurisdicional das Instituições Superiores de Controle, concluindo que as atividades jurisdicionais ajudam a atender às expectativas dos cidadãos em termos de identificação e sanção da responsabilidade individual dos funcionários responsáveis pela gestão dos fundos públicos.[31] Tais perspectivas conduziram até alguns países a conferir poderes jurisdicionais às instituições de controle, de modo a conceder competência para a utilização de amplos poderes sancionatórios.

Importante ter clareza que as ISCs não jurisdicionais são desprovidas de competências ressarcitórias ou mesmo sancionatórias. Nesses regimes, ocorrem a responsabilidade disciplinar e/ou responsabilidade civil perante o juiz de direito comum, além da responsabilização política (por exemplo, quando o gestor público decide renunciar ou pela própria sanção dos eleitores ao decidirem pela não reeleição).

Tanto as ISC jurisdicionais como as não jurisdicionais estabelecem a responsabilidade criminal dos atores da execução orçamentária, de modo que esta coexiste com a hierárquica, financeira ou mesmo política.[32]

As propostas do relatório Bassères apontam para uma profunda modernização do quadro orçamentário e contabilístico, como a da criação, por ato normativo, de um sistema unificado de responsabilidade no quadro de uma nova organização jurisdicional de julgamento de infrações.

Dentre as propostas de modernização da Corte de Contas francesa do projeto "JF2025", a Orientação 6, que é justamente relacionada à garantia de cumprimento das regras de responsabilidade aplicáveis aos gestores públicos e ao melhor sancionamento das infrações, propõe a unificação de um regime de responsabilidade para os gestores públicos, assim como um regime de sanções adequado.

Algumas propostas também foram apresentadas no estudo da profa. Damarey[33] reforçando que a responsabilização não pode "paralisar a ação pública pelo medo". As sugestões de aprimoramento foram estruturadas a partir de alguns eixos centrais: i) priorização do modelo jurisdicional; ii) ampliação do rol de sanções; iii) redefinição do conceito de dano financeiro; iv) reestruturação das competências do Tribunal de Contas, do Tribunal de Disciplina Orçamentária e Financeira e do Conselho de Estado para a sistematização de uma alta jurisdição administrativa associada às decisões do juiz financeiro; v) ampliação do rol de responsáveis para o alcance de todos os que direta ou indiretamente tenham participação na decisão tomada; vi) individualizar as sanções de acordo com os gestores envolvidos, levando em conta a gravidade dos fatos alegados.

---

[31] DAMAREY, *op. cit.*, p. 106.

[32] DAMAREY, *op. cit.*, p. 178.

[33] DAMAREY, *op. cit.*, p. 207; 222-225.

Tais estudos, além de orientar o aprimoramento da jurisdição financeira francesa, podem também contribuir e inspirar futuras reformas no cenário nacional.

3.2 A jurisdição financeira e o regime sancionatório

Ainda que se considerem as especificidades de cada país, a ausência de sistematização adequada das regras de responsabilidade e da tipologia sancionatória no âmbito nacional contribui para um cenário de insegurança e decisionismos que impactam na gestão dos recursos financeiro-orçamentários. A relevância da temática se insere no momento em que se agrava a instabilidade jurídica, de modo a ser necessário construir e reforçar os elos que solidifiquem o sentimento de segurança e confiança, por meio de um exercício contínuo de *accountability*.

A noção de responsabilidade financeira, como discorre Cluny, teve sua origem na relação contratual ou quase contratual entre o contável, os executores e ordenadores da fazenda e o Estado. Era o modelo de prestação de contas que ocorria ao final do exercício ou da gestão financeira, visando verificar a relação de confiança entre o Estado e aqueles que gerenciavam os recursos estatais. Após a Revolução Francesa, a responsabilidade financeira assumiu contornos mais nítidos de responsabilidade objetiva, de modo que a prestação de contas visava a reposição exata dos valores, pouco importando os motivos que haviam dado origem às diferenças. Assim, sintetiza Cluny, "[...] era, pois, na especial relação que se estabelecia entre o contável e o Estado, na obrigação daquele de prestar contas perante o Tribunal de Contas, que se fundava o conceito originário de responsabilidade financeira".[34]

Da responsabilidade objetiva, o conceito de responsabilidade financeira evoluiu passando para uma responsabilidade delitual, decorrente de uma infração fundada na culpa. Mudanças legislativas recentes, no Direito Comparado e mesmo nacionalmente, sinalizam esse processo de evolução, no que diz respeito à contextualização do comportamento violador do dever jurídico estabelecido pela norma.

Nesse sentido, o regulamento do Parlamento Europeu e do Conselho nº 1.046/2018 prevê a observância ao princípio da proporcionalidade, a ser considerado na aplicação de sanção. De acordo com o normativo, devem ser levados em consideração a gravidade da situação, o seu impacto orçamentário, o tempo decorrido desde a conduta em causa, a sua duração e recorrência, a intenção ou grau de negligência e o grau de colaboração da pessoa ou entidade com a autoridade competente pertinente, bem como o seu contributo para o inquérito (art. 2º, n. 70).[35]

No Direito Pátrio, o art. 28 da LINDB, por exemplo, inseriu os requisitos do erro grosseiro e dolo como condicionantes da responsabilidade pessoal do agente público. Com efeito, um regime de responsabilidade não pode levar à paralisação da ação administrativa, de modo que os erros mais veniais não devem ser condenados.[36] Essa questão também tem sido debatida no cenário internacional, como bem ponderado

---

[34] CLUNY, *Op. cit.*, p. 34.

[35] Disponível em: https://eur-lex.europa.eu/legal-content/PT/TXT/PDF/?uri=CELEX:32018R1046&from=SV. Acesso em: 16 mar. 2022.

[36] DAMAREY, *op. cit.*, 2020, p. 101.

pelo vice-presidente do Conselho de Estado francês, Bruno Lasserre,[37] na abertura do encontro sobre a responsabilidade dos gestores públicos. Em suas palavras, "a boa gestão não pode ser decretada: muitas vezes envolve suposições, experimentação, hesitação, retrocesso, criatividade e até erros".

A violação do dever jurídico constitui, portanto, o pressuposto necessário para a incidência das sanções jurídicas, ou seja, as consequências jurídicas decorrentes do ato comissivo ou omissivo ilícito. No âmbito da jurisdição financeira, tais sanções estão vinculadas à ideia de responsabilidade financeira e ao modelo dos Tribunais de Contas, cuja competência constitucional está relacionada à fiscalização da legalidade, em seu sentido amplo, das receitas e despesas públicas e ao julgamento das contas.[38]

No debate sobre o regime sancionatório[39] tem-se apontado, conforme levantado no estudo realizado por Damarey, que (i) a penalidade financeira deve ser financeiramente suportável, ou quando possível substituída por sanções de natureza não pecuniária; (ii) a sanção deve levar em conta a gravidade dos fatos alegados, a natureza dolosa ou a negligência cometida; (iii) devem-se estabelecer parâmetros mínimos e máximos das sanções pecuniárias, sendo recomendada a sua limitação a alguns meses do salário; (iv) a ampliação do rol de sanções aplicáveis com a utilização de sanções não pecuniárias, como a advertência, suspensão e até demissão; v) o débito possa ser substituído por indenização pelo dano, cujo valor possa ser ajustado pelo juiz financeiro.

No cenário nacional, na fiscalização a cargo dos Tribunais de Contas se dá não apenas em face dos ilícitos tipicamente financeiros, mas também dos ilícitos de natureza administrativa. Conforme exposto, a inexistência propriamente de um código ou de uma sistematização nacional torna-se não apenas um facilitador de dissimetrias,[40] mas também contribui para um cenário de sobreposição de atuações de outras esferas, em matéria tipicamente relacionada à jurisdição financeira ou mesmo em matérias tipicamente administrativas.[41]

Especificamente quanto ao regime sancionatório, verifica-se que as sanções impostas pelos Tribunais de Contas assumem naturezas distintas.

A sanção reparatória, a qual se destina a restaurar o patrimônio material ou moral daquele que sofreu o dano, assume, no campo da jurisdição financeira, a finalidade de restabelecer a situação existente antes do evento danoso. A responsabilidade pelo débito tem por objetivo, portanto, tutelar a integralidade do patrimônio público. Já a responsabilização sancionatória destina-se a prevenir e disciplinar as condutas financeiras daqueles que geram e usam os recursos públicos. Seu objetivo é o de interferir no comportamento do infrator e evitar o desvirtuamento da gestão pública.

---

[37] No original: "Car la bonne gestion ne se décrète pas: elle suppose souvent des tâtonnements, des expérimentations, des hésitations, des retours en arrière, de la créativité et, parfois, des erreurs". Colloque du 18 octobre 2019, *La responsabilité des gestionnaires publics*, organisé par le Conseil d'État et la Cour des comptes.

[38] CLUNY, *op. cit.*, p. 46.

[39] DAMAREY, *op. cit.*, p. 210-212.

[40] V. OGATA, Ana Karina Koda et al. Assimetrias no conteúdo informacional das súmulas dos Tribunais de Contas brasileiros e seus impactos no princípio da isonomia. *Revista Direito GV*, [on-line], 17, n. 1, 2021. Disponível em: https://doi.org/10.1590/2317-6172202113. Acesso em: 9 fev. 2022.

[41] Gomes, ao traçar um panorama dos diversos critérios adotados pela doutrina para distinguir as espécies de responsabilidade jurídica, conclui ser necessário que a classificação leve em consideração o regime jurídico, material e processual, a que se submetem. Destaca-se, ainda, em seu levantamento, o critério distintivo da cumulatividade das sanções, para o qual as sanções que fossem cumuláveis para o mesmo fato pertenceriam a categorias distintas. GOMES, Emerson C. S. *Responsabilidade Financeira*: uma teoria sobre a responsabilidade no âmbito dos Tribunais de Contas. Porto Alegre: Núria Frabis Ed. 2012, p. 31-34.

Apenas para ilustrar a complexidade do debate em torno do regime sancionatório, considere, por exemplo, uma situação hipotética em que o gestor deixou de efetuar o pagamento de tributos de um ente federado, incorrendo em dano volumoso pelo pagamento de juros e multa, que custaram ao erário, em um curto espaço de tempo, valores expressivos. Situação na qual o gestor não se apropriou de qualquer montante, mas acabou por gerar ao ente público significativo prejuízo. As reflexões iniciais sobre a responsabilidade pressupõem a análise inicial quanto ao regime, ou seja, se haveria a responsabilidade do gestor pelo montante total, independentemente da causa/justificativas de sua conduta. Em que medida a culpabilidade deve ser avaliada? O erro excluiria a sua responsabilidade? A imputação do débito deveria ser substituída por uma sanção pecuniária compatível com os vencimentos do gestor? Poderiam ter sanções não pecuniárias cumulativas?

Responder a tais questionamentos com o olhar do presente e não do passado é o desafio que se coloca como necessário para a (re)definição do modelo de jurisdição financeira que atenda ao propósito de sancionamento justo e adequado.

3.3 Governantes e o regime de responsabilidade

O século XXI reacende discussões sobre a jurisdição financeira contemporânea, cuja principal armadilha que até agora impediu a LOLF – Lei Orgânica relativa às Leis Financeiras da França – de atingir seu objetivo geral decorre da dificuldade da junção entre a democracia política e a cultura de gestão. A dificuldade decorre, como alerta Bouvier, da falta de alinhamento de sistemas com o quadro teórico, burocrático ou político em que devem ser aplicados. De acordo com Bouvier, "Se nunca tentarmos fazer a transição para um modelo que abrace totalmente o LOLF, continuaremos sobrecarregados por esse mal-entendido".[42]

Especificamente sob o enfoque da responsabilidade do governante,[43] esta assume múltiplas dimensões consoante a sua esfera de responsabilização: *jurisdição político-administrativa, jurisdição financeira, jurisdição eleitoral e jurisdição criminal.*

No cenário brasileiro, o aspecto financeiro da responsabilidade política é analisado pelos Tribunais de Contas, mediante o denominado parecer prévio. O julgamento da prestação de contas governamentais ocorre por meio da atuação conjunta dos Tribunais de Contas e do Poder Legislativo, consoante dispõe o art. 71, I, da Constituição Federal. Nesse modelo de responsabilidade, as contas governamentais devem ser anualmente encaminhadas ao Tribunal de Contas, a quem compete emitir o parecer prévio e encaminhá-lo ao Poder Legislativo, que promoverá o julgamento político. Na União e nos Estados a decisão do Legislativo prevalecerá por simples maioria, ainda que contrária à recomendação dos TCs. Já nos 5.570 municípios é necessário o voto de 2/3 dos vereadores para não acatar a recomendação de aprovação ou rejeição das contas.

---

[42] BOUVIER, Michael. La LOLF: une réforme inachevée de par son ambiguïté. *Revue française de finances publiques*, n. 156, p. 131. Trad. livre.

[43] Rosanvallon traz uma visão histórica da figura do bom governante, refletindo sobre os alicerces de uma democracia de exercício para assegurar a legitimidade democrática e, assim, resgatar a confiança nas instituições. ROSANVALLON, Pierre. *Le bon gouvernement*. Paris: Éditions du Seuil, 2015.

Não há, ainda, uma uniformidade em relação ao conteúdo que deve constar nessa análise financeira do aspecto político. O modelo adotado pelo TCU para apreciação das contas do Presidente da República acabou sendo utilizado como diretriz para muitos Tribunais de Contas. Mas o fato é que cada Tribunal edita seus próprios atos normativos, os quais estabelecem os parâmetros formais e materiais necessários para esse tipo de apreciação. Recentemente, com o propósito de estabelecer diretrizes nacionais, a Resolução nº 01/2021, da Associação dos Membros dos Tribunais de Contas do Brasil (Atricon), elencou parâmetros, ainda que facultativos, direcionados à sistematização da apreciação do parecer prévio nas contas do Chefe do Poder Executivo. Mas ainda há divergências relevantes em relação aos seus elementos estruturantes.

Inegável que o parecer prévio constitui uma etapa fundamental do processo de *accountability* da ação governamental, atendendo à finalidade que decorre da responsabilidade política, conferindo legibilidade e transparência à sociedade sobre o uso dos recursos públicos. O imperativo da transparência na gestão fiscal, conforme esclarecem Conti e Carvalho,[44] impõe a decodificação dos códigos orçamentários, de modo a evidenciar quais são as decisões, quais foram as escolhas e não escolhas realizadas, assim como quais foram os resultados alcançados. Para tanto, a própria Lei de Responsabilidade Fiscal dispõe em seu art. 48 acerca do que os autores denominam de "instrumentos de transparência fiscal", tais como os planos, os orçamentos, as leis de diretrizes orçamentárias, as prestações de contas e o respectivo parecer prévio, relatório resumido de execução orçamentária e relatório de gestão fiscal.

A ampla transparência de todos esses instrumentos possibilita aos eleitos oferecerem uma resposta a seus eleitores sobre a sua responsabilidade política no que diz respeito ao aspecto financeiro-orçamentário.

Importante ter em conta que o processo eleitoral brasileiro se inicia, de acordo com a Lei nº 9.504/97, com a apresentação pelo candidato ao cargo do Poder Executivo, no momento do registro da sua candidatura na Justiça Eleitoral, do Plano de Governo, instrumento que deve subsidiar a elaboração do Plano Plurianual, aprovado no primeiro ano do mandato como instrumento de planejamento no qual se definem diretrizes, objetivos e metas da Administração Pública para os quatro anos seguintes.

Ainda que o parecer prévio esteja estruturado em torno da análise financeira, não se pode desconsiderar a sua natureza político-democrática e, portanto, a necessidade do ateste da coerência da gestão governamental com as propostas apresentadas pelo candidato. Nesse campo ainda, outros instrumentos intrinsecamente relacionados a essa natureza político-democrática e com repercussão financeira também devem ser avaliados, a exemplo do atendimento da regra do orçamento participativo, previsto no art. 48, §1º, da Lei de Responsabilidade Fiscal, e ou mesmo da regra que impõe a participação cidadã em Conselhos.

Todos esses instrumentos decorrem do exercício da legitimidade democrática, fortalecendo o instituto da confiança e, portanto, constituem elementos necessários que devem ser objeto de verificação no exame das contas governamentais. Trata-se do aspecto financeiro da responsabilidade política.

---

[44] CONTI, José Mauricio; CARVALHO, André Castro. Transparência fiscal: vinte anos depois. *In*: FIRMO FILHO, Alípio Reis; WARPECHOWSKI, Ana Cristina Moraes; RAMOS FILHO, Carlos Alberto de Moraes (coord.). *Responsabilidade na gestão fiscal*: estudos em homenagem aos 20 anos da lei complementar nº 101/2000. Belo Horizonte: Fórum, 2020, p. 305.

Outra questão que merece a devida acuidade decorre da análise dos programas governamentais. Por certo que o controle do orçamento público deve ir além da simples análise de dotações orçamentárias relativas a despesas e receitas, de modo a contribuir para a efetividade de tais programas, como inclusive foi recentemente previsto pela EC nº 109/21.

A EC nº 109/21 tratou de inserir o dever constitucional que as peças orçamentárias devem estar atreladas aos resultados do monitoramento e da avaliação das políticas públicas. O parágrafo 16 inserido no art. 37 da Constituição determina que os órgãos e as entidades da Administração Pública, individual ou conjuntamente, devem realizar a avaliação das políticas públicas, inclusive com a divulgação do objeto a ser avaliado e dos resultados alcançados, nos termos legais.

Mais do que a avaliação de ações governamentais isoladas, a boa governança pública[45] exige uma visão sistêmica em relação à gestão governamental e às demais instâncias de julgamento,[46] de modo a ser necessário reestruturar no âmbito da jurisdição financeira os critérios de julgamento em relação às contas governamentais.

A organização da Administração Pública precisa estar coesa com os novos tempos, e isso exige formas mais ágeis e eficientes de planejar, implementar e executar as políticas públicas, sem perder a transparência e o controle necessários. Isso deve envolver simultaneamente tanto os órgãos responsáveis pelas políticas públicas, como também os que têm competência para fiscalização e controle.

A ciência do *Estado em ação* é o ramo mais recente da ciência política, como expõe Muller,[47] em que as políticas públicas são tidas como o modo de governo nas sociedades complexas. Assim, a prestação de contas está intimamente relacionada à investigação sobre o desempenho institucional a partir do valor público gerado[48] pelo bom desempenho das políticas públicas.

Nesse sentido trilham as mudanças constitucionais e legais, de modo a estimular a integração e interoperabilidade de dados, permitindo não apenas o monitoramento

---

[45] Uma visão consolidada sobre os critérios de avaliação de políticas públicas v. BRASIL. Tribunal de Contas da União. *Referencial para avaliação de governança em políticas públicas*. Brasília: TCU, 2020.

[46] Com o objetivo de conferir melhor sistematização, tem sido adotado um modelo piloto contemplando a responsabilidade político-democrática, a responsabilidade pela boa gestão orçamentária, financeira e patrimonial e a responsabilidade em relação aos resultados das políticas públicas implementadas no âmbito do Tribunal de Contas de Santa Catarina (TCE/SC). Nesse sentido, a prestação de contas do Município de Pomerode -@PCP 21/00138850 - o modelo implementado no TCE/SC nos processos de Relatoria da Conselheira Substituta Sabrina Nunes Iocken, foi replicado em mais 31 municípios do estado catarinense no exercício de 2021. O projeto contou com a colaboração de toda a equipe do Gabinete: Sonia Endler de Oliveira, Luciane Machado, Rafael Galvão, Henrique Melo, Fernanda Barreto, Betina Ramos e Laís Afonso. Disponível em: https://tinyurl.com/mr3k3x9x. Acesso em: 18 mar. 2022.

[47] MULLER, Pierre. *As políticas públicas*. Niterói: Eduff – Editora da Universidade Federal Fluminense, 2018, p. 7-11.

[48] Valor público é, nos termos definidos pelo art. 2º, II, do Decreto nº 9.203/17, "produtos e resultados gerados, preservados ou entregues pelas atividades de uma organização que representem respostas efetivas e úteis às necessidades ou às demandas de interesse público e modifiquem aspectos do conjunto da sociedade ou de alguns grupos específicos reconhecidos como destinatários legítimos de bens e serviços públicos". Ou seja, é oferecer aquilo que realmente contribui para melhorar a vida do cidadão. Para uma visão mais teórica v. MEYNHARDT, T.; BRIEGER, S. A.; STRATHOFF, P.; ANDERER, S.; BÄRO, A.; HERMANN, C.; GOMEZ, P. *Desempenho do valor público*: o que significa criar valor no setor público? Em gestão do setor público em um mundo globalizado (p. 135-160). Springer Gabler, Wiesbaden, 2017. Disponível em: https://www.researchgate. net/publication/310791918_Public_Value_Performance_What_Does_It_Mean_to_Create_Value_in_the_Public_ Sector. Acesso em: 20 out. 2021.

e a avaliação das políticas públicas, mas a utilização dos dados para retroalimentar e redirecionar a ação pública, com vistas a gerar respostas efetivas e úteis às necessidades ou às demandas de interesse público.

A implementação de um sistema digital no âmbito também dos Tribunais de Contas[49] representa a possibilidade de uma superação de parte das disfuncionalidades presentes no âmbito do controle externo. Em sua obra "Direito administrativo do medo", Valgas conceitua como disfunção administrativa decorrente do controle externo[50] "[...] toda atuação insuficiente, ineficiente ou ilegal da Administração decorrente da atuação direta ou indireta dos órgãos de controle externo que podem produzir condutas ou resultados prejudiciais ao desempenho da função administrativa".[51] Entre as causas, o autor elenca: a) o "gradativo incremento do decisionismo do ente controlador" em face das deficiências na motivação das decisões; b) a má compreensão da teoria dos princípios como fator de fragilização da segurança jurídica; c) o risco e o medo decisórios; d) as estratégias de fuga da responsabilização dos agentes.[52]

Observa-se que a problemática está interligada com a questão da responsabilização e com a *necessidade não apenas de unificação, mas de um regramento mais sólido em relação ao adequado sancionamento.*

Alinhamento, cooperação e harmonia são fundamentais entre todos os envolvidos para que a gestão pública atue com agilidade, eficiência e sem entraves desnecessários ao desenvolvimento econômico e social por todos desejado e tão necessário. Nesse sentido devem caminhar os operadores do Direito, construindo um ordenamento jurídico que permita a interoperabilidade de normas, procedimentos e órgãos no sentido de uma gestão pública eficiente e direcionada ao desenvolvimento econômico e social com o melhor uso dos bens disponíveis.

3.4 Regime unificado de responsabilidade: é possível avançar?

No âmbito da jurisdição financeira francesa instala-se a convergência em relação à necessária passagem para um regime sancionatório unificado para os vários intervenientes da cadeia financeira e para múltiplas esferas de competência.[53]

No que se refere aos deveres jurídicos impostos àqueles que gerem os recursos do Estado, a multiplicidade de esferas com competências distintas, com regras próprias e com *times* e ritos processuais diversos, põe em debate a necessidade de um regime de responsabilidade unificado que alcance os gestores públicos, tanto os eleitos quanto os demais responsáveis pela boa gestão dos recursos públicos.

Os recentes estudos franceses inspiram o repensar de modo estruturante da jurisdição de contas, a partir de parâmetros que sinalizem os procedimentos a serem adotados diante da conduta antijurídica. Controles sucessivos e sobrepostos e os diversos

---

[49] Sobre o Tribunal de Contas Digital v. IOCKEN, Sabrina Nunes. Tribunal de Contas Digital (TCD) e a necessidade de sistematização da jurisdição financeira. *Interesse Público – IP*, ano 23, n. 131, jan./fev. 2022.

[50] A análise do autor compreende não apenas o Tribunal de Contas, mas também o Poder Judiciário e o Ministério Público, que também desempenham funções de controle externo.

[51] VALGAS, *op. cit.*, p. 126.

[52] VALGAS, *op. cit.*, p. 127.

[53] Jean Basseres ao se referir à deputada Stéphanie Damarey, professora da Universidade de Lille. Bassères, Jean; Pacaud, Muriel, *La responsabilisation des gestionnaires publics*, rapport, juillet, 2020.

modelos de responsabilização colocam em discussão a necessidade do sistema normativo jurídico oferecer aos gestores públicos maior previsibilidade e segurança jurídica.

Ratifica-se, com a devida ênfase, que as mudanças constitucionais e legais apontam para uma perspectiva disruptiva na prestação de contas.

Conforme Conti:

> A multiplicidade das hipóteses para o enquadramento dos atos que contrariam a legislação financeira, envolvendo ilicitudes de natureza civil, penal e administrativa, cuja apuração e punição podem ocorrer a partir de diversos órgãos, sujeitando-se a procedimentos diversos, cada um a seu tempo e lugar, com princípios e regras próprios, não é o ideal, pois pode gerar conflitos de competência, duplicidade e superposição de sanções, exigindo um esforço dos operadores do Direito para a correta e adequada interpretação e aplicação da legislação. Um desafio aos estudiosos das diversas áreas do Direito envolvidas, especialmente o Direito Financeiro, que precisa ser vencido.[54]

O avançar em relação à responsabilidade dos gestores públicos pressupõe novas decisões políticas em torno de alguns questionamentos:

(i) Quais condutas devem ter sua reprovabilidade apurada apenas no âmbito disciplinar? Quais demandariam a apuração no âmbito da jurisdição financeira?

(ii) Quais os efeitos do julgamento regular das contas no âmbito da jurisdição financeira? Há extinção da responsabilidade do gestor público pela autoridade da coisa julgada? Em quais hipóteses caberia a abertura de novo processo de responsabilização perante outra esfera?

(iii) Quais os pressupostos para a propositura da ação judicial em matéria típica da jurisdição financeira? Poderia ter alguma atuação prévia dos TCs antes do ajuizamento ou são competências coexistentes? Quais os condicionantes processuais para a interposição de ações judiciais em matéria financeira?

(iv) Como integrar a apuração do mesmo débito quando há atuações em diversas esferas de modo simultâneo ou em momentos distintos?

(v) Como deveria se operar a relação jurisdicional com a esfera criminal?

Por certo que a autonomia da jurisdição financeira decorre da própria previsão constitucional dos Tribunais de Contas para o julgamento de contas, mas, na prática, tal julgamento nem sequer gera segurança jurídica ao gestor público, que pode ter novos procedimentos de apuração de responsabilidade pelos mesmos fatos já julgados perante os Tribunais de Contas.

No que se refere ao regime sancionador, o avanço em relação à responsabilização objetiva impõe que a decisão julgadora deva estar atenta para a mensuração do grau de reprovabilidade da conduta, para o nexo de causalidade, para a intencionalidade do agente, para o tempo do fato e para as consequências danosas – elementos que devem compor o ato de julgamento. Mas, ao mesmo tempo, tais especificidades do caso concreto não devem servir como "justificativa" para decisões díspares em situações idênticas.[55]

---

[54] CONTI, José Maurício. *Levando o Direito Financeiro a sério* – a luta continua. São Paulo: Blucher, 2019, p. 405-409 (Cuidado, pedalar pode dar cadeia!).

[55] Na recente obra sobre a falha do julgamento humano, Kahneman, Sibony e Sunstein se dedicam às falhas do julgamento humano por meio de decisões ruidosas e/ou enviesadas. Os vieses, apesar de possuírem um padrão,

Responsabilidade individual, antijuridicidade e reprovabilidade da conduta, dosimetria sancionatória, repercussão em outras esferas de responsabilidade, comunicação entre elas, competências de órgãos e procedimentos aplicáveis são, portanto, apenas algumas de muitas dessas questões que precisam estar previstas de modo sistematizado pelo legislador.

Desse modo, é necessário avançar também em termos normativos, estabelecendo com maior clareza os limites das diversas esferas de competência e o regime em que se operam tais processos de responsabilização.

4 Considerações finais

Os Tribunais de Contas, órgãos vocacionados para a *accountability* governamental, são um elo importante para a formatação de um sistema unificado de responsabilidade dos gestores públicos e, por conseguinte, um sistema de sanções adequado.

Partindo de tal premissa, o presente artigo buscou instigar a reflexão sobre o regime de responsabilização dos gestores públicos, em especial o da jurisdição financeira. Mais do que respostas, o objetivo do texto foi o de compartilhar inquietações que possam, em alguma medida, contribuir para as reflexões sobre as reformas futuras no regime de responsabilização dos gestores públicos. A necessidade de reforçar a jurisdição financeira pode significar uma ruptura com o modelo atual de sucessivas e sobrepostas responsabilidades sobre matérias de natureza financeiras por diversas esferas de competência. Mas, para isso, é preciso conferir maior solidez ao julgamento da regularidade das contas públicas.

O estudo de sistemas de responsabilização de outros países é fundamental para identificar possíveis vantagens na adoção de determinados elementos condizentes com o sistema jurídico nacional. De todo modo, há uma questão central de convergência que diz respeito à evolução dos regimes de responsabilização direcionados para um objetivo comum, como condensa Bouvier, que é o de garantir que o consentimento do contribuinte para os tributos não seja desviado e que sua contribuição seja utilizada de forma útil e eficiente.[56]

A prestação de contas passa por uma nova etapa em seu processo evolutivo com a adoção dos sistemas digitais, que possibilitam a utilização de sistemas para que a prestação de contas seja mais simples, mais célere e mais acessível a seu destinatário, o cidadão. Um reforço operacional impulsionado pelas tecnologias da informação.

Deve-se reconhecer, contudo, que a premência da formatação normativa de um modelo integrado e unificado da responsabilidade dos gestores de recursos públicos exige, por óbvio, uma vontade política adicional. Todavia, esse agir legislativo passa a ser impulsionado pela necessidade de uma Administração Pública desburocratizada, ágil e apta a proporcionar um ambiente com maior uniformidade e previsibilidade nas decisões que recaem sobre os gestores públicos.

Afinal, pelo que os gestores públicos são ou deveriam ser responsáveis?

---

conduzem-nos a decisões erradas de modo sistemático, enquanto os julgamentos ruidosos são aqueles dispersos, sem qualquer previsibilidade de resultados. KAHNEMAN, Daniel; SIBONY, Oliver; SUNSTEIN, Cass R. *Ruído:* uma falha no julgamento humano. Trad. de Cássio de Arantes Leite. 1. ed. Rio de Janeiro: Objetiva, 2021.

[56] BOUVIER, *Op. cit.*, p. 20, Trad. livre.

Referências

BABINET, Gilles. *Refondre les politiques publiques avec le numérique administration*: territoriale, état, citoyens. Paris: Dunod, 2020.

BRASIL. Tribunal de Contas da União. *Referencial para avaliação de governança em políticas públicas*. Brasília: TCU, 2020.

BASSÈRES, Jean; PACAUD, Muriel. *La responsabilisation des gestionnaires publics, rapport, juillet, 2020*. Disponível em: Responsabilisation des gestionnaires publics (dalloz-actualite.fr). Acesso em: 10 mar. 2022.

BOUVIER, Michael. La responsabilité financière publique confrontée à un système budgétaire en transition. *Revue française de finances publiques*, n. 139, p. 17-21, 2017.

BOUVIER, Michael. La LOLF: une réforme inachevée de par son ambiguïté. *Revue française de finances publiques, n. 156*, 2021.

CASTELLS, Manuel. *Outra economia é possível:* cultura e economia em tempos de crise. Org. Manuel Castells. 1. ed. Rio de Janeiro: Zahar, 2019.

CHEVALLIER, Jacques. A redefinição do liame político. *In:* CHEVALLIER, Jacques. *O Estado Pós-moderno*: Coleção Fórum Brasil-França de Direito Público. v. 1. Belo Horizonte: Fórum, 2009.

CHEVALLIER, Jacques. La politique de transformation publique de 2017 à 2021. *Revue française d'administration publique*, v. 180, n. 4, p. 1091-1104, 2021.

CLUNY, António. *Responsabilidade Financeira e Tribunal de Contas*. Coimbra Editora: Lisboa, 2011,

CONTI, José Maurício. *O planejamento orçamentário da administração pública no Brasil*. 1. ed. São Paulo: Blucher Open Access, 2020.

CONTI, José Maurício. *Levando o Direito Financeiro a sério*: a luta continua. 3. ed. São Paulo: Blucher, 2019.

CONTI, José Mauricio; CARVALHO, André Castro. Transparência fiscal: vinte anos depois. *In:* FIRMO FILHO, Alípio Reis; WARPECHOWSKI, Ana Cristina Moraes; RAMOS FILHO, Carlos Alberto de Moraes (coord.). *Responsabilidade na gestão fiscal*: estudos em homenagem aos 20 anos da lei complementar nº 101/2000. Belo Horizonte: Fórum, 2020.

CORDEIRO RODRIGUES, Diogo Luiz; CONTI, José Maurício. A Instituição Fiscal Independente do Brasil em perspectiva comparada: em busca de virtudes e fragilidades. *Revista de Direito Brasileiro*, [s.l.], v. 27, n. 10, p. 70-91, abr. 2021. ISSN 2358-1352. Disponível em: https://www.indexlaw.org/index.php/rdb/article/view/6316/5335. Acesso em: 14 jan. 2022.

DAMAREY, Stéphanie. *Régimes de responsabilité financière des gestionnaires publics*: Analyse comparée, Propositions pour un régime de responsabilité des gestionnaires publics. Université de Lille, 2020.

FREITAS, Juarez; FREITAS, Thomas Bellini. *Direito e Inteligência Artificial*. 1. ed. Belo Horizonte: Fórum, 2020.

GARCIA, Gilson Piqueras. *Jurimetria aplicada aos Tribunais de Contas*. Belo Horizonte: Fórum, 2021.

GOMES, Emerson C. S. *Responsabilidade financeira*. Uma teoria sobre a responsabilidade no âmbito dos Tribunais de Contas. Porto Alegre: Núria Fabris, 2012.

IOCKEN, Sabrina Nunes. Tribunal de Contas Digital (TCD) e a necessidade de sistematização da jurisdição financeira. *Interesse Público – IP*, ano 23, n. 131, jan./fev. 2022.

KAHNEMAN, Daniel; SIBONY, Oliver; SUNSTEIN, Cass R. *Ruído*: uma falha no julgamento humano. Trad. de Cássio de Arantes Leite. 1. ed. Rio de Janeiro: Objetiva, 2021.

MEYNHARDT, T.; BRIEGER, S. A.; STRATHOFF, P.; ANDERER, S.; BÄRO, A.; HERMANN, C.; GOMEZ, P. *Desempenho do valor público*: o que significa criar valor no setor público? Em gestão do setor público em um mundo globalizado (p. 135-160). Springer Gabler, Wiesbaden, 2017. Disponível em: https://www.researchgate.net/publication/310791918_Public_Value_Performance_What_Does_It_Mean_to_Create_Value_in_the_Public_Sector. Acesso em: 20 out. 2021.

MULLER, Pierre. *As políticas públicas*. Niterói: Eduff – Editora da Universidade Federal Fluminense, 2018.

MOSCOVICI, Pierre. Interview de Pierre Moscovici, Premier président de la Cour des comptes. *Gestion & Finances Publiques*, [s.l.], v. 4, n. 4, p. 5-9, 2021. DOI: 10.3166/gfp.2021.4.001. Disponível em: https://www.cairn.info/revue-gestion-et-finances-publiques-2021-4-page-5.htm. Acesso em: 5 dez. 2021.

OGATA, Ana Karina Koda *et al.* Assimetrias no conteúdo informacional das súmulas dos Tribunais de Contas brasileiros e seus impactos no princípio da isonomia. *Revista Direito GV* [on-line]. 2021, v. 17, n. 1. Disponível em: https://doi.org/10.1590/2317-6172202113. Acesso em 18 mar. 2022.

ROSANVALLON, Pierre. *Le bon gouvernement*. Paris: Éditions du Seuil, 2015.

SANTOS, Aline Sueli de Salles; COUTINHO, Doris de Miranda. O papel do Tribunal de Contas frente à *accountability*. *Revista de Direito Administrativo e Constitucional – A&C*, ano 25, n. 72, p. 220, abr./ jun. 2018.

VENÂNCIO, Denilson Marcondes. *Non bis in idem* e as sanções administrativa, improbidade e penal. *Fórum Administrativo – FA*, Belo Horizonte, ano 13, n. 153, p. 26-40, nov. 2013.

VALGAS, Rodrigo. *Direito administrativo do medo*: risco e fuga da responsabilização dos agentes públicos. São Paulo: Thomson Reuters Brasil, 2020.

WILLEMAN, Marianna Montebello. *Accountability democrática e o desenho institucional dos Tribunais de Contas no Brasil*. 2. ed. Belo Horizonte: Fórum, 2019.

Informação bibliográfica deste texto, conforme a NBR 6023:2018 da Associação Brasileira de Normas Técnicas (ABNT):

CONTI, José Maurício; IOCKEN, Sabrina Nunes. A responsabilização do gestor público sob a ótica do Direito Financeiro contemporâneo, o princípio da segurança jurídica e a necessidade de sistematização da jurisdição financeira. *In*: CONTI, José Maurício; MARRARA, Thiago; IOCKEN, Sabrina Nunes; CARVALHO, André Castro (coord.). *Responsabilidade do gestor na Administração Pública*: aspectos gerais. Belo Horizonte: Fórum, 2022. p. 13-34. ISBN 978-65-5518-412-9. v.1.

QUEM RESPONDE PERANTE A ADMINISTRAÇÃO PÚBLICA? CONTRIBUIÇÕES PARA A DELIMITAÇÃO DE FRONTEIRAS ENTRE AS RESPONSABILIDADES DE PESSOAS FÍSICAS E JURÍDICAS NO DIREITO ADMINISTRATIVO SANCIONADOR

THIAGO MARRARA

1 Introdução

Como ficções autorizadas e criadas pelo Direito, as pessoas jurídicas são instituídas, criadas e movimentadas pelo ser humano. Daí surge uma questão fundamental: a partir de que momento e sob quais condições um ato humano ilícito se transforma em um ato institucional, de modo a ocasionar a responsabilização de pessoas jurídicas, como empresas privadas ou estatais, perante a Administração Pública?

Essa indagação guia as reflexões a seguir. Para se buscar respostas, parte-se de um exemplo principal: a Lei de Defesa da Concorrência (Lei nº 12.529/2011), que trata da responsabilidade de pessoas físicas – administradores ou não – e jurídicas por infrações contra a ordem econômica apuradas pelo CADE, mas não aponta os critérios que permitem delimitar a responsabilidade dos diferentes tipos de infratores.

Inspirado pelos desafios que as lacunas do Direito Concorrencial acarretam, tomado como ilustração as várias áreas do Direito em que o problema se repete, esse artigo busca encontrar parâmetros para delimitar as responsabilidades de pessoas físicas e jurídicas no Direito Administrativo Sancionador. Nesse percurso, parte de uma descrição da responsabilidade concorrencial, para fins de ilustração do problema, ingressa na teoria geral do Direito para examinar a autonomia das pessoas físicas e jurídicas como sujeitos e se debruça sobre parâmetros teóricos, legais e estrangeiros a respeito do tema, valendo-se da legislação privada, da legislação ambiental, da legislação anticorrupção, bem como dos direitos internacional, comunitário e alemão.

2 Ilustração do problema: quem responde pela infração concorrencial?

Um bom exemplo de setor que trata da responsabilização de pessoas jurídicas e físicas, inclusive administradores, perante a Administração Pública, mas não logra precisar os limites de responsabilidade de cada tipo de sujeito é o Direito Concorrencial na sua faceta repressiva, ou seja, no denominado controle de condutas infrativas à ordem econômica, a seguir descrito.

Em seu objetivo maior de reprimir afrontas ao bom funcionamento da concorrência para tutelar os interesses da coletividade (art. 1º da Lei nº 12.529/2011), o Sistema Brasileiro de Defesa da Concorrência (SBDC), capitaneado pelo Conselho Administrativo de Defesa Econômica (CADE), vale-se do poder estatal de polícia para responsabilizar e punir, na esfera administrativa, pessoas físicas e jurídicas que cometam as chamadas "infrações contra a ordem econômica", descritas, com base em demasiadas expressões indeterminadas, no art. 36 do referido diploma legal.

O controle de condutas, atividade de responsabilização administrativa concorrencial hoje desempenhada pelo CADE, ativa no Brasil desde 1962, passando pela legislação de 1991, de 1994 e, finalmente, de 2011, sempre teve um caráter dúplice. Pelas infrações contra o bom funcionamento da concorrência respondem, de um lado, pessoas jurídicas com ou sem finalidade empresarial e, de outro, pessoas físicas em função de administração ou por ação própria.

A partir dessa descrição inicial se percebe que a responsabilidade concorrencial não atinge as pessoas físicas e as pessoas jurídicas de igual forma e na mesma extensão.

Em relação às *pessoas jurídicas*, a responsabilidade concorrencial e, principalmente, a sanção cabível variarão conforme o tipo de atividade executada. Alicerçado nesse critério, o art. 37 da Lei nº 12.529/2011 diferencia a sanção pecuniária aplicável à empresa (inciso I) da sanção pecuniária aplicável a "pessoas jurídicas de direito público ou privado, bem como quaisquer associações de entidades ou pessoas constituídas de fato ou de direito, ainda que temporariamente, com ou sem personalidade jurídica, *que não exerçam atividade empresarial*" (inciso II, g.n.). Em ambos os casos, a responsabilidade será objetiva, mas a sanção variará conforme a pessoa jurídica condenada desempenhe ou não atividade empresarial. A pessoa jurídica responderá, portanto, de acordo com critérios distintos dos aplicáveis à pessoa física, como se demonstrará oportunamente.

Em qualquer uma das duas situações previstas na lei, será imprescindível que o CADE comprove tanto a materialidade do comportamento (sua existência) quanto a autoria da infração pela pessoa jurídica e outros elementos essenciais (causalidade, ausência de excludentes, culpabilidade, etc.). A verificação da autoria, especificamente, dependerá de provas e da observância de parâmetros que permitam ao SBDC afirmar que os atos das pessoas físicas vinculadas à pessoa jurídica configuram verdadeiros atos institucionais (imputáveis à entidade empregadora) e não meros comportamentos individuais, praticados por conta própria, em benefício ou no interesse exclusivo da pessoa física (no caso, um empregado).

A responsabilização concorrencial da pessoa jurídica, nesse contexto, imbrica-se com a discussão da responsabilidade da pessoa física no Direito Administrativo da concorrência, tema muitas vezes mal compreendido em virtude de dois fatores centrais: a) a variação do tipo de responsabilidade administrativa da pessoa física em razão de seu papel social e b) a ausência de parâmetros legais expressos para se configurar, no Direito Concorrencial, o ato da pessoa física como um ato institucional, ou seja, como um ato da pessoa jurídica a que ela se vincula, por exemplo, por uma relação de emprego. Esse último problema, aliás, não é exclusividade do Direito Concorrencial, repetindo-se em inúmeros setores, de maneira a justificar a busca de parâmetros para responder à questão central deste artigo.

3 Responsabilidade da pessoa física perante a Administração no SBDC

O poder punitivo do CADE sobre pessoas físicas sofre duas grandes limitações. Em primeiro lugar, ele não se aplica a qualquer indivíduo. Alguns deles estão fora do alcance do poder de polícia do SBDC. Em segundo lugar, a sanção aplicável no âmbito do controle de condutas à pessoa física depende de seu papel e varia de acordo com a comprovação ou não de sua relação com as atividades de administração de uma pessoa jurídica, dentro ou fora de atividade empresarial.

O controle de condutas anticoncorrenciais, desempenhado pelo CADE, atinge as pessoas físicas somente nas duas situações seguintes:

- O art. 37, inciso II, da Lei nº 12.529/2011 cuida da responsabilização administrativa *objetiva* (independente da comprovação de culpa ou dolo) da *pessoa física que se envolva no cometimento de uma infração concorrencial por conta própria*, ou seja, daquele indivíduo que atue não na qualidade de representante, mandatário ou empregado de qualquer pessoa jurídica, senão por desejo e vontade própria, por seus interesses ou para seu benefício. A título ilustrativo, será esse o caso do empregado de uma empresa de produção de legumes (fornecedora) que, descolado de seu empregador, envolve-se num cartel de supermercados (varejistas). Será também o caso de certo médico que, a despeito do conhecimento e do interesse de um ou de outro hospital em que trabalhe, participa de um cartel de clínicas de autônomos. Em situações como as exemplificadas, a pessoa física responderá na esfera administrativa de modo objetivo, porém isoladamente, uma vez que seus atos não configuraram atos do empregador. Caso condenada, o CADE poderá lhe impor multa que varia entre 50 mil e 2 bilhões de reais, não cabendo pressupor a responsabilidade da pessoa jurídica empregadora. Tanto é assim que a sanção da pessoa física não é calculada a partir do faturamento da pessoa jurídica.
- Diversamente, o art. 37, inciso I, da Lei nº 12.529/2011 prevê a responsabilidade *subjetiva* da *pessoa física que agir como administradora de pessoa jurídica*. Nesta hipótese, o poder punitivo do CADE não poderá atingir os empregados, independentemente de sua categoria e de suas atribuições. Por força de disposição legal expressa, a responsabilidade recairá exclusivamente sobre o "administrador, direta ou indiretamente responsável pela infração cometida". Reitere-se: a responsabilidade será subjetiva (dependente da comprovação de culpa ou dolo, portanto), porém limitada à figura de administradores diretos ou indiretos. Aqui, destarte, a pessoa física age pela pessoa jurídica, pratica atos institucionais, razão pela qual o ilícito acarretará a responsabilidade dúplice, ou seja, do empregador (objetivamente) e do empregado com poderes de administração (subjetivamente). Comprovados os requisitos legais para a condenação, a sanção da pessoa física será calculada, em contraste com a hipótese do item anterior, na razão de 1% a 20% da sanção aplicada à pessoa jurídica. Não há como se falar, assim, de punição do administrador (empregado) sem a condenação da empregadora.

O exame das duas hipóteses legais revela que o sistema de responsabilização da pessoa física por ilícito concorrencial é complexo e restrito. Abarca tão somente a possibilidade: i) de responsabilização objetiva de indivíduos que ajam ou tenham agido por conta própria (art. 37, inciso II da Lei nº 12.529/2011) e ii) de responsabilização subjetiva de administradores que, em nome de certa pessoa jurídica, sejam ou tenham sido direta ou indiretamente responsáveis pela infração concorrencial (art. 37, inciso III, da Lei nº 12.529/2011), caso em que se deverá comprovar o elemento subjetivo (culpa ou dolo).

Dessa exposição inicial retiram-se de pronto conclusões importantes. Em primeiro lugar, a responsabilidade administrativa da pessoa física no âmbito do SBDC não ocasionará obrigatoriamente, *i.e.*, em toda e qualquer situação, a responsabilidade da pessoa jurídica empregadora. As esferas de responsabilização são autônomas em alguns casos, já que o ordenamento expressamente reconhece que uma pessoa física poderá agir por conta própria e, ao assim se comportar, sujeitar-se-á isoladamente a sanções. Em segundo lugar, os empregados que não estiverem na condição de administradores não poderão ser acusados por comportamentos cometidos em nome da pessoa jurídica, senão unicamente por comportamentos que tenham sido cometidos por conta própria, caso em que poderão responder de modo objetivo nos termos do art. 37, inciso II, da Lei nº 12.529/2011, a depender do caso.

Em extensão do raciocínio e levando em conta os limites dados pela legislação, uma acusação feita pelo CADE contra um empregado que não exerça ou tenha exercido função de administrador só poderá representar uma acusação baseada no art. 37, II, da Lei nº 12.529. Ela se direcionará a um indivíduo que, por conta própria, violou a legislação concorrencial e, por conseguinte, responderá objetivamente na esfera administrativa, submetendo-se à multa calculada dentro da faixa legal (e não como percentual da multa da pessoa jurídica, já que não haverá ato imputável a ela).

Esse tipo de acusação é válido para aqueles que não desempenhem ou tenham desempenhado o papel, expresso na legislação, de "administrador direta ou indiretamente responsável pela infração" (art. 37, inciso I). Para se interpretar a expressão legal em destaque, há que se relacionar a legislação de defesa da concorrência com a societária, nomeadamente com a Lei nº 6.404/1976 (Lei das Sociedades Anônimas). Em seu art. 138, *caput*, a Lei das S.A. atribui as funções de administração empresarial aos membros da Diretoria e do Conselho de Administração. Nesse cenário, responsável será tanto o administrador (diretor ou membro do conselho) que determine e execute imediatamente o comportamento reputado ilícito, quanto aquele que orientar ou ordenar os subordinados a materializarem o comportamento ilícito.

Em síntese, a responsabilidade administrativa da pessoa física no Direito da Concorrência varia de acordo com seu papel diante da infração. Reitere-se: a responsabilidade dos administradores direta ou indiretamente responsáveis pela prática é subjetiva e a sanção pecuniária a eles aplicável se baseará naquela cominada à pessoa jurídica. Nos termos do art. 37, III, da Lei nº 12.529/2011, essa responsabilidade da pessoa física se atrela à da pessoa jurídica, empregadora do administrador direta ou indiretamente responsável pela infração concorrencial.

Alternativamente, o Direito Concorrencial prevê a responsabilidade *objetiva* da pessoa física que age de modo autônomo, por conta própria, desvinculada da ordem interna da pessoa jurídica com a qual mantém relação funcional ou profissional. Nessa segunda situação, tratada no art. 37, II, da Lei nº 12.529/2011, a responsabilidade da pessoa física nem exige a comprovação de culpa e dolo, nem pressupõe a condenação da pessoa jurídica. Tampouco interessa se a pessoa física atua ou não em órgãos de administração de pessoa jurídica, tendo em vista que ela não age institucionalmente, senão, como frisado, por conta própria.

Disso resulta que, no Direito Concorrencial brasileiro, é perfeitamente possível que um empregado ou trabalhador de outra natureza (sem poderes de direção ou administração) pratique uma infração contra a ordem econômica independentemente da participação da pessoa jurídica empregadora. A mera existência da relação jurídica funcional não transforma, por si só e automaticamente, os eventuais comportamentos anticoncorrenciais de um empregado em comportamentos anticoncorrenciais da empresa empregadora.

4 Pessoa física e jurídica como sujeitos autônomos

A autoria do ilícito por uma pessoa física não equivale automaticamente à coautoria do mesmo ilícito pela pessoa jurídica à qual aquela pessoa física se vincula. E essa conclusão vale não somente para o Direito Administrativo da Concorrência, senão para os mais diversos ramos do Direito que lidam com a responsabilização de instituições em sentido jurídico, ou melhor, de pessoas jurídicas em regime de Direito Público ou Privado, sob titularidade estatal ou não, no plano tanto interno quanto internacional.

Por se tratar de um problema comum a tantos ramos, a Teoria Geral do Direito há longo tempo se debruça sobre o tema dos sujeitos de Direito e, ao fazê-lo, indaga: como, afinal, distinguem-se a pessoa física e a pessoa jurídica? Que comportamento da pessoa física representará um comportamento da pessoa jurídica? Na medida em que o comportamento da pessoa jurídica pressupõe um comportamento humano, quais são as condições necessárias para se configurar a autoria de um ilícito por uma pessoa jurídica?

Com o escopo de verificar se uma pessoa física age por conta própria ou como instituição, ou seja, para saber se seus atos equivalem a um ato do empregador, a um ato verdadeiramente institucional, é imprescindível retomar a definição de pessoa jurídica e esmiuçar seus contornos. Afinal, a responsabilização da pessoa jurídica nas mais diversas esferas assenta-se no seu reconhecimento como sujeito de deveres e direitos.

Dada sua autonomia como sujeito jurídico, os limites de responsabilidade da pessoa jurídica dependem tanto da delimitação legal da sua esfera de deveres como da identificação precisa de seus atos (autoria), diferenciando-os dos demais atos das pessoas físicas que lhe dão vida. É preciso que se verifique se ela efetivamente agiu (por ato ou omissão) para, somente então, julgar se tal comportamento violou ou não o ordenamento jurídico.

Explica Kelsen que "ser pessoa ou 'ter personalidade jurídica' é o mesmo que ter deveres jurídicos e direitos subjetivos'".[1] Assim, "se é o indivíduo o portador dos direitos e deveres jurídicos considerados, fala-se de uma pessoa física; se são estas outras entidades as portadoras dos direitos e deveres jurídicos em questão, fala-se de pessoas jurídicas".[2] A clareza dessa explicação não é suficiente, entretanto, para revelar como a pessoa física e a pessoa jurídica se separam e se sobrepõem, nem a precisa natureza do comportamento institucional. Exatamente por isso, no Direito ocidental, desenvolveram-se inúmeras teorias e definições da pessoa jurídica.

Vicente Ráo sistematiza os vários critérios de compreensão teórica da pessoa jurídica dos quais se retira essa importante distinção. Não caberia, por ora, olhar a todos

---

[1]   KELSEN, Hans. *Teoria pura do direito*. 6. ed. São Paulo: Martins Fontes, 1998, p. 192.
[2]   KELSEN, Hans. *Teoria pura do direito*. 6. ed. São Paulo: Martins Fontes, 1998, p. 191.

eles, mas vale, para fins de comprovação do raciocínio, resgatar ao menos a doutrina da ficção e a doutrina da instituição.

A *doutrina da ficção*, cujo grande defensor foi Savigny, parte da premissa de que somente os indivíduos titularizam direitos, pois detêm vontade capaz de deliberar e capacidade de ação. Assim, quando "se atribuem direitos a pessoas de natureza outra, estas pessoas são mera criação da *mente* humana, a qual *supõe* que elas sejam capazes de *vontade* e de *ação* e, destarte, constrói uma ficção jurídica... o legislador pode livremente conceder, negar ou limitar a capacidade dessas pessoas assim ficticiamente criadas, como pode conceder-lhes, apenas, a capacidade indispensável para o alcance dos fins em razão dos quais forem formados. Enquanto, pois, a capacidade plena constitui a regra para as pessoas físicas, *para as pessoas jurídicas é a incapacidade a regra e a capacidade a exceção*" (g.n.).[3]

A *doutrina institucional*, criada por Maurice Hauriou e desenvolvida por Georges Bonnard, indica como elementos constitutivos da instituição: "1. Uma ideia de obra ou de empresa, que cria o vínculo social, unindo todos os participantes em vista da realização comum dessa ideia; 2. Uma coletividade humana interessada na realização dessa mesma ideia (tais os membros do grupo ou os seus beneficiários passivos); 3. Uma organização, ou seja, um conjunto de meios destinados à consecução de um fim comum; 4. A manifestação de uma comunidade de propósitos entre os membros que não participam diretamente na atividade do corpo social e seus órgãos diretores. Assim, constituída, a instituição possui uma *vida interior* e uma *vida exterior*. A vida interior se revela por decisões tomadas pelos órgãos diretores com relação aos membros da instituição, impondo-lhes prestações, exercendo, sobre estes, um poder disciplinar e praticando atos outros que demonstram a existência de direitos da coletividade sobre os seus membros, atos mediante os quais a instituição começa a revelar sua personalidade jurídica, que se afirma e aperfeiçoa à medida em que entra em relação com terceiros, passando a exercer uma vida exterior. Sua vida exterior se manifesta por via da aquisição de bens, da tomada de obrigações, do exercício de ações em juízo, *visando sempre à realização da ideia comum*" (g.n.).[4]

Ambas as teorias reconhecem que, no plano prático, o comportamento da pessoa jurídica depende de um comportamento da pessoa física, mas, no plano jurídico, nem todo comportamento da pessoa física constitui um comportamento da pessoa jurídica, haja vista que ambos são sujeitos de direito autônomos. Em termos abstratos, o fato de A (comportamento humano) ser condição de B (comportamento institucional) não significa, por óbvio, que A seja igual a B, ou melhor: que A implique necessariamente B. No mundo real, a despeito do sujeito de direito, os comportamentos dependerão sempre dos indivíduos. No plano jurídico, por seu turno, os comportamentos do ser humano poderão ser imputados ora à pessoa física, ora à pessoa jurídica, ora a ambos simultaneamente.

5 A imprescindível distinção dos comportamentos da pessoa física

A necessidade de harmonização da apontada "dependência fática" entre os comportamentos com a "autonomia jurídica" desses dois diferentes sujeitos exigiu que

---

[3] RÁO, Vicente. *O direito e a vida dos direitos*. 6. ed. São Paulo: Revista dos Tribunais, 2004, p. 762.

[4] RÁO, Vicente. *O direito e a vida dos direitos*. 6. ed. São Paulo: Revista dos Tribunais, 2004, p. 767.

a Teoria do Direito passasse então a apartar os atos das pessoas físicas em dois grupos principais: aqueles praticados por sua própria conta e outros praticados no intuito de dar vida ou de materializar a vontade da pessoa jurídica. Nas inúmeras construções teóricas elaboradas ao longo dos séculos para explicar a pessoa jurídica, sempre ficou em evidência a preocupação com a distinção dos atos próprios das pessoas físicas que a constituem (que aqui chamaremos de "atos não institucionais") daqueles atos que elas praticam na qualidade de órgão ("atos institucionais") e que, por essa característica, geram sua responsabilização como sujeito de direito autônomo.

Referida preocupação se mostra, por exemplo, na teoria pura de Hans Kelsen, na qual a pessoa jurídica é apresentada como "a corporação dotada de personalidade jurídica (...), em regra, definida como uma comunidade de indivíduos a que a ordem jurídica impõe *deveres e confere direitos subjetivos que não podem ser vistos como deveres ou como direitos dos indivíduos que formam esta corporação como seus membros* (...)" (g.n.).[5] Vicente Ráo, em igual sentido, aduz que o ente social se constitui em pessoa jurídica "somente por atribuição da lei, que cria sua unidade jurídica e a confere a conjuntos de homens ou a complexos de bens, os quais, para a consecução de determinados fins, se organizam ou são organizados de modo a possuírem vontade própria, *direitos e interesses (morais, patrimoniais, ou mistos, ou egoístas, ou altruístas) distintos da vontade e dos direitos e interesses individuais de seus componentes*, ou de seus dirigentes" (g.n.).[6] No mesmo caminho, Paulo de Gusmão preleciona que "a pessoa jurídica é construção da técnica jurídica, que atribui personalidade a uma associação de pessoas, a um patrimônio ou serviço público, *reconhecendo-lhe interesses e prerrogativas distintos dos sócios, administradores ou destinatários. Tem autonomia jurídica em relação aos sócios, administradores ou destinatários. É centro de imputação de direitos e obrigações, independente dos indivíduos que a compõem ou a que ela se destinam ou que por ela agem e que por ela deliberam*" (g.n.).[7]

Embora a pessoa jurídica dependa do indivíduo no plano fático, nem todo comportamento seu mostra-se capaz de configurar um verdadeiro comportamento institucional.[8] A relação fática inevitável da pessoa jurídica com a pessoa física não transforma todos os comportamentos humanos em comportamentos institucionais. Por isso, em sua teoria pura, Kelsen já alertava: "(...) não pode a referência ao homem (a conexão com o homem) ser o momento através do qual a pessoa física ou natural se distingue da pessoa jurídica!".[9]

Como a conduta humana concretiza tanto o comportamento juridicamente relevante da pessoa física quanto da jurídica, a conduta humana, por si só, jamais solucionará questões relativas à identificação dos responsáveis por um ilícito. Daí por que Kelsen vislumbrava como grande desafio da teoria da pessoa jurídica como sujeito o "problema da atribuição à corporação da função realizada por um determinado indivíduo. Ajustado

---

[5] KELSEN, Hans. *Teoria pura do direito*. 6. ed. São Paulo: Martins Fontes, 1998, p. 194.

[6] RÁO, Vicente. *O direito e a vida dos direitos*. 6. ed. São Paulo: Revista dos Tribunais, 2004, p. 760.

[7] GUSMÃO, Paulo Dourado de. *Introdução ao estudo do direito*. 39. ed. Rio de Janeiro: Forense, 2007, p. 278.

[8] Nas palavras de Kelsen, "*os deveres e os direitos têm sempre... a conduta de determinados indivíduos como conteúdo.* Quando a ordem jurídica estatal impõe deveres ou estabelece direitos que são considerados como deveres e direitos de uma corporação... apenas se pode tratar de deveres cujo cumprimento ou violação é operada através da conduta de indivíduos, e de direitos cujo exercício se processa igualmente por meio da conduta de indivíduos – indivíduos esses que pertencem à corporação" (g.n.). KELSEN, Hans. *Teoria pura do direito*. 6. ed. São Paulo: Martins Fontes, 1998, p. 199.

[9] KELSEN, Hans. *Teoria pura do direito*. 6. ed. São Paulo: Martins Fontes, 1998, p. 193.

à pessoa jurídica da corporação, *tal problema é o de saber sob que condições pode a conduta de um indivíduo ser interpretada como sendo de uma corporação como pessoa jurídica, sob que pressupostos ou condições um indivíduo realiza ou omite uma determinada ação na qualidade de órgão de uma corporação"* (g.n.).[10]

Ao longo das décadas, a questão bem identificada por Kelsen não parou de ganhar relevância, sobretudo pelo fato de os indivíduos terem percebido na pessoa jurídica uma "função de escudo" contra sua responsabilização. Tercio Sampaio Ferraz Júnior descreve o fenômeno com precisão e vislumbra, no cenário hodierno, uma perversão do conceito de pessoa jurídica, a qual passou a figurar, em numerosos casos, como um "biombo" por trás do qual "a pessoa física muitas vezes se esconde para furtar-se à responsabilidade".[11]

Adicione-se a esse raciocínio outro fator de perversão e que vem a ser exatamente a tendência de se procurar a responsabilização da pessoa jurídica (em geral objetiva) em substituição à responsabilização da pessoa física, quer pela necessidade de comprovação de culpa ou dolo do indivíduo em inúmeras situações, o que torna a instrução probatória contra instituições mais simples ao Estado, quer pelas limitações patrimoniais da pessoa física, que podem não atender às pretensões de política econômica que, certo ou errado, são subjacentes à aplicação de setores como o Direito Administrativo da Concorrência em sua faceta repressiva.

6 Parâmetros de reconhecimento do ato institucional

Diante da imbricação fática dos comportamentos da pessoa física e da pessoa jurídica e os problemas daí resultantes para a autonomia da pessoa jurídica como sujeito autônomo de direitos e deveres, tornou-se essencial que o ordenamento jurídico estipulasse parâmetros seguros para a separação entre atos institucionais (atos da pessoa física imputáveis à pessoa jurídica como pressuposto de autoria e condição de responsabilização) e atos não institucionais (atos praticados pelos indivíduos por sua própria conta e dos quais não deriva a responsabilização da pessoa jurídica empregadora por não se configurar autoria).

Embora a legislação concorrencial e alguns outros diplomas que cuidam de responsabilidade administrativa sejam lacunosos sobre o tema, a problemática pode ser solucionada por critérios de separação de comportamentos institucionais e não institucionais advindos: (i) da teoria do órgão, construída no âmbito da Teoria Geral do Direito; (ii) do direito positivo, principalmente no tocante à responsabilidade da pessoa jurídica no Direito Ambiental e no Direito Civil e Trabalhista; (iii) da legislação anticorrupção (Lei nº 12.846/2013), que trata da responsabilidade da pessoa jurídica e, paralelamente, da pessoa física, em caso de danos causados à Administração Pública; (iv) de construções jurisprudenciais, mediante exemplos extraídos do contexto do direito público interno (em matéria de responsabilidade civil extracontratual do Estado); (v) do Direito Internacional Público; e (vi) do Direito Comunitário europeu e do Direito alemão, em especial das respectivas regras sobre repressão de infrações concorrenciais.

---

[10]   KELSEN, Hans. *Teoria pura do direito*. 6. ed. São Paulo: Martins Fontes, 1998, p. 196.

[11]   FERRAZ JÚNIOR, Tercio Sampaio. *Introdução ao estudo do direito*: técnica, decisão, dominação. 2. ed. São Paulo: Atlas, 1998, p. 156-157.

7 Ordem interna e teoria do órgão

Para a Teoria do Direito, como demonstrado, a imputação de um ato à pessoa jurídica não decorre da mera referência ao comportamento de uma pessoa física a ela vinculada. É preciso mais! Cumpre verificar se o ato do empregado é efetivamente atribuível à pessoa jurídica empregadora, tarefa que dependerá inicialmente da avaliação de seu escopo institucional e de sua ordem normativa interna, delineada no estatuto ou documento equivalente.

Kelsen explicava que se designa "por corporação uma comunidade organizada... uma comunidade que é constituída através de *uma ordem normativa que estabelece que certas funções devem ser desempenhadas por indivíduos que forem chamados a essas funções por uma forma indicada no estatuto*, quer dizer, é constituída por uma ordem normativa que institui órgãos desta espécie funcionando segundo o princípio da divisão do trabalho. *A ordem normativa constituinte da corporação é o seu estatuto*, o qual é posto em vigor através de um ato jurídico-negocial regulado na ordem jurídica estatal" (g.n.).[12]

O estatuto traduz a ordem jurídica externa para o mundo interno da instituição. Sua função central é tríplice, pois lhe cabe: definir os objetivos de que derivarão as vontades oficiais da pessoa jurídica, estabelecer os órgãos responsáveis pela execução das tarefas e alinhar a ordem interna da empresa ao ordenamento jurídico. A ordem normativa interna da empresa materializa-se num estatuto responsável pela distribuição dos deveres dentro da instituição e pela competência para o exercício das funções, ou seja, é ele que cria as funções e os órgãos e, assim, constrói parâmetros de separação das condutas humanas em condutas institucionais e não institucionais. Nas palavras de Kelsen: "O estatuto regula a conduta de uma pluralidade de indivíduos que, *na medida em que essa conduta é regulada através do estatuto, são os membros da corporação, pertencem à corporação, formam a corporação*" (g.n.).[13]

Além de definir finalidades, cabe a esse documento a determinação do elemento pessoal, ou seja, a definição de quem age pela pessoa jurídica em cada situação. "(...) A ordem jurídica [estatal], quando – como se diz – impõe deveres ou confere direitos a uma corporação, determina apenas o elemento material da conduta que forma o conteúdo do dever ou do direito e *deixa ao estatuto a determinação do elemento pessoal, quer dizer, a determinação do indivíduo que tem de cumprir o dever ou de exercer o direito, de forma que a relação entre a ordem jurídica estatal e a pessoa jurídica a que ela impõe deveres ou confere direitos é a relação entre duas ordens jurídicas: uma ordem jurídica total e uma ordem jurídica parcial*" (g.n.).[14]

A partir daí se conclui que somente as condutas estabelecidas pela ordem interna da pessoa jurídica e praticadas pelos sujeitos competentes para tanto configuram atos institucionais. É o órgão, segundo Vicente Ráo, "o elemento que, fazendo parte integrante de um ente jurídico, tem por função formar, manifestar, ou executar uma vontade que a lei considera como vontade direta e imediata do próprio ente; *quando cada órgão exerce a atividade que, por lei ou disposição estatutária, lhe compete exercer, é o próprio ente que, deste modo, constitui, declara e cumpre a sua própria vontade*. O órgão não representa o

---

[12] KELSEN, Hans. *Teoria pura do direito*. 6. ed. São Paulo: Martins Fontes, 1998, p. 197.

[13] KELSEN, Hans. *Teoria pura do direito*. 6. ed. São Paulo: Martins Fontes, 1998, p. 197.

[14] KELSEN, Hans. *Teoria pura do direito*. 6. ed. São Paulo: Martins Fontes, 1998, p. 199.

ente, nem este quer e age por intermédio daquele, mas age e quer, diretamente, pondo os seus órgãos em função".[15]

Os comportamentos que caracterizam e materializam a instituição são, desse modo, os comportamentos dos seus órgãos, das unidades internas da pessoa jurídica determinadas no estatuto, na sua ordem própria, e que assumem a competência de exercer os direitos e cumprir os deveres da entidade. Mais uma vez, vale resgatar o ensinamento de Kelsen, segundo o qual "indivíduos não pertencem como tais, *mas apenas com as suas ações e omissões reguladas pelo estatuto, à comunidade constituída pelo estatuto e designada com corporação. Somente uma ação ou omissão regulada no estatuto pode ser atribuída à corporação"*. Na atribuição de um ato de conduta humana à corporação nada mais se exprime senão a referência deste ato à ordem normativa que o determina e constitui a comunidade que, através desta atribuição, é personificada" (g.n.).[16]

Resulta assim que, a princípio, não são institucionais as ações executadas pela pessoa física fora do órgão. Ao violar deveres em desrespeito ao estatuto ou outros atos internos, o indivíduo agirá por conta própria, em favor de seus próprios fins, devendo responder isoladamente. Isso fica evidente na explicação de Vicente Ráo, segundo a qual "as pessoas físicas integrantes dos órgãos societários (sejam quais forem) destes órgãos juridicamente se desprendem e assumem autonomia individual: a) *passivamente, para responder, no cível ou no crime, pelos danos ou lesões de direitos que, violando seus deveres legais ou estatutários, causarem à sociedade ou a terceiros (...)"*.[17] Essa conclusão se confirma em Franco Montoro, para quem *"a finalidade da instituição não se confunde com os fins particulares ou motivos pessoais de seus membros; a lei exige que os estatutos da pessoa jurídica mencionem expressamente os fins a que ela se destina..."* (g.n.).[18]

Com base na premissa de que o estatuto é o delimitador da ordem interna sob o aspecto material e o aspecto pessoal, então os empregados somente praticarão atos ilícitos como entidade empregadora caso se comprove ao menos uma das duas hipóteses seguintes:

i. ou a própria entidade, ao elaborar o estatuto, prevê comportamentos incompatíveis com o ordenamento jurídico, ou seja, prescreve aos seus órgãos condutas ilícitas ou

ii. a entidade, a despeito da conformidade do estatuto com o ordenamento jurídico, elabora ordens e políticas internas informais, de sorte a direcionar seus trabalhadores ao cometimento de ilícitos em seu nome e no seu interesse.

Nessa segunda hipótese, contudo, fundamental é a comprovação da existência de uma vontade, de uma política interna, de um plano, divergente do estatuto, e que direciona os trabalhadores ao cometimento de comportamentos ilícitos conforme os interesses e propósitos da pessoa jurídica empregadora. É preciso, nas palavras de Kelsen, que se demonstre que o membro da instituição, ao cometer o ato ilícito, "agiu no sentido dos propósitos da organização, não expressamente normatizados, mas implicitamente entendidos como tais".[19] Esse entendimento se harmoniza perfeitamente

---

[15]   RÁO, Vicente. *O direito e a vida dos direitos*. 6. ed. São Paulo: Revista dos Tribunais, 2004, p. 794, nota de rodapé.

[16]   KELSEN, Hans. *Teoria pura do direito*. 6. ed. São Paulo: Martins Fontes, 1998, p. 197.

[17]   RÁO, Vicente. *O direito e a vida dos direitos*. 6. ed. São Paulo: Revista dos Tribunais, 2004, p. 796.

[18]   MONTORO, André Franco. *Introdução à ciência do direito*. 26. ed. São Paulo: Revista dos Tribunais, 2005, p. 579.

[19]   KELSEN, Hans. *Teoria pura do direito*. 6. ed. São Paulo: Martins Fontes, 1998, p. 205.

com o Direito Positivo brasileiro, tal como se demonstrará ao longo do estudo dos parâmetros oferecidos em outros ramos jurídicos sobre a questão em debate.

8 Parâmetros do Direito Ambiental, Civil e Trabalhista

A teoria do órgão e os parâmetros para a definição de atos institucionais aptos a configurarem um ilícito pela pessoa jurídica não se resumem a debates da ciência do Direito. Apesar da lacuna do Direito Concorrencial e de outras leis, o legislador brasileiro, em diversos contextos normativos, estabeleceu critérios para que se pudesse imputar condutas de trabalhadores à pessoa jurídica empregadora. É relevante observar dois exemplos: (i) a responsabilidade administrativa e penal da pessoa jurídica por infração ambiental nos termos do art. 3º da Lei nº 9.605/1998, modelo que de certo modo incorpora a distinção entre autoria mediata e imediata e (ii) a responsabilidade civil do empregador à luz do art. 932, III, do Código Civil.

Parâmetros do Direito Ambiental e do Direito Penal

Com base no art. 225, §3º, da Constituição da República,[20] a Lei nº 9.605/1998 reconhece a responsabilidade penal, administrativa e civil da pessoa jurídica por comportamentos danosos ao ambiente em suas mais diversas facetas. Ao tratar da infração penal e administrativa, referida lei apresenta de modo bastante objetivo os parâmetros para a configuração da responsabilidade da pessoa jurídica no seguinte dispositivo:

> Art. 3º - As pessoas jurídicas serão responsabilizadas administrativa, civil e penalmente conforme o disposto nesta Lei, nos casos em que *a infração seja cometida por decisão de seu representante legal ou contratual, ou de seu órgão colegiado, no interesse ou benefício da sua entidade.* (g.n.)

O art. 3º, *caput*, não se restringe à esfera penal. Trata-se, por opção expressa do legislador, de mandamento que igualmente disciplina a *responsabilidade administrativa da pessoa jurídica* a partir do poder de polícia do Estado, caso em tudo análogo ao que ocorre no CADE, autarquia responsável pela responsabilização administrativa de pessoas físicas e jurídicas também com suporte no poder de polícia. Exatamente por isso, as normas do Direito Ambiental servem perfeitamente ao esclarecimento dos critérios e das condições que devem ser examinados na definição da autoria de ilícitos administrativos por pessoa jurídica.

O art. 3º, *caput*, estipula de maneira nítida dois requisitos cumulativos para a responsabilização penal ou administrativa da pessoa jurídica. O primeiro pode ser chamado de *subjetivo* e o segundo, de *finalístico*.

O *subjetivo* consiste na relação da conduta do trabalhador com uma decisão tomada por um representante legal ou contratual da pessoa jurídica ou *por um de seus órgãos colegiados*. Nesse particular, o legislador pretendeu esclarecer que somente indivíduos

---

[20] Art. 225, §3º - As condutas e atividades consideradas lesivas ao meio ambiente sujeitarão os infratores, pessoas físicas ou jurídicas, a sanções penais e administrativas, independentemente da obrigação de reparar os danos causados.

específicos estão autorizados a formular e expedir uma decisão em nome da pessoa jurídica no intuito de guiar seus membros. Esclarece Paulo Affonso Leme Machado que o representante legal é aquele indicado no estatuto da pessoa jurídica, enquanto o representante contratual geralmente é o diretor, gerente, administrador ou mandatário da empresa.[21] Sendo assim, caso o comportamento do trabalhador, entendido como ilícito, materialize uma decisão de agentes sem poder de comando ou de representação, não terá ele agido como órgão, senão por vontade própria. Por conseguinte, inexistirá ilícito imputável à pessoa jurídica empregadora.

O segundo requisito, aqui chamado de *finalístico*, diz respeito ao resultado da ação considerada ilícita ou à sua relação com os interesses da pessoa jurídica empregadora. A esse respeito, a lei claramente requer que o comportamento, tomado como infrativo pelo Estado, ou gere um benefício à pessoa jurídica ou, independentemente do benefício, ocorra em alinhamento com seus interesses. Esse requisito é bem explicado por Moacir Araújo, para quem, nos termos do artigo em comento, mostra-se fundamental que "o autor material tenha agido sob o amparo da pessoa jurídica e que tal atuação ocorra na esfera das atividades da pessoa jurídica ou que essas atividades se prestem a dissimular a verdadeira forma de intervenção da pessoa jurídica".[22]

Não é outro o posicionamento dos especialistas em responsabilidade ambiental da pessoa jurídica. Guilherme Guimarães Feliciano detalha com maior profundidade os requisitos do art. 3º da Lei nº 9.605/1998 e, ao fazê-lo, reforça a necessidade de se comprovar que a pessoa física tenha agido sob a égide, sob o comando ou no interesse da pessoa jurídica. Em suas palavras, a responsabilidade "pressupõe a conduta humana de pessoa física sob seu comando, sob sua égide ou no seu interesse (não há, pois, responsabilidade penal da pessoa jurídica por fato natural, força maior, caso fortuito ou estado próprio espontâneo – *'strict liability'*)".

Em síntese, a responsabilidade institucional depende da configuração, devidamente comprovada pelo Estado no processo administrativo sancionador, de "dois liames orgânicos, a saber: (d.1) conduta humana motivada por deliberação de representante legal ou contratual da pessoa jurídica, de seu órgão colegiado ou de quem possua poderes gerais de decisão, direção ou administração, ainda que setoriais (interpretação extensiva analógica arrimada nas expressões 'representante legal ou contratual' e 'órgão colegiado') – elemento etiológico do fato-crime empresarial; (d.2) conduta humana orientada, direta ou indiretamente, ao interesse (moral, mercadológico, ideológico etc.) ou benefício (= interesse econômico)".[23]

Ao examinar as disposições da lei de crimes ambientais, aduz Frederico Di Trindade Amado que "tais condicionantes excluem, por exemplo, a responsabilização de um dirigente que age apenas em seu benefício (sem qualquer interesse ou proveito para a empresa), ou de um empregado – sem poder de gestão – que comete um delito

---

[21] MACHADO, Paulo Affonso Leme. *Direito ambiental brasileiro*. 23. ed. rev. ampl. e atual. São Paulo: Malheiros, 2015, p. 842.

[22] ARAÚJO, Moacir Martini. *Da responsabilidade penal da pessoa jurídica*. Responsabilidade criminal da pessoa jurídica de direito público em relação aos crimes ambientais. São Paulo: Quartier Latin, 2007, p. 166.

[23] FELICIANO, Guilherme Guimarães. Desconsideração e consideração da pessoa jurídica no direito penal ambiental: convergindo antíteses aparentes para a tutela penal do meio ambiente humano. *Rev. Fac. Dir. Univ. São Paulo*, v. 108, p. 496, jan./dez. 2013.

ambiental no exercício do labor, porém sem qualquer determinação do representante legal ou contratual da pessoa jurídica".[24]

Em sentido semelhante, manifestam-se igualmente outros reconhecidos estudiosos da responsabilidade no Direito Ambiental, como Luís Paulo Sirvinskas[25] e Edis Milaré, para quem, reiterando-se o quanto dito, na legislação brasileira, "a responsabilização da pessoa jurídica ficou condicionada a uma 'decisão' tomada no seu interesse ou benefício".[26] Assim – conclui –, quando o empregado der causa a uma lesão sem estar vinculado ao poder de direção das pessoas competentes, deverá responder individualmente.[27]

Em última instância, os requisitos adotados pelo legislador ao construir o sistema de responsabilização da pessoa jurídica no Direito Ambiental incorporam a diferenciação, elaborada nas ciências criminais, entre autoria imediata e autoria mediata, esta última baseada na teoria do "domínio do fato" (*"Tatherrschaft"*).

No âmbito do Direito Ambiental, o legislador superou a ideia simplista e unitarista de que autor é aquele que concorre para o crime (art. 29 do Código Penal), mesmo porque o concorrer não lograria explicar com exatidão as atuações conjuntas entre indivíduo e pessoas jurídica – constelação distinta da típica coautoria entre dois ou mais criminosos. A legislação ambiental, ademais, abandonou a ideia de que a autoria se limitaria a quem pratica pessoal e diretamente a figura delituosa, ou seja, quem comete o ilícito por suas próprias mãos.

Fazendo-se um paralelo com a teoria penal, sobretudo com as lições de Roxin, recentemente aplicada para debates entre coautoria de trabalhadores e gerentes, é possível afirmar que o conceito de autoria no contexto da responsabilidade penal e administrativa do Direito Ambiental brasileiro compreende duas figuras distintas e posicionadas numa relação vertical: o autor imediato, o indivíduo da frente, é aquele que age por suas próprias mãos (o trabalhador, por exemplo) e o autor mediato, a instituição por trás, é a pessoa jurídica que se serve do primeiro como 'instrumento'.[28]

Luiz Régis Prado também destaca a doutrina da autoria mediata e, ao fazê-lo, ressalta a necessidade de que o executor (por exemplo, um empregado) da determinação emitida pelo autor mediato não tenha domínio do fato. Em suas palavras, "*nas hipóteses de autoria mediata, aquele que realiza a conduta típica* [o executor] *carece do domínio do fato e não poderia, consequentemente, ser considerado autor. O instrumento* [executor] *não tem, portanto, o domínio final do fato – e, sim, o autor mediato – e, no entanto, realiza a conduta típica*".[29]

À luz da teoria do domínio do fato, elaborada por Roxin, Luís Greco e Augusto Assis explicam que o autor imediato, como instrumento do sujeito de trás, agiria por coação, erro ou por "domínio da organização", ou seja, uma forma especial de domínio

---

[24] AMADO, Frederico Augusto Di Trindade. *Direito ambiental esquematizado*. 3. ed. rev. atual. e ampl. São Paulo: Método, 2012, p. 506.

[25] SIRVINSKAS, Luís Paulo. *Tutela penal do meio ambiente:* breves considerações atinentes à Lei n. 9.605, de 12-2-1998. São Paulo: Saraiva, 1998, p. 22.

[26] MILARÉ, Édis. *Direito do ambiente*. São Paulo: Revista dos Tribunais, 2000, p. 358.

[27] MILARÉ, Édis. *Direito do ambiente*. São Paulo: Revista dos Tribunais, 2000, p. 359.

[28] Cf. ROXIN, Klaus. *Strafrecht:* allgemeiner Teil, vol. 2. Munique: Beck, 2003, §26 e BITENCOURT, Cezar Roberto. *Tratado de direito penal:* parte geral, v. 1, 10. ed. São Paulo: Saraiva, 2006, p. 516.

[29] PRADO, Luiz Regis. *Curso de Direito penal Brasileiro*. 13. ed. São Paulo: Revista dos Tribunais, 2014, p. 404.

do fato operacionalizada por aparatos organizados de poder. Nessa última hipótese, porém, a confirmação da autoria do sujeito de trás, do autor mediato, requer a observância de inúmeros requisitos, dentre os quais a demonstração de *fungibilidade do autor imediato*, ou seja, a comprovação de que o ilícito teria sido cometido ainda que o indivíduo que agiu pelas próprias mãos no caso concreto (o trabalhador acusado) tivesse sido substituído por qualquer outro.[30]

A partir disso se compreende a lógica observada pelo legislador brasileiro. A pessoa jurídica somente poderá ser punida quando seus trabalhadores agirem como seu instrumento, como órgão, como membro da instituição incumbido de materializar sua vontade oficial e realizar seus propósitos. Um dos requisitos imprescindíveis para se comprovar essa atuação ilícita é exatamente o da comprovação da *fungibilidade* do trabalhador que agiu pela empresa. Se esse indivíduo específico tivesse se abstido, a empresa poderia ter cometido o ilícito por outros? Essa é a questão que o Estado deve responder na qualidade de acusador. E se o ilícito deixar de existir, caso se apague, em um exercício hipotético, a figura do executor imediato (trabalhador), então não haverá autoria mediata com base no domínio da organização.

É inegável que essa lógica oriunda da noção de autoria mediata incorporou-se ao sistema de responsabilização de pessoas jurídicas por ilícitos administrativos no Brasil, como demonstrado a partir do exame do art. 3º da Lei nº 9.605/1998. Deve, assim, servir de referência para superar as lacunas da legislação concorrencial e de outros setores no tocante à configuração da autoria da infração administrativa por pessoas jurídicas a partir do comportamento de seus empregados.

Parâmetros do Direito Civil e Trabalhista

A necessária distinção do ato institucional e não institucional e, por conseguinte, da autoria de um ilícito pela pessoa física da autoria de um ilícito pela pessoa jurídica ressurgem em todo e qualquer ramo em que as pessoas jurídicas desempenham um papel relevante. Não por outro motivo, o Código Civil também cuida de maneira explícita dos sujeitos capazes de formar a vontade da pessoa jurídica e, por decorrência, estabelece os limites entre a atuação institucional e a atuação puramente privada da pessoa física. Trata, ainda, dos parâmetros necessários para a responsabilização civil do empregador por atos dos empregados.

Em seu art. 47, o Código inicialmente delimita a vontade da pessoa jurídica como a oriunda dos seus atos constitutivos e, adicionalmente, a formada pela ação de seus administradores nos limites estabelecidos pela ordem interna.[31] Para dar condições de efetividade a esse dispositivo, impõe, ainda, que o ato constitutivo da pessoa jurídica defina como ela será administrada e representada.[32]

À luz desses mandamentos iniciais, não pode um trabalhador sem função de administração definir a vontade, a política ou os propósitos da pessoa jurídica a que se vincula funcionalmente. Assim, se um trabalhador sem poder de direção, por uma

---

[30] GRECO, Luís *et al. Autoria como domínio do fato*. São Paulo: Marcial Pons, 2014, p. 99-100.

[31] Art. 47 – Obrigam a pessoa jurídica os atos dos administradores, exercidos nos limites de seus poderes definidos no ato constitutivo.

[32] Art. 46 – Do ato constitutivo deve constar: (...) III - o modo por que se administra e representa, ativa e passivamente, judicial e extrajudicialmente.

razão qualquer e de modo isolado (*i.e.*, sem obedecer a comando hierárquico), decidir colaborar com uma prática violadora da concorrência sem qualquer suporte em políticas internas, não agirá de modo institucional e, por isso, deverá ser responsabilizado individualmente.

Essa conclusão se reforça com o exame do art. 932, III, do Código Civil, no qual se expressa a imprescindibilidade do vínculo orgânico do executor de certo comportamento danoso com a pessoa jurídica. De acordo com referido dispositivo, um empregador somente responderá pelos atos de seus empregados "no exercício do trabalho que lhes competir ou em razão dele". Em outras palavras, se o trabalhador agir de modo danoso em razão da tarefa que lhe tiver sido atribuída pelo empregador, então este será responsável pela reparação do dano. Assumirá, assim, responsabilidade objetiva de reparação do dano por fato de terceiro (empregado) em virtude de expressa previsão legal (art. 932, III, combinado com o art. 933).[33] No entanto, por via reversa, jamais responderá a pessoa jurídica por atos danosos praticados por seus empregados caso não se comprove que esses atos se alinharam com suas atribuições funcionais.

Em consonância com essa interpretação, a doutrina civilista, ao comentar o art. 932, III, do Código Civil, ressalta a necessidade de que os empregados ajam no exercício de suas funções, estabelecidas pela ordem interna da pessoa jurídica que figura como empregadora e, nessa qualidade, assume a responsabilidade. Exatamente por isso, não haverá responsabilidade da pessoa jurídica quando faltar um nexo de causalidade entre o ato, sempre praticado por uma pessoa física, e suas atividades institucionais.

Cavalieri Filho, ao comentar o artigo do Código Civil em questão, afirma que o campo de defesa do patrão ou comitente em matéria de defesa quanto à obrigação de indenizar é restrito, mas reconhece a teoria do órgão, pelo qual se deve diferenciar atos institucionais de atos não relacionados à pessoa jurídica. Ao tratar da questão, ressalta a necessidade de conexão de tempo, de lugar e de trabalho com o exercício da função profissional. Em suas palavras, o empregador deverá ser exonerado da responsabilidade ao se provar que "o ato danoso é absolutamente estranho ao serviço ou atividade, praticado fora do exercício das atribuições do empregado ou preposto. Se o ato não for praticado no exercício da função, ou em razão dela, inexiste conexão de tempo, de lugar e de trabalho. Querer impor a condenação do patrão nesses casos é violar o texto da lei".[34]

Em comum com o Direito Administrativo e o Direito Penal, ao cuidar da responsabilidade da pessoa jurídica por atos de pessoas físicas a ela vinculadas, o Direito Privado ressalta a imprescindibilidade do liame orgânico do comportamento com a ordem interna da instituição. Desse modo, por exemplo, atos praticados por trabalhadores fora das tarefas que lhes foram atribuídas pela empresa não poderão ser entendidos como comportamentos empresariais para fins de responsabilidade e determinação de reparação de danos. Tanto no Direito Ambiental, Penal e Administrativo, quanto

---

[33] Art. 932. São também responsáveis pela reparação civil: III - o empregador ou comitente, por seus empregados, serviçais e prepostos, no exercício do trabalho que lhes competir, ou em razão dele. José de Aguiar Dias explica que *preposto, comissário ou empregado é aquele que recebe ordens, sob o poder de direção de outrem e que a tempo determinado*. Ressalta que a relação entre patrão e empregado é "criada por subordinação voluntária" do preposto. DIAS, José de Aguiar. *Da responsabilidade civil*. 11. ed. São Paulo: Renovar, 2006, p. 761.
Art 933. As pessoas indicadas nos incisos I a V do artigo antecedente, ainda que não haja culpa de sua parte, *responderão pelos atos praticados pelos terceiros ali referidos*.

[34] CAVALIERI FILHO, Sergio. *Programa de Responsabilidade Civil*. 7. ed. São Paulo: Atlas, 2007, p. 185.

no Direito Privado, a pessoa jurídica somente cometerá um ilícito na medida em que seu trabalhador agir como seu órgão, ou seja, em linha com sua ordem interna, seus propósitos e seus interesses.

Em conclusão, o mero fato de um indivíduo se vincular funcionalmente a uma empresa não serve para presumir que todas as ações desses indivíduos são ações institucionais. Há vários exemplos que fundamentam essa tese: o empregado pode agir por conta própria ou, não raro, a mando e no interesse de outras empresas, concorrentes, clientes, fornecedores ou terceiros. Em segundo lugar, para se sustentar uma condenação, seria necessário, mesmo na situação mais grave, comprovar cabalmente que a empresa empregadora detinha conhecimento da prática ilícita e não buscou evitá-la. Em terceiro e último lugar, a mera comprovação de que o comportamento ocorreu no espaço e/ou no momento de trabalho não gera a presunção de que a empresa empregadora tinha esse conhecimento e domínio sobre o comportamento ilícito do empregado.

9 Parâmetros da legislação anticorrupção

Na mesma linha adotada nos âmbitos da legislação ambiental, civil, trabalhista e do Direito Internacional Público, a Lei Anticorrupção, por vezes indevidamente chamada de lei da empresa limpa (Lei nº 12.946/2013), permite uma diferenciação entre, de um lado, os atos praticados pela pessoa física, ensejadores de responsabilidade da pessoa jurídica a que se vincula (atos institucionais), e, de outro lado, os atos praticados por pessoas físicas por conta própria (atos não institucionais).

Nos termos do art. 2º, "as pessoas jurídicas serão responsabilizadas objetivamente, nos âmbitos administrativo e civil, pelos atos lesivos previstos nesta Lei *praticados em seu interesse ou benefício, exclusivo ou não*". Nesse dispositivo, verifica-se a exigência do requisito *finalístico*: a conduta tem que ter sido praticada com o intuito de trazer algum benefício para a pessoa jurídica. Sem ele, a pessoa física responde sozinha. A parte final do dispositivo, com a expressão "exclusivo ou não", está a indicar que a conduta do empregado (pessoa física) pode ter objetivado um benefício concomitante para si e para a empresa. A redação do texto legal não deixa dúvida de que a responsabilidade da pessoa jurídica é objetiva.

Pelo art. 3º, "a responsabilidade da pessoa jurídica não exclui a responsabilidade individual de seus dirigentes ou administradores ou de qualquer pessoa natural, autora, coautora ou partícipe do ato ilícito". Por outras palavras, tanto responde a pessoa jurídica como seus dirigentes, administradores ou mesmo terceiro que tenha participado do ato ilícito. Por sua vez, o §1º do art. 3º determina que "a pessoa jurídica será responsabilizada independentemente da responsabilização individual das pessoas naturais referidas no artigo". Mais uma vez, desponta a ideia de responsabilização concomitante, porém autônoma, da pessoa jurídica e das pessoas físicas autoras, coautoras ou partícipes do ato ilícito. E o §2º do art. 3º estabelece que "os dirigentes ou administradores somente serão responsabilizados por atos ilícitos na medida da sua culpabilidade". A responsabilidade é, portanto, subjetiva, porque dependente da demonstração de culpa.

Sobre o assunto, é oportuna a menção ao ensinamento de José Roberto Pimenta Oliveira,[35] em comentário ao art. 2º. A seu ver: "A responsabilização depende da prática

---

[35] Comentários ao art. 2º. *In*: DI PIETRO, Maria Sylvia Zanella; MARRARA, Thiago (coord.). *Lei anticorrupção comentada*. Belo Horizonte: Fórum, 2017, p. 31.

de condutas em benefício ou no interesse da PJ, em relações jurídico-administrativas nas quais a PJ comparece em um dos polos. Não provada prática lesiva, ou não provada a aplicabilidade do critério legal, não haverá responsabilização. O critério é delimitador da responsabilidade e, ao mesmo tempo, serve de limitação para imputações injustificadas a determinada PJ".

Note-se que o "critério legal" a que o autor se refere diz respeito à "atuação de pessoa física no interesse ou benefício, exclusivo ou não, da pessoa jurídica". Um pouco adiante, Oliveira aponta os requisitos legais gerais para que se configure a responsabilidade objetiva prevista na Lei nº 12.846/2013: "a) sujeito de direito passível de responsabilização, à luz do art. 1º; b) ato lesivo praticado no campo territorial ou extrajudicial do domínio punitivo; c) configuração de condutas comissivas e/ou omissivas lesivas que se enquadrem na tipologia taxativa do art. 5º, e respectivo nexo de causalidade; d) *identificação das pessoas físicas*, autores, coautores e partícipes – e respectiva conduta ilícita – na ocorrência do ato lesivo; e) *configuração do critério legal de imputação do ato ilícito à pessoa jurídica*, conforme o critério estabelecido no art. 2º".[36]

Isso revela que a pessoa física pode: a) responder juntamente com a pessoa jurídica, quando se verificar o critério legal previsto no art. 2º, ou seja, conduta praticada em benefício ou no interesse da pessoa jurídica; ou b) responder isoladamente, nos termos da legislação sancionadora vigente, pelos atos não institucionais, ou seja, praticados por conta própria, sem que possam ser imputáveis à pessoa jurídica, porque praticados fora do âmbito do art. 2º da Lei nº 12.946/2013. Dessa maneira, também na lei anticorrupção, não basta a prática de ato lesivo pela pessoa física; é necessário que seu ato seja imputável à pessoa jurídica, por ter sido praticado em seu interesse ou em seu benefício, exclusivo ou não.

10 Parâmetros sobre responsabilidade do Estado no Direito Interno

Em todos os contextos nos quais se discute a responsabilidade do Estado como pessoa jurídica, seja na ordem interna ou na ordem internacional, surge automaticamente a questão de saber se os seus agentes (trabalhadores nos mais diversos regimes públicos) operaram de modo institucional (ou seja, em nome do Estado como pessoa jurídica) ou por conta própria (em sua esfera pessoal).

No âmbito interno, nada mais adequado para ilustrar essa problemática que a jurisprudência das Cortes Superiores a respeito da responsabilidade civil do Estado. De acordo com a Constituição da República de 1988 (art. 37, §6º), "as *pessoas jurídicas de direito público e as de direito privado prestadoras de serviços públicos responderão pelos danos que seus agentes, nessa qualidade*, causarem a terceiros, assegurado o direito de regresso contra o responsável nos casos de dolo ou culpa" (g.n.).

Ainda que sutilmente, o dispositivo constitucional transcrito explicitou a obrigatoriedade de se apartar o comportamento institucional do comportamento não institucional. E isso se vislumbra, de modo inquestionável, na expressão "nessa qualidade", com a qual se quis afirmar que somente se configurará a autoria do ato danoso pelo

---

[36] Comentários ao art. 2º. *In*: DI PIETRO, Maria Sylvia Zanella; MARRARA, Thiago (coord.). *Lei anticorrupção comentada*. Belo Horizonte: Fórum, 2017, p. 36.

Estado quando os seus agentes atuarem como instituição e não em sua vida privada, por conta própria, fora da "qualidade" de agente público.

A respeito desse liame funcional imprescindível, Amauro Cavalcanti, em obra clássica sobre o tema, aduzia que o indivíduo age na qualidade de agente público: 1) quando pratica o ato no exercício das suas funções e dentro dos limites de sua competência; 2) quando pratica o ato, mesmo com *excesso de poder,* mas revestido da autoridade do cargo, ou servindo-se dos meios deste; 3) quando o cargo tenha influído, como causa ocasional do ato.[37]

A seu turno, Yussef Said Cahali explica que, para a determinação da responsabilidade civil do Estado, é imprescindível que o agente se encontre "no exercício de uma atividade ou função pública, quando da causação do dano (...). Ou, como ressalta o STF: não exige o preceito constitucional que o servidor público tenha agido no exercício de suas funções, *mas nessa qualidade* (...)"[38] (g.n.). Nesse sentido, Cahali consigna a necessidade de se diferenciar, para fins de responsabilidade, as situações em que a pessoa física age por conta própria das situações em que opera na qualidade de agente estatal. De acordo com seus ensinamentos, "distinguem-se, nos atos dos funcionários ou agentes públicos, aqueles que são praticados em razão exclusiva de sua condição humana, sob império de paixões, interesses, sentimentos, ambições ou fragilidades pessoais, capazes de os animarem a um procedimento ilícito em qualquer situação, independente, portanto, de sua qualidade de agente ou funcionário; e outros que, embora mesclados por impulsos íntimos, são praticados necessariamente aproveitando-se da situação funcional, em relação de dependência com as funções ou atividades administrativas que desempenham".[39]

A jurisprudência brasileira, também por força da expressão "nessa qualidade", consignada no art. 37, §6º, da Constituição, já debateu, em várias oportunidades, a diferenciação apontada, sobretudo em situação de danos ocasionados por indivíduos que se vinculam a instituições policiais.

No paradigmático RE nº 363423, julgado em 2004, o STF entendeu que não se pode falar de responsabilidade do Estado (como pessoa jurídica) se o seu agente não se encontrava *na qualidade* de agente público quando praticou o ato lesivo. Nesse caso, o posicionamento vencedor foi firmado com suporte no voto vista do Ministro Eros Grau. Ao longo dos debates, os Ministros se debruçaram sobre um julgado paradigmático anterior, o RE nº 160.401/PR, de 1999 e sob relatoria do então Ministro Carlos Veloso.

Para divergir do entendimento firmado no julgado de 1999, o qual reconhecera a responsabilidade civil do Estado, os Ministros concluíram que, naquela situação, o agente atuara como se estivesse desempenhando a função policial, buscando "corrigir as pessoas" e, por isso, estava imbuído do agir público mesmo encontrando-se "fora de serviço". Por este motivo, a responsabilidade civil do Estado era medida que se compatibilizava com as determinações do art. 37, §6º, CF no caso concreto. Contudo, no caso objeto do RE de 2004, os Ministros entenderam se tratar de *ato da vida privada do agente público que apenas se valeu de sua arma para executar o ato ilícito,* motivado por uma questão passional de desentendimento amoroso. Logo, a despeito de ter empregado

---

[37] AMARO, Cavalcanti. *Responsabilidade Civil do Estado.* 2. ed. Rio de Janeiro: Borsói, 1957.

[38] CAHALI, Yussef Said. *Responsabilidade Civil do Estado.* 3. ed. São Paulo: Revista dos Tribunais, 2007, p. 84-85.

[39] CAHALI, Yussef Said. *Responsabilidade Civil do Estado.* 3. ed. São Paulo: Revista dos Tribunais, 2007, p. 86.

um instrumento de trabalho, na hipótese não cabia afirmar que o policial praticou o crime na qualidade de agente público.

Para esclarecer essa distinção entre ação privada e ação na qualidade de funcionário, em seu voto vista, responsável pelo entendimento final, o Ministro Eros Grau prelecionou que "a expressão *'nessa qualidade'*, inserida no §6º do artigo 37 da Constituição de 1988, *está a definir que o Estado não pode ser responsabilizado senão quando o agente estatal estiver a exercer seu ofício ou função, ou a proceder como se estivesse a exercê-la.* Se assim não for, o dano causado a terceiro não poderá ser imputado ao Estado – *a responsabilidade pelos atos praticados em sua vida pessoal, mesmo por aquele que seja ou possa ser tido como agente público, será pessoal*, acomodando-se ao disposto no quadro do Direito Civil" (g.n.).

A seu turno, o Ministro Sepúlveda Pertence aduziu que "o caso tem seu dado objetivo, a arma da corporação, e temporal, estar soldado em período de folga, pontos de similitude com o enfrentado na Segunda Turma, no RE 160.401, relatado pelo eminente Ministro Carlos Velloso. No entanto, o fato criminoso é absolutamente diverso. Aqui se tem um desentendimento amoroso, levando ao homicídio passional. Não serve o precedente para o caso presente, que é de *acontecimento absolutamente privado, no qual, por motivos absolutamente particulares*, o crime foi cometido. Por isso, peço vênia ao Ministro Carlos Britto e acompanho o vogo do Ministro Eros Grau".

Quatro anos mais tarde, no RE nº 508114, sob relatoria da Ministra Cármen Lúcia, o STF manteve esse raciocínio ao considerar inexistente a responsabilidade do Estado em razão de dano ocasionado por disparo de arma de fogo de um policial militar que se encontrava de folga e em trajes civis. Ainda que a arma pertencesse à Corporação Militar não estaria caracterizada a responsabilidade objetiva do Estado, nos termos do art. 37, §6º, da Constituição da República, pois o policial militar não estava no exercício de sua atividade funcional, nem se utilizara dessa condição para disparar contra a vítima, fato ocorrido após uma briga de trânsito.

O mesmo entendimento foi mais uma vez reforçado no julgamento do RE nº 341776, de 2014, no qual o STF consignou que, "nos termos do artigo 37, §6º, da Constituição Federal, o Estado responderá objetivamente pelos atos de seus agentes que, *nessa qualidade*, causem danos a terceiros". Assim, conquanto portasse arma da corporação, se o policial militar autor do disparo fatal não estava a serviço do Estado, mas, sim, exercendo atividade particular de segurança em estabelecimento comercial, não se configura responsabilidade do Estado.

Em todos esses casos, verifica-se, em síntese, que também para se falar de responsabilidade da pessoa jurídica de Direito Público no âmbito interno é fundamental a distinção entre atos institucionais e atos não institucionais. Além disso, de acordo com a jurisprudência consagrada no Brasil, ao contrário do que defendia a doutrina especializada na década de 1950, como se vislumbrou no trecho citado de Amaro Cavalcanti, o fato de o indivíduo se valer, em sua ação privada, de um meio ou ferramenta disponibilizado pela entidade empregadora não é capaz de transformar, por si só, seu comportamento em um comportamento institucional. O uso de um instrumento de trabalho na ação privada não é suficiente, portanto, para imputar o ato ilícito de um indivíduo à entidade que o emprega.

11 Parâmetros sobre responsabilidade do Estado no Direito Internacional

Pela proximidade com a questão examinada neste artigo do ponto de vista teórico, é igualmente fundamental considerar o modo como o Direito Internacional cuidou do tema, mormente com o objetivo desafiador de reconhecer e delimitar a autoria de ilícitos por pessoas jurídicas de Direito Público na ordem externa a partir de comportamentos de seus agentes.

Destaca Ian Brownlie que "o tema da responsabilidade dos Estados padece de excessiva categorização. A questão da responsabilidade da pessoa jurídica do Estado está repleta de categoriais de imputabilidade, de responsabilidade direta e indireta e de responsabilidade por atos de grupos especiais, dos órgãos do Estado, de revolucionários e de indivíduos. *Em bom rigor, cada violação de um dever por parte dos Estados deve surgir em razão do ato ou omissão de um ou mais órgãos do Estado e, uma vez que em muitos contextos se aplica o princípio da responsabilidade objetiva, dá-se ênfase ao nexo causal e à conduta apropriada numa dada situação*" (g.n.).[40]

Há alguns casos emblemáticos de responsabilidade do Estado por ações de seus agentes, como a condenação dos Estados Unidos por ações na Nicarágua e a condenação da Albânia no caso "Canal de Corfu". Neste último, a condenação imposta pela Corte Internacional de Justiça (CIJ) se deu por atos militares, consistentes na instalação de minas ao norte do Canal de Corfu, cuja explosão gerou danos a embarcações de Estado estrangeiro. A Corte Internacional condenou a Albânia com o argumento de que os atos tinham relação com a função estatal (militar) e que o Estado tinha conhecimento dos atos de seus agentes, razão pela qual não seria possível afastar sua responsabilidade no Direito Internacional Público.

No entendimento da CIJ, provou-se que a Albânia tinha conhecimento da instalação das minas em suas águas territoriais, a despeito de qualquer conivência da sua parte nesta operação. Mais tarde, concluiu-se que a colocação do campo de minas "não poderia ter sido realizada sem o conhecimento do governo albanês" e referiu-se à "obrigação de cada Estado em não permitir, com conhecimento dos fatos, que o seu território seja utilizado para a prática de atos contrários aos direitos de outros Estados".[41]

O exame desse caso emblemático do Direito Internacional público, relativo a um comportamento altamente danoso de trabalhadores de uma pessoa jurídica de Direito Público, traz duas lições importantes: i) para se sustentar a condenação do Estado na ordem internacional, há que se provar que ele tinha conhecimento dos fatos danosos cometidos por seus agentes, mas não tomou medidas para evitá-las e ii) o mero fato de um comportamento ocorrer no território ou no espaço sob comando do Estado não pode servir como presunção de que ele tinha conhecimento do comportamento ilícito de seus agentes, tal como bem reconheceu a CIJ no caso apontado.[42]

---

[40] BROWNLIE, Ian. *Princípios de direito internacional público*. Lisboa: Fundação Calouste Gulbenkian, 1997, p. 464.

[41] BROWNLIE, Ian. *Princípios de direito internacional público*. Lisboa: Fundação Calouste Gulbenkian, 1997, p. 464.

[42] Nesse particular, a Corte Internacional de Justiça afirmou que, "do mero fato de um Estado exercer controle sobre o seu território e sobre as suas águas, não se pode concluir que esse Estado tinha necessariamente conhecimento, ou devia ter tido conhecimento, de qualquer ato ilícito aí perpetrado, nem que tinha conhecimento, ou devia ter tido conhecimento, de seus autores. Esse fato, por si mesmo... não implica *prima facie* responsabilidade (...)". BROWNLIE, Ian. *Princípios de direito internacional público*. Lisboa: Fundação Calouste Gulbenkian, 1997, p. 464.

Para além dessas lições, o Direito Internacional reconhece a tese de que o mero fato de uma pessoa física se vincular a uma pessoa jurídica não basta para atribuir sua conduta ao ente estatal a que se vincula (por exemplo, como agente público ou cidadão do Estado). A mera vinculação jurídica não é suficiente para caracterizar a responsabilidade da pessoa jurídica, porque, por exemplo, entre outras situações, é possível que o agente de um Estado possa agir sob o mando de outro ou por conta própria. Nesse sentido, explica Brownlie que "pode existir uma responsabilidade pelos atos *ultra vires* de funcionários do Estado e, *todavia, não existir qualquer responsabilidade pelos atos de um funcionário, atuando com autoridade aparente, se se provar que agiu sob as ordens de uma potência estrangeira (...). O estatuto do sujeito individual é apenas um fator para provar a imputabilidade ou o nexo de causalidade entre a pessoa jurídica do Estado e o dano causado".[43]

Em suma, também do Direito Internacional Público extraem-se inúmeros parâmetros fundamentais para falar em responsabilidade da pessoa jurídica empregadora por comportamento de seus empregados e trabalhadores, inclusive administradores.

12 Parâmetros do Direito Concorrencial europeu

No intuito de contribuir com a solução do problema de responsabilização no Direito Administrativo Sancionador, exemplificado pela Direito Concorrencial em seu controle de condutas, cumpre verificar se e como alguns ordenamentos estrangeiros tratam da questão, sobretudo no âmbito concorrencial. Tornam-se oportunas, assim, algumas considerações sobre o Direito Comunitário e o Direito alemão.

Referência em responsabilização administrativa concorrencial, o Direito Comunitário aborda o combate a cartéis de modo detalhado. No entanto, de acordo com o art. 101, I, do Tratado de Funcionamento da União Europeia, o poder de responsabilização da Comissão Europeia incide a princípio somente sobre empresas e "associações de empresas".[44] Essa limitação dos destinatários do sistema europeu a entes empresariais se confirma no art. 23 do Regulamento nº 1/2003 do Conselho, que detalha os processos administrativos no âmbito antitruste. Assim, sob essa perspectiva, em regra não compete à Comissão Europeia responsabilizar no campo administrativo a pessoa física. Tampouco isso ocorre no âmbito penal, já que os Estados-Membros não transferiram à União Europeia competência para operar no âmbito dessa disciplina jurídica.

Apesar disso, a questão da identificação dos atos de pessoas físicas que permitem imputar um ilícito a uma empresa ou a uma associação de empresas necessariamente aparece na doutrina. De acordo com Rittner, Dreher e Kulka, é preciso que o ilícito concorrencial seja comprovadamente cometido por negligência ou de modo intencional por pessoas *cujos comportamentos sejam imputáveis à empresa.*[45]

Essa ideia se extrai de grande parte da doutrina que, ao definir o conceito de empresa para delimitar o destinatário do Direito Concorrencial europeu, assevera que o trabalhador não poderá ser tomado como sujeito autônomo se agir de modo dependente,

---

[43] BROWNLIE, Ian. *Princípios de direito internacional público.* Lisboa: Fundação Calouste Gulbenkian, 1997, p. 471.

[44] Art. 101, 1. São incompatíveis com o mercado interno e proibidos todos os acordos entre empresas, todas as decisões de associações de empresas e todas as práticas concertadas suscetíveis de afetar o comércio entre os Estados-Membros e que tenham por objetivo ou consistam em: (...).

[45] RITTNER, Fritz; DREHER, Meinrad; KULKA, Michael. *Wettbewerbs- und Kartellrecht.* Heidelberg: Müller, 2014, p. 657.

como órgão da pessoa jurídica. Schröter explica que a pessoa física, na qualidade de trabalhador ("Arbeitsnehmer"), no mais das vezes não assumirá responsabilidade própria, pois em geral sua atividade se desenvolve de maneira dependente à empresa empregadora ("Arbeitsgeber"). Por consequência, registra que a responsabilidade de um trabalhador existirá somente na medida em que ele, como pessoa física, fora da empresa, "conduza seus próprios negócios ou quando, desvinculada da relação de trabalho, envolver-se em acordos sobre comportamentos relevantes sob a ótica do direito concorrencial".[46]

Daí se extrai que, também no Direito Comunitário, para comprovar a ação do trabalhador como ação institucional, é fundamental que ele atue em nome da entidade, como seu órgão, sem autonomia de ação. E, a esse respeito, o critério fundamental de prova é a existência de um efetivo plano institucional para violar a ordem concorrencial, ainda que o efeito danoso não tenha ocorrido. Sob essa perspectiva, a respeito do ônus probatório da Comissão como autoridade concorrencial competente no Direito Comunitário, explica Schweitzer ser insuficiente que se prove a intenção subjetiva daqueles que agem ("handelnde Aktuere"). É preciso que se comprove a existência de um plano empresarial ("Unternehmensplan") de se envolver objetivamente na colusão.[47]

A imprescindibilidade da comprovação do elemento "autonomia", ou seja, de que um sujeito agiu por conta própria também aparece frequentemente no Direito europeu por ocasião da discussão da responsabilidade concorrencial de uma empresa *holding* ou controladora ("Muttergesellschaft") em relação a empresas subsidiárias ("Tochtergesellschaft"). Como se demonstrou no caso Elf Aquitaine vs. Comissão, julgado em 2011, o comportamento da sociedade controlada somente pode ser imputado à sociedade controladora, quando aquela, apesar de sua própria personalidade jurídica, não tiver determinado seu comportamento de mercado de modo autônomo, isto é, quando tiver agido sob direção da sociedade controladora, e sobretudo em virtude das conexões econômicas, organizacionais e jurídicas que com ela mantém. Somente em situações como essa, no Direito europeu, a Comissão estaria autorizada a sancionar pecuniariamente a sociedade controladora ainda que ela não tivesse agido pelas suas próprias mãos. A Comissão necessita, porém, justificar detalhadamente as razões pelas quais se imputa o comportamento ilícito da empresa controlada à controladora e por que entende que agiram como uma unidade.[48]

Tanto na discussão das relações entre entidades controladas e controladoras como naquela a respeito da relação entre trabalhador e empresa, o núcleo do debate é o mesmo. Uma empresa somente responderá por comportamento de outras pessoas, físicas (trabalhadores) ou jurídicas (como empresas participadas), quando essas pessoas, apesar de sua própria personalidade jurídica, tiverem agido como parte ou órgão daquela, e não de forma autônoma.

No Direito Concorrencial alemão, não é diferente. Por força de sua vinculação ao sistema comunitário, a lei contra limitações concorrenciais ("Gesetz gegen

---

[46] SCHRÖTTER, Helmuth. Vorbemerkung zu den Artikeln 81 bis 85. *In*: SCHRÖTER, Halmuth; JAKOB, Thinam; MEDERER, Wolfgang (org.). *Kommentar zum Europäischen Wettbewerbsrecht*. Baden-Baden: Nomos, 2003, p. 105.

[47] SCHWEITZER, Heike. §8 Das binnenmarktliche Kartellverbot und Frestellungsrecht. *In*: MÜLLER-GRAF, Peter-Christian (org.). *Europäisches Wirtschatsordnungsrecht*, v. 4. Baden-Baden: Nomos, 2015, p. 504.

[48] RITTNER, Fritz; DREHER, Meinrad; KULKA, Michael. *Wettbewerbs- und Kartellrecht*. Heidelberg: Müller, 2014, p. 267.

Wettbewerbsbeschänkungen" – GWB) pune, inclusive com multa, as empresas e associações empresariais que se envolvam em atos colusivos (§1º combinado com o §81, I). No entanto, em distinção com o Direito Comunitário, a legislação alemã pune com multa os administradores que se envolvam nessas práticas.

Interessante notar que o Direito alemão estipula as situações em que uma empresa ou associações de empresas poderá ser multada por ação anticoncorrencial de seus trabalhadores e isso consta de forma explícita da Lei de Contravenções, que abarca, naquele país, tanto as contravenções penais como as de natureza regulatória, servindo, assim, para fins de aplicação de sanções pecuniárias por ações anticoncorrenciais em razão de expressa remissão da GWB (§81, IIIa). De acordo com o §30, I, da referida Lei de Contravenções, transcrito a seguir na versão inglesa, a empresa somente poderá se responsabilizar por atos de indivíduos que ajam em funções de administração ou direção.

> §30, (1) *Where someone acting*: 1. as an entity authorised to represent a legal person or *as a member of such an entity*; 2. as *chairman* of the executive committee of an association without legal capacity or as a member of such committee; 3. as a partner authorised to represent a partnership with legal capacity; or 4. as the authorised representative with full power of attorney or in a *managerial position* as procura-holder or the authorised representative with a commercial power of attorney of a legal person or of an association of persons referred to in numbers 2 or 3; 5. as another *person responsible on behalf of the management* of the operation or enterprise forming part of a legal person, or of an association of persons referred to in numbers 2 or 3, also covering *supervision* of the conduct of business or other exercise of *controlling powers in a managerial position, has committed* a criminal offence or a *regulatory offence as a result of which duties incumbent on the legal person or on the association of persons have been violated*, or where the legal person or the association of persons *has been enriched or was intended to be enriched, a regulatory fine may be imposed on such person* or association.

Na versão inglesa, a palavra "member", prevista no §30, I, 1, da Lei de Contravenções é, na verdade, uma tradução do que, na redação alemã, chama-se de "órgão" da entidade. Com isso se pretende dizer que, na redação original, resta ainda mais evidente que não é qualquer trabalhador capaz de agir pela empresa, mas sim um membro no sentido de órgão com poderes de representação da pessoa jurídica ("vertretungsberechtigtes Organ einer juristischen Person") ou como membro de um desses órgãos ("Mitglied eines solchen Organs") com poderes de representação.

13 Conclusões

A distribuição da responsabilidade por atos humanos no Direito Administrativo Sancionador não é simples, sobretudo em setores nos quais a legislação é silente sobre os critérios para que se considere o ato de um trabalhador, com ou sem funções de administração, em um ato institucional, ou seja, da própria entidade, pública ou privada, com ou sem função empresarial, a que a pessoa física se vincula em termos laborais.

Em apertada síntese, após exemplificar o problema com base nas lacunas da legislação concorrencial brasileira, demonstrou-se, neste artigo, que existem critérios objetivos para superá-lo, porém espalhados pela jurisprudência, pela doutrina e por leis especiais.

Sob os pontos de vista da teoria do órgão, do Direito Positivo nacional (Civil, Ambiental e Trabalhista), da recente legislação de combate à corrupção, bem como da jurisprudência em matéria de responsabilidade do Estado por seus agentes tanto no Direito Interno quanto na ordem internacional, é possível afirmar que, na falta de critério legal, devem ser empregados como requisitos mínimos e indispensáveis para que a pessoa jurídica responda pelos atos ilícitos praticados por pessoa física perante a Administração Pública: a) o elemento subjetivo, caracterizado pela prática de ato em que a pessoa física aja como representante legal da entidade, nos termos estatutários; e b) o elemento finalístico, caracterizado pela imputabilidade do ato à pessoa jurídica, ou seja, pela exigência de que o ato institucional tenha sido praticado no interesse ou em benefício da pessoa jurídica.

Referências

AMADO, Frederico Augusto Di Trindade. *Direito ambiental esquematizado*. 3. ed. rev. atual. ampl. São Paulo: Método, 2012.

AMARO, Cavalcanti. *Responsabilidade Civil do Estado*. 2. ed. Rio de Janeiro: Borsói, 1957.

ARAÚJO, Moacir Martini. *Da responsabilidade penal da pessoa jurídica*. Responsabilidade criminal da pessoa jurídica de direito público em relação aos crimes ambientais. São Paulo: Quartier Latin, 2007.

BITENCOURT, Cezar Roberto. *Tratado de direito penal: parte geral*, v. 1, 10. ed. São Paulo: Saraiva, 2006.

BROWNLIE, Ian. *Princípios de direito internacional público*. Lisboa: Fundação Calouste Gulbenkian, 1997.

CAHALI, Yussef Said. *Responsabilidade Civil do Estado*. 3. ed. São Paulo: Revista dos Tribunais, 2007.

CAVALIERI FILHO, Sergio. *Programa de Responsabilidade Civil*. 7. ed. São Paulo: Atlas, 2007.

DIAS, José de Aguiar. *Da responsabilidade civil*. 11. ed. São Paulo: Renovar, 2006.

DI PIETRO, Maria Sylvia Zanella; MARRARA, Thiago (coord.). *Lei anticorrupção comentada*. Belo Horizonte: Fórum, 2017.

FELICIANO, Guilherme Guimarães. Desconsideração e consideração da pessoa jurídica no direito penal ambiental: convergindo antíteses aparentes para a tutela penal do meio ambiente humano. *Rev. Fac. Dir. Univ. São Paulo*, v. 108, jan./dez. 2013.

FERRAZ JÚNIOR, Tercio Sampaio. *Introdução ao estudo do direito*: técnica, decisão, dominação. 2. ed. São Paulo: Atlas, 1998.

GRECO, Luís *et al. Autoria como domínio do fato*. São Paulo: Marcial Pons, 2014.

GUSMÃO, Paulo Dourado de. *Introdução ao estudo do direito*. 39. ed. Rio de Janeiro: Forense, 2007.

KELSEN, Hans. *Teoria pura do direito*. 6. ed. São Paulo: Martins Fontes, 1998.

MACHADO, Paulo Affonso Leme. *Direito ambiental brasileiro*, 23. ed. rev. ampl. atual. São Paulo: Malheiros, 2015.

MILARÉ, Édis. *Direito do ambiente*. São Paulo: Revista dos Tribunais, 2000.

MARRARA, Thiago. *Sistema Brasileiro de Defesa da Concorrência*. São Paulo: Atlas, 2015.

MONTORO, André Franco. *Introdução à ciência do direito*. 26. ed. São Paulo: Revista dos Tribunais, 2005.

RÁO, Vicente. *O direito e a vida dos direitos*. 6. ed. São Paulo: Revista dos Tribunais, 2004.

PRADO, Luiz Regis. *Curso de Direito penal Brasileiro*. 13. ed. São Paulo: Revista dos Tribunais, 2014.

RITTNER, Fritz; DREHER, Meinrad; KULKA, Michael. *Wettbewerbs- und Kartellrecht*. Heidelberg: Müller, 2014.

ROXIN, Klaus. *Strafrecht: allgemeiner Teil*, vol. 2. Munique: Beck, 2003.

SCHRÖTTER, Helmuth. Vorbemerkung zu den Artikeln 81 bis 85. *In*: SCHRÖTER, Halmuth; JAKOB, Thinam; MEDERER, Wolfgang (org.). *Kommentar zum Europäischen Wettbewerbsrecht*. Baden-Baden: Nomos, 2003.

SCHWEITZER, Heike. §8 Das binnenmarktliche Kartellverbot und Frestellungsrecht. MÜLLER-GRAF, Peter-Christian (org.). *Europäisches Wirtschatsordnungsrecht*, v. 4. Baden-Baden: Nomos, 2015.

SIRVINSKAS, Luís Paulo. *Tutela penal do meio ambiente*: breves considerações atinentes à Lei n. 9.605, de 12-2-1998. São Paulo: Saraiva, 1998.

Informação bibliográfica deste texto, conforme a NBR 6023:2018 da Associação Brasileira de Normas Técnicas (ABNT):

MARRARA, Thiago. Quem responde perante a Administração Pública? Contribuições para a delimitação de fronteiras entre as responsabilidades de pessoas físicas e jurídicas no Direito Administrativo Sancionador. *In*: CONTI, José Maurício; MARRARA, Thiago; IOCKEN, Sabrina Nunes; CARVALHO, André Castro (coord.). *Responsabilidade do gestor na Administração Pública*: aspectos gerais. Belo Horizonte: Fórum, 2022. p. 35-59. ISBN 978-65-5518-412-9. v.1.

CONTROLE DA ADMINISTRAÇÃO PÚBLICA E OS NOVOS PARÂMETROS DE RESPONSABILIZAÇÃO-SANÇÃO E RESPONSABILIZAÇÃO-REPARAÇÃO: INTERAÇÃO INTERINSTITUCIONAL E ENTRE OS SISTEMAS DE RESPONSABILIDADE CIVIL, ADMINISTRATIVA E PENAL

ISMAR DOS SANTOS VIANA

1 Introdução

O Controle da Administração Pública e, por via de consequência, os parâmetros de responsabilização de agentes públicos e privados no manejo de recursos públicos vêm passando por transformações impactadas por mudanças nos planos legislativo e jurisprudencial, o que tem dado ensejo às adequações no formato de controle, com vistas a evitar nulidades processuais e a incidência da prescrição da pretensão punitiva e ressarcitória estatal, disfunções que só agravam o nível de descrédito social na atuação das instituições incumbidas do controle da gestão de recursos públicos e da defesa da probidade administrativa.

Essa necessidade de adequação tem atingido mais diretamente o Controle Externo exercido pelos Tribunais de Contas e a atuação do Ministério Público no ajuizamento de ações de improbidade administrativa e ações penais voltadas a reprimir a prática de crimes contra a Administração Pública, impondo a essas instituições a adoção de cautelas indispensáveis ao alcance da efetividade das medidas de responsabilização.

Quanto aos Tribunais de Contas, essas cautelas estão relacionadas, em larga medida, ao desempenho da função de auditoria e instrução processual – função que abrange as fases de planejamento, execução das auditorias e a construção da prova no âmbito do processo de controle externo – e da função judicante, afetada pelo alargamento do ônus argumentativo das decisões controladoras e pelo dever de observância do consequencialismo decisório, reforçado pelos artigos 20 e 21 da Lei de Introdução às Normas do Direito Brasileiro – LINDB.

Já quanto ao Ministério Público, as cautelas são inerentes à instauração e condução dos procedimentos investigativos prévios e à processualização das ações de improbidade administrativa. De um lado, a Lei nº 13.869, de 2019, inaugurou parâmetros normativos que produziram impactos na persecução penal, civil e administrativa, de outro, a Lei nº 8.429, de 1992, reformada pela Lei nº 14.230, de 2021, incrementou as condições de procedibilidade da ação de improbidade administrativa: desprezando a conhecida dificuldade da construção probatória, passando a exigir o dolo específico como elemento essencial à responsabilização pela prática de atos de improbidade administrativa, alargando o ônus argumentativo decisório.

No plano da jurisprudência do STF, este estudo destaca os Temas 835 (Recurso Extraordinário – RE 848826 – competência para julgamento de contas de prefeitos), 897 (RE 852475 – prescritibilidade da pretensão de ressarcimento ao erário em face de agentes públicos por ato de improbidade administrativa), 899 (RE 636886 – prescritibilidade da pretensão de ressarcimento ao erário fundada em decisão de Tribunal de Contas); e 642 (RE nº 1.003.433-RJ – legitimidade do município prejudicado para execução de crédito da multa ressarcitória aplicada por Tribunal de Contas estadual a agente público, em razão de danos causados ao erário municipal).

No plano legislativo, buscar-se-á avaliar os impactos na responsabilidade pública bidimensional produzidos pela Lei nº 13.655, de 2018, que incluiu dispositivos na LINDB; a Lei nº 13.869, de 2019, que dispõe sobre os crimes de abuso de autoridade; a Lei Complementar nº 184, de 2021, que incluiu o §4º-A no art. 1º da LC nº 64, de 1990; a Lei nº 14.133, de 2021, novo parâmetro normativo das licitações e contratações públicas, especialmente no que tange ao controle das contratações; e a Lei nº 8.429, de 1992, a partir das alterações promovidas pela Lei nº 14.230, de 2021.

Esse novo panorama normativo passou a exigir a demonstração do dolo ou erro grosseiro na responsabilização decorrente do manejo de recursos públicos e o dolo específico no campo da improbidade administrativa, com reflexos, ainda, no reconhecimento da imprescritibilidade das ações de ressarcimento ao erário, que passou a depender do elemento volitivo do agente, no campo da responsabilização-sanção.

Inaugurou também controversa relação de interdependência entre a responsabilização-reparação e a inelegibilidade de que trata o art. 1º, inciso I, alínea "g", da LC nº 64, de 1990, a partir da inclusão do §4º-A ao aludido artigo, em nítida confusão entre natureza e gravidade da infração (contemplada na elementar "irregularidade insanável que configure ato doloso de improbidade administrativa", contida na redação da alínea "g") com imputação de débito, responsabilização-reparação.

A interação interinstitucional entre os distintos sistemas de responsabilização, portanto, tem se revelado como via possível para a superação dos obstáculos criados a partir das alterações jurisprudenciais e legislativas, que tornaram ainda mais difícil a responsabilização-sanção e responsabilização-reparação, na esfera controladora – Tribunais de Contas – e na esfera judicial, especificamente no campo da improbidade administrativa, na medida em que impôs substanciais limitações ao Ministério Público, bem assim aos julgadores, que terão o dever de considerar as provas produzidas perante os órgãos de controle e as correspondentes decisões.

2 Impactos da jurisprudência do STF na responsabilização-sanção e responsabilização-reparação

A sequência de abordagem das teses não seguirá um critério cronológico dos julgamentos, mas os impactos causados na responsabilização de agentes – públicos e privados – no manejo de recursos públicos, razão por que terá início com o Tema 897, que será tratado em conjunto com o Tema 899, até para fins de otimização na exposição dos argumentos e compreensão dos julgados.

2.1 Temas 897 e 899: a interdependência entre o reconhecimento da prática de ato doloso tipificado na Lei de Improbidade Administrativa e a imprescritibilidade das ações de ressarcimento ao erário fundadas em decisões de Tribunais de Contas

O STF, no julgamento do RE 669.069, fixou tese segundo a qual "é prescritível a ação de reparação de danos à Fazenda Pública decorrente de ilícito civil" (Tema 666).

Mais adiante, no julgamento do RE 852.475, consolidou entendimento no sentido de que somente "são imprescritíveis as ações de ressarcimento ao erário fundadas na prática de ato doloso tipificado na Lei de Improbidade Administrativa" (Tema 897).

Diante das recorrentes controvérsias sobre a prescritibilidade ou não das ações de ressarcimento decorrentes de imputações de débitos apurados e julgados pelos Tribunais de Contas, a Corte Suprema, no julgamento do RE 636.886, assentou que "é prescritível a pretensão de ressarcimento ao erário fundada em decisão de Tribunal de Contas" (Tema 899).[1]

A redação da tese reafirma o entendimento já contido no Tema 897, no sentido de que a imprescritibilidade depende de restar configurada a prática de ato doloso tipificado na Lei de Improbidade Administrativa, não tendo tratado de eventual prescritibilidade do dever de agir dos Tribunais de Contas, que atua na fase de formação do título, conforme se extrai, inclusive, de excerto dos Embargos de Declaração – ED:

> Nenhuma consideração houve acerca do prazo para constituição do título executivo, até porque esse não era o objeto da questão cuja repercussão geral foi reconhecida no Tema 899, que ficou adstrito, como sobejamente já apontado, à fase posterior à formação do título.[2]

Os três temas levam à compreensão da mutação do sentido e alcance do §5º do art. 37 da CRFB/88: a prescrição passa a ser a regra e a imprescritibilidade do dano ao erário vai depender do reconhecimento de um ato como sendo doloso e tipificado na lei de improbidade administrativa, sem o qual as ações de ressarcimento são prescritíveis.

Para entender as razões pelas quais a imprescritibilidade da reparação do dano passou a depender da demonstração do elemento volitivo do agente com fim ilícito na prática de um ato sujeito ao controle, importante iniciar a abordagem sobre o RE 636.886 (Tema 899) buscando identificar o sentido e alcance do julgado que deu ensejo à redação da tese.

Em ordem de prioridade, importante esclarecer dois pontos: o primeiro é que a razão de decidir foi pautada pelo fundamento de que a pretensão ressarcitória de título executivo constituído a partir da decisão de um Tribunal de Contas não gera, por si só, a imprescritibilidade da pretensão de ressarcimento ao erário.

---

[1] BRASIL. Supremo Tribunal Federal. RE 636.886-AL, Relator Min. Alexandre de Moraes, julgamento 20.04.2020 – PLENO – sessão virtual. *DJE* n.104, divulgado em 28.04.2020.

[2] BRASIL. Supremo Tribunal Federal. EMB. DECL. NO RECURSO EXTRAORDINÁRIO 636.886 ALAGOAS. Julgado em 23 de agosto de 2021.

O segundo é que, a despeito de ter ficado expressamente consignado no RE 636.886 (Tema 899) que no processo de tomada de contas os Tribunais de Contas não perquirem nem culpa e nem dolo, referiu-se à análise de dolo e culpa para fins de improbidade administrativa, pressuposto da imprescritibilidade do dano, pelo que referido registro se deu tão somente com o objetivo de esclarecer que o fato de o dano ter sido decorrente de decisão de um Tribunal de Contas não induz, por si só, enquadramento na excepcionalidade de que trata o Tema 897.

A prescritibilidade da pretensão de ressarcimento ao erário, portanto, não enseja a prescritibilidade da pretensão do reconhecimento de dano ao erário pelos Tribunais de Contas[3], até porque as competências do controle externo a cargo dessas instituições não se limitam a imputações de débito para fins de exequibilidade dos títulos, prestando-se, também, a induzir correção de rumos às unidades auditadas, por meio de determinações e recomendações, numa relação de *accountability* horizontal, e até mesmo para instrumentalizar ações de improbidade, inclusive no exercício da função cientificadora.

O dever constitucional de prestar contas, atrelado que é ao direito do cidadão de pedir contas, impõe aos Tribunais de Contas que se manifestem sobre o mérito quanto à aplicação dos recursos públicos, sob os mais diversos aspectos, possibilitando ao cidadão exercer o juízo valorativo sobre a atuação dos agentes públicos escolhidos pela via democrática do voto popular, embora se reconheça que a efetividade plena das decisões de controle externo esteja atrelada ao lapso prescricional estabelecido na busca pelo ressarcimento ao erário.

Isso, entrementes, não nos permite defender a inexistência de prazo para o exercício das competências constitucionais outorgadas aos Tribunais de Contas, até porque o alargado lapso temporal entre a prática do ato e a instauração do contraditório pode constituir óbice ao exercício da ampla defesa, conflitando com o princípio da segurança jurídica, conforme reiteradamente reconhecido pelo Tribunal de Contas da União – TCU, que considerou[4] como fator que inviabiliza a ampla defesa o interregno temporal de 10 anos entre a ocorrência dos fatos e a citação.

Somente a análise do caso concreto permitirá ao agente controlador identificar se é caso de prejudicial de mérito, sobretudo porque na própria redação do julgado resta consignado que ações de improbidade administrativa são ajuizadas com base em decisões dos Tribunais de Contas, ofertando essa via como caminho possível para o ressarcimento, via que, registre-se, merece releitura diante da redação dada pela Lei nº 14.230, de 2021, a Lei nº 8.829, de 1992, (art. 17-D), sancionada após a publicação dos ED no RE. 636.886.

---

[3] Acórdão TCU – 19004/2021 Segunda Câmara (Tomada de Contas Especial, Relator Ministro-Substituto André de Carvalho) Responsabilidade. Débito. Imprescritibilidade. Dolo. Improbidade administrativa. STF. Repercussão geral. Quando a conduta do responsável causadora de prejuízo ao erário configurar ilícito doloso de improbidade administrativa, a exemplo das tipificadas no art. 10, incisos I e II, ou no art. 11, inciso VI, da Lei nº 8.429/1992, com as alterações promovidas pela Lei 14.230/2021, a pretensão de ressarcimento do débito apurado pelo TCU é imprescritível, estando esse entendimento em consonância com a jurisprudência do STF (RE 852.475, Tema 897 da Repercussão Geral).

[4] Acórdão TCU 1492/2018 Primeira Câmara (Recurso de Reconsideração, Relator Ministro Benjamin Zymler) Direito Processual. Citação. Falecimento de responsável. Princípio da ampla defesa. Princípio do contraditório. Prejuízo. O interregno de mais de dez anos entre a ocorrência dos fatos e a notificação dos sucessores e herdeiros do responsável inviabiliza o pleno exercício do direito à ampla defesa, tendo em vista a dificuldade de se reconstituir os fatos e de se obter os documentos necessários à comprovação da boa e regular aplicação dos recursos.

Assim, tendo em vista que, para além da imputação de débito, a apuração de irregularidades e consequente julgamento dos processos de controle externo podem impactar no regime de responsabilidade da improbidade administrativa, tem-se reforçada a necessidade de os Tribunais de Contas ingressarem na análise de mérito, ainda que se tenha operada a prescrição da pretensão punitiva na esfera do controle externo, decisão que terá natureza declaratória.[5] Esse juízo de mérito pode ocorrer, *v.g.*, em representações feitas aos Tribunais de Contas pelos licitantes e contratados, impulsionados pelo §4º do art. 170 da Lei nº 14.133, de 2021 (Lei de Licitações e Contratos).

Esse argumento ganha contornos diferenciados quando se leva em conta os distintos prazos prescricionais e sistemas de responsabilidade. Na improbidade administrativa, a ação para a aplicação das sanções previstas na LIA prescreve em oito anos, contados a partir da ocorrência do fato ou, no caso de infrações permanentes, do dia em que cessou a permanência (art. 23 da Lei nº 8.429, de 1992, com redação dada pela Lei nº 14.230, de 2021). Não se pode olvidar, ainda, que o §3º do art. 17-B condicionou a apuração do dano, no bojo dos acordos de não persecução civil, à oitiva necessária dos Tribunais de Contas.

Assim, arquivar processos de controle externo sob o argumento de que a prescrição da pretensão punitiva na esfera de controle externo constitui prejudicial de mérito para todos os fins pode inviabilizar a apuração e responsabilização do ato em outras esferas que tenham como marco inicial prescricional o dia em que cessou a permanência do ato ou que adotam prazo prescricional mais alargado, como é o regime da improbidade administrativa (8 anos).

O julgamento do RE 636.886 (Tema 899), portanto, deve ser lido no sentido de reforçar o dever de respeito ao devido processo legal na esfera de controle externo, de induzir atuações tempestivas para maximizar a efetividade controladora, não no sentido da sua flexibilização, de renunciar competências, de modo que um entendimento consentâneo e sistematizado do julgado é o de que os auditores dos Tribunais de Contas, ao individualizarem as condutas na conclusão da fase de instrução, devem indicar, em tópico próprio, se as irregularidades podem configurar, em tese, também ato de improbidade administrativa ou ilícito penal, elementos exigidos para que a função cientificadora seja legitimamente exercida (que exige indicação do ato inquinado e a individualização de condutas), possibilitando ao Ministério Público comum percorrer o caminho da responsabilização na esfera judicial.

2.2 Tema 835 – RE 848.826: competência para julgamento de contas de prefeitos: reflexos da responsabilização na esfera de controle externo na esfera da inelegibilidade eleitoral

No RE 848.826, o STF fixou a tese de que "para os fins do artigo 1º, inciso I, alínea "g", da Lei Complementar nº 64/1990, a apreciação das contas de prefeito, tanto as de

---

[5] Para José dos Santos Carvalho Filho, as *ações declaratórias* são aquelas que visam exclusivamente à declaração de existência ou inexistência do direito, ou de autenticidade ou falsidade de documento. Por sua natureza, tais ações nem impõem prestações, nem provocam sujeições de terceiros. Não fazem mais do que produzir uma certeza jurídica e seu resultado nada afeta a paz social, alvo da prescrição e da decadência (FILHO, José dos Santos Carvalho. *Improbidade administrativa:* prescrição e outros prazos extintivos. 3. ed. São Paulo: Atlas, 2019. p. 33).

governo quanto as de gestão, será exercida pelas Câmaras Municipais, com auxílio dos Tribunais de Contas competentes, cujo parecer prévio somente deixará de prevalecer por decisão de dois terços dos vereadores".[6]

O critério adotado pelo STF foi o formal subjetivo, de modo que se o responsável processual na esfera dos Tribunais de Contas for prefeito, independente da natureza das "contas" (governo e gestão), elas devem ser julgadas pelo Poder Legislativo.

Embora o entendimento inicial tenha sido expresso quanto à finalidade, qual seja, inelegibilidade de que trata o art. 1º, I, "g" da LC nº 64/90, interpretações de julgados isolados pelo STF se inclinam para um caminho ampliado do Tema 835, passando-se a conferir interpretação de que os Tribunais de Contas não teriam competência para julgar atos de chefes do Poder Executivo, mas, tão somente, emitir juízo de valor meramente opinativo, independentemente dos fins.[7]

Tal entendimento parece inaugurar uma espécie de "teoria da irresponsabilidade plena na gestão de recursos públicos", a beneficiar apenas uma espécie de agente público: prefeitos. A tendência não se amolda à defesa da probidade administrativa almejada pela CRFB/88, que impôs prerrogativas próprias aos órgãos que integram o Sistema Constitucional de Controle da Administração Pública, exatamente para que a defesa da probidade viesse a ser bem exercida, independentemente de quem seja o transgressor.

Estar-se-ia, *mutatis mutandi,* refundando a irresponsabilidade estatal, sintetizada pela máxima *"the king can do no wrong"*, colocando o prefeito como soberano infalível. Nas lições de Sérgio Severo, "o Estado irresponsável é aquele com justificativas meta-físicas, orientado pela máxima de que o soberano representa uma vontade superior e, por expressá-la, é infalível".[8] É como se a legitimação por meio do voto popular fosse essa vontade superior, o que justificaria que somente os edis, representantes do povo, portanto, pudessem julgar atos do "soberano" prefeito, numa nítida confusão entre responsabilização no plano administrativo e responsabilização no plano político.

Porém, para compreender o sentido e alcance do Tema 835, é necessário dife-renciar *processo de contas* e *processo de fiscalização*, além dos distintos efeitos do dever de prestar contas inerentes a essas duas espécies do gênero *processo de controle externo*. A discussão travada no âmbito do STF gravitou em torno do processo de contas (que, por sua vez, subdivide-se em contas de governo e contas de gestão), não atingindo outras espécies de processos de controle externo, como representações, denúncias, auditorias e inspeções, cujo fundamento constitucional não repousa nos incisos I e II do art. 71, contas de governo e de gestão, respectivamente.

O panorama jurisprudencial[9] que se desenha não cuidou de diferenciar a natureza das contas – governo ou gestão – quando o responsável for prefeito, o que tem levantado dois questionamentos, notadamente quanto à necessidade de subsistência de contas de gestão, quando o responsável for prefeito. Se o entendimento a ser assentado pelo

---

[6] BRASIL. Supremo Tribunal Federal. RE 729.744 Minas Gerais, Rel. Min. Gilmar Mendes, Dje 23.08.2017. RE 848.826. 2016b. Relator Ministro Luís Roberto Barroso. DJ n. 178 do dia 23.08.2016 – Plenário.

[7] Disponível em: https://www.conjur.com.br/2010-set-14/tribunal-contas-nao-julga-chefe-executivo-parecer.

[8] SEVERO, Sérgio. *Tratado da responsabilidade pública*. São Paulo: Saraiva, 2009. p. 4.

[9] (RECURSO EXTRAORDINÁRIO COM AGRAVO 1.176.601 RIO GRANDE DO SUL; AG. REG. NO RECURSO EXTRAORDINÁRIO 1.231.883 CEARÁ; SEGUNDOS EMB. DECL. NO RECURSO EXTRAORDINÁRIO 848.826 CEARÁ; EMB.DECL. NO RECURSO EXTRAORDINÁRIO 729.744 MINAS GERAIS; RECURSO EXTRAORDINÁRIO 1.269.564 SERGIPE).

STF for no sentido de que as contas de chefe do Poder Executivo municipal sempre têm natureza de apreciação, faz sentido a análise de atos de gestão no bojo de um processo que tem natureza de apreciação, de opinamento?

Ao se entender que contas de gestão prestadas por prefeitos também têm natureza de apreciação, torna-se mais efetivo, até para fins de instrumentalização de ações levadas a cabo pelo Ministério Público e pelas procuradorias, controlar e valorar os atos no bojo de processos de fiscalização – cujas decisões têm eficácia de título executivo –, com vistas a mitigar o alto risco de incidência da prescrição da pretensão punitiva e ressarcitória, que alcança, inclusive, a esfera da improbidade administrativa (art. 23 da LIA) e a esfera penal.

Essa dificuldade de enquadramento de prefeitos na inelegibilidade de que trata o art. 1º, inciso I, "g" da LC nº 64, de 1990, foi agravada com a sanção da Lei Complementar nº 184, de 2021, que incluiu o §4º-A ao aludido art. 1º, dispondo que referida inelegibilidade de contas "não se aplica aos responsáveis que tenham tido suas contas julgadas irregulares sem imputação de débito e sancionados exclusivamente com o pagamento de multa".

O PLP nº 9/2021, que deu ensejo à LC nº 184, de 2021, buscou afastar do rol de inelegíveis "aqueles agentes que forem condenados, exclusivamente, à pena de multa". Mas qual o sentido e alcance dessa inserção de texto legislativo?

A resposta está na justificação do projeto: "não está em discussão a sanção de imposição de débito, igualmente, prevista nas leis que regem os Tribunais de Contas". E avança: "o que se deseja estabelecer com a inserção da frase ao texto é que os sancionados apenas com multa não sejam declarados inelegíveis, posto que esta sanção, como previsto em lei e sói acontecer, somente é aplicada a pequenas infrações, sem dano ao erário, de simples caráter formal e, sobretudo, sem a ocorrência de atuação dolosa por parte do administrado".[10]

Daí surge a necessidade de esclarecer alguns equívocos. Primeiro: a imposição de débito não é sanção, é reparação. Segundo: a sanção no âmbito dos Tribunais de Contas tem caráter instrumental, dissuasivo, pedagógico, visando a proteger a vigência das normas, desestimulando aquele que maneja recursos públicos a transgredir. Terceiro: a análise de consciência e vontade do agente (dolo) – elemento subjetivo da conduta – não se confunde com a natureza e gravidade da infração.

Fez-se uma correlação entre imputação de débito e gravidade da conduta, o que simplesmente não existe. Desconsiderou-se, de um lado, que nem todo débito imputado configura, necessariamente, ato doloso de improbidade administrativa (nem conduta gravosa), e do outro, que nem toda ausência de imputação de débito significa que a irregularidade seja de menor gravidade: há, sim, irregularidades graves e danosas que não ensejam imputação de débito.[11]

Citem-se, a título de exemplo, as contratações diretas fora das hipóteses previstas na Lei nº 14.133, de 2021, quando restar evidenciada a prestação dos serviços. Nesse

---

[10] Disponível em: https://www.camara.leg.br/noticias/777301-deputados-aprovam-possibilidade-de-candidatura-de-gestor-que-teve-contas-rejeitadas-e-foi-punido-apenas-com-multa-acompanhe/.

[11] Nesse sentido é a inteligência do §2º do artigo 13 do Decreto nº 9.830, de 10 de junho de 2019, que regulamenta o disposto nos art. 20 a 30 do Decreto-Lei nº 4.657, de 4 de setembro de 1942, que institui a Lei de Introdução às Normas do Direito Brasileiro, cujo teor dispõe que eventual estimativa de prejuízo causado ao erário não poderá ser considerada isolada e exclusivamente como motivação para se concluir pela irregularidade de atos, contratos, ajustes, processos ou normas administrativos.

caso, a irregularidade não enseja a imputação de débito, até para não haver o enriquecimento sem causa da Administração Pública, mas isso não desnatura a gravidade da infração, que constitui, inclusive, crime previsto no art. 337-E do CP.

Da mesma forma, a contratação de pessoal ao arrepio do Texto Constitucional,[12] conduta tipificada como fraude ao concurso público no inciso V do art. 11 Lei nº 8.429, de 1992, também pode não ensejar imputação de débito caso seja comprovada a prestação dos serviços.

Nesses dois exemplos, porém, nada obsta que da conduta lesiva do agente possa sobrevir o reconhecimento de irregularidade insanável que configura ato doloso de improbidade administrativa, enquadrável, portanto, no artigo 1º, inciso I, alínea "g", da LC nº 64/90.

Ora, e as contas de governo também não ensejam aplicação de multa ou imputação de débito, de modo que a alteração promovida pela LC nº 184, de 2021, sinaliza para uma blindagem dos chefes do Poder Executivo do radar de possíveis inelegíveis de que trata o art. 1º, inciso I, "g", da LC nº 64, de 1990, notadamente quando se leva em conta que no rol taxativo do art. 11 da LIA reformada se encontra, por exemplo, a transgressão ao art. 37, II, da CF – "frustrar o caráter concorrencial do concurso público" (inc. V) e a "omissão no dever de prestar contas" (inc. VI), cuja sanção a ser aplicada ao responsável pela prática do ato de improbidade é limitada à multa-sanção (art. 12, III).

Contudo, como partiu de premissas e conceitos equivocados, na prática, poderá tornar inócua a inserção do §4º-A, inviabilizando a aplicabilidade, em razão da impossibilidade de se transformar o texto normativo em norma, tendo em vista que não superará o filtro da razoabilidade e proporcionalidade.[13]

Se fosse possível concluir que a imputação de débito – e sua natureza reparatória – é fator essencial para se considerar uma "irregularidade insanável que configure ato doloso de improbidade administrativa", poderíamos incorrer no equívoco de considerar inelegíveis, por exemplo, os que tiverem contas julgadas regulares com ressalvas, mas com débito imputado, desconsiderando, assim, a inequívoca distinção entre o que é sanção e o que é reparação.

Assim, se o legislador buscou "assegurar interpretação consentânea com a gravidade do fato em julgamento", conforme descrito na justificação, a redação do art. 1º, I, "g", da LC nº 64, de 1990, já ofertava critérios suficientes e confiáveis para tanto, na medida em que somente permitia a inclusão no rol de inelegíveis daqueles que tivessem contas rejeitadas por irregularidades insanáveis que configurem ato doloso de improbidade administrativa. Aliás, a caracterização dos atos como sendo ímprobos, com a redação dada pela Lei nº 14.230, de 2021, depende da conduta do agente, e não da sanção, que é efeito.

Do exposto, os acórdãos posteriores à publicação do Tema 835 e à inserção do §4º-A ao art. 1º da LC nº 64, de 1990, evidenciam que as mudanças operadas no plano

---

[12] Nos termos do inc. V, do art. 11, da Lei nº 8.429/92, constitui ato de improbidade que atenta contra os princípios da Administração Pública qualquer ação ou omissão que viole os deveres de honestidade, imparcialidade, legalidade e lealdade às instituições, notadamente a prática de ato que vise a frustrar a licitude do concurso público. Nesse sentido, 'a contratação de funcionários sem a observação das normas de regência dos concursos públicos caracteriza improbidade administrativa' (BRASIL. Superior Tribunal de Justiça. REsp 817.557/ES, rel. Min. Herman Benjamin, *Dje* 10.02.2010, 10.08.2010).

[13] ÁVILA, Humberto. *Teoria dos princípios*: da definição à aplicação dos princípios. 19. ed. rev. e atual. São Paulo: Malheiros, 2019. p. 50.

jurisprudencial e legislativo, para além de terem gerado confusão entre sanção e reparação, não se coadunam com a defesa da probidade na gestão de recursos públicos e do processo eleitoral limpo: o enquadramento de prefeitos na hipótese de inelegibilidade de contas está condicionado não apenas ao julgamento pelas Câmaras Municipais, mas também a uma imputação de débito, tornando ainda mais difícil o enquadramento de maus prefeitos na inelegibilidade de contas de que trata o art. 1º, inciso I, alínea "g", da LC nº 64, de 1990.

2.3 Tema 642 (RE nº 1.003.433-RJ): impactos na efetividade plena do controle da gestão de recursos públicos

O STF, no julgamento do RE nº 1.003.433-RJ (Tema 642 de Repercussão Geral), aprovou a tese no sentido de que o "município prejudicado é o legitimado para a execução de crédito decorrente de multa aplicada por tribunal de contas estadual a agente público municipal, em razão de danos causados ao erário municipal".

Em meio às discussões que antecederam a publicação do acórdão, conforme abordamos em artigo publicado em coautoria com Fabrício Motta,[14] entendimentos díspares sobre o alcance do julgado foram postos ao confronto, dividindo opiniões em torno da natureza da multa ser exclusivamente executada pelos entes lesados, pelo que se faz necessário analisar o conteúdo do referido julgado, dado que guarda relação com a proteção ao erário, encontrando-se afeto, ainda, à discussão em torno da prescrição e execução de débitos decorrentes da malversação de recursos públicos a partir de apurações e decisões de Tribunais de Contas.

Não se pode negligenciar que a execução dos débitos e das multas integra o ciclo de proteção ao erário, constituindo, em última análise, condição de efetividade plena do exercício do Controle Externo da Administração Pública.

Pois bem. O objeto de discussão do julgado em comento versa sobre título executivo formado pelo Tribunal de Contas do Estado do Rio de Janeiro em razão da ausência de envio dos dados mensais do Fundo Municipal de Saúde de Cordeiro ao Sistema Integrado de Gestão Fiscal (Sigfis) do TCE-RJ, não tendo decorrido, então, de dano ao erário sofrido pela municipalidade a ser ressarcido. A natureza, assim, é de multa-coerção.

Na ocasião, o RE nº 223.037/SE foi invocado para sustentar que o ente a que se encontra vinculado o Tribunal de Contas (*in casu*, é o estado do Rio de Janeiro) não seria legitimado para cobrar multas aplicadas contra agentes públicos municipais. Porém, referido precedente não se aplica ao caso, pois não trata nem de multa-coerção e nem de multa-sanção, conforme esclareceu o ministro Campbell Marques, no REsp nº 1.181.122-RS AgReg.

O precedente, portanto, trata de execução de título que se encontra atrelado às situações em que os Tribunais de Contas tenham imputado débito, e o ente, nesses casos, passa a ser legitimado para a execução da multa aplicada em decorrência do débito. A

---

[14] VIANA, Ismar dos Santos; MOTTA, Fabrício. A competência para execução de multas aplicadas pelos tribunais de contas. *Controle Externo: Revista do Tribunal de Contas do Estado de Goiás*, Belo Horizonte, ano 3, n. 5, p. 35-40, jan./jun. 2021.

razão de decidir não contemplou as multas que não decorram de imputações de débito (prejuízo quantificável ao erário).

E isso nos leva a distinguir a natureza das multas aplicadas pelos Tribunais de Contas, a fim de que, assim como fizemos com os Temas 835, 897 e 899, perquirir o alcance e sentido do Tema 642, buscando conferir leitura e interpretação em aderência ao entendimento consolidado na redação da tese.

O Texto Constitucional é claro ao dispor que a ilegalidade de despesa ou irregularidade de contas ensejarão a aplicação de sanções previstas em lei (multas-sancionatória), ao mesmo tempo em que existe a possibilidade de estabelecimento de multa proporcional ao dano causado ao erário (multa-ressarcitória). Na Lei Orgânica do Tribunal de Contas da União – LOTCU (Lei nº 8.443/92), são exemplos de multas-sanção as previstas no artigo 58, I, II e III, ao passo que a multa-ressarcitória encontra disciplina no artigo 57.

Assim, a multa-sanção decorre do julgamento de contas irregulares, da procedência de representações ou denúncias, de irregularidades apuradas em auditorias, por exemplo, estando atrelada à responsabilização-sanção de agentes que cometem infração administrativa sob a jurisdição da esfera controladora.

Por sua vez, a multa-ressarcitória de que trata a parte final do inciso VIII do artigo 71 da CF se atrela à responsabilização-reparação, decorre de dano ao erário. Noutro dizer, referida multa tem a mesma natureza reparatória do principal, que é o dano ao erário quantificado a ser ressarcido, e supõe a existência desse (vide artigo 92 do Código Civil). Diferentemente da multa-sancionatória, a multa-ressarcitória é acessória à imputação de débito decorrente de dano.

Há, ainda, a intitulada multa-coerção, cuja razão de existir está vinculada à necessidade de se conferir eficácia à atuação dos Tribunais de Contas, bem jurídico por ela tutelado. Ela está atrelada, pois, à responsabilização-sanção daqueles que criam embaraço ao exercício do controle, descumprem diligências, negam o acesso a informações e documentos, negligenciam o envio periódico de dados da gestão e deixam de publicar demonstrativos obrigatórios.

Distinguir as naturezas das multas é essencial para compreender o julgamento do STF. Nessa linha, elucidativas são as lições de Fábio Medina Osório, para quem "as medidas de responsabilidade por incumprimento de deveres de gestão normalmente no setor público nem sempre podem ser confundidas com sanções administrativas. Tais medidas traduzem efeitos aflitivos e não se confundem com as medidas coativas, ressarcitórias ou de coerção".[15]

Definidas essas balizas, questiona-se: quem suporta o ônus dos recursos materiais e humanos despendidos para o controle externo exercido pelo Tribunal de Contas sobre o ente municipal? A partir da relação custo-benefício do controle, é possível afirmar que há comprometimento da capacidade fiscalizatória quando a máquina estatal controladora é movida a agir, levando o ente a que se encontra vinculado o Tribunal de Contas a suportar o custo com as fiscalizações, mesmo a jurisdição controladora abrangendo outro ente federado.

---

[15] OSÓRIO, Fábio Medina. *Direito Administrativo Sancionador*. 7. ed. rev. e atual. São Paulo: Thomson Reuters Brasil, 2020. p. 124. Sobre poder de coerção e poder de sanção dos Tribunais de Contas, confira-se: FERRAZ, Luciano. Poder de coerção e poder de sanção dos tribunais de contas competência normativa e devido processo legal. *Fórum Administrativo – Direito Público – FA*, Belo Horizonte, ano 2, n. 14, abr. 2002.

Ora, a multa-coerção e a multa-sanção, essencialmente ligadas à responsabilização-sanção e sem natureza acessória (de acompanhar o principal), prestam-se também a contribuir com recursos para o ente que suporta essa prestação controladora, colaborando indiretamente para o financiamento da própria função de controle.

Não por outra razão, a criação de fundos específicos vincula as receitas dessas multas a atividades finalísticas de controle externo, mirando no contínuo e permanente aprimoramento. Abrangem, inclusive, investimentos em recursos de tecnologia da informação, de modo a permitir a ampliação de meios de obtenção de dados e evidências pelos auditores de controle externo nas investigações/apurações, robustecendo a atuação do controle e as decisões do tribunal pelo colegiado julgador.

Fazendo um paralelo com as alterações promovidas pela Lei nº 14.230, de 2021, na Lei nº 8.429, de 1992, é possível perceber que a lógica-jurídica adotada guarda direta similitude com a distinção entre as naturezas das multas no âmbito dos Tribunais de Contas.

O artigo 17 da LIA reformada dispõe que a ação para aplicação das sanções será proposta pelo Ministério Público – em cujo rol se inclui a multa civil de até 24 (vinte e quatro) vezes o valor da remuneração percebida pelo agente, de que trata o inciso III do art. 12.

Enquanto o art. 18, ao dispor que a sentença que julgar procedente a ação fundada nos arts. 9º e 10 condenará ao ressarcimento dos danos e à perda ou à reversão dos bens e valores ilicitamente adquiridos, conforme o caso, em favor da pessoa jurídica prejudicada pelo ilícito, condiciona que o cumprimento da sentença referente ao ressarcimento do patrimônio público caberá à pessoa jurídica prejudicada (vide §1º). A propositura da ação caberá ao Ministério Público somente quando a pessoa jurídica prejudicada se mantiver inerte (deixando de adotar, no prazo de seis meses a contar do trânsito em julgado, as providências a que se refere o §1º do mesmo artigo, conforme disposto no §2º).

Essa distinção feita pelo legislador serve como reforço ao entendimento de que, em se tratando de medidas ressarcitórias, a legitimidade originária para o ajuizamento de ações de ressarcimento é da pessoa jurídica prejudicada, em sintonia com o entendimento consolidado no Tema 642, que, a despeito de tratar especificamente de multas aplicadas pelos Tribunais de Contas em razão de dano ao erário (prejuízo financeiramente quantificável), serve como vetor de interpretação para distinção entre aplicação de sanções e medidas ressarcitórias.

Não há como desconsiderar que há uma necessária interconexão entre a efetividade da responsabilização-reparação e a capacidade operacional dos municípios, que deverão promover as ações de cobrança, nos termos do Tema 642, a começar pelo número de munícipios dotados de procuradorias próprias, regularmente estruturadas e preparadas para adotar as providências necessárias ao ingresso tempestivo das ações de ressarcimento.

Estão as cidades brasileiras dotadas de procuradorias com estrutura capaz de promover ações de ressarcimento das imputações em débito e respectivas multas-ressarcitórias?

Conforme diagnóstico elaborado pela Associação Nacional dos Procuradores Municipais (ANPM), a partir de dados coletados entre os meses de abril e dezembro de 2016, 3.677 cidades brasileiras, ou seja, 66% de um total de 5.570, não têm procuradores municipais concursados, realidade que é ainda mais preocupante na região Norte do Brasil, onde 84% das cidades não têm procurador concursado.[16]

O diagnóstico concluiu ainda que 75% das procuradorias municipais não possuem lei orgânica, por exemplo, afora a disparidade remuneratória em comparação com outras carreiras públicas dotadas de grau de complexidade e responsabilidade de atribuições similares.

Essa precariedade pavimenta caminho para que a vontade do governante de plantão exerça relevante influência na tomada de decisões quanto ao ingresso (ou não) das ações tendentes a executar os títulos formados a partir dos processos de controle externo no âmbito dos Tribunais de Contas.

Essa constatação, portanto, constitui fator crítico à efetividade do ciclo de proteção ao erário, na medida em que a inação dos municípios na adoção de medidas tendentes a promover as ações de ressarcimento inviabiliza a concretização de ações estatais voltadas a atender às reais necessidades dos cidadãos, constituindo, em última análise, medida de estímulo à prática de atos lesivos ao patrimônio público, dada a inércia ou retardo na fase de execução dos títulos.

3 Reflexos das mudanças dos parâmetros normativos do controle da Administração Pública brasileira

Em junho de 2013, quando eclodiram as manifestações populares que povoaram as ruas de todo o país, passou-se a sentir com mais ênfase um descrédito nas instituições, a quem foi atribuído o ônus investigativo, acusatório, corretivo, pedagógico, judicante. Essa insatisfação passou a ser vista como um sinal de alerta, uma cobrança popular pela adoção de políticas públicas articuladas, conforme apontado por Diogo de Figueiredo Moreira Neto.[17]

Esse sinal foi refletido nas instituições de controle da Administração Pública, que buscaram soluções imediatistas para problemas complexos, de múltiplas variáveis. Com a intensificação de medidas investigativas e repressivas tendentes a responsabilizar agentes públicos e privados por atos praticados no manejo de recursos públicos, a atuação dessas instituições passou a ser objeto de críticas, impulsionando o surgimento de publicações científicas que suscitaram superposição de competências, ativismo e ofensas ao devido processo legal como fatores críticos que comprometeriam o alcance da segurança jurídica na atuação do bloco institucional que integra o sistema constitucional de controle da Administração Pública, notadamente Ministério Público e Tribunal de Contas.

A hipertrofia do controle, o excesso de potestades sancionatórias, a falta de profissionalização da Administração Pública, fatores igualmente críticos que vêm sendo apontados como óbices à concretização do direito fundamental à boa gestão pública e que têm inviabilizado a implementação e a execução de políticas públicas.

Nesse contexto, a LINDB foi alterada pela Lei nº 13.655, de 25 de abril de 2018, "que incluiu disposições sobre segurança jurídica e eficiência na criação e na aplicação

---

[16] Disponível em: https://www.conjur.com.br/2017-dez-03/76-cidades-brasileiras-nao-procurador-concursado.

[17] MOREIRA NETO, Diogo de Figueiredo. Corrupção, democracia e aparelhamento partidário do estado. *Revista de Direito Administrativo – RDA*, Rio de Janeiro, ano 2016, n. 273, p. 485-490, set./dez. 2016.

do direito público". Buscou-se gerar, para o controlador e controlado, o dever de garantir a estabilidade das relações jurídicas, mirando no consequencialismo das decisões, harmonizando-se com a pretensão de um Estado Democrático de Direito e com o que se extrai da Declaração dos Direitos Humanos de 1948, que erigiu a segurança a direito humano e fundamental.[18]

Ao incluir essas disposições, a aludida lei se pautou pelo discurso da necessidade de decisões responsivas, preocupação que veio alocada, em ordem de prioridade, logo no primeiro artigo incluído, alcançando as distintas esferas controladora, administrativa e judicial, impondo deveres aos agentes integrantes de instituições de controle, sem a observância dos quais a decisão do processo controlador se torna passível de questionamentos.

Como consectários lógicos desse movimento por cobrança de *governança e integridade* no desempenho da função de controle, inaugurado no plano legislativo pela Lei nº 13.655, de 2018, ingressaram no ordenamento jurídico a Lei nº 13.869, de 2019, que dispõe sobre os crimes de abuso de autoridade; a Lei nº 14.133, de 2021, novo parâmetro normativo das licitações e contratações públicas, especialmente o título que versa o controle das contratações (arts. 169 ao 173); a Lei nº 14.129, de 2021, intitulada "Lei do Governo Digital", que dedicou capítulo próprio para dispor sobre governança, gestão de riscos, controle e auditoria, consignando o dever de implementação de instrumentos de promoção de processos decisórios fundamentado em evidências; e a Lei nº 14.230, de 2021, que reformou a Lei nº 8.429, de 1992.

3.1 Comentários à Nova Lei de Licitações – NLLC (Lei nº 14.133, de 2021)

Diversos dispositivos da NLLC demonstram a busca por um ambiente hígido para as contratações públicas, definindo os papéis para a estruturação, correção de rumos e fluidez dessas atividades. No art. 8º, que também é dedicado à arregimentação de pessoal, é possível se extrair a busca pelo alcance da imparcialidade do agir estatal e continuidade dos serviços públicos, ao definir o dispositivo requisitos mínimos de escolha do agente de contratação e ofertar caminhos para a responsabilização a partir da individualização de condutas.

No exercício do controle, as ações das três linhas de defesa (*caput* do art. 169 da NLLC) demandarão que os agentes, integrantes ou não de órgãos de controle, confiram tratamento distinto conforme estejam diante de simples impropriedade formal ou de irregularidade que configure dano à Administração (§3º do art. 169).

O §3º do art. 169 constitui um norte para: a) evitar anular o que não é ilegal; b) corrigir o que pode ser corrigido; c) responsabilizar levando-se em conta esses parâmetros: c.1) nexo de causalidade (causalidade adequada); c.2) os obstáculos e as dificuldades reais do gestor e as exigências das políticas públicas a seu cargo (previamente registradas).

Diante de impropriedade formal (art. 169, §3º, I), os integrantes das três linhas de defesa deverão priorizar o saneamento e a mitigação de riscos de nova ocorrência. Mas,

---

[18] VIANA, Ismar. *Fundamentos do processo de controle externo:* uma interpretação sistematizada do texto constitucional aplicada à processualização das competências dos Tribunais de Contas. Rio de Janeiro: Lumen Juris, 2019. p. 5.

na prática, como atuar para mitigar riscos de nova ocorrência? Sem prejuízo de outras medidas, necessária se faz a determinação de aperfeiçoamento dos controles preventivos e a capacitação dos agentes públicos responsáveis pela prática da impropriedade formal.

Por outro lado, quando constada irregularidade que cause dano à Administração, para além da determinação de aperfeiçoamento, os órgãos deverão, em sua esfera de competência, apurar a prática das infrações administrativas, observando a segregação de funções e individualização de condutas – garantias processuais elementares e que conferem legitimidade ao exercício do controle – e cientificar o Ministério Público, quando as irregularidades apuradas e julgadas configurarem, em tese, ato de improbidade ou ilícito penal.

É de se ressaltar que a NLLC ressoa duas competências constitucionais expressas dos Tribunais de Contas: a de assinar prazo para o exato cumprimento da lei, se verificada irregularidade (que se convencionou chamar de determinação) e a de representar ao poder competente sobre irregularidade ou abuso apurado (ou seja, a partir da apuração na esfera do controle externo que qualificou o achado como irregularidade), previstas respectivamente, nos incisos IX e XI do art.71 da CRFB/1988.

Veja-se que a opção do legislador em diferenciar impropriedade formal de irregularidade também vem refletida na tutela penal, ao deixar de considerar crime a conduta de *não observância das formalidades pertinentes à dispensa ou à inexigibilidade* – anteriormente prevista no artigo 89 da Lei nº 8.666, de 1993 – dado que o art. 337-E do CP já não contempla essa inobservância de formalidade como conduta a ser tutelada pelo Direito Penal, do que resulta possível concluir que a lei quis diferenciar o agente corrupto do incauto.

Considera-se relevante registrar que o dano à Administração de que trata o inciso II do §3º do art. 169 da NLLC, como elementar do reconhecimento da irregularidade, não se limita a um dano ao erário, débito.[19] Se a configuração de uma irregularidade estivesse restritamente condicionada ao prejuízo quantificável ao erário, a desorganização administrativa e a não observância dos artigos 7º e 8º da NLLC, por exemplo – que pavimentam caminho para a prática de atos lesivos ao patrimônio público – seriam achados de auditoria reconhecidos como simples impropriedades formais, o que iria na linha diametralmente oposta ao que buscam alcançar os objetivos de um processo licitatório hígido e confiável (art. 11 da NLLC).

Necessário esclarecer que, no âmbito dos Tribunais de Contas, a indicação do ato inquinado, a individualização da conduta e definição de responsabilidades são providências elementares à imputação de prática de irregularidades a agentes sujeitos ao dever de prestar contas, de forma ampla (art. 1º, VIII, da Lei nº 8.443, de 1992 – LOTCU). Levadas ao processo e valoradas no âmbito da fase de auditoria e instrução processual, constituem requisitos que a ampla defesa possa ser efetivamente exercida, conforme exige o art. 5º, inciso LV, da CF, sendo, assim, premissas à conclusividade do auditor e elaboração das propostas de encaminhamento (voltadas a ressarcir, sancionar, medidas corretivas/de aperfeiçoamento ou cientificar outras esferas). A caracterização da infração, na esfera de controle externo, advém da identificação do achado. A partir disso, ocorre a análise de responsabilização pela prática do ato ilícito.

---

19   STJ. RESP. 1.722.423-RJ. Rel. Herman Benjamin.

Aliás, o descompromisso com o dever de individualização de condutas remete ao direito primitivo, conforme sustenta Sérgio Severo, a partir de John Gilissen, para quem "entre os caracteres fundamentais dos povos sem escrita está a responsabilização não individualizada no âmbito de grupo, em que todos respondem sem determinação de responsabilidades nem proporcionalidade entre a indenização e o dano".[20]

Aí reside uma importante diferença em relação ao Direito Penal. Neste, se adotado o conceito de crime a partir da teoria bipartida (prevalece a tripartida, registre-se), seria suficiente a demonstração da presença dos elementos fato típico e antijuridicidade para configuração do crime, figurando o elemento da culpabilidade como pressuposto de aplicação da pena. Não havendo demonstração da conduta comissiva ou omissiva, dolosa ou culposa, não há, para o Direito Penal, fato típico e, por via de consequência, não há crime.

Na esfera de controle externo, diferentemente, a leitura deve partir do conceito de achado de auditoria, que, conforme definido pelo TCU, consiste em:

> Achado de auditoria – fato relevante, digno de relato pelo auditor, constituído por quatro atributos essenciais: situação encontrada (ou condição), critério de auditoria (como deveria ser), causa (razão do desvio em relação ao critério) e efeito (consequência da condição). Decorre da comparação da situação encontrada com o critério de auditoria e deve ser comprovado por evidência de auditoria (NAT).

Para fins de melhor compreensão, o conceito de achado de auditoria muito se assemelha, com as devidas diferenças, é claro, ao conceito de tipicidade formal na esfera penal, ao passo que o conceito de tipicidade material, especificamente na faceta relacionada à lesão causada ao bem jurídico protegido pela norma, pode ser utilizado na esfera de controle externo como meio para concluir se o achado de auditoria se constitui em irregularidade.

Assim, antes de se fazer qualquer juízo valorativo de conduta para fins de responsabilização, primeiro se faz um juízo valorativo quanto à lesão ao bem jurídico protegido pela norma, com vistas a aferir a relevância da lesão e, assim, constatar se o achado se constitui em irregularidade (irregularidade que cause dano à Administração – art. 169, §3º, II).

Nesse sentido, se a infração à norma for capaz de comprometer o bem jurídico a que visa proteger, será possível considerar, dentro do balizamento da proporcionalidade e razoabilidade, que o achado de auditoria se constitui em irregularidade. Feito isso, passa-se a analisar se a irregularidade é passível de responsabilização, a partir da individualização de condutas, análise de culpa, dolo ou erro grosseiro, e de culpabilidade, para fins de responsabilização-sanção.

Para o controle externo exercido pelos Tribunais de Contas, a ausência dos elementos fato típico, antijuridicidade e culpabilidade afasta o poder-dever de responsabilização, mas não se presta a afastar o reconhecimento da irregularidade. É bem verdade que esse reconhecimento não traz consectários que possam afetar a esfera de direitos subjetivos dos agentes incumbidos do dever de prestar contas, mas poderá induzir determinação de correções às unidades jurisdicionadas (inciso IX do art. 71),

---

[20] SEVERO, Sérgio. *Tratado da responsabilidade pública*. São Paulo: Saraiva, 2009. p. 5.

mormente porque o destinatário das deliberações dos Tribunais de Contas não se restringe ao responsável processual, alcançando o cidadão, que também é abrangido pelo conceito de usuário do controle externo exercido por essas instituições.

Assim, mesmo não sendo possível identificar a conduta comissiva ou omissiva de um agente, a irregularidade ou a impropriedade formal ensejam os encaminhamentos corretivos – determinação e recomendação e, adicionalmente, a depender do grau de ofensa ao bem jurídico tutelado pela norma, pode vir a se constituir em irregularidade passível de responsabilização, quando, então, far-se-á necessária a individualização de conduta e culpabilidade. Importante esclarecer que não há uma relação de interdependência necessária entre ilegalidade de despesa e irregularidade de contas, assim como também é importante diferenciar uma irregularidade apta a ensejar a irregularidade de contas de uma mera falha formal ou impropriedade (ou até mesmo uma irregularidade, mas não capaz de ensejar a irregularidade de contas), expressões recorrentemente utilizadas no ambiente de controle externo.

Disso resulta possível afirmar que a responsabilização nem sempre virá em forma de aplicação de multa ou imputação de débito, podendo vir por meio de rejeição de contas, em sede de parecer prévio, que tem natureza de apreciação, mas que pode afetar – ainda que reflexamente – a esfera política do agente que não se desincumbiu do dever de provar a boa e regular aplicação dos recursos públicos que lhe foram confiados, o que abrange um olhar para os índices de efetividade de gestão, para a qualidade do gasto público.

3.2 Comentários à Lei de Improbidade Administrativa Reformada (LIA Reformada) pela Lei nº 14.230, de 2021

Quanto à Lei nº 8.429, de 1992 – LIA, com a redação dada pela Lei nº 14.230, de 2021, a aderência aos vetores da LINDB e do Direito Administrativo Sancionador vem refletida, de forma expressa ou implícita, em diversos dispositivos, o que revela, assim como na NLLC, novos parâmetros para o exercício do Controle da Administração Pública com impactos na responsabilização-sanção e responsabilização-reparação.

Logo no art. 1º, a LIA passou a dispor que somente as condutas dolosas tipificadas nos arts. 9º, 10 e 11 poderão ser rotuladas como atos de improbidade administrativa (§1º), definindo o alcance e sentido do dolo de que trata a Lei (§2º), buscando diferenciar voluntariedade da conduta com vontade livre e consciente de alcançar o resultado ilícito tipificado nos artigos, reafirmando a necessidade de comprovação de ato doloso com fim ilícito como passagem necessária para a responsabilização pela prática de ato de improbidade administrativa (§3º).

Percebe-se o alinhamento ao disposto no art. 28 da LINDB, que já havia excluído a culpa como pressuposto para a responsabilização-sanção. Ocorre que, no sistema da responsabilização da improbidade administrativa, especificamente, *o erro grosseiro*, que ladeia o dolo no citado artigo 28, não é apto a ensejar a responsabilização-sanção, tendo a LIA exigido a demonstração do dolo específico.

Essa exigência veio reforçada nos §1º e 2º do art. 11, de cuja leitura em conjunto se extrai que somente haverá improbidade administrativa quando for comprovado na conduta funcional do agente público o fim de obter proveito ou benefício indevido para si ou para outra pessoa ou entidade, abrangendo, inclusive, atos de improbidade administrativa tipificados em leis especiais e quaisquer outros tipos especiais de improbidade administrativa instituídos por lei, disposição que deverá ser objeto de ampla discussão doutrinária e jurisprudencial, em razão desses efeitos expansivos.

Realce-se que a parte inicial do §1º do art. 11 faz menção à Convenção das Nações Unidas contra a Corrupção, promulgada pelo Decreto nº 5.687, de 31 de janeiro de 2006, dando a entender que referida Convenção exige o dolo específico para todos os atos, o que tem sido objeto de recorrentes críticas. Sobre isso, é necessário esclarecer que, se o art. 19 da referida Convenção, que trata do "abuso de funções", exige o dolo específico, dispositivo que faz paralelo com o art. 11 da LIA, o art. 28 da própria Convenção, por sua vez, que versa sobre conhecimento, intenção e propósito como elementos de um delito, dispõe que tais elementos poderão inferir-se de circunstâncias fáticas objetivas.

A disposição expressa no §4º do art. 1º, consignando que se aplicam ao sistema da improbidade os princípios constitucionais do Direito Administrativo Sancionador, parece prescindível, dada a presença marcante do Direito Administrativo Sancionador pulverizada ao longo do texto, ao tratar da individualização de condutas, da necessária distinção entre provas produzidas perante os órgãos de controle, Tribunais de Contas, e correspondentes decisões, em respeito ao sistema acusatório, o que denota a preocupação com o alcance da imparcialidade na investigação, instrução e julgamento, dentre tantas outras passagens.

Ao reformar a LIA, a Lei nº 14.230, de 2021, faz ressurgir a redação do §1º do art. 28 da LINDB – PL nº 7.448/2017, vetado pelo Presidente Michel Temer, contemplando no §8º do art. 1º da LIA Reformada que "não configura improbidade a ação ou omissão decorrente de divergência interpretativa da lei, baseada em jurisprudência, ainda que não pacificada, mesmo que não venha a ser posteriormente prevalecente nas decisões dos órgãos de controle ou dos tribunais do Poder Judiciário". Isso só reforça que a Lei nº 14.230, de 2021, assim como a Lei nº 13.655, de 2018, integram o mesmo bloco legislativo que impôs mudanças no formato de controle da Administração Pública brasileira.

No art. 17, §6º, da LIA Reformada, o que se vê é um incremento das condições de procedibilidade da ação de improbidade administrativa, cabendo ao órgão ministerial, na petição inicial, *individualizar a conduta* do réu, salvo impossibilidade devidamente fundamentada.

A preocupação do legislador com a *individualização da conduta* também veio contemplada no §1º do art. 3º, cujo texto é expresso ao dispor que os sócios, os cotistas, os diretores e os colaboradores de pessoa jurídica de Direito Privado responderão por atos de improbidade administrativa nos limites da sua participação.

Acerca do indisponível dever de cientificação de prática de atos de improbidade, o art. 7º da LIA passou a dispor que, ao identificar indícios de ato de improbidade, a autoridade que conhecer dos fatos representará ao Ministério Público competente, para as providências necessárias.

A propósito, em matéria publicada no Estadão, antes mesmo da Lei nº 14.230, de 2021, foram veiculadas críticas sobre casuísmos de agentes ministeriais no ajuizamento de ações de improbidade administrativa, alimentando o discurso da necessidade de mudança da lei de improbidade.[21] Em formato de crítica, o texto indicava a existência

---

[21] Disponível em: https://opiniao.estadao.com.br/noticias/notas-e-informacoes,o-conceito-de-improbidade, 70003432985.

de ações de improbidade alicerçadas em matérias jornalísticas produzidas, não raro, com a participação de procuradores.

Assim, se ações de improbidade vinham sendo instrumentalizadas a partir de matérias jornalísticas, o que dirá se forem instrumentalizadas por decisões de controle externo que são encaminhadas ao Ministério Público sob o rótulo de que as irregularidades ali noticiadas configuram, em tese, ato de improbidade administrativa ou ilícito penal, sem que antes tais irregularidades tenham sido efetivamente apuradas e julgadas pelos Tribunais de Contas?

Antes de discorrer sobre esse ponto, necessário se faz consignar que reconhecer que uma irregularidade investigada no âmbito dos Tribunais de Contas também se encontra tipificada como ato de improbidade administrativa não significa dizer que a essas instituições cabe o poder-dever de responsabilizar agentes pela prática de improbidade administrativa, competência indiscutivelmente albergada pela reserva de jurisdição.[22]

De igual modo, ao se valerem da mesma matriz de responsabilização utilizada na responsabilização-sanção por atos típicos do controle externo, para fins do exercício da função cientificadora, não estarão os Tribunais de Contas responsabilizando agentes públicos ou privados pela prática de ato doloso de improbidade administrativa, análise que é feita em tese, sem caráter vinculativo.

Assim, a partir de uma leitura conjugada do art. 71, XI, da CF e art. 1º, VIII, da Lei nº 8.443/1992 (LOTCU), é possível extrair que o dever imposto pelo art. 7º da LIA, em se tratando de Tribunais de Contas, instituição de natureza colegiada, incide a partir do julgamento, o qual é sempre precedido da apuração. Isso, contudo, não constitui fator impeditivo à formalização de termos de cooperação entre Ministérios Públicos e Tribunais de Contas, de modo a permitir que os agentes ministeriais, após o encerramento da Fase de Instruções Processuais no âmbito dos Tribunais de Contas (pois é aqui que se individualizam as condutas), antes do opinamento do Ministério Público de Contas e do julgamento colegiado, possam ter acesso à conclusividade dessas instruções, que poderão servir à formação de convencimento do *Parquet* no ajuizamento das ações de improbidade administrativa.

Quanto à distinção entre responsabilização-sanção e responsabilização-reparação, ela vem refletida, *v.g.*, no art. 8º, no parágrafo único do art. 8º-A e no §1º do art. 10. A redação do art. 8º é clara no sentido de que o sucessor ou o herdeiro daquele que vier a ser condenado por atos de improbidade tipificados nos artigos 9º ou 10 estará sujeito apenas à responsabilização-reparação, que é limitada ao valor da herança ou do patrimônio transferido.

Em sentido análogo, o parágrafo único do art. 8º-A, que trata da responsabilidade sucessória empresarial, prescreve que nas hipóteses de fusão e de incorporação, a responsabilidade da sucessora será restrita à obrigação de reparação integral do dano causado, até o limite do patrimônio transferido.

Atentando-se para a vedação ao enriquecimento sem causa da Administração Pública, o art. 10 da LIA, ao elencar rol exemplificativo dos atos de improbidade que

---

[22] José dos Santos Carvalho Filho, citando Pedro Roberto Decomain, pontua que as sanções de improbidade somente podem resultar de sentença judicial, sendo, pois, inviável que resultem de processos administrativos, destinados, como a lei prevê, apenas à investigação sobre os fatos, a autoria e a culpabilidade (FILHO, José dos Santos Carvalho. *Op. cit.*, p. 101).

causam prejuízo ao erário, preconiza que não ocorrerá imposição de ressarcimento nos casos em que a inobservância de formalidades legais ou regulamentares não implicar perda patrimonial efetiva (§1º), em mais uma nítida distinção entre responsabilização-sanção e responsabilização-reparação.

A relação dos dispositivos da LIA com princípios do Direito Administrativo Sancionador e, portanto, com reflexos na responsabilização-sanção ou responsabilização-reparação, segue traduzida nos arts. 3º, §2º, 12, §6º, e 21, §5º, que remetem à comunicabilidade entre as esferas, com vistas a evitar o *bis in idem*, num formato que intenciona o alcance de um controle concertado, alinhado ao princípio da segurança jurídica.

O §5º do art. 21, ao tratar da comunicabilidade na responsabilização-sanção, dispõe que as sanções aplicadas em outras esferas deverão ser compensadas com as sanções aplicadas nos termos da LIA. Os arts. 20, 21, 24 e 27 da LINDB parecem ofertar parâmetros de interpretação para esse §5º, ao rotularem as esferas como sendo administrativa, controladora e judicial. Esse panorama inaugura discussões sobre a possibilidade, *v.g*, de que uma multa-sanção aplicada pelos Tribunais de Contas – esfera controladora – possa ser compensada com eventual multa-sanção aplicada em razão da prática de ato de improbidade, quando originada do mesmo fato.

Ressalte-se que, a despeito de ter sido expressa quanto às esferas, a LIA reformada foi silente, contudo, quanto à natureza das sanções e aos fatos que deram ensejo à responsabilização, o que poderá levar o intérprete a recorrer à dicção do §3º do art. 22 da LINDB, e, por via de consequência, à conclusão de que para fins de compensação deverá ser levada em conta a identidade de natureza e de fatos objetos de apuração e responsabilização.

A comunicabilidade no campo da responsabilização-reparação, por outro lado, veio oportunamente materializada no §6º do art. 12, que trouxe para o plano legislativo o que já vinha sendo trilhado no plano da jurisprudência, no que tange à dedução do dano com o ressarcimento já ocorrido nas instâncias criminal, civil e administrativa que tiver por objeto os mesmos fatos.

Veja-se que, diferentemente da comunicabilidade no campo da responsabilização-sanção, o legislador foi expresso quanto à identidade de fatos, optando por instâncias – e não esferas – do que também resulta possível concluir que as imputações de débito apuradas e julgadas pelos Tribunais de Contas, esfera controladora, também deverão ser levadas em conta para fins de dedução, sob pena de interpretação diversa não superar o filtro da proporcionalidade.

Ponto polêmico tem sido quanto à apuração do dano ao erário nos acordos de não persecução cível. É que o art. 17-B, ao outorgar ao Ministério Público a competência para celebrar acordo de não persecução civil, condicionou a celebração ao integral ressarcimento do dano, cuja apuração dependerá da necessária oitiva do Tribunal de Contas, conforme disposto no §3º: "Para fins de apuração do valor do dano a ser ressarcido, deverá ser realizada a oitiva do Tribunal de Contas competente, que se manifestará, com indicação dos parâmetros utilizados, no prazo de 90 (noventa) dias".

A literalidade do referido dispositivo tem levantado alguns questionamentos, para além da discussão acerca da inconstitucionalidade: o esgotamento do prazo, sem a decisão de controle externo indicando a quantificação do dano a ser ressarcido, devolve ao Ministério Público a competência para apuração, suprindo, assim, o disposto no art. 17-B, I? O §3º do art. 17-B é restrito aos acordos de não persecução civil? Por se tratar o Tribunal de Contas de órgão de natureza colegiada, que atua mediante processo (art. 71 c/c 73 c/c 96, I, "a" da CF), far-se-á necessária a participação do investigado ou demandado?

A respeito do primeiro questionamento, Marçal Justen Filho assevera que é "necessária a manifestação do Tribunal de Contas competente sobre o valor do dano a ser apurado. Os parâmetros indicados pelo Tribunal de Contas devem ser observados na determinação do valor a ser desembolsado pelo sujeito".[23]

Quanto ao alargamento do ônus argumentativo das decisões no âmbito da improbidade administrativa, as disposições contidas nos incisos I, II e III do art. 17-C não apresentam conteúdo inovador, apenas reproduzem a literalidade dos arts. 20 e 22 da LINDB, cujos vetores indicam para o consequencialismo decisório, análise dos obstáculos e as dificuldades reais do gestor e as exigências das políticas públicas a cargo do investigado ou demandado, em real e efetivo juízo valorativo de conduta, como pressuposto de aplicação da sanção, não se tratando, pois, de juízo valorativo para fins de validade de normas.[24]

Como dito, trata-se de atenuação de responsabilidade do gestor que pode até levar à exclusão da culpabilidade, mas que não tem o condão de tornar legal um ato praticado em circunstâncias ilegais, mormente porque o gestor encontra-se adstrito ao princípio da legalidade.[25]

Essas disposições podem ser levadas em conta diante de situações que se enquadrem na redação do §5º do art. 12 da Lei nº 8.429, de 1992, cujo texto prescreve que a sanção decorrente de atos de menor ofensa aos bens jurídicos tutelados pela LIA limitar-se-á à aplicação de multa, sem prejuízo do ressarcimento do dano e da perda dos valores obtidos, quando for o caso.

Ainda dentro desse contexto de alargamento do ônus argumentativo decisório inaugurado pela LIA Reformada, o art. 21, a despeito de consignar, no inciso II, que a aplicação das sanções independe da aprovação ou rejeição das contas pelo órgão de controle interno ou pelo Tribunal de Contas (em grave atecnia legislativa, eis que controle interno não aprova ou rejeita contas, competência exclusiva dos Tribunais de Contas, por força do disposto no art. 71, I, da CF), impôs aos magistrados o dever de valorar atos, provas e decisões dos órgãos de controle (§§1º e 2º do art. 21).

O §1º do art. 21 parece remeter a atos de conteúdo normativo, de orientação, recomendação. No caso de Tribunais de Contas, instituições de natureza colegiada, essas orientações e recomendações são materializadas em deliberações, a partir de matérias apuradas em processos, gerando resoluções, decisões. O processo de consulta, *v.g.*, é espécie processual por via da qual os Tribunais de Contas manifestam interpretação de leis ou atos normativos, fazendo prejulgamento da tese – não do caso concreto – mas que vincula a todas as unidades jurisdicionadas pelo respectivo Tribunal.

---

[23] JUSTEN FILHO, Marçal. *Reforma da Lei de Improbidade administrativa comentada e comparada*: Lei 14.230, de 25 de outubro de 2021. 1. ed. [2. Reimp]. Rio de Janeiro: Forense, 2022. p. 208.

[24] PINTO, Élida Graziane; SARLET, Ingo Wolfgang; PEREIRA JÚNIOR, José Torres; OLIVEIRA, Odilon Cavallari de. *Política pública e controle*: um diálogo interdisciplinar em face da Lei nº 13.655/2018, que alterou a Lei de Introdução às Normas do Direito Brasileiro. Belo Horizonte: Fórum, 2018. p. 55.

[25] Acórdão 2973/2019 TCU – Segunda Câmara (Recurso de Reconsideração, Relator Ministra Ana Arraes) Responsabilidade. Contrato administrativo. Fiscal. O fiscal do contrato não pode ser responsabilizado caso não lhe sejam oferecidas condições apropriadas para o desempenho de suas atribuições. Na interpretação das normas de gestão pública, deverão ser considerados os obstáculos e as dificuldades reais do gestor e as exigências das políticas públicas a seu cargo (art. 22, *caput*, do Decreto-lei 4.657/1942 – Lei de Introdução às Normas do Direito Brasileiro).

Essa disposição do §1º, que cria para o juiz a obrigação de considerar os atos do controle interno ou externo que tiverem servido de fundamento para a conduta do investigado ou demandado, alinha-se aos arts. 23 e 24 da LINDB, na medida em que busca preservar as orientações vigentes à época em que o ato foi praticado e a necessidade de regime de transição, sempre que houver mudança de entendimento. Caminho diverso pode sujeitar os agentes públicos a alto grau de incerteza na aplicação das leis, gerando insegurança jurídica.

Já o §2º do art. 21, ao distinguir as provas produzidas perante os órgãos de controle das correspondentes decisões, remete à atuação dos Tribunais de Contas, cujas competências são materializadas por meio da necessária segregação de funções – auditoria e instrução processual, no âmbito da qual as provas são produzidas, e a função de julgamento – num formato que mantém aderência ao sistema acusatório como pressuposto básico para o legítimo exercício da função sancionadora estatal de controle.

Diferente do §1º, em que o juiz deverá considerar a conduta praticada seguindo orientação/recomendação de órgão de controle, no §2º, há necessidade de o juiz, em juízo de formação de convicção, valorar atos e fatos que foram submetidos ao contraditório e à ampla defesa no bojo das instruções – provas produzidas no âmbito dos órgãos de auditoria e instrução processual, portanto – e respectivas decisões dos Tribunais de Contas.

Ao discorrer sobre o §2º do art. 21 da LIA Reformada, Marçal Justen Filho aponta a necessidade de se reconhecer a dose diferenciada de eficácia quanto à decisão dos Tribunais de Contas, instituições dotadas de competência especializada, que acumulam conhecimento e informações que não são titularizadas por outras instituições, nem mesmo pelo Poder Judiciário.[26]

Conforme demonstrado, as mudanças operadas pelas Leis nº 14.133 e nº 14.230, ambas de 2021, mantêm alinhamento com as diretrizes desse novo formato de controle da Administração Pública, vetorizados a partir da busca pela melhoria da qualidade decisória nas esferas administrativa, controladora e judicial, pela deflagração de atuações pautadas por critérios de seletividade, pela imparcialidade na produção das provas e nos julgamentos, tudo com vistas a garantir a governança no exercício da função de controle, fundamental à manutenção da democracia.

4 Interação do sistema constitucional de controle da Administração Pública

A busca por uma atuação estatal coordenada, a partir da interação entre as instituições incumbidas da defesa da probidade na gestão de recursos públicos e respeitada a independência entre as esferas, constitui via adequada para a superação da crise do sistema punitivo brasileiro, vez que sistemas de responsabilização descoordenados e isolados têm representado fator crítico ao combate à impunidade na prática de atos de improbidade e crimes contra a Administração Pública.

A atuação colaborativa dos Tribunais de Contas, observados os devidos parâmetros de regularidade de atuação – devido processo legal formal e substantivo –, constitui

---

[26] JUSTEN FILHO, Marçal. *Op. cit.*, p. 237.

meio eficiente na prevenção de desvios no agir institucional e até na instrumentalização das ações repressoras intentadas por outros órgãos de controle, o que contribui para o alcance da regular responsabilização de agentes no manejo de recursos públicos, tanto por meio do exercício da competência sancionadora quanto a partir do exercício da competência cientificadora, competências ínsitas ao modelo de controle externo eleito pela Constituição Federal e que dá concretude ao sistema constitucional de controle da Administração Pública.

Numa análise a partir da efetividade processual e da própria função de controle externo, os Tribunais de Contas, ao contribuírem para a elucidação da presença de dolo em ilicitudes, ainda que de forma não vinculativa, estão atuando para evitar que a execução de débitos reconhecidos na esfera de controle externo venha a ser obstaculizada em razão da prescrição da pretensão ressarcitória, o que inviabilizará o ajuizamento da ação em sede de execução.

Se, contudo, na esfera judicial, frise-se, não houver a responsabilização pela prática de ato doloso de improbidade administrativa, estará o débito reconhecido pelo Tribunal de Contas sujeito à prescrição da pretensão ressarcitória, especialmente porque o Supremo Tribunal Federal consolidou entendimento que "somente são imprescritíveis as ações de ressarcimento ao erário com base na prática de ato de improbidade administrativa doloso tipificado na Lei de Improbidade Administrativa" (Tema 897).

Como não foi outorgada aos Tribunais de Contas a competência para executar as suas decisões e tendo em vista que só serão consideradas imprescritíveis as ações de ressarcimento cujo dano decorra de ato doloso de improbidade administrativa, é prudente que essas instituições, diante de uma irregularidade na esfera de controle externo que possa também constituir ato de improbidade administrativa, concluam, no regular exercício da função cientificadora, se houve, ainda que em tese, a prática de ato doloso de improbidade administrativa a ser cientificado ao Ministério Público, sem prejuízo, é claro, que a análise acerca do dolo na conduta do agente venha a ser feita na esfera judicial, por expressa previsão do §2º do art. 21 da LIA Reformada.

Isso porque, ao restar incontroversa, atualmente, a possibilidade de incidência da prescrição ressarcitória por dano ao erário, ganha ainda mais relevo a atuação colaborativa dos Tribunais de Contas no sentido de contribuir com a elucidação do dolo, que é condição essencial ao ajuizamento de ações de improbidade, a exemplo do ato de improbidade que decore da omissão do dever de prestar contas, fraudes em concursos públicos, que detêm tipificações expressas na Lei nº 8.429, de 1992.

Esse papel colaborativo na elucidação do dolo presta-se a garantir concretude, também, ao artigo 1º, inciso I, alínea "g" da LC nº 64/90, à higidez do processo eleitoral, consoante se extrai de artigo de Márlon Reis,[27] que traz dados de pesquisa feita pela Universidade de São Paulo, revelando que 63% dos casos de inelegibilidade definidos no Estado de São Paulo, nas Eleições de 2012, tiveram por pressuposto a inelegibilidade prescrita no aludido dispositivo legal.

Não por outra razão, o Tribunal de Contas da União, no Acórdão nº 1.482/2020 – Plenário, mesmo sendo prescindível o arrazoado feito para sancionar o responsável na esfera de controle externo pela irregularidade discutida no processo, passou a

---

[27] REIS, Márlon. *Rejeição de contas e inelegibilidade de prefeitos*. 2015. Disponível em: http://uvbbrasil.com.br/2015/?p=2697. Acesso em: 26 jan. 2019.

valorar – para fins de exercício da função cientificadora, de forma diferenciada e à luz do entendimento do STF sobre prescrição por dano ao erário – as irregularidades que também constituem, em tese, ato de improbidade expressamente tipificado na LIA, mudança de agir institucional refletida a partir do julgamento do RE 636.886.

Isso só reforça a conclusão de que há uma nota qualificada de distinção entre a cientificação dos Tribunais de Contas e aquela emanada de um agente público, monocraticamente e sem a observância de todas as garantias comuns a processualística no âmbito dos Tribunais de Contas. Aliás, com as novas disposições da LIA reformada, tornaram-se nítidos os impactos da processualização das competências dos Tribunais de Contas na responsabilização na esfera da improbidade administrativa, conforme lições do Marçal Justen Filho, para quem:

> O reconhecimento pelo Tribunal de Contas da ausência de danosidade de uma conduta específica implica efeitos necessários no tocante à avaliação da improbidade. É muito problemático afirmar que o Poder Judiciário disporia de condições apropriadas para identificar a lesividade de uma conduta de gestor público, quando o Tribunal de Contas tiver qualificado a conduta como regular.[28]

Assim, ao indicar o ato inquinado e motivar o exercício da função cientificadora a que alude o inciso XI do art. 71 da CRFB/88, a atuação do Tribunal de Contas contribui, de um lado, para que ações de improbidade administrativa não sejam ajuizadas sem lastro suficiente à processualização da demanda, sujeitando aqueles que gerem recursos públicos a exposições midiáticas desnecessárias, e, do outro, relativiza a dificuldade probatória na identificação de elementos essenciais à condenação por atos de improbidade administrativa, cujas ações, não raras rezes, acabam sendo julgadas improcedentes em razão da ausência desses elementos, deficiência probatória que influencia no agravamento do nível de desacreditação social da atividade persecutória estatal que envolve o processamento de atos lesivos ao patrimônio público praticados por agentes que integram posições privilegiadas na estrutura estatal hierarquizada.

5 Conclusão

Sem a pretensão de exaurir a discussão em torno dos impactos do novo panorama jurisprudencial e legislativo na responsabilização de agentes no manejo de recursos públicos, buscou-se demonstrar que a atuação colaborativa entre os distintos agentes controladores, respeitadas as distintas competências institucionais, é via possível para a superação dos desafios impostos pelo novo formato de controle da Administração Pública, como o de garantir a efetividade da prevenção e repressão à fraude, compatibilizando independência entre as distintas instâncias controladoras com o *ne bis in idem*, tudo com vistas a evitar a sobreposição de competências de órgãos que integram o sistema constitucional de controle da Administração Pública, fator crítico à efetividade do poder estatal sancionador.

Essa via conduzirá à concertação entre as esferas administrativa, controladora e judicial, pavimentando terreno para o qualificado, efetivo e independente combate à fraude e corrupção, sem que o exercício do controle das contratações públicas e de

---

[28] JUSTEN FILHO, Marçal. *Op. cit.*, p. 237.

tutela da probidade administrativa se transforme em meio de interdição às ações estatais inovadoras ou de inibição aos agentes de contratação e autoridades que atuam na estrutura de governança dos órgãos e entidades.

Para tanto, há de ser delimitado o escopo das auditorias ordinárias planejadas e realizadas pelos Tribunais de Contas, que devem mirar em aspectos estruturantes das unidades jurisdicionadas, nos ambientes institucionais, portanto, determinando o exato cumprimento da lei, especialmente quanto às regulamentações que forem objeto de comando legal expresso na Lei nº 14.133, de 2021, sem prejuízo do disposto no §4º do art. 170 dela, que foge à atuação preventiva, ordinária.

De igual modo, a tutela da probidade administrativa não pode se apartar do bem jurídico a que visa proteger a Lei nº 8.429, de 1992, com a redação dada pela Lei nº 14.230, de 2021, voltado para a defesa da probidade na organização do Estado e no exercício de suas funções, sob pena de a inobservância desses novos parâmetros do controle e da responsabilização não servirem aos fins a que se prestam, gerando ineficiência probatória e judicante, dando ensejo às nulidades processuais, agravando o sentimento de impunidade que permeia a sociedade e, por via de consequência, o nível de percepção da corrupção.

Por isso, a análise da quantificação de benefícios do controle também deve levar em conta critérios qualitativos, mirando na inter-relação entre a atuação do controle e a indução de efetividade de políticas públicas impactada por essa atuação. De igual modo, ao adotar critérios financeiramente quantificáveis, não se deve levar em conta como parâmetro de cálculo a decisão dos Tribunais de Contas com imputação de débito, mas o que efetivamente regressou ao erário a partir de adimplementos voluntários ou de ações de ressarcimentos, do que resulta necessário concluir que a interdependência entre as atuações dos distintos órgãos de controle e a comunicabilidade entre as instâncias responsabilizadoras é condição essencial à efetividade plena da tutela da probidade administrativa.

Assim, espera-se que os Tribunais de Contas, detentores de dados e informações de toda a Administração Pública, possam, por meio dos instrumentos de fiscalização, dos processos de denúncias e representações, do sistema de acompanhamento de evolução patrimonial, das auditorias de pessoal, contribuir com as outras esferas e sistemas de responsabilização, com vistas a defender a probidade na gestão dos recursos públicos. Um controle que priorize uma boa relação custo-benefício, garantindo, assim, a efetividade na responsabilização-sanção e responsabilização-reparação, por ação ou omissão de agentes públicos e privados que manejam recursos públicos com o nítido propósito de explorar benefícios de interesses exclusivamente pessoais, sem que isso, contudo, possa ser compreendido como afã punitivista no desempenho da constitucional e democrática função de controle.

Informação bibliográfica deste texto, conforme a NBR 6023:2018 da Associação Brasileira de Normas Técnicas (ABNT):

VIANA, Ismar dos Santos. Controle da Administração Pública e os novos parâmetros de responsabilização-sanção e responsabilização-reparação: interação interinstitucional e entre os sistemas de responsabilidade civil, administrativa e penal. *In*: CONTI, José Maurício; MARRARA, Thiago; IOCKEN, Sabrina Nunes; CARVALHO, André Castro (coord.). *Responsabilidade do gestor na Administração Pública*: aspectos gerais. Belo Horizonte: Fórum, 2022. p. 61-84. ISBN 978-65-5518-412-9. v.1.

O REGIME DE RESPONSABILIZAÇÃO DO ADMINISTRADOR PÚBLICO E O PRINCÍPIO DA REALIDADE

GUILHERME CORONA RODRIGUES LIMA

1 Introdução

O Administrador Público brasileiro está sujeito a um complexo e intrincado sistema de responsabilização pessoal em razão dos atos praticados no exercício da função pública, independentemente da natureza do vínculo por ele mantido com a Administração.

O instrumental legal de combate à corrupção e consequente responsabilização do agente público foi complexificado desde e a partir da edição da Constituição Federal de 1988. A Carta Maior tratou do abuso de poder econômico na seara eleitoral, assim como a improbidade administrativa e os chamados crimes de responsabilidade. No último caso temos ainda legislação recepcionada do regime constitucional anterior, como a Lei Federal nº 1.079/50, que cuida dos crimes de responsabilidade do Presidente da República e Ministros, enquanto o Decreto Lei nº 201/1967 regulamenta os crimes praticados por Prefeitos e Vereadores.

Sucedem à promulgação da Constituição Federal alguns marcos normativos que merecem destaque, como as chamadas Lei de Improbidade Administrativa (Lei Federal nº 8.429/1992, hoje profundamente alterada pelas modificações trazidas pela Lei Federal nº 14.230/21), Lei da Ficha Limpa (Lei Complementar nº 135/2010), assim como a Lei de Responsabilidade Fiscal (Lei Complementar nº 101/2000). Cada qual em uma frente do Direito Público, criando parâmetros de atuação do agente público e particulares para o atendimento pleno do princípio da moralidade.

É preciso destacar, dentre outras inúmeras leis, a criação de normas acerca da conduta de servidores no âmbito federal, como o Código de Conduta da Alta Administração e o Estatuto dos Servidores Federais, Leis nº 8.027/1990 e nº 8.112/1990 respectivamente, seguidas da novel Lei de Licitações (Lei Federal nº 14.133/21), que dedica relevante capítulo sobre o controle das contratações.

Tais leis representam verdadeiros elementos de um sistema normativo da organização de pessoal e procedimental no âmbito da União e, consequentemente, de imposições de deveres de agir e sanções no caso de descumprimento. Sua leitura em conjunto traz o que chamamos de microssistema brasileiro de combate à corrupção.

Embora não seja incluída dentre as inovações legislativas que visavam ao combate à corrupção, é imprescindível fazer acompanhá-las a Lei nº 13.655, de 25 de abril de 2018, a qual incluiu na Lei de Introdução às Normas do Direito Brasileiro disposições sobre segurança jurídica e eficiência na criação e na aplicação do Direito Público. Com nítido objetivo de elevar os níveis de segurança jurídica, transparência, sistematização e eficiência na criação e aplicação do Direito Público e melhorar a qualidade da atividade decisória pública no Brasil, os novos dispositivos da LINDB precisam ser analisados em conjunto com o sistema de responsabilização vigente no país.

Nessa linha é que se traz à tona, dentre outros princípios que constam da referida lei, o chamado princípio da realidade, positivado no artigo 22 da LINDB e que será objeto do presente artigo, pelo qual na interpretação dos atos praticados na gestão pública, em especial pelos órgãos de controle, sejam consideradas as reais dificuldades e obstáculos enfrentados pelo gestor quando da prática do ato administrativo a seu cargo.

Pretende-se, pois, com o presente trabalho, demonstrar a necessária compatibilização entre o vigente sistema de responsabilização do Administrador Público e a necessária análise da realidade vivenciada quando da prática do ato que vier a ser sindicado.

2 Breves notas sobre o microssistema de combate à corrupção e a responsabilização do Administrador Público no Brasil

É possível desenhar um sistema nacional de combate à corrupção a partir da reunião de corpos legislativos que detenham identificação, processamento e eventual sanção aos atos corruptos, corpos esses que estejam conectados em razão do objeto e demandem aplicação simultânea, não reincidente e cujo resultado administrativo punitivo ou jurisdicional esteja de acordo com os princípios e regras constitucionais afeitos.

A existência de inúmeras normas dentro do ordenamento brasileiro para o combate à corrupção não tem o condão de organizar os esforços administrativos e judiciais para sua efetiva aplicação. Isto é, a tutela de determinado bem jurídico requer a organização interdependente destas normas por meio de grupo abrangente de diplomas legais que sejam conectados por regras e princípios que se relacionam. Eis as razões pelas quais o tratamento do combate à corrupção no âmbito do Direito Sancionador, em especial o Direito Administrativo Sancionador, requer o reconhecimento da existência de um microssistema atinente a ele.

Tal microssistema se opera pelo manejo dos diplomas legais que tenham afinidade com a matéria do combate à corrupção e consequente responsabilização do Administrador Público. Problema, complexo que é, com peculiaridades e grande extensão torna necessária a aplicação conjunta das regras e princípios extraídos desse conjunto. O fenômeno ocorre em razão do distanciamento legislativo da normatização genérica, característica dos códigos, assim como pela eleição de finalidades específicas na produção de leis. Tal postura legislativa impôs aos profissionais e pesquisadores do Direito a tarefa de lidar com corpos legislativos setoriais, mas com normas de conteúdo material e processual para todos os ramos do Direito, Público e Privado.

Sendo assim, o núcleo de tal microssistema, em uma análise mais voltada ao agente público, necessariamente reside na Lei Federal nº 8.429/92 com as alterações promovidas pela Lei Federal nº 14.230/21, conhecida como Lei de Improbidade Administrativa, bem como na novel Lei de Licitações (Lei Federal nº 14.133/21), no Código Penal (Decreto-Lei nº 2.848/40), na Lei da Ficha Limpa (Lei Complementar nº 135/2010), assim como a Lei de Responsabilidade Fiscal (Lei Complementar nº 101/2000), as leis que regem a atuação dos Tribunais de Contas e as leis que trazem os estatutos dos agentes públicos e suas condutas.

Diz-se em "uma análise mais voltada ao agente público", pois integram referido microssistema, ainda e em especial no que tange à responsabilização de particulares que com a Administração interagem, a Lei Federal nº 12.846/13, a chamada Lei Anticorrupção, e a Lei Federal nº 12.529/11, que estrutura o Sistema Brasileiro de Defesa da Concorrência.

E da Constituição Federal se extrai uma ampla gama de órgãos de controle encarregados de dar cumprimento a esse emaranhado de leis, órgãos estes com atribuições muitas vezes parecidas, o que traz a possibilidade de aplicação de sanções que, na prática, se mostram idênticas entre si, principalmente por incidirem sobre os mesmos fatos e a mesma pessoa, tudo a demonstrar uma indesejável sobreposição de responsabilização judicial e administrativa.[1]

Nessa linha, o redirecionamento dos esforços institucionais de enfrentamento da corrupção tem de considerar que tem sido factível àquele que está sob investigação ou processo estar sujeito ao poder de polícia de número demasiadamente elevado de órgãos de controle, o que dificulta a padronização e sistematicidade das sanções e eventuais planos de adequação de conduta.[2] Tais órgãos são os Ministérios Públicos (Federal, dos Estados da federação e do Distrito Federal e o Ministério Público de Contas de cada Tribunal de Contas respectivo), Tribunais de Contas, Administração Pública do Poder Executivo, Justiça Eleitoral, Justiça Comum, Justiça Federal, além das implicações junto ao Banco Central, Comissão de Valores Mobiliários e Conselho Administrativo de Defesa Econômica.[3] É evidente que no âmbito judicial existe a possibilidade de se sindicar todo

---

[1]   "Refere-se a uma espécie de crise de identidade do direito punitivo estatal como um todo, que alavanca fluxos não lineares e contraditório, ora de "administrativização" de condutas antes disciplinadas pelo direito penal, ora de criminalização de atividades até então tratadas como infrações administrativas. É também cada vez mais comum, aliás, a superposição das duas estratégias punitivas" (VORONOFF, Alice. *Direito Administrativo Sancionador no Brasil*: Justificação, Interpretação e Aplicação. Belo Horizonte: Fórum, 2018, p.20).

[2]   "Isso decorre porque a propositura de inúmeras medidas punitivas em diversas esferas e instâncias impede que o Estado aja de maneira unitária e coesa, estabelecendo um único processo sancionatório para aquele determinado fato e otimizando a punição estatal. A necessidade de uma atuação integrada e coesa, a bem de diminuir a extrema desorganização das esferas punitivas, é hoje medida mais ansiada para que o bis in idem comece a ter fim em nosso ordenamento. Sobre isso, Fabio Medina Osório já teve a oportunidade de afirmar que o correto seria buscar a integração entra as instâncias penal e administrativa" (CHAGAS, Gabriel Pinheiro. O 'non bis idem' no Direito Administrativo Sancionador. *In:* OLIVEIRA, José Roberto Pimenta (coord.). *Direito Administrativo Sancionador* – Estudos em Homenagem ao Professor Emérito da PUC-SP Celso Antônio Bandeira de Mello. São Paulo: Malheiros, 2019, p. 292).

[3]   "No âmbito dessa racionalidade, causa estranheza permitir que o Estado sancione um mesmo comportamento incontáveis vezes. Antes de discutir a questão da sobreposição da sanção penal e sanção administrativa em razão da mesma conduta e à mesma pessoa, cumpre indagar se é possível sancionar, administrativamente, a mesma conduta mais de uma vez. Essa indagação não se revela meramente teórica, já que há âmbitos em que, ao menos em tese, diferentes entes federativos podem sancionar a mesma conduta, sem que haja qualquer norma jurídica expressa sobre o afastamento de uma das sanções quando outra já houver sido aplicada. D'outro lado, também há comportamentos que ensejam a imposição de sanções administrativas oriundas de distintos diplomas legais, como o já citado exemplo da corrupção, que poderá resultar em reponsabilidade administrativo-disciplinar, responsabilização por improbidade administrativa e pela Lei nº 12.846/13" (COSTA, Helena Regina Lobo. Direito Administrativo Sancionador e Direito Penal: a necessidade de desenvolvimento de uma

e qualquer abuso na aplicação de sanções, o que, no entanto, não minimiza o potencial caótico das sanções advindas dos esforços anticorrupção.[4]

A previsão de sanções que, a par de possuírem nomenclaturas ligeiramente diversas, na essência trazem a mesma consequência prática e são aplicadas por órgãos de controle distintos, porém em razão dos mesmos fatos, traz inegável risco de ocorrência de *bis in idem* e indevida insegurança jurídica nas relações punitivas no Brasil.

Tome-se como exemplo o que genericamente podemos chamar de perda da função pública em razão de ilícitos praticados no exercício do cargo.

Tal sanção pode ser aplicada pela própria Administração Federal, conforme previsão do artigo 127, incisos III, V e VI, da Lei Federal nº 8.112/90 ou pelo Poder Judiciário Federal em razão de ato de improbidade administrativa, com fundamento no artigo 12 da Lei nº 8.429/92, e em razão de crime, com fundamento no artigo 92 do Código Penal, pelo Tribunal de Contas da União, nos termos do artigo 60 da Lei nº 8.443/92 e pela Justiça Eleitoral, conforme previsão do artigo 15 da Lei Complementar nº 64/90 com redação dada pela Lei Complementar nº 135/10.

Trata-se, como bem coloca Gabriel Pinheiro Chagas, de um cenário de verdadeiro caos punitivo.[5] A submissão do agente público a uma trama de controle administrativo que não guarda coesão na sua atuação gera, do lado do Administrador, o que a doutrina hoje chama de "apagão das canetas" consubstanciado em um medo demasiado de agir sob pena de se ver responsabilizado por possuir interpretação diversa da do órgão de

---

política sancionadora integrada. *In:* BLAZECK, Luiz Maurício Souza; MARZAGÃO JR., Laerte (coord.). *Direito Administrativo Sancionador*. São Paulo: Quartier Latin, 2012, p. 11).

[4] "Particularmente no Brasil um fenômeno se soma a esse movimento de transformação e ampliação do controle: a majoração da autonomia de órgãos de controle externo e interno da Administração, como ocorre com o Ministério Público, os Tribunais de Contas e as Controladorias ou Corregedorias administrativas. Com isso, dissemina-se, de modo consciente ou inconsciente, o conflito entre diferentes organismos estatais, na medida em que são fortalecidos órgãos de características *sui generis* em relação ao tradicional princípio da separação de Poderes, órgãos, em verdade, exteriores à própria separação e que, embora munidos do poder de controlar, são mal controlados, uma vez que não participam do sistema de freios e contrapesos inerentes ao referido princípio constitucional. Sem freios e contrapesos e com uma série de prerrogativas excessivamente genéricas e imprecisas, não é preciso ir muito distante para se imaginar que esses órgãos de controle tendem ao cotidiano abuso de poder. De qualquer sorte, não há dúvida de que esse empoderamento dos órgãos de controle autônomos brasileiros faz parte do movimento de alargamento geral dos mecanismos de controle sobre a Administração" (PEREZ, Marcos Augusto. Governança Democrática e Fragmentação do Direito Administrativo. *In:* WALD, Arnoldo; JUSTEN FILHO, Marçal; PEREIRA, Cesar Augusto Guimarães (org.). *O Direito Administrativo na Atualidade*: Estudos em homenagem ao centenário de Hely Lopes Meirelles. São Paulo: Malheiros, 2017, p. 861).

[5] "Resume-se essa ideia com a conclusão de que a unidade do Estado permite e viabiliza uma junção tanto material quanto processual do Direito sancionador, reconhecendo-se todas as esferas hoje existentes como sendo uma única representante do Estado sancionador, o que, independentemente da polêmica proposta, seria significativa na redução do bis in idem, à medida em que a multiplicação de instâncias e esferas competentes aniquila o direito de defesa dos acusados e as outras garantias constitucionais já examinadas. Dentro dessa proposta, a medida mais sensata seria uma unificação dos processos administrativos, ou ao menos uma interlocução sistematizada e frequente entre as diversas esferas supostamente competentes para julgar os mesmos agentes pelos mesmos fatos, a fim de que o processo que possam culminar em sanções já aplicadas deixem de prosseguir a bem de evitar o bis in idem. Tal alternativa, além de obviamente prezar pela economicidade e eficiência, também poderá otimizar a incidência do Direito Administrativo Sancionador, à medida que processos repetitivos não tramitarão inutilmente e também se evitará que sanções repetidas e excessivas sejam questionadas e anuladas no Judiciário, conferindo solidez à eventual decisão aplicada inicialmente" (CHAGAS, Gabriel Pinheiro. O 'non bis idem' no Direito Administrativo Sancionador. *In:* OLIVEIRA, José Roberto Pimenta (coord.). *Direito Administrativo Sancionador* – Estudos em Homenagem ao Professor Emérito da PUC-SP Celso Antônio Bandeira de Mello. São Paulo: Malheiros, 2019, p. 292/293).

controle sobre o mesmo fato,[6] dilema esse bem retratado na obra "Direito Administrativo do Medo", de Rodrigo Valgas.[7]

Eis a razão forte pela qual se argumenta pela existência de uma necessária sistematicidade a partir do reconhecimento doutrinário e judicial de um microssistema anticorrupção, que, para sua aplicação, dentre outros fatores que defendemos em nossa tese de doutorado,[8] deve observar o princípio da realidade previsto no artigo 22 da Lei de Introdução às Normas do Direito Brasileiro de modo a evitar indevida responsabilização do agente público.

3 O princípio da realidade constante do artigo 22 da LINDB

A Lei de Introdução às Normas do Direito Brasileiro tem por função disciplinar a aplicação das leis em geral, regendo normas e trazendo parâmetros interpretativos. A Lei nº 13.655/18, que introduziu mudanças no Decreto-Lei nº 4.657/1942, dispôs sobre segurança jurídica e eficiência na criação e aplicação do Direito Público. Nesse sentido, introduziu o artigo 22, cuja redação passa a orientar as matérias de Direito Público: "Na interpretação de normas sobre gestão pública, serão considerados os obstáculos e as dificuldades reais do gestor e as exigências das políticas públicas a seu cargo, sem prejuízo dos direitos dos administrados".

O dispositivo descreve o que ficou conhecido como princípio da realidade, pelo qual se orienta que o Administrador Público, antes de praticar qualquer ato administrativo, e também os órgãos de controle, ao sindicá-los, deverão levar em conta a realidade local e as limitações dos gestores, sem que se prejudiquem os direitos dos cidadãos.

Como bem anotam Floriano de Azevedo Marques Neto e Rafael Véras de Freitas:

> Em resumo, o artigo 22 da Lei 13.655/2018 confere uma racionalidade pragmática à função punitiva estatal, interdita interpretações retrospectivas, quiméricas, descontextualizadas e extemporâneas; reside num marco de evolução para o Direito Administrativo sancionador, e não de retrocesso.[9]

---

[6] "Por tudo isso, verifica-se que o gestor público, ao desempenhar a função administrativa, submete-se a uma trama de controle dotada de inúmeras normas e múltiplos órgãos com atividades complementares e muitas vezes sobrepostas. Vale enfatizar que a ampliação do controle sobre a atividade do administrador público é relevantíssima e incontornável para qualquer Estado Democrático de Direito. No entanto, ao modo disfuncional como tem sido colocado em prática no Brasil, o controle vem promovendo uma dupla desmotivação para o agente público que, ao mesmo tempo em que enxerga a dificuldade de tomar decisões discricionárias, ante a possibilidade de ver alterada a sua decisão pelos órgãos de controle, receia ser responsabilizado e punido por suas escolhas que possam ser consideradas equivocadas à luz do raciocínio do órgão de controle respectivo" (CARVALHO, André Castro; SOUSA, Otavio Augusto Venturini. O Construtivismo pragmático de Hely Lopes Meirelles. *In:* WALD, Arnoldo; JUSTEN FILHO, Marçal; PEREIRA, Cesar Augusto Guimarães (org.). *O Direito Administrativo na Atualidade*: Estudos em homenagem ao centenário de Hely Lopes Meirelles. São Paulo: Malheiros, 2017, p. 170/171).

[7] "Por Direito Administrativo do Medo queremos significar: a interpretação e aplicação das normas de Direito Administrativo e o próprio exercício da função administrativa pautados pelo medo em decidir dos agentes públicos, em face do alto risco de responsabilização decorrente do controle externo disfuncional, priorizando a autoproteção decisória e a fuga da responsabilização em prejuízo do interesse público" (VALGAS, Rodrigo. *Direito Administrativo do Medo*. São Paulo: Thompson Reuters, 2021).

[8] LIMA, Guilherme Corona Rodrigues. *Direito Administrativo Sancionador e Função Social da Empresa*. Rio de Janeiro: Lumen Juris, 2022.

[9] MARQUES NETO, Floriano de Azevedo; FREITAS, Rafael Verás. O artigo 22 da LINDB e os novos contornos do Direito Administrativo sancionador. *CONJUR*. Disponível em: https://www.conjur.com.br/2018-jul-25/opiniao-artigo-22-lindb-direito-administrativo-sancionador. Acesso em: 30 dez. 2021.

E arrematam os autores, em outro artigo de escol:

> É dizer, caberá ao tribunal uniformizar a jurisprudência dos tribunais federais e estaduais a propósito do dever de se privilegiar a conduta do administrador honesto, de modo a fomentar que a validade de sua conduta seja aferida à luz das circunstâncias concretas que a circundavam e às políticas públicas as quais ele se encontra jungido.[10]

Trata-se, nessa linha, de verdadeiro controle voltado à realidade por meio do qual o órgão censor tem o dever, no exercício da atividade controladora, de analisar as circunstâncias de fato que precederam a prática do ato administrativo que veio a ser sindicado.

A motivação do ato administrativo e, por conseguinte, os motivos que determinaram sua prática servem de meio para que o Administrador demonstre a realidade vivida no momento de sua edição e de subsídio para que o órgão de controle analise tal realidade e verifique a legitimidade do ato praticado à luz do problema então vivido.

Rodrigo Valgas trata a questão como forma de proteção ao Administrador e prestígio de sua atividade decisória, nos seguintes termos:

> Categorias conceituais assemelhadas podem ser detectadas na LINDB visando a proteção decisória do administrador público. O art. 22 da LINDB exige que na interpretação das normas sobre gestão pública sejam considerados os obstáculos e dificuldades reais do gestor, o que certamente envolve aspectos quanto às informações que detinha ao decidir evitando que o ente controlador atue como "engenheiro de obra feita" ou "apite o jogo com consulta ao VAR". O art. 22, caput, da LINDB impõe sejam considerados na atividade administrativa, controladora e judicial "os obstáculos e as dificuldades reais do gestor", tal qual ocorreu no desenvolvimento da jurisprudência da BJR nos EUA. É o chamado hindsight bias ou viés retrospectivo, que induz a fácil percepção dos desdobramentos de um evento já ocorrido exatamente porque já aconteceu, fazendo parecer que certas decisões se mostrem equivocadas exatamente por já terem dado errado, o que em verdade não seria facilmente perceptível quando do lapso temporal em que decisão foi adotada.[11]

E continua o autor no sentido de que a escolha administrativa deve ser prestigiada pelo órgão de controle sob pena de desvirtuamento da atividade controladora:

> Todavia, uma advertência se impõe. Se é inerente à gestão de riscos o registro do processo de tomada de decisão, evidentemente que as razões que levaram a esta ou aquela medida para tratar riscos poderão ser objeto de fiscalização pelos órgãos de controle, que terão acesso às razões pelas quais o gestor optou por este ou aquele caminho.
>
> Ora, se as razões utilizadas pelo gestor de modo transparente e honesto forem interpretadas pelos órgãos de controle contra o próprio gestor, especialmente porque a atividade de controle quando exercida a posteriori é realizada com o conhecido "viés retrospectivo" (hindsigth bias), isto poderá desencorajar o gestor a exteriorizar suas razões de decidir e tratar riscos adequadamente.

---

[10] MARQUES NETO, Floriano de Azevedo; FREITAS, Rafael Verás. O STJ e os desafios na interpretação da nova LINDB. *Migalhas*. Disponível em: https://www.migalhas.com.br/depeso/303289/o-stj-e-os-desafios-na-interpretacao-da-nova-lindb. Acesso em: 30 dez. 2021.

[11] VALGAS, Rodrigo. *Direito Administrativo do Medo*. São Paulo: Thompson Reuters, 2021.

Afinal, quando ocorre algo errado, é natural que quem fiscalize pense que as decisões tomadas anteriormente foram equivocadas, e se tais decisões estiverem exteriorizadas no processo de gestão de riscos, poderão ser utilizadas não para justificar, mas para condenar o gestor por suas decisões.

Nesse passo, para adoção do gerenciamento de riscos é fundamental que os órgãos de controle estejam imbuídos de outra mentalidade, que se coloquem no lugar do gestor público ao tempo em que tomadas suas decisões (tal qual preconizado pelo art. 11 da Lei 13.655/18 – LINDB). Se o controle externo utilizar da gestão de riscos como modo de coletar dados para impor sanções aos agentes públicos, poderá redundar no fracasso da implementação da cultura de gestão de riscos no Brasil.

O medo, enquanto expressão dos instintos mais primais, tanto na selva como na Administração Pública, pode implicar comportamento muito conhecido: a paralisia. Diante de uma grave ameaça, por vezes o ser humano se comporta de modo não reativo. Fica em choque. Não sabe como agir. Diante do medo em decidir, o agente público passa a adota a cultura do imobilismo ou paralisia decisória, buscando formas de fuga na responsabilização.[12]

Nessa linha, a importância já trazida pela doutrina clássica por meio da chamada teoria dos motivos determinantes do ato administrativo agora ganha outro importante vetor interpretativo da atividade decisória consubstanciado no mencionado princípio da realidade agora positivado pela LINDB.

4 Aspectos a serem considerados na responsabilização do Administrador Público: um diálogo com a LINDB

Por certo não se pode entender o órgão controlador como um "administrador de segundo grau",[13] que teria competência de rever os atos praticados por quem foi incumbido, pelo voto popular, de praticá-los. Dessa forma, não podemos admitir o controle a ser exercido como um controle puramente de mérito.

O controle de legitimidade dos atos administrativos tem que ser realizado por meio da análise dos motivos que levaram à prática do ato, sua efetiva existência no mundo dos fatos e à correlação com o ato efetivamente praticado.

Segundo Lúcia Valle Figueiredo:

Destarte, não basta à administração fazer preceder seus contratos de licitação. É necessário, ademais disso, que ditos contratos representem necessidade real, efetiva da Administração. Que atendam aos princípios da função pública. Que guardem racionalidade, razoabilidade.[14]

E é exatamente esse controle que a LINDB pretende que seja realizado. Como cediço, o controle não se presta a exercer um controle de mérito da atividade administrativa, mas sim a averiguar se as escolhas feitas pelo agente estavam fundadas em

---

[12] VALGAS, Rodrigo. *Direito Administrativo do Medo*. São Paulo: Thompson Reuters, 2021.

[13] SAAD, Amauri Feres. O controle dos Tribunais de Contas sobre contratos administrativos. *In:* MELLO, Celso Antonio Bandeira de. *Direito administrativo e liberdade*: estudos em homenagem a Lúcia Valle Figueiredo. São Paulo: Malheiros, 2014, p. 54-68.

[14] FIGUEIREDO, Lúcia Valle. *Controle da administração pública*. São Paulo: Revista dos Tribunais, 1991, p. 35/36.

necessidades de fato e no atingimento do interesse público analisando-se, nessa linha, a realidade vivida por ele no momento da prática do ato.

Até porque a opção administrativa está ligada ao exercício da própria atividade pública conferida ao Administrador, de modo que não há possibilidade e nem mesmo expressa previsão legal a autorizar um órgão de controle externo a se imiscuir no mérito da atividade administrativa desempenhada, a não ser para verificar se os motivos que levaram à prática do ato efetivamente existiram.

Nesse sentido Marianna Montebello Willeman enfatiza que "a opção administrativa deve, de fato, ser respeitada, não cabendo às Cortes de Contas substituírem-se ao administrador público na definição das prioridades a serem atendidas".[15]

Diante de tais paradigmas, para que o Administrador Público possa ser efetivamente responsabilizado, deve o órgão de controle demonstrar a inexistência dos motivos determinantes para a prática do ato ou um enviesamento da realidade que não se confirma no mundo fático ou, pior, que agiu o Administrador com dolo pré-ordenado de praticar ato lesivo.

E, ao contrário, se a escolha feita para acudir determinada necessidade pública, ainda que posteriormente tenha se mostrado desastrada, não pode ela levar ao apenamento do gestor, já que o ordenamento jurídico, por certo, não pode vedar o erro, mas apenas os ilícitos.

Escolhas legítimas, bem fundamentadas, alicerçadas em conhecimento efetivo da realidade, ainda que diferentes daquelas entendidas como corretas pelos órgãos de controle, não podem levar a qualquer tipo de responsabilização do agente público.

5 A cosmovisão, o planejamento e o princípio da realidade

O planejamento é inerente à atividade Administrativa no Brasil, como bem coloca José Maurício Conti:

> O planejamento do setor público compreende um completo conjunto de atos que se coordenam para fixar e alcançar objetivos almejados pelo Estado.
>
> (...)
>
> Isto porque, ao planejar a ação do Estado, uma vez feitas as escolhas, há necessidade de concretizá-las, transformando-as em medidas efetivas que permitam conduzir a Administração Pública, caso em que o planejamento passa a assumir uma função de natureza mais técnica, reduzindo-se a discricionariedade do administrador, a quem competirá dar cumprimento ao que foi estabelecido. O sistema de planejamento orçamentário passa a ser um caminho institucional percorrido para o cumprimento dos objetivos fundamentais da República brasileira e a consequente realização dos direitos sociais.[16]

---

[15] WILLEMAN, Marianna Montebello. O Controle de Licitações e Contratos Administrativos pelos Tribunais de Contas. *Revista de Direito da Procuradoria-Geral do Estado do Rio de Janeiro*, v. 64, p. 228-246, 2009.

[16] CONTI, José Maurício. *O planejamento orçamentário da Administração Pública no Brasil*. São Paulo: Blucher, 2020, p. 39-43.

Acerca do planejamento, Floriano Marques de Azevedo Neto e João Eduardo Queiroz:

> Fixando nosso conceito em relação a esses termos, temos que: a planificação seria o processo pelo qual são definidos os pressupostos do planejamento; o planejamento é todo o arcabouço axiológico, conceitual e teórico voltado para a seleção de objetivos, fixação de metas e previsão e disposição de meios para efetivá-las. Já o instrumento jurídico-normativo que formaliza o planejamento, para que possa ser executado, é o plano.[17]

Cabe ao Administrador Público, conforme judiciosas lições, fazer escolhas para atendimento do interesse público ao qual cabe acudir em determinado momento, escolhas estas que constituem seu planejamento de atuação enquanto agente público e serão materializadas por meio dos atos administrativos por ele praticados.

Crítica que se faz, contudo, é que cada agente público, enquanto ser humano que é, tem sua visão de mundo e exatamente segundo tal cosmovisão é que faz as escolhas e pratica os atos. E, posteriormente o órgão de controle, também com sua cosmovisão, viria sindicá-lo.

Segundo Luiz Sérgio Fernandes Souza, o conflito da cosmovisão do agente público e do controlador traz insegurança jurídica no momento do controle:

> Mas o pragmatismo da LF nº 13.655/18 mal esconde uma certa forma de idealismo. Por exemplo, o legislador dispõe, na regra do artigo 21, como se ao juiz (e também ao administrador) fosse dado vislumbrar, no momento da decisão, um leque completo das consequências possíveis. Mais que isto, as regras de ponderação – a que o legislador parece remeter no parágrafo único – são portadores de "valores jurídicos abstratos", no que se identifica a existência de uma contradição em termos, considerada a previsão do artigo 20 da LINDB.
>
> Não bastasse – e ainda no mesmo contexto da crítica acima desenvolvida –, é certo que cada julgador tem sua cosmovisão, de forma que o responsável pelo "controle judicial do controle administrativo" fará estimativas que se põem de acordo com sua visão de mundo, enquanto que o responsável pelo controle administrativo valorará a necessidade e adequação da invalidação de atos, contratos ajustes, processos ou normas administrativas, tanto quanto das medidas impostas, de acordo com uma visão de mundo própria. Nesta medida, cabe indagar qual a segurança jurídica do administrador público para dizer-se que esta ou aquela seja a decisão correta à vista dos resultados e consequências. Aqui reside a segunda contradição, consideradas as finalidades que o legislador diz perseguir com as alterações feitas pela LF nº 13.655/18: segurança jurídica e eficiência, como enunciadas na ementa da lei.[18]

Para superar a "cosmovisão" de cada um, sem dúvida, a justificativa declinada pelo Administrador na tomada da decisão bem como seu amplo subsídio por meio de evidências documentais, estudos, pareceres etc. deverão ser a base de análise do controlador.

---

[17] MARQUES NETO, Floriano; QUEIROZ, João Eduardo Lopes. Planejamento. *In: Direito Administrativo Econômico.* São Paulo: Atlas, 2011, p. 685.

[18] SOUZA, Luiz Sergio Fernandes. As recentes alterações da LNDB e suas implicações. *Revista Jurídica ESMP-SP,* v. 14, 2018: 123-132.

Remeter a análise do ato, unicamente, à cosmovisão de cada um nada mais é do que ferir a discricionariedade inerente ao ato administrativo a ser praticado pelo Administrador, já que, pela própria natureza das coisas, a cosmovisão do agente público muitas vezes será distinta da do controlador.

E exatamente aí no princípio da realidade enquanto impositor da análise dos fatos no momento da prática do ato, em especial por meio da motivação e da declinação dos motivos que levaram a sua edição, é que a sindicância da atuação administrativa será cada vez mais consentânea com os princípios inerentes ao controle e não causará indevida ingerência no mérito do ato administrativo e, por conseguinte, indevida responsabilização do agente público, em especial diante de uma gama de distintos órgãos de controle existentes no sistema de responsabilização brasileiro.

6 Conclusão

O controle sobre a Administração Pública, inegavelmente, avançou sobremaneira nas últimas décadas no Brasil. Contudo, a gama de órgãos de controle existentes no ordenamento jurídico, a ausência de sistematização de suas atuações e a sobreposição de funções geram externalidades negativas que em nada contribuem para o aprimoramento de tal controle, que acaba se mostrando disfuncional.

Defende-se, pois, a existência de um microssistema legislativo de combate à corrupção, integrante do chamado Direito Administrativo Sancionador, como forma de garantir a intercambialidade entre as diversas leis esparsas que tratam do tema no Brasil.

E, importante avanço em tal sentido, é a previsão do artigo 22 da LINDB, que impõe a análise, pelo controlador, da realidade vivida pelo Administrador quando da prática do ato administrativo que veio a ser praticado.

Por meio da análise dos motivos da prática do ato, pela qual deverá constar, necessariamente, um relato da realidade enfrentada que levou à prática do ato, é que o órgão controlador poderá aferir sua legitimidade.

Não pode, contudo, valendo-se de sua cosmovisão, taxar de ilícito ou irregular ato legitimamente praticado que, posteriormente, viu-se como ineficaz para o atendimento do interesse público, já que o ordenamento jurídico brasileiro não pune o erro, mas sim a imoralidade.

Nessa linha, a análise da existência dos fatos e da realidade vivida, como imposição da LINDB aos órgãos de controle, tratará o aprimoramento no controle exercido de modo a prestigiar o Administrador probo e garantir maior segurança jurídica no exercício da atividade administrativa.

Referências

CARVALHO, André Castro; SOUSA, Otavio Augusto Venturini. O Construtivismo pragmático de Hely Lopes Meirelles. *In:* WALD, Arnoldo; JUSTEN FILHO Marçal; PEREIRA Cesar Augusto Guimarães (org.). *O Direito Administrativo na Atualidade*: Estudos em homenagem ao centenário de Hely Lopes Meirelles. São Paulo: Malheiros, 2017.

CHAGAS, Gabriel Pinheiro. O 'non bis idem' no Direito Administrativo Sancionador. *In:* OLIVEIRA, José Roberto Pimenta (coord.). *Direito Administrativo Sancionador* – Estudos em Homenagem ao Professor Emérito da PUC-SP Celso Antônio Bandeira de Mello. São Paulo: Malheiros, 2019.

CONTI, José Maurício. *O planejamento orçamentário da Administração Pública no Brasil*. São Paulo: Blucher, 2020.

COSTA, Helena Regina Lobo. Direito Administrativo Sancionador e Direito Penal: a necessidade de desenvolvimento de uma política sancionadora integrada. *In:* BLAZECK, Luiz Maurício Souza; MARZAGÃO JR., Laerte (coord.). *Direito Administrativo Sancionador*. São Paulo: Quartier Latin, 2012.

FIGUEIREDO, Lúcia Valle. *Controle da administração pública*. São Paulo: Revista dos Tribunais, 1991.

LIMA, Guilherme Corona Rodrigues. *Direito Administrativo Sancionador e Função Social da Empresa*. Rio de Janeiro: Lumen Juris, 2022.

MARQUES NETO, Floriano de Azevedo; FREITAS, Rafael Verás. O artigo 22 da LINDB e os novos contornos do Direito Administrativo sancionador. *CONJUR*. Disponível em: https://www.conjur.com.br/2018-jul-25/opiniao-artigo-22-lindb-direito-administrativo-sancionador.

MARQUES NETO, Floriano de Azevedo; FREITAS, Rafael Verás. O STJ e os desafios na interpretação da nova LINDB. *Migalhas*. Disponível em: https://www.migalhas.com.br/depeso/303289/o-stj-e-os-desafios-na-interpretacao-da-nova-lindb.

MARQUES NETO, Floriano; QUEIROZ, João Eduardo Lopes. Planejamento. *In: Direito Administrativo Econômico*. São Paulo: Atlas, 2011.

PEREZ, Marcos Augusto. Governança Democrática e Fragmentação do Direito Administrativo. *In:* WALD, Arnoldo; JUSTEN FILHO Marçal; PEREIRA Cesar Augusto Guimarães (org.). *O Direito Administrativo na Atualidade*: Estudos em homenagem ao centenário de Hely Lopes Meirelles. São Paulo: Malheiros, 2017.

SAAD, Amauri Feres. O controle dos Tribunais de Contas sobre contratos administrativos. *In:* MELLO, Celso Antônio Bandeira de. *Direito administrativo e liberdade*: estudos em homenagem a Lúcia Valle Figueiredo. São Paulo: Malheiros, 2014.

SOUZA, Luiz Sergio Fernandes. As recentes alterações da LNDB e suas implicações. *Revista Jurídica ESMP-SP*, v. 14, 2018.

VALGAS, Rodrigo. *Direito Administrativo do Medo*. São Paulo: Thompson Reuters, 2021.

VORONOFF, Alice. *Direito Administrativo Sancionador no Brasil*: Justificação, Interpretação e Aplicação. Belo Horizonte: Fórum, 2018.

WILLEMAN, Marianna Montebello. O Controle de Licitações e Contratos Administrativos pelos Tribunais de Contas. *Revista de Direito da Procuradoria-Geral do Estado do Rio de Janeiro*, v. 64, p. 228-246, 2009.

Informação bibliográfica deste texto, conforme a NBR 6023:2018 da Associação Brasileira de Normas Técnicas (ABNT):

LIMA, Guilherme Corona Rodrigues. O regime de responsabilização do administrador público e o princípio da realidade. *In:* CONTI, José Maurício; MARRARA, Thiago; IOCKEN, Sabrina Nunes; CARVALHO, André Castro (coord.). *Responsabilidade do gestor na Administração Pública: aspectos gerais.* Belo Horizonte: Fórum, 2022. p. 85-95. ISBN 978-65-5518-412-9. v.1.

QUEM CONTROLA O ADMINISTRADOR PÚBLICO?

FERNANDO MENEZES DE ALMEIDA

1 Premissa

Atendendo ao convite da organização deste livro, ocorreu-me produzir uma reflexão, em formato mais livre de ensaio, sobre as modernas tendências de controles recaindo sobre a ação dos administradores públicos no Brasil.

Sendo assim, menos do que um texto científico, pretendo oferecer um conjunto de ideias para a crítica e o debate públicos.

Imagino apresentar algumas ideias em torno da questão de "quem controla o administrador público?".

A premissa básica para a discussão dessas ideias é a compreensão de que o sistema de Estado de Direito, adotado pela tradição constitucional brasileira e bastante amadurecido na Constituição de 1988, importa a submissão de todos, "governantes e governados" ao Direito.

Adiro aqui, provocativa e francamente, à tese de Léon Duguit, que, numa perspectiva jus-sociológica realista, desvenda a tradição formalista dos juristas, para enxergar a realidade factual:

> L'Etat n'est pas une personne juridique ; l'Etat n'est pas une personne souveraine. L'Etat est le produit historique d'une différentiation sociale entre les forts et les faibles dans une societé donnée. Le pouvoir qui appartient aux plus forts, individu, classe, majorité, est um simple pouvoir de fait, qui n'est jamais légitime par son origine. Les gouvernants, qui détiennent ce pouvoir, sont des individus comme les autres ; ils n'ont jamais, en leur qualité de gouvernants, la puissance légitime de formuler des ordres. Comme tous les individus, ils sont soumis à la règle de droit, qui trouve sont fondement dans la solidarité sociale et s'impose à tous, gouvernants et gouvernés. Toute manifestation de la vonlonté gouvernante est légitime, quand elle est conforme au droit ; les gouvernants peuvent alors légitimement mettre en jeu la plus grande force dont ils disposent parce qu'elle est alors employée à réaliser le droit. Les gouvernants n'ont point le droit subjetif de commander. Ils ont seulement le pouvoir objectif de vouloir conformément au droit et d'assurer par la contrainte la réalisation du droit.[1]

---

[1] Esse é o parágrafo introdutório do livro *L'Etat, les gouvernants et les agents* (Paris: Fontemoing, 1903). Esse parágrafo termina com a frase: *"Telles sont les conclusions d'une precedente étude"*. Com efeito, Duguit assim sintetizou a ideia central de seu anterior e pioneiro livro *L'Etat, le droit objectif et la loi positive* (Paris: Fontemoing, 1900).

Consequência direta dessa premissa é, pois, a responsabilidade (jurídica) dos agentes públicos – que não se confunde com a responsabilidade das pessoas jurídicas que representam – e os mecanismos de controle que a ensejam.

Para efeito das ideias que mencionarei a seguir, levarei em consideração os agentes no sentido de *administradores públicos*, deixando de lado os agentes de governo que exercem mais propriamente uma função político-governativa, a acarretar variantes no sistema de responsabilização a que estão sujeitos.

2 Tendência de amplificação do controle

Vivemos notoriamente no Brasil, de modo mais intenso nos últimos quinze anos, mas como uma consequência do regime constitucional de 1988, uma amplificação dos controles que recaem sobre os administradores públicos.

A demanda por moralidade e probidade no trato dos assuntos públicos ganhou a consciência nacional. Sem pretender discutir aqui acertos ou desacertos de grandes operações de apuração de ilícitos como a "Lava Jato", fato é que a sociedade tem se mobilizado em torno do tema, com evidentes resultados (não necessariamente condizentes com os objetivos almejados...), impactando eleições nacionais e até mesmo mandatos de presidentes da república.

Significativas mobilizações populares nas ruas e nas mídias sociais contra o que generalizadamente passou-se a dizer "corrupção" tornaram-se quase rotineiras. Desse modo, os controles sociais, no seu sentido mais difuso – mais próximo da essência da participação democrática direta –, recaindo sobre os administradores e sobre a administração, ganharam novo vigor.

Mas também no plano técnico jurídico houve ultimamente muitos avanços no sentido da ampliação e da inovação dos modos de controle sobre os administradores: desde aprimoramentos nos meios judiciais ou extrajudiciais (notadamente os exercidos pelos Tribunais de Contas) tradicionais até a difusão de novas técnicas de controle interno, expressas pela ideia de integridade ou, como se tornou comum dizer, de *compliance*.

3 Raízes dessa tendência na Constituição de 1988

A ampliação dos controles sobre a Administração e sobre os administradores públicos é consequência direta de opções políticas adotadas pela Constituição de 1988.

A Constituição vigente, com efeito, marcou a transição para a redemocratização do País. Ao fazê-lo, preocupada com a limitação dos poderes autoritariamente exercidos pelos agentes públicos no regime anterior, em especial atuando pelo Poder Executivo, sobrevalorizou o Poder Judiciário e órgãos legitimados a mobilizá-lo para o exercício do controle de legalidade. Simultaneamente, seja pela dimensão de seu texto, seja por sua abertura principiológica, a Constituição mesma deu margem a uma substancial ampliação do espectro da legalidade, inspirada por uma ampla constitucionalização do Direito.

O sistema constitucional vigente aperfeiçoou e reforçou a autonomia do Poder Judiciário e do Ministério Público, reduzindo ou eliminando instrumentos de ingerência política sobre as nomeações de seus membros e ampliando suas garantias funcionais.

No mesmo sentido, os instrumentos processuais de controle foram multiplicados em sua forma e desenvolvidos em seu alcance, seja para atingir as leis em abstrato, seja os atos praticados por agentes da Administração.

Ao lado das tradicionais representações de inconstitucionalidade (geral ou interventiva) – ora ditas ações diretas de inconstitucionalidade – surgiram a ação direta de inconstitucionalidade por omissão, a ação declaratória de constitucionalidade, a arguição de descumprimento de preceito fundamental, todas com legitimação ativa bastante alargada.

A ação civil pública e a ação popular foram ampliadas em seu objeto e em suas consequências jurídicas, sendo que a primeira ganhou importante variante, para combate aos atos de improbidade administrativa.

Manejando esses novos instrumentos ou suas novas modalidades, o Poder Judiciário e o Ministério Público, bem como entidades de representação da sociedade civil, estabeleceram uma inédita dinâmica de controle, levando, no limite, ao relevante debate acadêmico e no âmbito da prática das instituições, sobre prós e contras da politização da justiça e do ativismo judicial.

4 A tradicional responsabilidade administrativa

Esse novo padrão de modos e formas de controle sobre os administradores públicos não significou a redução dos tradicionais canais de apuração administrativa da responsabilidade, como já era praxe estabelecida pelos diversos estatutos de servidores públicos (ou mesmo pela Consolidação das Leis do Trabalho, em caso de vínculo empregatício público), valendo-se do processo administrativo disciplinar e da aplicação de penalidades disciplinares que afetam o vínculo funcional do agente com a pessoa jurídica estatal: advertência, suspensão, multa, demissão, cassação de aposentadoria – ou suas variantes.

Noto que quando se fala em responsabilização *administrativa* dos agentes normalmente se está cogitando da responsabilização "não jurisdicional", ou seja, responsabilização operada pelas instâncias administrativas.

Isso porque o Brasil, desde o início da República, abriu mão do sistema de dualidade de jurisdições, concentrando o controle jurisdicional (com a exceção do julgamento de crimes de responsabilidade de certas autoridades) nas mãos do Poder Judiciário.

Essa ideia tem fundamento na regra de direito fundamental contida no artigo 5º, XXXV, da Constituição: "a lei não excluirá da apreciação do Poder Judiciário lesão ou ameaça a direito". Dito de outro modo, o controle de legalidade ("lesão a direito"), em caso de conflito, será resolvido com definitividade – jurisdicionalmente – exclusivamente pelo Poder Judiciário; e, caso algo no sistema jurídico ("a lei") pretenda excluir essa competência do Poder Judiciário, tal medida será contrária à Constituição.

Assim, sem prejuízo, ou independentemente, de que a administração (no exercício de função administrativa) apure a responsabilidade de seus agentes, sempre o Poder Judiciário poderá ser acionado para dar a palavra final a respeito.

E, mesmo que não haja judicialização da decisão administrativa, o Direito brasileiro prevê que, em se tratando de fatos praticados por administradores públicos, simultaneamente puníveis com sanção penal (necessariamente aplicada pelo Poder Judiciário no exercício da jurisdição) e com sanção disciplinar administrativa, haja repercussão da decisão judicial sobre a esfera administrativa em casos de absolvição do réu ligada à ausência de materialidade dos fatos, à negativa de autoria ou à presença de excludentes de ilicitude da conduta.

De todo modo, uma constatação prática – que aqui afirmo sem base em estatísticas cientificamente construídas, senão por experiência própria e compartilhada – indica que a apuração judicial de ilícitos praticados por administradores públicos é mais frequente, efetiva e consequente do que a apuração administrativa. Isso se dá muito provavelmente por uma diversidade de causas, das quais destaco a maior especialização e a maior disponibilidade de meios probatórios no Poder Judiciário; e certa tendência de leniência no ambiente "entre iguais", ante apurações a cargo dos próprios agentes da Administração.

5 O aumento da pressão dos controles externos sobre a Administração

Por força dos elementos apontados nos dois tópicos anteriores, nota-se uma tendência crescente de apuração jurisdicional da responsabilidade de administradores públicos, independentemente de prévia apuração administrativa.

Isso ocorre em especial por meio da ação civil pública, na sua variante "ação de improbidade" – como será visto no tópico seguinte.

Entretanto, outra tendência notável durante a vigência da Constituição de 1988 é o incremento de modos internos de controle da Administração, sobre os seus agentes, por consequência do aumento de uma pressão que controles externos – aqui tanto judiciais como não judiciais, principalmente os Tribunais de Contas – exercem sobre a Administração Pública, promovendo a responsabilização dos dirigentes pela ausência de estruturas e meios mais eficazes de controles disciplinares internos.

Com isso, por exemplo, passam a ser adotados administrativamente códigos de ética de agentes públicos; surgem leis que visam a reforçar a transparência da vida pública (como a Lei Federal nº 12.527/11); surgem leis que reforçam o combate à corrupção, mediante regime mais rigoroso de responsabilidade civil e administrativa de empresas (como a Lei Federal nº 12.846/13); e passam a ser estruturadas controladorias e corregedorias no âmbito das distintas pessoas da Administração Pública direta e indireta.

Quanto a essas controladorias e corregedorias internas, no mais das vezes por estímulo dos Tribunais de Contas, elas acabam por adotar procedimentos que espelham os trabalhos desses Tribunais, estabelecendo com eles canais diretos de comunicação, não raro por meio de sistemas eletrônicos próprios.[2]

E os integrantes dos órgãos internos de controle, a seu turno, assumem uma responsabilidade pessoal reforçada, nos termos do artigo 74, §1º, da Constituição da República: "§1º Os responsáveis pelo controle interno, ao tomarem conhecimento de qualquer irregularidade ou ilegalidade, dela darão ciência ao Tribunal de Contas da União, sob pena de responsabilidade solidária".[3]

---

[2] Vide o exemplo do Sistema AUDESP no caso do Tribunal de Contas do Estado de São Paulo.

[3] No caso do Estado de São Paulo, regra similar, referente ao Tribunal de Contas do Estado, está no artigo 35, §1º, da Constituição estadual.

6 O caso especial da Lei de Improbidade

Como mencionado no início do tópico anterior, esse aumento de pressão do controle externo sobre a Administração nota-se também no âmbito da apuração jurisdicional da responsabilidade de administradores públicos.

E o principal elemento nesse sentido tem sido a Lei nº 8.429/92, que visa a apurar a responsabilidade por atos de improbidade administrativa, atendendo a um comando da Constituição da República, artigo 37, §4º: "Os atos de improbidade administrativa importarão a suspensão dos direitos políticos, a perda da função pública, a indisponibilidade dos bens e o ressarcimento ao erário, na forma e gradação previstas em lei, sem prejuízo da ação penal cabível".

A ação prevista nessa Lei estruturalmente é a mesma ação civil pública, mas levando a consequências mais graves e variadas de punição dos administradores públicos envolvidos.

Com efeito, os agentes responsáveis por atos de improbidade estão sujeitos às sanções indicadas (no artigo 37, §4º, da Constituição) e ainda à perda dos bens ou valores acrescidos ilicitamente ao patrimônio, ao pagamento de multa civil equivalente ao valor do acréscimo patrimonial e à proibição de contratar com o Poder Público ou de receber benefícios ou incentivos fiscais ou creditícios por certo prazo.

Essas sanções, nos termos do artigo 12 da Lei nº 8.429/92, são independentes de eventuais sanções que decorram da apuração de responsabilidade civil (comum[4]), penal ou administrativa, sendo certo que não há de se cogitar da aplicação dobrada da mesma sanção nas distintas esferas de responsabilização.

A ação de improbidade, que, na prática, tem sido manejada com muita frequência pelo Ministério Público, goza de grande efetividade e inspira temor nos administradores públicos, não apenas pelos fortes impactos patrimoniais, mas também, especialmente em agentes que tenham pretensões eleitorais, dada a sanção de suspensão de direitos políticos.

7 Recentes alterações na Lei de Improbidade

Justamente por sua ampla repercussão na vida política e nos tribunais, a Lei nº 8.429/92 tem acumulado muitas polêmicas nos 30 anos de sua vigência, polêmicas essas que levaram, recentemente, a um movimento político, unindo partidos de diversas colorações ideológicas em favor de uma reforma que mitigasse seu alcance. Isso ocorreu com a Lei nº 14.230/21, a qual alterou diversos de seus dispositivos.

A posição dos que sustentaram as mudanças, resumidamente, fundamentava-se na percepção de que certas formulações e mesmo certos conceitos na Lei deixavam os administradores públicos – em especial aqueles atuando em entidades sem maior suporte de quadros técnicos, como é o caso de milhares de municípios no País – à mercê de interpretações arbitrárias de membros do Ministério Público, ou de medidas judiciais oportunistas manejadas por pessoas estatais sob o comando de novos governantes (de linha política oposta).

---

[4] Uma vez que a responsabilidade por ato de improbidade não deixa de ser civil, no sentido de "jurisdicional não penal".

Isso porque a Lei, na sua redação original, valia-se de uma tipicidade das condutas de improbidade bastante fluida, com grande abertura para caracterização de ilicitudes a partir de interpretações baseadas em princípios (de formulação naturalmente vaga) e abrangendo como improbidade certos atos culposos (e não dolosos), de modo a distorcer o sentido do agir "ímprobo" que a Constituição pretendia ver sancionado com mais rigor.

Por outro lado, defendendo a manutenção da Lei em sua redação original, argumentava-se com os fundamentais avanços obtidos nas últimas três décadas em termos de combate à improbidade, justamente pelo caráter rigoroso e eficaz das punições propiciadas pela Lei.

Exageros, nesse sentido, deveriam ser coibidos pela própria justiça, ao exercer a função de controle jurisdicional, de modo que a consolidação da jurisprudência progressivamente pudesse trazer segurança aos gestores públicos e aos controladores no tocante ao enquadramento de condutas na tipificação legal mais flexível dos atos de improbidade.

Não entro aqui na discussão mais detalhada de diversas alterações que, de fato, foram introduzidas na Lei nº 8.429/92 – algumas das quais efetivamente com sentido de aprimoramentos pontuais. De resto, fica registrada a polêmica delineada, devendo-se aguardar os próximos anos para aferirem-se as consequências da opção legislativa.

8 O ressurgimento da ênfase na segurança jurídica na função de controle

Polêmica à parte, quanto à Lei nº 8.429/92 e quanto à estratégia de ação dos órgãos de controle (como na operação "Lava Jato" ou similares), ainda numa linha de análise evolutiva do modelo de controle dos administradores públicos ensejada pelo sistema constitucional de 1988, percebe-se uma tendência, crescente nos últimos dez ou quinze anos, de valorização da ideia de segurança jurídica.

De rigor, segurança jurídica é uma noção implícita no próprio Estado de Direito. Sustentar a submissão de todos, governantes e governados, não ao arbítrio da subjetividade de algum ou de alguns indivíduos, mas sim à vontade objetiva da sociedade expressa pelo direito (pela legalidade) implica inequivocamente que deva haver segurança quanto ao sentido dessa vontade: segurança quanto ao entendimento que os indivíduos (aqui incluídos os indivíduos que exercem função de administradores públicos) devam ter do comando legal abstrato e segurança quanto ao que podem esperar da postura dos órgãos controladores no momento em que estes últimos cotejam o comando legal abstrato com a conduta individual daqueles no caso concreto.

Ao mesmo tempo em que a sociedade, sob o influxo da Constituição de 1988, espera maior rigor no controle de legalidade sobre os administradores públicos, a mesma sociedade não pretende renunciar à segurança jurídica. Falar "sociedade", por certo, tem um sentido figurado: são forças sociais mais ou menos organizadas que têm a aptidão de sustentar conscientemente essas noções.

Assim, a comunidade jurídica em geral clama por segurança jurídica. E esse clamor não é estranho às próprias instituições controladoras. Não é por acaso que a noção de "segurança jurídica" cada vez mais ganha destaque na jurisprudência dos tribunais – com destaque para a do Supremo Tribunal Federal. Nem que o próprio Poder Judiciário venha propondo reformas no sistema de controle para conseguir uniformizar entendimentos e dotá-los de força vinculante às instâncias difusas inferiores (vide as súmulas vinculantes ou os mecanismos de vinculação de decisões sobre constitucionalidade com repercussão geral).

Também no âmbito de órgãos não jurisdicionais de controle a busca por segurança tem valorizado a pactuação de soluções em casos concretos, de modo a substituir-se a dúvida sobre o acerto ou desacerto de uma conduta a ser controlada pela certeza de um acordo sobre qual conduta adotar. São vários os exemplos de termos de ajustamento de conduta ou de acordos similares que têm surgido na legislação e efetivamente ocorrido na prática da relação dos administradores públicos com seus controladores.

9 A tendência legislativa de valorização da segurança jurídica

Além dos movimentos de valorização da segurança jurídica detectados na prática dos órgãos de controle em sua relação com os administradores públicos controlados, também a legislação passou a explicitá-la.

Um exemplo já bem sedimentado nessa linha é o da Lei nº 9.784/99, a qual, além de mencionar diretamente a segurança jurídica em seu rol de princípios, alterou substancialmente a lógica da invalidação dos atos administrativos – substituindo uma lógica de nulidade por uma lógica de anulabilidade –, de modo a admitir a convalidação de atos e a impor limites temporais para a invalidação de atos de que decorram efeitos favoráveis para seus destinatários de boa-fé.

Mais recentemente, a inclusão (pela Lei nº 13.655/18) de um bloco de artigos sobre relações jurídicas envolvendo a Administração Pública na Lei de Introdução às Normas do Direito Brasileiro teve como eixo central a ênfase na segurança jurídica – em benefício de todos: administradores públicos nas suas relações com os controladores e indivíduos privados nas suas relações com a Administração.

São normas que visam, por exemplo, a impedir que decisões controladoras sejam tomadas com base em valores jurídicos abstratos desconectados de suas consequências no caso concreto; que decisões controladoras interpretem normas aplicáveis aos gestores públicos sem considerar o contexto concreto em que estes têm que atuar; que novas interpretações ou decisões surpreendam seus destinatários (sem regimes de transição) ou retroajam para atingir situações plenamente constituídas; que agentes públicos sejam punidos por erros escusáveis (arts. 20 a 24 e 28).

E ainda há normas que expressamente visam a gerar segurança jurídica, por meio de instrumentos jurídicos normativos gerais e abstratos ou individuais e concretos (arts. 26 e 30).

10 A necessidade de evolução no modelo institucional de controles

Após essa apresentação panorâmica de ideias quanto ao controle sobre os administradores públicos, retorno à questão do título para afirmar, passados pouco mais de trinta anos da vigência do atual sistema constitucional, que vivemos um tempo de protagonismo de um controle técnico-jurídico, notadamente aquele produzido pelo Poder Judiciário, com participação do Ministério Público, mas também aquele produzido pelos Tribunais de Contas, acompanhado pelo Ministério Público de Contas.

O sistema brasileiro, portanto, parece estar rumando para a consolidação de um modelo que valoriza a fiscalização da legalidade por um viés técnico-jurídico, com estreitamento do campo das decisões de mérito administrativo, como espaço – por certo delimitado pela legalidade – no qual o administrador público possa mais amplamente tomar decisões políticas.

Hoje praticamente não existe um campo de mérito administrativo que os controladores judicial-jurisdicionais não considerem passível de ser sindicável em nome da legalidade (ainda que consubstanciada na formulação vaga de princípios e valores extraídos diretamente da Constituição).

No entanto, esse modelo também mostra seus limites. É de se supor que muitas das relações sociais não sejam mais bem conduzidas a um equilíbrio de pacificação e solidariedade por um viés puramente técnico-jurídico do que por um viés mais permeável a uma leitura política – política no sentido amplo, não a reles política partidária-eleitoral – que legitimamente concretize as diretrizes constitucionais.

Quero com essa consideração final sugerir que não me parece desarrazoado esperar – e mesmo defender – a evolução do modelo de controle para, sem jamais abrir mão do primado da legalidade, essência do Estado de Direito, conciliar o controle judicial com uma parcela de jurisdição a ser exercida por instâncias administrativas, de modo similar, ainda que adaptado à realidade nacional, a experiências tão bem-sucedidas em maduras democracias de outras partes do mundo.

Informação bibliográfica deste texto, conforme a NBR 6023:2018 da Associação Brasileira de Normas Técnicas (ABNT):

ALMEIDA, Fernando Menezes de. Quem controla o administrador público? *In*: CONTI, José Maurício; MARRARA, Thiago; IOCKEN, Sabrina Nunes; CARVALHO, André Castro (coord.). *Responsabilidade do gestor na Administração Pública*: aspectos gerais. Belo Horizonte: Fórum, 2022. p. 97-104. ISBN 978-65-5518-412-9. v.1.

CONTROLE NA ADMINISTRAÇÃO PÚBLICA

CARLOS NABIL GHOBRIL
CLÁUDIO TUCCI JUNIOR

1 Considerações iniciais

1.1 Controle da Administração Pública: origem e fundamentos

Na etimologia da palavra "controle" encontramos do latim *contra* mais *rotulus*, "rolo, escrito, registro": "ação de verificar os escritos ou as contas dos rolos", o que era uma tarefa de ponderação, ética e associada à probidade, à justiça e, assim, à imparcialidade nas verificações dos fatos.

A origem dos órgãos de controle do Estado é muito antiga, com registros no século XIII a.C. Mais tarde, no período da Antiga Grécia e do Império Romano, esses controles foram institucionalizados. No Brasil, o controle das contas públicas ocorre com a chegada da Família Real Portuguesa em 1808. Neste mesmo ano, Dom João VI cria o Erário Régio e Conselho de Fazenda, órgão que antecede o Tribunal de Contas da União (NASCIMENTO, 2005).

Hely Lopes conceitua controle como "a faculdade de vigilância, orientação e correção que um Poder, órgão ou autoridade exerce sobre a conduta funcional do outro" (MEIRELLES, 2005, p. 58). O autor defende ainda que a prestação de contas do administrador público deve ter uma abrangência maior do que o encargo de prestar contas da gestão de bens e interesses alheios por parte dos demais administradores, devido ao fato de que a gestão pública é atinente aos bens e interesses de toda a coletividade (LIMA, 2007).

Portanto, o controle na Administração não é tarefa nova. Segundo Sardi (2007 *apud* SANTOS, 2020), o controle é mencionado por Henri Fayol (Jules Henri Fayol, 1841-1925), um dos principais nomes no desenvolvimento da Ciência da Administração e criador da Teoria Clássica da Administração, em sua obra Teoria da Administração Científica, como uma das cinco funções primordiais da administração (planejar, organizar, coordenar, comandar e controlar), defendendo que a eficácia do controle está condicionada com sua realização no período adequado e acompanhado de respectivas sanções aos desvios.

Os controles dos atos administrativos têm por objetivo verificar sua eficácia e a compatibilidade com os aspectos legais que norteiam a ação do Administrador Público. Desta forma, busca fiscalizar a correta e efetiva atuação da Administração como também corrigir eventuais ocorrências identificadas no processo de controle e assegurar o cumprimento dos ditames legais.

Os órgãos de controle têm a missão de fiscalizar e analisar as contas públicas, garantindo à população a correta gestão do erário público. Podem estar ligados a qualquer um dos três poderes, portanto há órgãos de controle ligados ao Poder Judiciário, mas também ao Poder Legislativo e ao Poder Executivo.

Esse arranjo de instrumentos é regulamentado através de diversos atos normativos, que trazem regras, modalidades e ferramentas para a organização deste controle, contando com um conjunto de mecanismos jurídicos e administrativos por meio dos quais se exerce o poder de fiscalização e de revisão da atividade administrativa em qualquer esfera de poder. É um imperativo de um modelo de Estado submetido ao primado da Lei, ao Estado de Direito.

Em contexto histórico, a administração governamental passou por profunda evolução ao longo dos anos, acompanhando as transformações políticas, sociais, comportamentais e tecnológicas de nossa sociedade.

O modelo patrimonialista seguiu em grande parte os conceitos defendidos por Maquiavel (Niccolò Maquiavelli, pensador italiano, 1469-1527), cuja principal obra é o 'O Príncipe', publicada em 1531, em que orienta as práticas de como governar. Nesta obra, Maquiavel cunha o termo 'Estado' para representar os organismos de governo, termo que passa a ser utilizado a partir de então. Anteriormente, na Grécia Antiga se utilizava a expressão *polis*, que significava cidade, e os romanos utilizavam a expressão *civitas*, enquanto na Idade Média e na Idade Moderna passou-se a utilizar os termos principado, reino, império e república (GRAMSCI, 1968).

De acordo com a Teoria de Estado, há três modelos que explicam sua origem:

a) Doutrina Teleológica, de base religiosa, em que o poder deriva de Deus, segundo a qual os governantes seguiam a vontade divina;

b) Jusnaturalismo, modelo racional, busca desvincular os valores humanos da religião, defendendo que o Estado deriva das necessidades da natureza humana, em que o homem passa a deduzir o Direito justo por sua própria razão (TUCCI JUNIOR, 2013);

c) Contratualismo, com raízes na Antiguidade Grega, que apresenta o governo como uma pactuação entre os homens.

Em um sentido mais amplo, segundo Lima (2007), o Estado pode ser definido como um organismo político-administrativo, com um território delimitado, conduzido por um governo estabelecido, constituindo-se em pessoa jurídica de caráter público, reconhecida internacionalmente. Em relação à esfera econômica, o Estado tem suas funções principais classificadas, de acordo com sua natureza, como alocativa, distributiva e estabilizadora.

Este modelo patrimonialista predominou basicamente até a Revolução Francesa, que é um marco na transformação de valores da sociedade, mas continuou a ser empregado em muitos países enquanto as formas de governo eram geralmente controladas por governos monárquicos, como impérios, principados e reinos, depois muitos substituídos pelo modelo republicano. Esse modelo centralizado de poder da administração pública com suas características peculiares gerou práticas danosas e foi caracterizado pela corrupção, clientelismo e nepotismo.

O modelo burocrático, baseado nos princípios de interesse público, buscou superar as práticas patrimonialistas que marcavam a gestão do setor público até o início do século XX.

Classicamente defendido por Max Weber (Max Emil Maximilian Weber, 1864-1920), sociólogo alemão, o modelo burocrático afirmava que o emprego de seus princípios tornaria a administração mais eficiente e eficaz. Complementando os conceitos weberianos, diversos outros autores contribuíram com a construção desta teoria, entre eles destaca-se Woodrow Wilson (Thomas Woodrow Wilson, presidente norte-americano, 1856-1924), que defende a separação entre a 'Política', que deve ser responsável pela formulação e definição de políticas públicas, e a 'Administração', que deve ficar com a responsabilidade de conduzir a operacionalização de sua implementação.

2 A Reforma do Estado

A implementação deste modelo no Brasil é bem ilustrada pela criação, em 1938, do DASP – Departamento Administrativo do Serviço Público, durante o governo Vargas por meio do Decreto-Lei nº 579, com o surgimento das primeiras carreiras burocráticas "com atribuições de racionalizar a administração mediante simplificação, padronização e aquisição racional de materiais, revisão de estruturas e aplicação de métodos na definição de procedimentos" (LIMA, 2007, p. 7). Uma das consequências é a institucionalização de concursos públicos para o preenchimento de vagas nas carreiras governamentais. Ainda de acordo com o Decreto-Lei nº 579, cabia ao DASP fiscalizar, por delegação do Presidente da República e na conformidade das suas instruções, a execução orçamentária e inspecionar os serviços públicos.

Burocracia é uma estrutura organizativa caracterizada por regras, rotinas e procedimentos, caráter legal de normas e regulamentos, divisão de responsabilidades de acordo com aspectos racionais de divisão do trabalho, especialização da administração, valorização da competência e meritocracia, publicidade, caráter formal das comunicações, hierarquia e relações impessoais. Esse modelo não se restringe às organizações públicas, mas está presente também nas organizações do setor privado, nas organizações sociais e nas entidades sem fins lucrativos. Cada vez mais, atualmente, estudos da melhoria da Administração Pública são norteados pelo questionamento do binômio Eficiência x Eficácia, em que se atenta ao excesso que acaba danificando todo o processo da construção de um resultado mais fluido.

Na segunda metade do século XX, o modelo gerencial é formulado com o propósito de superar as imputações de mau funcionamento do modelo burocrático, que passou a ser criticado por alguns teóricos pelo baixo desempenho decorrente da prestação exclusiva de serviços públicos, tendo como características a ineficiência, excesso de formalismo, a rigidez, a superconformidade às rotinas e procedimentos, a despersonalização no relacionamento, a baixa responsividade e a pouca geração de valor público, procurando assim esse modelo gerencial responder às disfunções da burocracia, buscando a melhoria contínua dos processos e possibilitando uma gestão mais participativa.

Ele surge em decorrência das transformações da sociedade no pós-guerra, com o desenvolvimento tecnológico, das comunicações, da globalização associado às mudanças culturais e comportamentais que ocorrem paralelamente com o desenvolvimento econômico. O modelo gerencial traz consigo tendências da sociedade contemporânea como o controle dos gastos públicos e a melhoria na prestação de serviços. Nesse contexto, Heródoto (484-425 a.C. – historiador grego da Antiguidade, considerado, pelo filósofo Cícero, o pai da História) já nos avisava como o povo aguça suas intenções e humores em épocas de transformações estruturais.

Nota-se, portanto, uma latente demanda da sociedade pelo controle de gastos, que acarreta respostas por meio dos mecanismos e órgãos de controle da administração pública.

No Brasil, a introdução da Administração Pública Gerencial é marcada pela edição do Decreto-Lei nº 200/1967, em 25 de fevereiro de 1967, portanto no governo militar ainda sob a presidência do General Humberto de Alencar Castello Branco, que dispõe sobre a organização da Administração Federal e estabelece diretrizes para a Reforma Administrativa, com foco na descentralização e nas atividades de planejamento, supervisão, coordenação e controle. Em seu artigo 6º determinava que as atividades da Administração Federal deveriam obedecer aos princípios fundamentais de planejamento, coordenação, descentralização, delegação de competências e controle. Esse decreto-lei preconizava também a redução da burocracia e estabeleceu as diretrizes no intuito de coordenar as atividades administrativas e exercer controle sobre os resultados, acompanhando a modernização do sistema de controles da Administração Pública, com o controle mais ágil, não observando somente aspectos formais, mas, também, acompanhando questões relacionadas com a gestão (CASTRO, 2007).

Pouco antes, em março de 1964, ainda sob o governo de João Goulart, foi editada a Lei nº 4.320/64, estabelecendo a Lei de Normas Gerais do Direito Financeiro, que consagrou os princípios do planejamento orçamentário e seu controle, instituindo o Orçamento Plurianual de Investimentos e o Orçamento Programa Anual, visando a eficácia das técnicas orçamentárias no emprego dos recursos públicos, impondo a universalidade do controle, o que significa o alcance sobre todos os atos da Administração (LIMA, 2007).

A Lei nº 4.320/64 estabelecia, desta forma, pela primeira vez na legislação brasileira, o controle dos resultados da Administração Federal, não se restringindo apenas aos aspectos legais. A lei previa ainda a introdução do controle interno na Administração Pública, estabelecendo que o Poder Executivo exerceria três tipos de controle da execução orçamentária (LIMA, 2007):

a) a legalidade de atos que resultassem em arrecadação de receitas ou em realização de despesas, o nascimento ou a extinção de direitos e obrigações;

b) a fidelidade funcional de agentes da administração com responsabilidades por bens e valores públicos;

c) o cumprimento do programa de trabalho expresso em termos monetários e em termos de realização de obras e prestação de serviços.

Segundo Wilson (1989 *apud* PACHECO, 1999), não basta resolver apenas o problema da confiança na probidade do agente público, mas é preciso produzir confiança pública em sua capacidade de desempenho.

A ação administrativa na área pública está muitas vezes associada com uma intensa atividade financeira, gerida pelos administradores públicos, que devem se balizar pelos ordenamentos jurídicos, obedecendo aos princípios da legalidade, impessoalidade, moralidade, publicidade e eficiência, de acordo com o estabelecido no artigo 37 da Carta Magna (BRASIL, 2018).

Assim, a ação dos administradores públicos envolve administração patrimonial e a utilização de recursos públicos, que devem ser empregados para a consecução dos objetivos de bem-estar da sociedade. Porém, esse poder discricionário é muitas vezes empregado de forma equivocada, com erros e abusos, o que suscita a necessidade de controles capazes de avaliar os atos e a conduta da gestão. Esse controle é mais que um poder dos órgãos competentes, é um dever de vigilância e correção exercido pela Administração Pública. Metaforicamente, como na Química, seriam os catalisadores que ora aceleram a reação desejada com controle e cautela e ora funcionam como moderadores com controle para se evitar a explosão exotérmica de uma reação indesejada.

De acordo com Moraes (2011, p.838), a Constituição de 1988:

Consagrou uma economia descentralizada de mercado, sujeita a forte atuação do Estado de caráter normativo e regulador, permitindo que o Estado explore diretamente atividade econômica quando necessário aos imperativos de segurança nacional ou a relevante interesse coletivo.

Montesquieu (Charles-Louis de Secondat, escritor francês, barão de La Brède e de Montesquieu, 1689-1755), em sua obra "O Espírito das Leis", afirma que a liberdade política só existe quando não se abusa do poder, porém destaca que o exercício do poder é uma experiência que leva "o governante que o detém geralmente a dele abusar, até que encontra limites". Assim, segundo ele, o exercício do poder conduz a abusos, necessitando, portanto, do estabelecimento de meios de controle capazes de evitar esses desvios (MONTESQUIEU, 1993).

A teoria de freios e contrapesos, consagrada por Montesquieu, lastreada na separação dos Poderes Executivo, Legislativo e Judiciário, estabelece a autonomia e os limites de cada Poder. O Sistema de Freios e Contrapesos estabelece também o controle de cada poder pelo próprio Poder (Controle Interno), mas também que cada Poder seria controlado pelos demais Poderes (Controle Externo), evitando abusos no exercício das prerrogativas de cada Poder (MONTESQUIEU, 1993).

Assim, estabelece-se o princípio dos poderes harmônicos, respeitando a independência e autonomia de cada um dos três Poderes, indicando simultaneamente de maneira difusa os conceitos de desagregação e de composição. Esse princípio está presente também em nossa Carta Magna, instituto fundamental do Estado Democrático de Direito, diante da polissemia difusa de toda a dogmática do Direito Público.

Embora, paradoxalmente, as críticas a Montesquieu se devam porque rejeitou a ideia de liberdade como autogoverno coletivo. Rejeitou também a ideia de que liberdade significaria ausência de restrições. Para o autor, estas duas posições são hostis à liberdade política. Ainda, a liberdade seria possível, embora não garantida, apenas em sistemas monárquicos e repúblicas, nunca em sistemas despóticos, uma certa incoerência dialética para o renomado iluminista.

3 O controle da Administração e a Constituição Federal de 1988

As Constituições brasileiras anteriores também apresentavam aspectos relativos aos controles e à legalidade.

O artigo 70 da Constituição de 1988 (BRASIL, 2018) estabelece que a fiscalização contábil, financeira, orçamentária, operacional e patrimonial da União e das entidades da administração direta e indireta, quanto à legalidade, legitimidade, economicidade, aplicação de subvenções e renúncia de receitas, será exercida pelo Congresso Nacional, mediante controle externo, e pelo sistema de controle interno de cada Poder.

O artigo 71, de forma resumida, determina que o controle externo, a cargo do Congresso Nacional, será exercido com o auxílio do Tribunal de Contas da União, ao qual compete:

I – apreciar as contas prestadas anualmente pelo Presidente da República, mediante parecer prévio;

II – julgar as contas dos administradores e demais responsáveis por dinheiros e valores públicos da administração direta e indireta;

III – apreciar a legalidade dos atos de admissão de pessoal, a qualquer título, na administração direta e indireta;

IV – realizar, por iniciativa própria, da Câmara dos Deputados, do Senado Federal, de Comissão técnica ou de inquérito, inspeções e auditorias de natureza contábil, financeira, orçamentária, operacional e patrimonial nas unidades administrativas dos Poderes Legislativo, Executivo e Judiciário;

V – fiscalizar as contas nacionais de empresas supranacionais de cujo capital a União participe;

VI – fiscalizar a aplicação de quaisquer recursos repassados pela União mediante convênio, acordo, ajuste ou outros instrumentos congêneres a Estado, Distrito Federal ou Município;

VII – prestar as informações solicitadas pelo Congresso Nacional, por qualquer de suas Casas, ou Comissões;

VIII – aplicar aos responsáveis, em caso de ilegalidade de despesa ou irregularidade de contas, as sanções previstas em lei;

IX – assinar prazo para que o órgão ou entidade adote as providências necessárias ao exato cumprimento da Lei, se verificada ilegalidade;

X – sustar, se não atendido, a execução do ato impugnado, comunicando a decisão à Câmara dos Deputados e ao Congresso Nacional;

XI – representar o Poder competente sobre irregularidades ou abusos apurados.

Assim, nota-se que os artigos 70 e 71 da Constituição Federal (BRASIL, 2018) indicam duas formas de controle parlamentar:

a) controle político, com o objetivo de garantir os interesses do Estado e da sociedade, exercido diretamente por ambas as Casas, separadamente ou em conjunto, suas Comissões e por deputados federais e senadores por meio das mesas diretoras das respectivas Casas Legislativas;

b) controle técnico, com as fiscalizações financeiras, orçamentárias, contábeis, operacionais e patrimoniais, exercido com o auxílio do Tribunal de Contas da União.

A legítima competência fiscalizatória do Poder Legislativo está consignada também no inciso X do artigo 49 da Constituição Federal (BRASIL, 2018), cujo texto indica que, entre os atos de competência privativa do Congresso Nacional, encontra-se expressamente o de "fiscalizar e controlar, diretamente, ou por qualquer de suas Casas, os atos do Poder Executivo, incluídos os da Administração Indireta".

Nos Estados, Distrito Federal e Municípios há regras simétricas as quais a Constituição Federal impõe ao ente do governo central.

A Constituição Federal de 1988 estabelece um sistema de controles de acordo com a separação dos Poderes, com o sistema de controle de cada Poder, pelo controle exercido pelo Poder Legislativo, com a atuação do Tribunal de Contas e pelo controle social, exercido por mecanismos de atuação da sociedade (SANTOS, 2020).

Em relação à tipologia das formas de controle, Santos (2020) apresenta as diversas formas de controle às quais a administração se sujeita, ou que ela exerce sobre si mesma, classificando-se da seguinte forma:

I – Quanto à sua localização:
    c) controle interno, quando é conduzido pelo próprio órgão ou outro da mesma administração que executou o ato;
    d) controle externo, quando um Poder exerce a revisão dos atos de outro Poder.

II – Quanto ao órgão que exerce:
    a) administrativo, quando emana da própria administração, seja por iniciativa ou por provocação externa;
    b) legislativo, exercido pelo Poder Legislativo, por meio de seus órgãos;
    c) judicial, exercido exclusivamente pelo Poder Judiciário, que examina a legalidade dos atos administrativos.

III – Quanto ao momento em que o controle se efetiva:
    a) prévio ou *a priori* (anterior ao surgimento do ato ou despesa, portanto, antecede o ato administrativo). Busca evitar que procedimentos ilegais ou de interesse conflitante ao interesse público sejam efetivados;
    b) concomitante (durante a realização do ato). Busca promover correções imediatas das ações em curso desenvolvidas, buscando evitar distorções e promover as práticas regulares;
    c) posterior, subsequente ou *a posteriori* (após a ocorrência do ato). Por meio da avaliação de sua correção, legalidade e eficiência, busca homologar ou tomar medidas corretivas dos atos praticados, que podem levar inclusive à sua anulação.

IV – Quanto à extensão do controle:
    a) legalidade ou legitimidade: verifica a conformidade com o ordenamento jurídico;
    b) mérito: analisa a harmonia entre os objetivos e o resultado do ato, examinando a eficácia do ato, isto é, se o objetivo foi alcançado da melhor maneira e com o menor custo para o erário.

Segundo Santos (2020, p. 4), "o controle interno decorre do poder de autotutela da administração, que permite a esta rever seus próprios atos quando ilegais, inoportunos ou inconvenientes".

A Constituição Federal expressa a exigência da implantação dos controles internos nos artigos 31, 70 e 75. Além do dispositivo constitucional, a expressão controle interno já estava presente no Direito Positivo brasileiro, especificamente na já mencionada Lei nº 4.320/1964, que trata das normas gerais do Direito Financeiro para elaborar e controlar os orçamentos e balanços da União, dos Estados, do Distrito Federal e dos Municípios, destacando em seu artigo 75 as competências do Sistema de Controle Interno. Acrescente-se ainda que a Lei de Responsabilidade Fiscal (Lei nº 101/2000) dispõe sobre as funções do controle interno, como também a Lei nº 8.666/1993 (Lei das Licitações e Contratos) prevê o funcionamento do controle interno (SANTOS, 2020).

4 Supremo Tribunal Federal e controle interno

Cabe ressaltar duas súmulas do Supremo Tribunal Federal (STF) sobre o controle interno.

De acordo com a Súmula 346 do STF, "a administração pode declarar a nulidade de seus próprios atos".

Já a Súmula 473 do STF assevera que "a administração pode anular seus próprios atos quando eivados de vícios legais, porque deles não se originam direitos, ou revogá-los, por motivo de conveniência ou oportunidade, respeitados os direitos adquiridos e ressalvada, em todos os casos, a apreciação judicial".

Ainda no campo do controle interno na esfera federal, cumpre destacar o papel da Secretaria Federal de Controle Interno, órgão integrante da Controladoria-Geral da União (CGU), responsável pela avaliação da execução dos orçamentos da União, pela fiscalização da implementação dos programas de governo e, ainda, entre outras funções, pelas auditorias sobre a gestão dos recursos públicos federais sob a responsabilidade de órgãos e entidades públicos e privados (LIMA, 2007). É oportuno acrescentar que o controle interno deve ter caráter tanto preventivo como corretivo.

Segundo Coelho (2014), conforme determinado pela Resolução nº 1.135/2008, do Conselho Federal de Contabilidade, que aprova as Normas Brasileiras de Contabilidade Aplicadas ao Setor público – NBC T 16.8, para que atinja a eficácia, o sistema de controle interno deverá contar com estrutura composta por ambiente de controle; de mapeamento e avaliação de riscos; procedimentos de controle; informação e comunicação; e monitoramento. O ambiente de controle deve apresentar as condições necessárias e suficientes de comprometimento, comportamento e estruturas que precisam estar presentes nos diversos níveis da Administração para a consecução dos objetivos estabelecidos, sendo composto por um conjunto de normas e processos que estabeleçam as diretrizes e balizas principais e orientem a conduta esperada por parte dos administradores, como integridade pessoal e profissional, além de padrões éticos de conduta.

5 Controle externo da Administração Pública: Tribunais de Contas, Poder Legislativo, Poder Judiciário e sociedade

O controle externo da Administração Pública é exercido por órgão estranho àquele controlado, uma vez que a Administração precisa ser fiscalizada de acordo com os interesses da sociedade por órgão desvinculado e independente, imparcial sobre os atos examinados, sob a análise da boa utilização dos recursos públicos, garantindo os princípios da legalidade, moralidade, impessoalidade, legitimidade, economicidade, eficiência, eficácia e efetividade. Esse controle pode ser exercido pelo Poder Legislativo, pelos Tribunais de Contas, pelo Poder Judiciário e pela sociedade por meio do controle social. O que demonstra sua lúcida preocupação sobre minimizar os prováveis danos por coerção de poder, dependência intrínseca de pressão e favoritismos pela indução velada de forças.

Segundo Lima (2007), a Lei Complementar nº 101/2000 fortalece o controle externo exercido pelos Tribunais de Contas com o estabelecimento de novos procedimentos, dentre os quais podem ser destacados a emissão de Pareceres Prévios referentes às contas anuais dos Chefes dos Poder Executivo, Legislativo e Judiciário, além das contas do Chefe do Ministério Público.

Ainda de acordo com a Lei nº 101/2000, conhecida popularmente como Lei de Responsabilidade Fiscal, fica estabelecido que os elementos levantados pelo controle interno devem servir de subsídio para a atuação dos organismos de controle externo da Administração, seja por meio do Poder Legislativo ou dos Tribunais de Contas (COELHO, 2014).

Os controles interno e externo da Administração devem atuar de forma sistêmica e harmônica, interagindo e contribuindo mutuamente para que a resultante dos esforços de ambos os mecanismos apresente os resultados de que deles a sociedade espera. Porém, segundo Lima (2007, p. 11), "embora a Constituição de 1988 e as Constituições subnacionais tenham consagrado este modelo, não foram estabelecidos mecanismos institucionais com vistas a garantir a efetiva interação entre os referidos controles".

De acordo com os ensinamentos de Hely Lopes Meirelles (2005), o controle interno tem como objetivo a criação de condições indispensáveis à eficácia do controle externo, visando assegurar a regularidade da realização da receita e da despesa, assim possibilitando o acompanhamento da execução orçamentária, dos programas de trabalho e a avaliação dos respectivos resultados. Portanto, é, na sua plenitude, um controle de legalidade, conveniência, oportunidade e eficiência.

Já a auditoria interna, na visão de Lima (2007), deve ter atuação independente e proativa, avaliando os demais mecanismos de controle da organização e ainda na identificação de riscos estratégicos, contribuindo, desta forma, para o aperfeiçoamento da gestão pública.

Tal assertiva de ação filosófica é adotada para tantos outros setores na iniciativa privada, como, por exemplo, a independência de *Ombudsman* (palavra sueca que significa representante do cidadão) em alguns veículos de comunicação ou o poder mercadológico das ouvidorias em tantas outras empresas, mesmo em contraponto aos SACs (Serviços de Atendimento aos Consumidores).

6 Controladorias

Em relação à atuação das controladorias, como a CGU – Controladoria-Geral da União, ou às controladorias que vêm sendo instaladas nos entes subnacionais, estas exercem papel fundamental dentro do novo ordenamento jurídico derivado da Constituição de 1988. A CGU é órgão central na atuação do Sistema de Controle Interno do Poder Executivo – SCI, cujo fortalecimento de suas ações contribui para o atingimento dos objetivos das políticas públicas (CASTRO, 2016).

As controladorias são órgãos de correição interna, portanto fazem parte do controle interno da Administração.

7 Ministério Público nas ações de controle da gestão pública

A Constituição Federal (BRASIL, 2018) confere ao Ministério Público, nos termos do artigo 127, o caráter de "instituição permanente, essencial à função jurisdicional do Estado, incumbindo-lhe a defesa da ordem jurídica, do regime democrático e dos interesses sociais e individuais indisponíveis".

Ainda no artigo 127, a Constituição apresenta como princípios institucionais do Ministério Público a unidade, a indivisibilidade e a independência funcional. O Ministério Público abrange:

I – Ministério Público da União, que compreende:
a) o Ministério Público Federal;
b) o Ministério Público do Trabalho;
c) o Ministério Público Militar;
d) o Ministério Público do Distrito federal e Territórios;

II – Ministérios Públicos dos Estados.

Moraes (2011) ensina que, institucionalmente, o Ministério Público tem como princípios: a unidade, pois seus membros integram um órgão único, dirigidos por um mesmo procurador-geral (Federal ou Estadual); princípio da indivisibilidade, pois seus membros não estão vinculados aos processos em que atuam, podendo ser substituídos por outros conforme indica a legislação; princípio da independência funcional, devendo seguir os ditames constitucionais e as leis; e finalmente o princípio do promotor natural, que proíbe designações casuísticas pelo chefe da instituição, com o objetivo de proteger a imparcialidade de atuação.

O artigo 129 da Constituição Federal expressa as funções institucionais do Ministério Público, dentre as quais, destacam-se:
a) promover, privativamente, a ação penal pública, na forma da lei;
b) zelar pelo efetivo respeito dos Poderes Públicos e dos serviços de relevância pública aos direitos assegurados na própria Constituição, promovendo as medidas necessárias para sua garantia;
c) promover o inquérito civil e a ação civil pública, para a proteção do patrimônio público e social, do meio ambiente e de outros interesses difusos e coletivos;
d) promover a ação de inconstitucionalidade ou representação para fins de intervenção da União e dos Estados, nos casos previstos na Constituição.

De acordo com estes ditames, o Ministério Público, como guardião de direitos da sociedade, participa do conjunto de arranjos que buscam estabelecer balizas às ações da gestão pública.

Os mecanismos de controle e governança na Administração Pública buscam, portanto, representar um papel de salvaguarda dos recursos públicos, prevenindo e evitando sua má utilização e criando balizas e regramentos de boas práticas para orientar os administradores públicos.

8 Governança e integridade na gestão pública: minimizando os riscos

De acordo com a Organização para a Cooperação e Desenvolvimento Econômico (OCDE, 2015), há uma tríade de iniciativas articuladas – Governança, Gestão de Riscos e Integridade (GRC – *Governance, Risk and Compliance*) – para gerar valor às entidades públicas, atuando de forma coordenada e visando ao alcance dos objetivos estabelecidos, tratando de forma adequada as incertezas e promovendo o comportamento íntegro.

Segundo Vieira e Barreto (2019, p. 9):

> A governança é a estrutura que abarca os processos de direção e controle. A estrutura de governança (corporativa ou das sociedades) estabelece os modos de interação entre os gestores (agentes), os proprietários (*shareholders*) e as partes interessadas (*stakeholders*) visando garantir o respeito dos agentes aos interesses dos proprietários e das partes interessadas (alinhando desempenho e conformidade).

São princípios basilares da governança a transparência, a equidade, o *accountability* e a responsabilidade corporativa (IBGC, 2009).

De acordo com Coelho (2014), em relação à gestão de riscos, para minimizá-los, é preciso aperfeiçoar os instrumentos de controle, principalmente os associados aos mecanismos de controle interno.

É preciso foco nas três etapas das políticas púbicas, formulação, implementação e monitoramento/avaliação, enfatizando os controles internos administrativos, para que a gestão de riscos e a supervisão para o alinhamento da execução possam alcançar resultados alinhados à estratégia da gestão pública por meio de processos de integração, matricialidade e governança (CASTRO, 2016).

Ainda segundo Vieira e Barreto (2019), a gestão de riscos compreende os procedimentos para identificar, analisar, avaliar, tratar e monitorar os riscos que possam afetar negativamente os objetivos propostos. Assim, é por meio dela que se pode melhorar o desempenho pela identificação de oportunidades e reduzir as probabilidades e/ou o impacto dos riscos.

Em relação à integridade, Vieira e Barreto (2019) afirmam que é a estrutura que coordena ações que asseguram a conformidade dos agentes aos princípios éticos, e, também, os procedimentos administrativos e a observância às normas legais aplicáveis à organização.

A nova governança pública deve incorporar os elementos GRC (governança, gestão de riscos e integridade) às práticas dos agentes públicos. Segundo Vieira e Barreto (2019), isso representa uma transformação no papel dos agentes públicos, exigindo maior confiança e capacidade de coordenação social. Assim, a boa governança pública deve aliar o desempenho e a conformidade na busca de condutas sustentáveis com ética e seguindo os princípios de *compliance*.

Segundo Perez (2018, p.1):

> É necessário verificar que os instrumentos de controle da Administração Pública relacionam-se com o fenômeno da democracia ou, em outras palavras, é necessário reconhecer que o aperfeiçoamento das instituições democráticas influencia diretamente no amadurecimento dos sistemas de controle da Administração Pública.

Perez (2018) acrescenta que é na democracia que se fertilizam as diversas ferramentas de controle, como salvaguarda contra o arbítrio e o capricho dos governantes.

As reações da sociedade em relação às denúncias de corrupção, que se tornaram públicas nos últimos anos, reforçam a demanda para que as instituições de controle sejam mais atuantes e efetivas. Assim, houve um crescimento do interesse da sociedade em conhecer e avaliar os serviços públicos, bem como a alocação dos recursos do erário, fortalecendo o papel da cidadania e da participação popular no processo decisório.

9 O controle social

Segundo a Constituição Federal, em seu artigo 5º, qualquer cidadão é parte legítima para propor ação popular que vise a anulação de ato lesivo ao patrimônio público ou de entidade de que o Estado participe, à moralidade administrativa, ao meio ambiente e ao patrimônio histórico e cultural.

O controle social é considerado um legítimo instrumento de prevenção à corrupção, sendo um controle exercido pela sociedade civil, que conforme norma insculpida na Constituição Federal em seu artigo 1º "todo poder emana do povo, que o exerce por meio de representantes eleitos ou diretamente, nos termos desta Constituição" (BRASIL, 2018). De acordo com o artigo 74, qualquer cidadão, partido político, associação ou sindicato é parte legítima para, na forma da lei, denunciar irregularidades perante o Tribunal de Contas da União.

Por meio do controle social, a sociedade pode acompanhar e opinar em relação aos atos da Administração visando a correta, legal e eficiente aplicação dos recursos públicos, e, em alguns casos, decidindo sobre a alocação destes recursos. Portanto, transforma-se em instrumento de empoderamento do exercício da cidadania seja na fiscalização da gestão pública ou no monitoramento e controle das atividades de forma direta.

Os mecanismos de governança, *compliance, accountability* e transparência possibilitam ao cidadão ou à sociedade civil organizada acompanhar as ações de seus representantes e exigir destes a prestação de contas a toda a coletividade, estabelecendo novas e modernas relações entre o Estado e a sociedade.

Outros instrumentos, tais como a ação civil pública, ADIN (Ação Direta de Inconstitucionalidade), ADC (Ação Declaratória de Constitucionalidade), Ação de inconstitucionalidade por omissão e ADPF (Arguição de Descumprimento de Preceito Fundamental), mostram a preocupação dada pelo nosso legislador nessa questão do controle dos atos do administrador público.

10 Portal da Transparência

O principal objetivo do Portal da Transparência é ser uma ferramenta que permita ao cidadão conhecer, questionar e atuar, também, como fiscal da aplicação de recursos públicos. Acreditamos no papel da sociedade na fiscalização do Estado, ou seja, no controle social.

O controle social das ações dos governantes e funcionários públicos é importante para assegurar que os recursos públicos sejam bem empregados em benefício da coletividade. É a participação da sociedade no acompanhamento e verificação das ações da gestão pública na execução das políticas públicas, avaliando os objetivos, processos e resultados.

Para cumprir esse objetivo, o Portal oferece recursos que permitem ao cidadão melhor acompanhar e compartilhar os dados disponíveis. São ferramentas que permitem entender melhor o funcionamento do governo sob diversas perspectivas; que possibilitam receber notificações em diversas situações; e que oferecem dados e informações de forma fácil para o acompanhamento dos gastos em suas diversas etapas. São muitas as possibilidades de uso do Portal da Transparência.

11 Ferramentas essenciais

Além do Portal da Transparência, outros instrumentos importantes estão disponíveis para a atuação do controle social.

A Plataforma Integrada de Ouvidoria e Acesso à Informação (Fala.BR) permite a solicitação de informações ao Governo Federal, nos termos da Lei de Acesso à Informação (Lei nº 12.527/2011). Por meio dela é possível complementar os achados do Portal da Transparência ou obter documentos ou dados produzidos pelos diferentes órgãos do Poder Executivo Federal.

Além dos pedidos de informações públicas, o Fala.BR permite aos cidadãos fazer manifestações de ouvidoria para o registro de denúncias, reclamações, sugestões, elogios e solicitações ao Governo Federal e demais entes que aderiram à ferramenta, tudo em um único local, a partir de um único cadastro.

Outra ferramenta importante é o Portal Brasileiro de Dados Abertos – um catálogo com as bases de dados disponíveis em formato aberto. Os dados abertos podem ser usados, cruzados e processados para a geração de estudos, aplicativos e outras soluções.

O controle social pressupõe a efetiva participação da sociedade, não só na fiscalização da aplicação dos recursos públicos como também na formulação e no acompanhamento da implementação de políticas. Um controle social ativo e pulsante permite uma maior participação cidadã, o que contribui para a consolidação da democracia em nosso país.

O controle da Administração pública pode ser executado pelo próprio órgão responsável, por outras entidades e até mesmo pela população, sendo extremamente relevante para a manutenção da validade dos processos e da transparência dos atos administrativos perante a sociedade.

12 Considerações finais

O objetivo deste trabalho foi identificar os subsídios que asseguram o controle da Administração Pública, em seus vários aspectos, como um importante instrumento para o administrador público no atual contexto socioeconômico. Para a consecução dos objetivos foi feita uma revisão de literatura, permitindo destacar os principais aspectos do estudo com breve contexto histórico do controle na Administração Pública, conceituando controle, sua importância como instrumento de gestão e, por fim, um apanhado do controle na gestão pública a partir da legislação vigente.

Não se pretende esgotar o assunto com esses apontamentos, mas conclui-se que o controle na Administração Pública deve ser cada vez mais ampliado, aprimorado pelos órgãos da Administração Pública, no que tange à destinação do dinheiro púbico, resultando na eficiência nos diversos serviços prestados pelo Estado.

Ficam, portanto, os questionamentos, onde socraticamente as perguntas reflexivas se sobrepõem às possíveis respostas. A metalinguagem de se controlar o controlador. Auditar o ouvidor e/ou corrigir o corregedor deve ter um crescimento cuidadoso em sua evolução? A retroalimentação de mecanismos de controle é cada vez mais possível baseada na amplitude do Direito na maximização da Justiça? Na ética das relações de direitos e deveres o controle moderador entre faltas e excessos será sempre soberano?

Torna-se então mais que oportuna a reflexão milenar oriental: "Aquele que domina os outros é forte. Aquele que domina a si mesmo é poderoso". Lao-Tsé, filósofo chinês (séc. VI a.C.). Ou isso tudo, ou voltaremos, de modo atemporal, à época das cavernas.

Referências

BRASIL. *Constituição Federal de 1988*. Brasília: Senado Federal, 2018.

CASTRO, Fabiano de. *A necessidade de alinhamento entre Governança Corporativa, Gestão de Riscos e Controles Internos Administrativos para se atingir os objetivos e resultados, agregando valor público*. Brasília (DF): Escola Nacional de Administração Pública – ENAP, 2016.

CASTRO, Rodrigo Pironti Aguirre de. *Sistema de Controle Interno*: uma perspectiva do modelo de Gestão Pública Gerencial. Belo Horizonte: Fórum, 2007.

COELHO, Aislan de Souza. *A atuação do controle interno como órgão auxiliar ao controle externo pelos Tribunais de Contas*. Maio de 2014. Disponível em: www.jus.com.br/artigos/28131/a-atuacao-do-controle-interno-como-orgao-auxiliar-ao-controle-externo-exercido-pelos-tribunais-de-contas. Acesso em: 4 fev. 2022

CONCEIÇÃO, Antonio Cesar Lima. *Controle Social da Administração Pública*. Brasília: TCU, 2010.

CONTI, José Maurício. *Levando o direito financeiro a sério*: a luta continua. 3. ed. São Paulo: Blucher, 2019.

GRAMSCI, Antonio. *Maquiavel*: a política e o Estado moderno. Rio de Janeiro: Civilização Brasileira, 1968.

IBGC – Instituto Brasileiro de Governança Corporativa. *Código das Melhores Práticas de Governança Corporativa*. 4. ed. São Paulo: IBGC, 2009.

LIMA, Ivonete Dionizio de. *A interação entre os controles interno e externo*: um estudo no âmbito estadual da Administração Pública Brasileira. Dissertação de Mestrado em Administração. Salvador (BA): Universidade Federal da Bahia, 2007.

MEIRELLES, Hely Lopes. *Direito Administrativo Brasileiro*. 17. ed. São Paulo: Malheiros, 2005.

MONTESQUIEU. *O espírito das leis*. Tradução do original L'esprit des lois. São Paulo: Abril Cultural, 1993 (Coleção Os pensadores).

MORAES, Alexandre de. *Direito Constitucional*. 27. ed. São Paulo: Atlas, 2011.

NASCIMENTO, Márcio Gondim. *O controle da Administração Pública no Estado de Direito*. Disponível em: www.direitonet.com.br/artigos/exibir/2023. Acesso em: 9 jan. 2022.

OCDE. Organização para a Cooperação e Desenvolvimento Econômico. *OECD guidelines on corporate governance of state-owned enterprises*. Paris: OECD, 2015.

OLIVEIRA, Alden Mangueira. *As Agências de Regulação, suas características e poder normativo, e o alcance do controle externo*. Brasília: TCU, 2004.

PACHECO, Regina Silvia Viotto Monteiro. Administração Pública Gerencial: desafios e oportunidades para os municípios brasileiros. *In*: *O município no século XXI*: cenários e perspectivas. São Paulo: CEPAM, 1999.

PEREZ, Marcos Augusto; SOUZA, Rodrigo Pagani de. *Controle da Administração Pública*. Belo Horizonte: Fórum, 2017.

SAAD, Amauri Feres. *Do Controle da Administração Pública*. São Paulo: IASP, 2019.

SANTOS, Mariane de Oliveira Braga. *Controle da Administração Pública*: aspectos gerais e relevância. Publicado em junho de 2020. Disponível em: www.jus.com.br/artigos/83349/controle-da-administracao-publica-aspectos-gerais-e-relevancia. Acesso em: 10 jan. 2022.

SARDI, Jaime Antônio Scheffer. *Estudo de Administração geral*. Ouro Preto (MG): Editora da Universidade Federal de Ouro Preto, 2007.

TUCCI JUNIOR, Cláudio. *O Jusnaturalismo e sua importância para o positivismo:* a lei natural e a lei eterna. São Paulo: Zian, 2013.

VIEIRA, James Batista; BARRETO, Rodrigo Tavares de Souza. *Governança, Gestão de Riscos e Integridade.* Brasília: ENAP, 2019.

WILSON, James Quinn. *Bureaucracy*: why government agencies do and why they do it. New York: Basic Books, 1989.

Informação bibliográfica deste texto, conforme a NBR 6023:2018 da Associação Brasileira de Normas Técnicas (ABNT):

GHOBRIL, Carlos Nabil; TUCCI JUNIOR, Cláudio. Controle na Administração Pública. *In*: CONTI, José Maurício; MARRARA, Thiago; IOCKEN, Sabrina Nunes; CARVALHO, André Castro (coord.). *Responsabilidade do gestor na Administração Pública:* aspectos gerais. Belo Horizonte: Fórum, 2022. p. 105-119. ISBN 978-65-5518-412-9. v.1.

A DESPESA COM PESSOAL E A LC Nº 178/21: UMA ANÁLISE DA RESPONSABILIZAÇÃO DO GESTOR PÚBLICO PERANTE O TRIBUNAL DE CONTAS

ALINE PAIM MONTEIRO DO REGO

1 Introdução

A Lei de Responsabilidade Fiscal (LRF), em cumprimento ao quanto determinado pelo art. 169 da Constituição Federal de 1988,[1] estabeleceu limites para a realização de gastos com pessoal ativo e inativo e pensionistas da União, dos Estados, do Distrito Federal e dos Municípios, detalhou os mecanismos de controle desta despesa e previu as sanções aplicáveis em caso de descumprimento destas normas.

O controle da despesa com pessoal recebeu proeminente destaque na LRF, que dedicou uma sessão inteira (sessão II) dentro do capítulo da despesa pública (capítulo IV) para disciplinar esta matéria. Tal relevância decorre, dentre outros fatores, da expressividade dos recursos públicos que são alocados para o pagamento dos servidores públicos, representando grande fatia do orçamento. Decorre, também, da impossibilidade de serem efetuados ajustes fiscais rápidos neste tipo de despesa, em virtude da estabilidade protetiva dos servidores públicos, a exigir um planejamento ainda maior na condução destes gastos.

Conforme dados constantes da Carta de Conjuntura nº 48 do Instituto de Pesquisa Econômica Aplicada (IPEA), divulgada no 3º trimestre de 2020, a rubrica "pessoal e encargos sociais" tem grande representatividade no orçamento da União, correspondendo a "quase 22% do total das despesas primárias do Governo Central – e, no âmbito dos estados, corresponde a 56,3% das despesas totais e a 76,1% da receita corrente líquida".[2]

Em virtude do surgimento da pandemia provocada pela covid-19, que trouxe severos impactos para a economia mundial, com repercussão negativa na Receita

---

[1] Antes da promulgação da Lei Complementar nº 101/2000 (LRF), o art. 169 da Constituição da República de 1988 foi regulamentado, sucessivamente, pelas Leis Complementares nº 82/1995 e nº 96/1999, ambas atualmente revogadas.

[2] BRASIL. Ministério da Economia. Instituto de Pesquisa Econômica Aplicada (IPEA). Visão Geral da Conjuntura. *Carta de Conjuntura*, n. 8, 3. trim. 2020. Disponível em: https://www.ipea.gov.br/portal/images/stories/PDFs/conjuntura/201001_cc_48_visao_geral.pdf. Acesso em: 10 jan. 2022.

Corrente Líquida (RCL) dos entes da federação, foi promulgada a Lei Complementar nº 178/21 (LC nº 178/21), que estabeleceu o Plano de Promoção do Equilíbrio Fiscal para Estados e Municípios, criando regras que facilitam o pagamento de dívidas contraídas com a União.

Além disso, a LC nº 178/21 promoveu alterações no cálculo da despesa com pessoal previsto na LRF e criou um regime especial de recondução desta despesa, instituindo o prazo de 10 (dez) anos para eliminação do excedente, desde que atendidas determinadas condicionantes legais.

As modificações feitas pela LC nº 178/21 na LRF tiveram como objetivo padronizar conceitos relacionados ao cálculo da despesa com pessoal, cuja interpretação suscitava divergências entre os Tribunais de Contas do Brasil,[3] trazendo insegurança jurídica.

A interpretação errática de dispositivos da Lei de Responsabilidade Fiscal, em que criativos contorcionismos excluem ou incluem determinadas parcelas no cálculo da despesa com pessoal, é destacada por Luiz Henrique Lima (2022) como um dos principais obstáculos à implantação de uma efetiva cultura de responsabilidade fiscal no país.[4]

Por sua vez, foram atribuídas ao Tribunal de Contas[5] as competências para (i) avaliar o cumprimento do teto de gasto com pessoal; (ii) monitorar o cumprimento dos prazos para recondução da despesa com pessoal ao limite legal no caso de extrapolação, previstos no art. 23 da Lei de Responsabilidade Fiscal (aqui intitulado regime ordinário de recondução) e no art. 15 da LC nº 178/21 (aqui denominado regime extraordinário de recondução); e (iii) responsabilizar o gestor público, na hipótese de infração das normas aplicáveis.

Diante deste contexto, este artigo tem o objetivo de examinar as alterações promovidas pela LC nº 178/21 na LRF, o regime extraordinário de recondução instituído pelo mesmo diploma e o papel exercido pelo Tribunal de Contas no controle da despesa com pessoal e na responsabilização dos gestores públicos pelo descumprimento dos limites legais.

Feitas essas considerações, destaque-se que o presente trabalho foi dividido em cinco seções, sendo que a primeira contempla estas notas introdutórias, e a última, a conclusão.

Na segunda seção, serão examinados os limites globais e individuais da despesa com pessoal, estabelecidos na LRF, bem como a forma de cálculo da despesa com pessoal, dando ênfase às alterações promovidas pela LC nº 178/21 na LRF. A terceira seção abordará os regimes ordinário e extraordinário de recondução da despesa com pessoal aos patamares legais. Por fim, a quarta seção analisará as sanções institucionais e pessoais aplicáveis, quando verificado o descumprimento do limite da despesa com pessoal, bem como o papel exercido pelo Tribunal de Contas no controle desta espécie de despesa e na responsabilização do gestor público faltoso.

---

[3] Sobre o assunto, conferir o artigo Os Tribunais de Contas na interpretação da Lei de Responsabilidade Fiscal. Disponível em: https://www.revistas.usp.br/rco/article/ view/145151/154818#content/contributor_reference_1. Acesso em: 31 jan. 2022.

[4] LIMA, Luiz Henrique. Atenção! A LRF mudou. *Instituto Rui Barbosa*. 2021. Disponível em: https://irbcontas.org. br/artigo/atencao-a-lrf-mudou/. Acesso em: 10 jan. 2022.

[5] Conforme art. 59, inciso III, e parágrafos 1º e 2º da LRF.

2 Das alterações promovidas pela LC nº 178/21 na LRF

Antes de avaliar as mudanças avindas da LC nº 178/21, é necessário estabelecer algumas premissas no tocante aos limites e ao cálculo da despesa com pessoal, previstas na LRF.

Ao tratar das despesas com pessoal, a LRF criou dois tipos de limites que devem ser observados pelo Poder Público, o limite global[6] e o individual.[7]

O limite global impõe um teto de gasto total com pessoal para os entes da federação, prevendo percentuais máximos da RCL da União, dos Estados e dos Municípios que podem ser destinados para o custeio deste tipo de despesa.

Por sua vez, o limite individual decorre da subdivisão destes percentuais globais entre os três poderes (Legislativo, Executivo e Judiciário) e os órgãos constitucionais autônomos (Ministério Público e Tribunais de Contas) de cada ente da federação, funcionando como um subteto.

A tabela abaixo demonstra, de forma ilustrativa, os limites individuais e globais estabelecidos pela LRF:

TABELA 1
Limites individuais e globais de despesa com pessoal previstos na LRF

	Limites Individuais				Limite Global
Ente	Poder Executivo	Poder Legislativo	Poder Judiciário	Ministério Público	Total
União	40,9%	2,5%	6,0%	0,6%	50,0%
Estados/DF*	49,0%	3,0%	6,0%	2,0%	60,0%
Municípios	54,0%	6,0%	-	-	60,0%

Fonte: Abraham (2021)

* Nos Estados em que houver Tribunal de Contas dos Municípios, o percentual do Poder Executivo é reduzido em 0,4% (quatro décimos por cento), sendo este mesmo montante acrescido ao percentual do Poder Legislativo.

---

[6] Art. 19. Para os fins do disposto no caput do art. 169 da Constituição, a despesa total com pessoal, em cada período de apuração e em cada ente da Federação, não poderá exceder os percentuais da receita corrente líquida, a seguir discriminados:
I - União: 50% (cinquenta por cento);
II - Estados: 60% (sessenta por cento);
III - Municípios: 60% (sessenta por cento).

[7] Art. 20. A repartição dos limites globais do art. 19 não poderá exceder os seguintes percentuais:
I - na esfera federal:
a) 2,5% (dois inteiros e cinco décimos por cento) para o Legislativo, incluído o Tribunal de Contas da União;
b) 6% (seis por cento) para o Judiciário;
c) 40,9% (quarenta inteiros e nove décimos por cento) para o Executivo, destacando-se 3% (três por cento) para as despesas com pessoal decorrentes do que dispõem os incisos XIII e XIV do art. 21 da Constituição e o art. 31 da Emenda Constitucional nº 19 [...]
d) 0,6% (seis décimos por cento) para o Ministério Público da União;
II - na esfera estadual:
a) 3% (três por cento) para o Legislativo, incluído o Tribunal de Contas do Estado; (Vide ADI 6533)
b) 6% (seis por cento) para o Judiciário; (Vide ADI 6533)
c) 49% (quarenta e nove por cento) para o Executivo; (Vide ADI 6533)
d) 2% (dois por cento) para o Ministério Público dos Estados; (Vide ADI 6533)
III - na esfera municipal:
a) 6% (seis por cento) para o Legislativo, incluído o Tribunal de Contas do Município, quando houver;
b) 54% (cinquenta e quatro por cento) para o Executivo.

Como visto, o teto da despesa com pessoal corresponde a um percentual da RCL do ente da federação. Assim, para avaliar se o Poder Público respeitou os limites de gastos, primeiro deve-se identificar o valor da RCL[8] do ente da federação, que "será apurada somando-se as receitas arrecadadas no mês em referência e nos onze anteriores, excluídas as duplicidades" (BRASIL, Lei Complementar nº 101, art. 2º, §3º, da LRF).

Em seguida, deve-se apurar o efetivo gasto com pessoal[9] do respectivo órgão ou Poder, a fim de verificar se este valor está dentro do limite permitido. Para tanto, devem ser observadas as regras previstas na LRF, as quais foram parcialmente modificadas pela LC nº 178/21, sendo este o foco de análise deste trabalho.

As alterações promovidas pela LC nº 178/21 tiveram como objetivo padronizar a interpretação de dispositivos da LRF, sobre os quais havia divergência entre os Tribunais de Contas, impactando no cálculo final da despesa com pessoal.

Cabe ressaltar, inclusive, que a Secretaria do Tesouro Nacional (STN), no Manual de Demonstrativos Fiscais (MDF) (BRASIL, Ministério da Economia, 2022), já orientava os entes da federação a realizarem o cálculo da despesa com pessoal conforme as regras explicitadas na LC nº 178/21, mesmo antes da edição deste diploma legal.

Destarte, as alterações promovidas na LRF apenas reforçam as regras contidas no MDF, não trazendo modificações substanciais sobre a forma como a STN orienta o cálculo da despesa com pessoal (BRASIL, Ministério da Economia, Nota Técnica SEI nº 30805/2021/ME, 2021). As regras contidas no MDF, contudo, nem sempre eram observadas pelos Tribunais de Contas, de modo que as alterações legislativas trazem, como substancial benefício, a uniformização, em âmbito nacional, da interpretação dos dispositivos que regem esta matéria.

Pois bem. A LRF estabelece que, para apuração da despesa com pessoal, serão somadas as despesas do órgão ou poder do mês em referência e as dos 11 (onze) imediatamente anteriores, adotando-se o regime da competência, independentemente de empenho (BRASIL, Lei Complementar nº 101, art. 18, §2º, 2000).

A expressão "independentemente de empenho" foi introduzida no referido artigo pela LC nº 178/21. Esta alteração teve como objetivo **impedir que a despesa total com pessoal fosse reduzida pela não inclusão de dispêndios que equivocadamente deixaram de ser empenhados, em desrespeito ao regime da competência.**

---

[8]   O conceito da receita corrente líquida está definido no art. 2º, inciso IV, da LRF, transcrito:
Art. 2º Para os efeitos desta Lei Complementar, entende-se como: [...]
IV - receita corrente líquida: somatório das receitas tributárias, de contribuições, patrimoniais, industriais, agropecuárias, de serviços, transferências correntes e outras receitas também correntes, deduzidos:
a) na União, os valores transferidos aos Estados e Municípios por determinação constitucional ou legal, e as contribuições mencionadas na alínea a do inciso I e no inciso II do art. 195, e no art. 239 da Constituição;
b) nos Estados, as parcelas entregues aos Municípios por determinação constitucional;
c) na União, nos Estados e nos Municípios, a contribuição dos servidores para o custeio do seu sistema de previdência e assistência social e as receitas provenientes da compensação financeira citada no §9º do art. 201 da Constituição.

[9]   Art. 18. Para os efeitos desta Lei Complementar, entende-se como despesa total com pessoal: o somatório dos gastos do ente da Federação com os ativos, os inativos e os pensionistas, relativos a mandatos eletivos, cargos, funções ou empregos, civis, militares e de membros de Poder, com quaisquer espécies remuneratórias, tais como vencimentos e vantagens, fixas e variáveis, subsídios, proventos da aposentadoria, reformas e pensões, inclusive adicionais, gratificações, horas extras e vantagens pessoais de qualquer natureza, bem como encargos sociais e contribuições recolhidas pelo ente às entidades de previdência.
§1º Os valores dos contratos de terceirização de mão-de-obra que se referem à substituição de servidores e empregados públicos serão contabilizados como "Outras Despesas de Pessoal".

Esta previsão sepultou de vez controvérsia antes existente sobre a consideração das despesas relativas ao mês de referência no cálculo da despesa com pessoal, que, por qualquer motivo, não tenham passado pela execução orçamentária.

Assim, devem ser identificadas as despesas com pessoal "conhecidas, previstas para serem executadas no exercício, e que deixaram de ser empenhadas, para que elas sejam informadas no momento em que a execução da despesa orçamentária deveria ter ocorrido" (BRASIL, Ministério da Economia, Nota Técnica SEI nº 30805/2021/ME, 2021, p. 3).

Desta forma, evita-se a ocorrência de simulações nos dados orçamentários, que, por vezes, ocorriam no último ano de mandato, quando o gestor público, a fim de se enquadrar nas normas do art. 42 da LRF,[10] deixava de empenhar, em dezembro, despesas relativas àquela competência.

Um exemplo clássico desta simulação ocorre com o salário dos servidores públicos do mês de dezembro, que deixava para ser empenhado no exercício subsequente, maquiando os demonstrativos contábeis. Com a alteração introduzida pela LC nº 178/21, não há mais dúvidas: ainda que esta operação seja simulada pelo gestor público, o valor do salário não empenhado no momento oportuno deverá integrar o cálculo da despesa com pessoal do mês de dezembro.

A STN recomenda, também, que o ente público promova o controle gerencial das despesas que não passaram pelo orçamento, mas foram computadas no gasto com pessoal, para que sejam excluídas no momento posterior, quando ocorrer a execução orçamentária (BRASIL, Ministério da Economia, Nota Técnica SEI nº 30805/2021/ME, 2021).

Voltando ao exemplo do salário do servidor público do mês de dezembro, se o empenho ocorrer indevidamente no mês de janeiro do exercício subsequente, deverá ser excluído da despesa com pessoal deste período e incluído na despesa com pessoal de dezembro do exercício anterior, seguindo o regime de competência.

Além disso, a LC nº 178/21 inseriu o §3º no art. 18 da LRF, dispondo que, "para a apuração da despesa total com pessoal, será observada a remuneração bruta do servidor, sem qualquer dedução ou retenção", ressalvado o abate teto (BRASIL, Lei Complementar nº 101, art. 18, §3º, 2000). Integra o cálculo da despesa com pessoal, portanto, o imposto de renda retido na fonte, cujo cômputo era alvo de divergência entre os Tribunais de Contas do Brasil.[11]

Já os gastos que podem ser excluídos do cálculo da despesa com pessoal estão previstos, de forma taxativa, no art. 19, §1º, da LRF.[12] Considerando o escopo deste

---

[10] Art. 42. É vedado ao titular de Poder ou órgão referido no art. 20, nos últimos dois quadrimestres do seu mandato, contrair obrigação de despesa que não possa ser cumprida integralmente dentro dele, ou que tenha parcelas a serem pagas no exercício seguinte sem que haja suficiente disponibilidade de caixa para este efeito. Parágrafo único. Na determinação da disponibilidade de caixa serão considerados os encargos e despesas compromissadas a pagar até o final do exercício (BRASIL, Lei Complementar nº 101, 2000).

[11] Sobre o assunto, conferir o artigo Os Tribunais de Contas na interpretação da Lei de Responsabilidade Fiscal. Disponível em: https://www.revistas.usp.br/rco/article/ view/145151/154818#content/contributor_reference_1. Acesso em: 31 jan. 2022.

[12] Art. 19. [...]
§1º Na verificação do atendimento dos limites definidos neste artigo, não serão computadas as despesas:
I - de indenização por demissão de servidores ou empregados;
II - relativas a incentivos à demissão voluntária;
III - derivadas da aplicação do disposto no inciso II do §6º do art. 57 da Constituição;

artigo, serão avaliadas apenas as exclusões previstas na LRF que foram impactadas pela LC nº 178/21.

Após a alteração promovida pela LC nº 178/21, o art. 19, §1º, inciso VI, alínea "c", da LRF, passou a admitir a exclusão das despesas com inativos e pensionistas, ainda que pagas por intermédio de unidade gestora única ou fundo próprio, custeadas com recursos públicos transferidos ao Regime Próprio de Previdência Social (RPPS), apenas quando destinadas a promover o equilíbrio atuarial do regime, na forma definida pela Secretaria da Previdência (SPREV), "sendo vedada a dedução quando proveniente de aportes do ente para cobertura do déficit financeiro dos regimes de previdência" (BRASIL, Lei Complementar nº 101, art. 19, §3º, 2000).

Assim, a fim de identificar as despesas com inativos e pensionistas, custeadas com aportes do ente federado, cuja exclusão do cálculo é autorizada pela LRF, convém diferenciar os conceitos de equilíbrio atuarial e financeiro.

Embora comumente tratados como fórmula única, estes conceitos não se confundem:[13] o equilíbrio financeiro decorre da equivalência entre as receitas auferidas e as obrigações do RPPS em cada exercício financeiro – ou seja, no curto prazo –, ao passo que o equilíbrio atuarial é a "garantia de equivalência, a valor presente, entre o fluxo das receitas estimadas e as obrigações projetadas, apuradas atuarialmente, a longo prazo" (BRASIL, Ministério da Economia, Nota Técnica SEI nº 18162/21/ME, p. 5).

Assim, se for identificado que o ente não possui equilíbrio atuarial, desde que tenha instituído formalmente um plano de equacionamento do déficit atuarial, conforme as regras estabelecidas na Portaria MF nº 464 (BRASIL, Ministério da Fazenda, 2018), as despesas custeadas com os aportes efetuados pelo Poder Público podem ser excluídas do cômputo da despesa com pessoal.

Por outro lado, na avaliação do equilíbrio financeiro, se as receitas auferidas não forem suficientes para o pagamento mensal das despesas com os segurados, restará configurado o déficit financeiro, situação em que o Poder Público deverá arcar com o valor necessário para que o RPPS consiga pagar os benefícios devidos. Assim, as despesas custeadas com este aporte efetuado pelo Poder Público, para suprir o déficit financeiro, não poderão ser deduzidas das despesas com pessoal (BRASIL, Ministério da Economia, Nota Técnica SEI nº 18162/21/ME, p. 8).

IV - decorrentes de decisão judicial e da competência de período anterior ao da apuração a que se refere o §2º do art. 18;

V - com pessoal, do Distrito Federal e dos Estados do Amapá e Roraima, custeadas com recursos transferidos pela União na forma dos incisos XIII e XIV do art. 21 da Constituição e do art. 31 da Emenda Constitucional nº 19;

VI - com inativos e pensionistas, ainda que pagas por intermédio de unidade gestora única ou fundo previsto no art. 249 da Constituição Federal, quanto à parcela custeada por recursos provenientes: (Redação dada pela Lei Complementar nº 178, de 2021)

a) da arrecadação de contribuições dos segurados;

b) da compensação financeira de que trata o §9º do art. 201 da Constituição;

c) de transferências destinadas a promover o equilíbrio atuarial do regime de previdência, na forma definida pelo órgão do Poder Executivo federal responsável pela orientação, pela supervisão e pelo acompanhamento dos regimes próprios de previdência social dos servidores públicos. (Redação dada pela Lei Complementar nº 178, de 2021).

[13] BRASIL. Ministério da Economia. Secretaria Especial de Previdência e Trabalho. Secretaria de Previdência. *Nota Técnica SEI nº 18162/2021/ME*. Disponível em: https://www.gov.br/trabalho-e-previdencia/pt-br/assuntos/previdencia-no-servico-publico/legislacao-dos-rpps/notas/nota-tecnica-sei-18162-2021-me-lc-178-2021-equilibrio-atuarial-rpps-e-limites-fiscais.pdf. Acesso em: 10 jan. 2022.

A Secretaria da Previdência, na citada nota técnica, esclarece que a falta de implantação, no tempo necessário, de um plano de equacionamento do déficit atuarial provoca a ocorrência dos déficits financeiros no regime, os quais devem ser equacionados mediante aportes do ente público para o pagamento dos benefícios devidos aos segurados (BRASIL, Ministério da Economia, Nota Técnica SEI nº 18162/21/ME, p. 8).

Além disso, em relação à despesa com servidores inativos e pensionistas, a LRF, após as alterações introduzidas pela LC nº 178/21, determinou que os Poderes e órgãos autônomos deverão apurar, de forma segregada, para aplicação dos limites legais, "a integralidade das despesas com pessoal dos respectivos servidores inativos e pensionistas, mesmo que o custeio dessas despesas esteja a cargo de outro Poder ou órgão" (BRASIL, Lei Complementar nº 101, art. 20, §7º, 2000). Desta forma, a despesa com inativos e pensionistas de um Poder ou órgão autônomo não impactará no cálculo da despesa com pessoal dos demais.

Assim, conforme já destacado, as alterações promovidas pela LC nº 178/21 na LRF tiveram como objetivo uniformizar o modo como os Tribunais de Contas interpretam a LRF. Sem dúvidas, estas modificações não puseram fim a todas as controvérsias, mas, certamente, reduziram seu âmbito de incidência, colaborando para a padronização de diversos aspectos da LRF.

3 Da recondução da despesa com pessoal aos limites legais

Nesta linha, efetuado o cálculo da despesa com pessoal na forma descrita na seção 2 deste artigo, se for constatado que o Poder Público extrapolou o limite de gastos com pessoal, deverá adotar providências para a recondução destas despesas ao patamar legal, sob pena de incorrer em sanções de natureza institucional e pessoal.

O art. 23 da LRF estabeleceu as regras para recondução da despesa com pessoal, mecanismo que será identificado neste artigo como regime ordinário de recondução. Por sua vez, a LC nº 178/21 criou um regime extraordinário de recondução da despesa com pessoal, prevendo prazos muito mais extensos e flexíveis para o gestor público. Ambos os regimes (ordinário e extraordinário) serão examinados nos tópicos subsequentes.

3.1 Do regime ordinário de recondução da despesa com pessoal previsto na LRF

A verificação dos limites de gastos com pessoal será feita a cada quadrimestre. Assim, se, ao final do período, for identificado que a despesa com pessoal extrapolou o limite da RCL autorizado por Lei, o Poder ou órgão deverá eliminar o percentual excedente nos dois quadrimestres seguintes, sendo pelo menos um terço no primeiro (BRASIL, Lei Complementar nº 101, art. 23, 2000), sob pena de incorrer nas sanções previstas na legislação.[14]

---

[14] A verificação do cumprimento da despesa com pessoal deverá ser feita ao final de cada quadrimestre (BRASIL, Lei Complementar nº 101, art. 20, 2000), sendo admitida a apuração semestral para os Municípios que possuem menos de 50 (cinquenta) mil habitantes (art. 63, inciso I). Esta flexibilização do prazo, no entanto, fica afastada se o Município ultrapassar os limites relativos à despesa total com pessoal, enquanto perdurar esta situação (BRASIL, Lei Complementar nº 101, art. 63, §2º, 2000).

O Poder ou órgão que extrapolar o teto da despesa com pessoal, a fim de reconduzi-la aos patamares legais, deverá promover, entre outras medidas, a redução, em pelo menos 20% (vinte por cento), das despesas com cargos em comissão e funções de confiança, e a exoneração dos servidores não estáveis (BRASIL, Constituição, 1988, art. 169, §3º, incisos I e II).

Caso estas medidas não sejam suficientes para reconduzir as despesas ao patamar legal, a Constituição Federal autoriza a realização de uma medida mais drástica, qual seja, a exoneração de servidores estáveis, mediante edição de ato normativo motivado, hipótese em que o servidor fará jus à indenização correspondente a um mês de remuneração por ano de serviço, sendo vedada a criação do cargo extinto pelos próximos quatro anos (BRASIL, Constituição, 1988, art. 169, §4º, §5º).

Atento à instabilidade da economia, o legislador estabeleceu a dobra do prazo de recondução, no caso de crescimento real baixo ou negativo do Produto Interno Bruto (PIB) nacional, regional ou estadual por período igual ou superior a quatro trimestres (BRASIL, Lei Complementar nº 101, art. 66, 2000). Nesta situação, o gestor público disporá, excepcionalmente, do prazo de quatro quadrimestres para recondução.

Nesse sentido, a LRF definiu o mencionado crescimento real baixo ou negativo como "a taxa de variação real acumulada do Produto Interno Bruto inferior a 1% (um por cento), no período correspondente aos quatro últimos trimestres" (BRASIL, Lei Complementar nº 101, art. 66, §1º, 2000).

Andou bem o legislador ao prever o alargamento do prazo para recondução, quando constatado baixo crescimento econômico, uma vez que a retração econômica, por certo, impacta negativamente na RCL dos entes da federação, que, por seu turno, é a base de cálculo do limite de gastos com pessoal. Como consequência, o limite de gastos torna-se ainda menor, dificultando a recondução da despesa com pessoal ao patamar legal.

A título de exemplo, nos anos de 2014, 2015, 2016, 2017, 2020 e 2021, conforme Relatórios das Contas Nacionais Trimestrais, divulgados pelo IBGE,[15] a taxa de variação real acumulada do PIB, em diversos trimestres, foi inferior a 1% (um por cento), gerando direito à dobra do prazo.

A LRF, em seu art. 65, elencou outra circunstância excepcional que repercute no prazo de recondução da despesa com pessoal, qual seja, a ocorrência de calamidade pública reconhecida pelo Congresso Nacional, no caso da União, ou pelas Assembleias Legislativas, na hipótese dos Estados e Municípios. No entanto, desta feita, trouxe como consequência a suspensão do prazo de recondução da despesa com pessoal, enquanto perdurar a situação.

A primeira aplicação prática do referido dispositivo, em âmbito nacional, ocorreu em 20 de março de 2020, quando o Congresso Nacional aprovou o Decreto Legislativo nº 06 (BRASIL, 2020), reconhecendo o estado de calamidade pública, em razão da pandemia provocada pelo coronavírus, até 31 de dezembro de 2020.[16]

A suspensão dos prazos para recondução da despesa com pessoal, durante a pandemia provocada pela covid-19, trouxe conforto para o Poder Público, tendo em vista que a queda abrupta da arrecadação impactou na RCL.

---

[15] INSTITUTO BRASILEIRO DE GEOGRAFIA E ESTATÍSTICA (IBGE). *Biblioteca*. Disponível em: https://biblioteca. ibge.gov.br/index.php/biblioteca-catalogo?view=detalhes&id=72121. Acesso em: 10 jan. 2022.

[16] Em relação aos Estados e Municípios, consultar decreto expedido pelas respectivas Assembleias Legislativas.

Portanto, durante a vigência dos decretos de calamidade pública, os prazos para recondução da despesa com pessoal ficaram suspensos, afastando a aplicação das sanções. Vale ressaltar que a suspensão dos prazos não afasta o dever de controle dos gastos com pessoal, devendo o ente federado monitorar estas despesas com ainda mais rigor, a fim de evitar que a crise fiscal seja agravada, dificultando a readequação posterior.

3.2 Do regime extraordinário de recondução da despesa com pessoal previsto na LC nº 178/21

Além de instituir o programa de acompanhamento fiscal e o plano de promoção do equilíbrio fiscal, a LC nº 178/21 promoveu alterações no cálculo da despesa com pessoal, as quais foram examinadas na seção 2 deste artigo, e criou o regime extraordinário de recondução da despesa com pessoal, alargando os prazos para que o gestor público elimine o excedente.

O regime extraordinário foi criado para auxiliar os órgãos e Poderes na recondução da despesa com pessoal, cujos cálculos foram impactados, não só pela retração econômica decorrente da covid, como também pela implantação dos ajustes decorrentes da LC nº 178/21.

Certamente, os entes que não seguiam as normas do MDF experimentaram uma brusca mudança no seu percentual de gastos com pessoal, após as alterações decorrentes da LC nº 178/21. Por exemplo, a inclusão do IRRF dos servidores no cálculo da despesa com pessoal representa elevado acréscimo, que poderá comprometer o teto de gastos.

De início, vale destacar que a LC nº 178/21 não modificou os prazos para recondução da despesa com pessoal previstos na LRF. Em verdade, esta nova legislação criou um regime extraordinário de recondução da despesa com pessoal, aplicável apenas aos Poderes e órgãos autônomos que cumpram determinadas condições legais. Portanto, o regime ordinário de recondução previsto na LRF, examinado na subseção 3.1, convive simultaneamente com o regime extraordinário, ora analisado.

De acordo com o art. 15 da LC nº 178/21, o Poder ou órgão cuja despesa total com pessoal, ao término do exercício financeiro de 2021, estiver acima do limite previsto no art. 20 da LRF, "deverá eliminar o excesso[17] à razão de, pelo menos, 10% (dez por cento) a cada exercício a partir de 2023, de forma a se enquadrar no respectivo limite até o término do exercício de 2032" (BRASIL, Lei Complementar nº 178, art. 15, 2021).

Da leitura do referido dispositivo, percebe-se que apenas o Poder ou órgão cuja despesa com pessoal esteja acima dos limites legais, ao final do exercício de 2021, poderá se enquadrar no regime extraordinário de recondução. Vale dizer, se determinado órgão encerrar o exercício de 2021 dentro do limite legal, ainda que venha a extrapolar a despesa com pessoal logo no primeiro quadrimestre de 2022, não terá direito à extensão de prazo contida na LC nº 178/21.

Assim, deve ser identificado, ao final de 2021, o percentual da receita corrente líquida que excede ao limite legal. Em seguida, este percentual excedente deverá ser dividido por dez, a fim de ser encontrado o percentual da receita corrente líquida limite para os próximos dez anos.

---

[17] Para eliminação do excedente, o gestor público deverá adotar, entre outras, as medidas previstas no art. 169 da Constituição Federal, examinadas no item 3.1.

O Poder Público deverá monitorar o gasto da despesa com pessoal, para garantir que, ao final de cada ano, a partir de 2023 até 2032 (durante dez anos), seja eliminado o excesso correspondente a 10% do excedente total, atingindo-se o percentual esperado, sob pena de incorrer nas sanções legais.

Sobre este ponto, convém destacar a recomendação da STN, contida na Nota Técnica SEI nº 30805/21/ME, no sentido de que os entes públicos devem controlar o impacto da variação da RCL na redução do percentual excedente em cada exercício, para evitar que a redução identificada em um período decorra apenas do aumento da RCL pelo ingresso de receitas temporárias, não se sustentando nos exercícios seguintes (BRASIL, Ministério da Economia, Nota Técnica SEI nº 30805/2021/ME, 2021).

O rígido acompanhamento da despesa com pessoal é medida que se impõe, uma vez que, se o excedente de 10% (dez por cento) não for eliminado no ano, serão aplicadas as sanções legais (BRASIL, Lei Complementar nº 178, art. 15, §1º, 2021), inclusive com a responsabilização pessoal do gestor público.

Considerando que o regime extraordinário já foi extremamente benevolente com o gestor público, ao prever um prazo extenso para recondução (10 anos), não deve ser tolerado o descumprimento do percentual anual exigido pela norma.

Em tempo, na mesma linha do quanto destacado pela Nota Técnica SEI nº 30805/21/ME, divulgada pela STN, entende-se que, durante o regime extraordinário de recondução, enquanto o ente público estiver com a despesa acima de 95% do limite legal, devem ser aplicadas todas as vedações do limite prudencial,[18] na medida em que estas restrições não foram excepcionadas pela LC nº 178/21.

Por fim, além do regime especial de recondução, a Lei Complementar instituiu a suspensão da contagem dos prazos de recondução no exercício de 2021, como medida de auxílio ao Poder Público, para minorar os efeitos da queda da receita durante o exercício, provocada pela covid-19. Assim, no exercício de 2021, os Poderes ou órgãos dos entes da Federação ficaram desobrigados de adotar medidas para redução da despesa com pessoal, não lhes sendo aplicadas as penalidades legais.

Na prática, contudo, os Poderes ou órgãos que se enquadraram no regime extraordinário ficaram liberados da adoção de providências para recondução da despesa com pessoal não só no exercício de 2021, como também no ano de 2022, pois a eliminação do excesso só será exigida a partir do exercício de 2023, de acordo com o art. 15 da LC nº 178/21.

---

[18] Art. 22. A verificação do cumprimento dos limites estabelecidos nos arts. 19 e 20 será realizada ao final de cada quadrimestre.
Parágrafo único. Se a despesa total com pessoal exceder a 95% (noventa e cinco por cento) do limite, são vedados ao Poder ou órgão referido no art. 20 que houver incorrido no excesso:
I - concessão de vantagem, aumento, reajuste ou adequação de remuneração a qualquer título, salvo os derivados de sentença judicial ou de determinação legal ou contratual, ressalvada a revisão prevista no inciso X do art. 37 da Constituição;
II - criação de cargo, emprego ou função;
III - alteração de estrutura de carreira que implique aumento de despesa;
IV - provimento de cargo público, admissão ou contratação de pessoal a qualquer título, ressalvada a reposição decorrente de aposentadoria ou falecimento de servidores das áreas de educação, saúde e segurança;
V - contratação de hora extra, salvo no caso do disposto no inciso II do §6º do art. 57 da Constituição e as situações previstas na lei de diretrizes orçamentárias.

4 Das sanções aplicáveis pelo descumprimento do limite da despesa com pessoal

Esclarecido o regramento relativo ao cálculo da despesa com pessoal e aos prazos para recondução no caso de extrapolação dos limites legais, por meio dos regimes ordinário e extraordinário, passa-se a analisar as sanções institucionais e pessoais que são aplicadas quando o excesso não for eliminado no prazo legal.

As sanções institucionais são de natureza financeira, atingem o Poder ou órgão autônomo e estão expressamente previstas na LRF. Por outro lado, as sanções pessoais atingem a esfera de direitos do próprio gestor público e estão elencadas em diplomas legais esparsos (ABRAHAM, 2021).

O art. 23, §3º, da LRF (BRASIL, Lei Complementar nº 101, art. 23, §3º, 2000) fixou as sanções institucionais, as quais consistem na vedação: (i) ao recebimento de transferências voluntárias de outros entes da federação, ressalvadas as destinadas à saúde, à educação e à assistência social; (ii) à obtenção de garantia, direta ou indireta, de outros entes federados; e (iii) à contratação de operações de crédito, ressalvadas as destinadas ao pagamento da dívida mobiliária e as que visem à redução das despesas com pessoal.

Esta última sanção foi modificada pela LC nº 178/21, que passou a possibilitar a obtenção de empréstimos para o pagamento da dívida mobiliária. Antes desta alteração, admitia-se a obtenção de empréstimo para o refinanciamento desta dívida.

Em regra, as sanções não são aplicadas ao Poder ou órgão autônomo imediatamente após o descumprimento do limite de despesa com pessoal, mas sim quando vencido o prazo legal para recondução, o Poder Público não logra êxito em eliminar o excesso. A LRF é clara ao estabelecer que, "não alcançada a redução no prazo estabelecido e enquanto perdurar o excesso" (BRASIL, Lei Complementar nº 101, art. 23, §3º, 2000), o Poder ou órgão sofrerá os efeitos das sanções institucionais.

No entanto, excepcionalmente, quando o poder ou órgão excede o limite no primeiro quadrimestre do último ano do mandato, as sanções elencadas são aplicadas de imediato (BRASIL, Lei Complementar nº 101, art. 23, §4º, 2000), sem que seja necessário aguardar o prazo legal de recondução. Esta norma tem o objetivo de desincentivar o gestor público a deixar para o seu sucessor a despesa com pessoal acima dos limites legais, gerando as indesejadas heranças fiscais.

Por outro lado, a LRF afastou a aplicação das sanções institucionais para os Municípios, quando, comparando a RCL de um quadrimestre com o mesmo quadrimestre do exercício anterior, for constatada queda real superior a 10% (dez por cento), em decorrência da: (i) diminuição das transferências recebidas do Fundo de Participação dos Municípios em virtude da concessão de isenções tributárias pela União; e (ii) redução das receitas de *royalties* e participações especiais (BRASIL, Lei Complementar nº 101, art. 23, §5º, 2000).

No entanto, esta exceção só se aplica caso a despesa total com pessoal esteja dentro do limite global de 60% da RCL, "considerada, para este cálculo, a receita corrente líquida do quadrimestre correspondente do ano anterior atualizada monetariamente" (BRASIL, Lei Complementar nº 101, art. 23, §6º, 2000).

A receita do Fundo de Participação representa relevante parcela dos ingressos municipais. Portanto, a concessão de isenções tributárias pela União tem aptidão para provocar fortes impactos na receita corrente líquida do Município. De igual modo, a receita de *royalties* tem grande representatividade, por exemplo, na RCL dos Municípios produtores de petróleo e gás natural.

Assim, com a finalidade de não punir o Município por decisões sobre as quais não tem o poder de interferir, o referido dispositivo foi inserido na LRF e passou a produzir efeitos a partir de 2019.

Além disso, convém ressaltar que a LC nº 178/21 modificou, também, o art. 23, §3º, da LRF, para prever que as sanções institucionais se aplicam ao Poder ou órgão, e não mais ao ente federado, em consonância com os princípios da pessoalidade e intranscendência da pena.

A redação anterior do referido dispositivo deu azo à aplicação das sanções institucionais ao ente federado, mesmo quando o limite fosse descumprido por apenas um Poder ou órgão autônomo, em prejuízo dos demais. Esta previsão ocasionava situações injustas, pois, em decorrência do princípio da separação de poderes, não há como um Poder interferir nos gastos com pessoal de outro, não tendo, portanto, como adotar medidas para eliminar o excesso apurado.

Antes mesmo da edição da LC nº 178/21, o Supremo Tribunal Federal,[19] em reiteradas decisões, já tinha se posicionado no sentido de que a sanção pelo descumprimento da LRF não poderia atingir todo o ente federado, mas apenas o órgão ou poder que praticou a irregularidade.

Portanto, a alteração promovida pela LC nº 178/21, em verdade, incorporou entendimento do Supremo Tribunal Federal e pôs fim à discussão anteriormente existente sobre os limites subjetivos das sanções institucionais previstas na LRF.

Não obstante, Jorge Moraes, em monografia dedicada à análise das sanções institucionais, destaca a baixa efetividade destas:

> Primeiro, porque as transferências voluntárias correspondem a um percentual pífio frente ao volume de todas as transferências discricionárias. Segundo, porque tanto as garantias quanto as operações de créditos só podem ser realizadas pelas Unidades da Federação, o que torna inócuas as proibições aos Poderes e órgãos independentes (MORAES, 2021, p. 47).

Outro fator que certamente interfere na baixa efetividade destas sanções decorre de a sua aplicação não atingir a esfera pessoal do gestor público, mas tão somente do Poder Público.

Nesse sentido, Marcus Abraham destaca que, em que pese a norma tenha caráter educativo, o maior prejudicado com a aplicação das sanções institucionais é o cidadão, uma vez que poderá ficar sem serviços cuja execução dependeria da obtenção de recursos pelo Poder Público a partir das transações vedadas pela norma (ABRAHAM, 2021).

Diante deste contexto, caracterizado pela baixa efetividade das sanções institucionais, as sanções pessoais ganham especial relevância para conferir coercitividade aos dispositivos da LRF.

No tocante às sanções de natureza pessoal, vale ressaltar que a LRF não trouxe um rol das penas aplicáveis ao gestor público que descumpre as normas de responsabilidade fiscal. Em verdade, no art. 73, a LRF faz remissão ao Código Penal (Decreto-

---

[19] Citem-se como exemplo as seguintes decisões: STF, AC nº 25.511 PB, 2015. STF, AC nº 25.511 PB, 2015. STF, ACO 3.072, 2020.

Lei nº 2.848/40), às leis que definem os crimes de responsabilidade (Lei nº 1.079/1950 e Decreto-Lei nº 201/67), à Lei de Improbidade Administrativa (Lei nº 8.429/92) e demais normas aplicáveis.

Portanto, considerando o recorte efetuado neste artigo, serão examinadas apenas as sanções pessoais que são aplicadas pelo Tribunal de Contas ou que decorrem da sua atuação, conforme será exposto na seção seguinte.

5 Do papel do Tribunal de Contas no controle da despesa com pessoal e na responsabilização do gestor público

O Tribunal de Contas é um órgão autônomo, de extração constitucional, detentor de competências próprias, previstas no art. 71 da Constituição Federal, cabendo-lhe fiscalizar "qualquer pessoa física ou jurídica, pública ou privada, que utilize, arrecade, guarde, gerencie ou administre dinheiros, bens e valores públicos" (BRASIL, Constituição, 1988, art. 70).

Além das competências constitucionais, ao Tribunal de Contas foi conferida a missão de fiscalizar o cumprimento da LRF, ganhando importante papel na orientação dos gestores públicos para concretização de uma gestão pública responsável, transparente e equilibrada, cabendo-lhe, também, a responsabilização dos gestores, quando verificado o desrespeito à referida lei.

Ao Tribunal de Contas compete a verificação dos cálculos dos limites da despesa total com pessoal de cada Poder e órgão (BRASIL, Lei Complementar nº 101, art. 59, §2º, 2000). Além disso, cabe ao Tribunal de Contas a emissão do alerta aos poderes e órgãos autônomos, quando verificado que o montante da despesa com pessoal ultrapassou 90% (noventa por cento) do limite legal (BRASIL, Lei Complementar nº 101, art. 59, §1º, II, 2000).

Trata-se de uma importante missão, que reforça o caráter pedagógico da atuação dos Tribunais de Contas, pois alerta o gestor público para a proximidade do limite da despesa com pessoal, mas não autoriza, ainda, a aplicação de sanções.

O processo por meio do qual estas competências serão exercidas é disciplinado por cada Tribunal de Contas, nas respectivas Leis Orgânicas, Regimentos Internos e Resoluções.[20] Por exemplo, o TCU editou a Resolução nº 142/2001, para disciplinar as competências que lhe foram atribuídas pela LRF.

Para verificação do cálculo dos limites da despesa com pessoal dos poderes e órgãos autônomos, o TCU deverá "avaliar a metodologia e a memória de cálculo da receita corrente líquida, conforme dispuser a Lei de Diretrizes Orçamentárias" (BRASIL, Tribunal de Contas da União, Resolução TCU nº 142, art. 3º, inciso I, 2001).

Além disso, cabe ao Tribunal de Contas, através da sua área técnica, revisar o cálculo do montante da despesa com pessoal, realizando os ajustes matemáticos, quando identificada adição ou exclusão de despesa indevida que destoe da legislação aplicável.

---

[20] A competência dos Tribunais de Contas para propor e estabelecer as normas processuais aplicáveis ao processo de controle externo tem provocado debates no cenário acadêmico, tendo em vista que a ausência de uma lei geral de processos, aplicável aos Tribunais de Contas, tem ocasionado divergências e insegurança jurídica. Para conferir a crítica doutrinária, acessar o artigo "Tribunais de contas são imunes às leis de processo?". Disponível em: https://www.jota.info/opiniao-e-analise/colunas/controle-publico/tribunais-contas-leis-processo-27102021#:~:text=O%20Tribunal%20de%20Contas%20da,(Lei%2014.133%2F2021).

Ainda no âmbito do TCU, as matérias relativas à avaliação do cálculo da receita corrente líquida, ao cálculo dos limites da despesa com pessoal por Poder e órgão e à emissão do alerta, quando atingido o limite prudencial, serão submetidas ao relator da Prestação de Contas (BRASIL. Tribunal de Contas da União. Resolução TCU nº 142, art. 5º, incisos II, III e IV, 2001).[21] Ainda que estes processos estejam pendentes de julgamento, as referidas matérias devem integrar o relatório da Prestação de Contas do respectivo órgão ou Poder (BRASIL, Tribunal de Contas da União. Resolução TCU nº 142, art. 7º, 2001).

Vale dizer, além de acompanhar o cumprimento do limite da despesa com pessoal por meio do expediente denominado Relatório de Acompanhamento,[22] esta matéria deverá integrar a Prestação de Contas do referido poder ou órgão, que será analisada pelo TCU.

Para fins comparativos, diferentemente do TCU, o Tribunal de Contas dos Municípios do Estado da Bahia (TCM/BA) avalia o cumprimento da despesa com pessoal em um único processo, que é a prestação de contas anual do órgão ou Poder, inexistindo nesta Corte de Contas o processo autônomo denominado relatório de acompanhamento.

O processo de prestação de contas constitui o instrumento por meio do qual o gestor demonstra para a sociedade como foram geridos os recursos públicos, envolvendo a análise dos balanços gerais, o cumprimento das Leis Orçamentárias e os limites estabelecidos na LRF, entre outras matérias.

Todos aqueles que utilizam recursos públicos submetem-se ao dever de prestar contas. Trata-se de obrigação decorrente do princípio republicano. Doris Coutinho destaca que "o dever de prestar contas insere-se neste contexto como obrigação de ordem pública (art. 70, parágrafo único, da CF) e direito público subjetivo do cidadão (art. 49 da LRF)" (COUTINHO, 2000, p. 135).

A Constituição Federal atribuiu ao Tribunal de Contas a competência para apreciar as contas prestadas pelo Chefe do Poder Executivo, por meio da emissão de parecer prévio, bem como para julgar as contas dos demais poderes e administradores de recursos públicos (BRASIL, Constituição, art. 71, incisos I e II, 1988).

Vale dizer, em relação às contas de governo, que são de titularidade do Poder Executivo e têm caráter eminentemente político, o Tribunal de Contas emite parecer prévio, de cunho opinativo, para subsidiar o seu julgamento final, feito pelo Poder Legislativo.[23] Por outro lado, as contas de gestão, prestadas pelos demais administradores

---

[21] "A partir de 1993, para fins de distribuição de processos, as unidades jurisdicionadas ao Tribunal passaram a ser agrupadas em listas sorteadas entre os relatores. O sorteio das listas é feito na primeira sessão ordinária do Plenário do mês de julho nos anos pares, isto é, a cada dois anos, prazo de vigência das LUJ". BRASIL. Tribunal de Contas da União. *Listas de unidades jurisdicionadas (LUJ) e sorteio entre relatores*. Disponível em: https://portal.tcu.gov.br/unidades-jurisdicionadas/. Acesso em: 10 jan. 2022.

[22] Conforme classificação identificada na aba pesquisa integrada do TCU, campo tipo de processo. Disponível em: https://pesquisa.apps.tcu.gov.br/#/pesquisa/acordao-completo.

[23] Conforme normas da Constituição Federal: Art. 31. A fiscalização do Município será exercida pelo Poder Legislativo Municipal, mediante controle externo, e pelos sistemas de controle interno do Poder Executivo Municipal, na forma da lei.
§2º O parecer prévio, emitido pelo órgão competente sobre as contas que o Prefeito deve anualmente prestar, só deixará de prevalecer por decisão de dois terços dos membros da Câmara Municipal.
Art. 49. É da competência exclusiva do Congresso Nacional:
IX - julgar anualmente as contas prestadas pelo Presidente da República e apreciar os relatórios sobre a execução dos planos de governo; BRASIL. [Constituição (1988)]. Constituição da República Federativa do Brasil. Disponível em: http://www.planalto.gov.br/ccivil_03/constituicao/constituicao.htm. Acesso em: 10 jan. 2022.

de recursos públicos, são efetivamente julgadas pelas Cortes de Contas (COUTINHO, 2000, p. 197).

Em relação à prestação de contas dos Prefeitos, quando acumulam a função de Chefe de Governo e ordenador de despesas, o que ocorre em muitos Municípios de pequeno porte, havia ampla divergência acerca do papel do Tribunal de Contas, se abrangia apenas a emissão de parecer prévio, ou se as matérias afetas à gestão deveriam ser julgadas pela Corte de Contas.

Esta questão foi pacificada pelo Supremo Tribunal Federal, no julgamento do Recurso Extraordinário nº 848.826/DF, prevalecendo o entendimento de que a competência do Tribunal de Contas, no que toca às contas do Prefeito, ainda que este atue também como ordenador de despesas, se limita à emissão de parecer prévio, sendo fixada a seguinte tese:

> Para fins do art. 1º, inciso I, alínea g, da Lei Complementar 64, de 18 de maio de 1990, alterado pela Lei Complementar 135, de 4 de junho de 2010, a apreciação das contas de prefeito, tanto as de governo quanto as de gestão, será exercida pelas Câmaras Municipais, com o auxílio dos Tribunais de Contas competentes, cujo parecer prévio somente deixará de prevalecer por decisão de 2/3 dos vereadores (BRASIL, Supremo Tribunal Federal, Recurso Extraordinário 848.826, 2016).

Ao analisar o processo de prestação de contas do Chefe do Poder Executivo, o Tribunal de Contas emitirá parecer prévio, recomendando ao Poder Legislativo a rejeição, a aprovação ou a aprovação com ressalvas da prestação de contas. Por outro lado, em relação aos demais administradores de recursos públicos, ao Tribunal de Contas caberá o efetivo julgamento da prestação de contas.[24]

A título de exemplo, convém destacar que o TCM/BA editou a Resolução nº 222/92, para estabelecer as irregularidades e falhas que poderão motivar a emissão de parecer prévio pela rejeição de contas municipais, prevendo, no art. 2º, incisos IX e X, que a extrapolação da despesa com pessoal bem como a não eliminação, no prazo legal, do percentual excedente constituem motivos que poderão ensejar a rejeição das contas.

Conforme descrito nos relatórios anuais divulgados pelo TCM/BA, entre os anos de 2015 e 2020, o motivo que ensejou a emissão do maior número de pareceres prévios pela rejeição de contas consistiu no desrespeito ao limite da despesa com pessoal e não eliminação do excedente no prazo legal, conforme gráfico:

---

[24] A Lei Orgânica do TCU estabelece, em tipos abertos, as situações nas quais as contas serão julgadas regulares, regulares com ressalvas e irregulares, vejamos: Art. 16. As contas serão julgadas:
I - regulares, quando expressarem, de forma clara e objetiva, a exatidão dos demonstrativos contábeis, a legalidade, a legitimidade e a economicidade dos atos de gestão do responsável;
II - regulares com ressalva, quando evidenciarem impropriedade ou qualquer outra falta de natureza formal de que não resulte dano ao Erário;
III - irregulares, quando comprovada qualquer das seguintes ocorrências:
a) omissão no dever de prestar contas;
b) prática de ato de gestão ilegal, ilegítimo, antieconômico, ou infração à norma legal ou regulamentar de natureza contábil, financeira, orçamentária, operacional ou patrimonial;
c) dano ao Erário decorrente de ato de gestão ilegítimo ao antieconômico;
d) desfalque ou desvio de dinheiros, bens ou valores públicos.

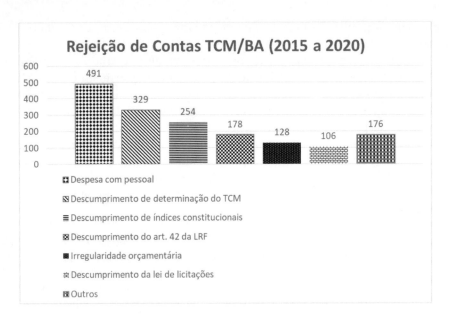

GRÁFICO 1 – Número de contas rejeitadas, ou com opinativo para rejeição, emitido pelo TCM/BA, entre 2015 e 2020, classificadas por fundamento

Fonte: Relatórios anuais divulgados pelo TCM/BA. Gráfico elaborado pela autora.

Vale dizer, a rejeição de contas, ou a emissão de parecer prévio pela rejeição, é uma das possíveis consequências que atingem a esfera jurídica do gestor público, quando descumpre a despesa com pessoal e não elimina o excedente no prazo legal.

Convém destacar que a desaprovação da prestação de contas, desde que presentes os requisitos previstos no art. 1º, inciso I, alínea "g", da Lei Complementar nº 64 (BRASIL, 1990),[25] pode produzir reflexos na esfera eleitoral do gestor, pois tem o potencial de comprometer a sua capacidade eleitoral passiva, tornando-o inelegível, sendo, por isso, uma das decisões mais temidas pelos gestores públicos.

Os Tribunais de Contas, por decorrência do art. 11, §5º, da Lei nº 9.504/97, deverão encaminhar à Justiça Eleitoral a relação dos gestores que tiveram suas contas "rejeitadas por irregularidade insanável e por decisão irrecorrível do órgão competente, ressalvados os casos em que a questão estiver sendo submetida à apreciação do Poder Judiciário, ou que haja sentença judicial favorável ao interessado" (BRASIL, Lei nº 9.504, 1997).

André Silva cita, como uma das hipóteses que podem gerar a inelegibilidade do gestor público, a desaprovação de contas pelo descumprimento da LRF (SILVA, 2021, p. 98).

---

[25] Art. 1º São inelegíveis:
I - para qualquer cargo: [...]
g) os que tiverem suas contas relativas ao exercício de cargos ou funções públicas rejeitadas por irregularidade insanável que configure ato doloso de improbidade administrativa, e por decisão irrecorrível do órgão competente, salvo se esta houver sido suspensa ou anulada pelo Poder Judiciário, para as eleições que se realizarem nos 8 (oito) anos seguintes, contados a partir da data da decisão, aplicando-se o disposto no inciso II do art. 71 da Constituição Federal, a todos os ordenadores de despesa, sem exclusão de mandatários que houverem agido nessa condição.

Neste sentido, convém destacar trecho de acórdão prolatado pelo Tribunal Superior Eleitoral, no qual foi declarada a inelegibilidade do gestor público que teve suas contas rejeitadas pelo descumprimento do limite máximo de despesa com pessoal:

> AGRAVO INTERNO. RECURSO ESPECIAL. ELEIÇÕES 2020. VEREADOR. REGISTRO DE CANDIDATURA. INELEGIBILIDADE. REJEIÇÃO DE CONTAS PÚBLICAS. ART. 1º, I, G, DA LC 64/90. IRREGULARIDADE INSANÁVEL. ATO DOLOSO DE IMPROBIDADE ADMINISTRATIVA. AUMENTO. DESPESA COM PESSOAL. EXTRAPOLAMENTO. LIMITE LEGAL. LEI DE RESPONSABILIDADE FISCAL. INOBSERVÂNCIA. NEGATIVA DE PROVIMENTO. [...] 6. O vício que motivou a rejeição das contas – extrapolamento do teto das despesas com pessoal – demonstra grave desrespeito ao equilíbrio das finanças públicas e ao princípio da economicidade e configura, portanto, ato doloso de improbidade administrativa, nos termos do art. 1º, I, *g*, da LC 64/90. (BRASIL, Tribunal Superior Eleitoral, Agravo Regimental no Recurso Especial Eleitoral nº 060010826, 2021)

Não obstante, as alterações legislativas promovidas no ano de 2021 na Lei Complementar nº 64/1990 e na Lei de Improbidade Administrativa colocaram em xeque a possibilidade de ser reconhecida a inelegibilidade do gestor público, quando suas contas forem rejeitadas pela não recondução da despesa com pessoal ao limite no prazo legal, como será explicado a seguir.

A Lei Complementar nº 184/21 inseriu o §4º-A ao art. 1º da Lei Complementar nº 64/1990, trazendo um requisito adicional para a declaração da inelegibilidade do gestor público.

Antes desta alteração, para que o gestor público fosse declarado inelegível, com base no art. 1º, inciso I, alínea "g", da Lei Complementar nº 64/1990, bastava que as suas contas fossem rejeitadas, pela prática de irregularidade insanável, que configurasse ato doloso de improbidade administrativa, por decisão irrecorrível do órgão competente, desde que esta não tivesse sido suspensa ou anulada pelo Poder Judiciário.

Com a alteração produzida pela LC nº 184/21, para que o gestor se torne inelegível, além dos mencionados requisitos, a decisão de rejeição das contas deve ter determinado o ressarcimento de recursos públicos, ficando excluído do rol dos inelegíveis aquele que for condenado exclusivamente ao pagamento de multa.

Esta modificação, certamente, impactará no reconhecimento da inelegibilidade pelo descumprimento do limite da despesa com pessoal, pois, em regra, esta causa de rejeição não gera a imputação de ressarcimento aos cofres públicos.

Na exposição de motivos do Projeto de Lei que gerou a LC nº 184/21, consta a informação de que esta alteração se justifica na medida em que a multa, desacompanhada da imputação de ressarcimento, só é aplicada quando há o cometimento de pequenas infrações, de caráter meramente formal, sem a ocorrência de atuação dolosa por parte do administrador (BRASIL, Projeto de Lei Complementar nº 9, 2021).

Não obstante, entende-se que os motivos que fundamentaram a aprovação da LC nº 184/21 não se sustentam, uma vez que diversas infrações graves e dolosas são punidas pelo Tribunal de Contas apenas com a pena de multa, sem que haja imputação de débito, a exemplo do descumprimento e não recondução dos limites de despesa com pessoal previsto na LRF.[26]

---

[26] Art. 20 (BRASIL, Lei Complementar nº 101, 2000).

Vale ressaltar que o descumprimento dos referidos limites não configura mera infração formal. Ao contrário, as normas que fixam limites para gastos com pessoal são importantíssimas para assegurar o equilíbrio das contas públicas, pois o amplo comprometimento da receita corrente líquida com estas despesas, de caráter contínuo, abala a saúde financeira do ente público.

Mais uma vez, o Direito Financeiro não é levado a sério. Conforme destacado por Conti (2021), "Menosprezar o Direito Financeiro é uma prática que parece consolidada, não encontra barreiras espaciais, temporais, quantitativas, políticas nem ideológicas".

Não bastasse isso, a inelegibilidade do art. 1º, inciso I, alínea "g", da Lei Complementar nº 64/1990, ficou também enfraquecida com as reformas na Lei de Improbidade Administrativa. Isso porque o ato de descumprir o limite de despesa com pessoal e de não a reconduzir ao patamar no prazo legal costumava ser enquadrado no art. 11 da Lei de Improbidade Administrativa, o qual disciplina os atos de improbidade administrativa que atentam contra os princípios da Administração Pública.

Ocorre que, com as alterações provenientes da Lei nº 14.230/21, o rol de atos que atentam contra os princípios da Administração, antes exemplificativo, passou a ser exaustivo, ficando restrito às hipóteses expressamente elencadas nos incisos do art. 11 da Lei de Improbidade Administrativa que não contemplam a conduta de descumprir o limite da despesa com pessoal.

Portanto, restou dificultado o enquadramento deste ato como improbidade administrativa, ficando afastado mais um requisito exigido para a declaração de inelegibilidade do gestor público.

Noutro giro, quando constatado o descumprimento da despesa com pessoal e a não adoção de providências para recondução ao patamar legal, o Tribunal de Contas, além de poder emitir parecer pela rejeição das contas, aplicará as sanções cabíveis.

A competência sancionatória dos Tribunais de Contas encontra previsão expressa na Constituição Federal que autoriza, "em caso de ilegalidade de despesa ou irregularidade de contas, a aplicação aos responsáveis das sanções previstas em lei, que estabelecerá, entre outras cominações, multa proporcional ao dano causado ao erário" (BRASIL, Constituição, art. 71, inciso VIII, 1988).

A Lei Orgânica do TCU (BRASIL, Lei nº 8.443, 1992),[27] ao dispor sobre as sanções cabíveis no processo de controle externo, autorizou a aplicação da pena de multa[28] e de inabilitação para o exercício de cargo em comissão ou função de confiança,[29] esta última por um período que variará de cinco a oito anos, quando constatada prática de infração grave, desde que deliberado pela maioria absoluta do pleno.[30]

No campo sancionatório, a fim de conferir coercitividade à LRF, foi promulgada a Lei nº 10.028/00. Esta norma, além de tipificar os crimes contra as finanças públicas, instituiu, no seu art. 5º, as infrações administrativas contra a lei de finanças públicas, cuja competência para processá-las e julgá-las foi outorgada ao Tribunal de Contas (BRASIL, Lei nº 10.028, art. 5º, §2º, 2000).

---

[27] Atualmente, existem trinta e três Tribunais de Contas no Brasil, autônomos entre si. Para conhecer as sanções que cada Tribunal de Contas pode aplicar, o leitor deve consultar a respectiva Lei Orgânica.

[28] Capítulo V, seção II, da Lei Orgânica do TCU (BRASIL, Lei nº 8.443, 1992).

[29] Art. 60 da Lei Orgânica do TCU (BRASIL, Lei nº 8.443, 1992).

[30] O art. 46 da LOTCU autorizou, também, a declaração de inidoneidade de empresa para participar de licitações. No entanto, esta espécie de sanção não será abordada neste artigo, pois é aplicável em caso de fraude a licitação, temática distinta da abordada neste estudo.

A referida Lei elencou, como uma das infrações administrativas,

> [...] deixar de ordenar ou de promover, na forma e nos prazos da lei, a execução de medida para a redução do montante da despesa total com pessoal que houver excedido a repartição por Poder do limite máximo (BRASIL, Lei nº 10.028, art. 5º, IV, 2000).

A prática desta infração é punível com multa de 30% (trinta por cento) dos vencimentos anuais do agente que lhe der causa, sendo o pagamento da multa de responsabilidade pessoal do gestor (BRASIL, Lei nº 10.028, art. 5º, §1º, 2000).

Sob a ótica preventiva e educativa, acredita-se que as sanções pessoais possivelmente produzem efeitos mais concretos, na medida em que, ao atingir diretamente o agente público e lhe impor sérios gravames pessoais, faz com que suas decisões passem a considerar essas consequências (ABRAHAM, 2021, p. 474).

Convém destacar que o simples descumprimento do limite de despesa com pessoal não enseja a imputação desta multa. A referida penalidade só poderá ser aplicada quando o gestor deixar de promover medidas para a recondução da despesa no prazo legal.

Assim, ultrapassado o prazo para eliminação do excedente da despesa com pessoal do regime ordinário (eliminação do excedente total em dois quadrimestres) ou extraordinário (eliminação de 10% do excedente a cada ano, de 2023 a 2032), sem que o gestor tenha adotado as medidas para recondução da despesa, caberá a aplicação desta sanção.

Percebe-se que o legislador estabeleceu alto grau de reprovabilidade para a conduta omissiva do gestor público, que deixa de adotar providências para a recondução da despesa com pessoal aos limites legais, autorizando a sua punição com a aplicação de elevada multa, sendo que a competência para aplicação desta sanção foi outorgada ao Tribunal de Contas.

Os Tribunais de Contas têm aplicado a referida penalidade de maneira diferente. Existem decisões que são embasadas em uma interpretação literal da norma e reconhecem, portanto, o caráter fixo da multa em 30% (trinta por cento) dos vencimentos anuais do gestor.[31]

Por outro lado, destacam-se decisões que realizam a dosimetria da multa, fazendo uma aplicação proporcional desta sanção, encarando o valor de 30% (trinta por cento) como um teto legal. Estas decisões são fundamentadas nos princípios da pessoalidade e individualização da pena, bem como no art. 22, §2º, da Lei de Introdução às Normas do Direito Brasileiro (LINDB).[32]

Diante da divergência entre os órgãos de controle externo, foi apresentado o Projeto de Lei nº 3.445/2015, que tem como objetivo estabelecer o caráter variável desta sanção. A redação aprovada pela Comissão de Constituição e Justiça da Câmara de Deputados estabeleceu que a multa variará entre 10% (dez por cento) e 30% (trinta por cento) do vencimento mensal do gestor público, cabendo ao Tribunal de Contas realizar a dosimetria desta pena (BRASIL, Projeto de Lei nº 3.445, 2015). O projeto já foi

---

[31] Cite-se, como exemplo: TCM/BA, PC nº 09324E20, 2020. TCM/BA, PC nº 07049E20, 2020. TCE/RO, nº 4.080/2015, 2021. TCE/RO, nº 04586/15, 2017.

[32] Cite-se, como exemplo: TCU, nº 017444/2001-0, 2003. TCE/ES, nº 14862/2019-9, 2020. TCE MS, nº TC 5589/2018, 2019.

encaminhado ao Senado Federal, estando em tramitação nesta casa legislativa (BRASIL, Projeto de Lei nº 6.561, 2019).

Noutro giro, conforme destacado por Jacoby Fernandes, "a Lei de Responsabilidade Fiscal colocou em outro patamar os Tribunais de Contas, transformando-os em verdadeiros guardiões da austeridade fiscal exigida por toda sociedade" (FERNANDES, 2020, p. 293).

Apesar desta posição de destaque, percebe-se que as alterações legislativas promovidas, no ano de 2021, na Lei Complementar nº 64/1990 e na Lei de Improbidade Administrativa, enfraqueceram o papel dos Tribunais de Contas. Isso porque a rejeição de contas, ou a emissão de opinativo pela desaprovação, motivada pelo descumprimento do limite de despesa de pessoal e não adoção de providências para recondução, dificilmente trará como reflexo a inelegibilidade do gestor público.

6 Conclusão

A LRF, em cumprimento ao quanto determinado pela Constituição Federal, estabeleceu limites para a realização de gastos com pessoal ativo e inativo e pensionistas da União, dos Estados, do Distrito Federal e dos Municípios, detalhou os mecanismos de controle desta despesa e previu as sanções aplicáveis em caso de descumprimento dos limites legais.

Os dispositivos da LRF, relacionados ao cálculo da despesa com pessoal, foram alvo de interpretações divergentes entre as Cortes de Contas do Brasil, trazendo indesejável insegurança jurídica para a matéria.

A fim de conferir uniformidade ao tratamento de matérias sensíveis, em âmbito nacional, a LC nº 178/21, na seção dedicada à implantação de medidas de reforço à responsabilidade fiscal, modificou a LRF para estabelecer normas relacionadas ao cálculo da despesa com pessoal.

As principais alterações estabeleceram (i) que o cálculo da despesa com pessoal observará a receita bruta do servidor, admitindo-se apenas a dedução do abate teto; (ii) que a apuração deve seguir o regime da competência, independentemente do empenho; e (iii) que é autorizada a dedução das despesas com inativos e pensionistas custeadas com aportes do ente para cobertura do déficit atuarial, sendo vedada a exclusão quando custeada com aporte para cobertura de déficit financeiro dos regimes de previdência.

Além disso, a LC nº 178/21 instituiu o regime extraordinário de recondução da despesa com pessoal, aplicável apenas ao Poder ou órgão cuja despesa total com pessoal, ao término do exercício financeiro de 2021, estiver acima do limite previsto na LRF. Este regime trouxe prazo mais extenso para recondução da despesa com pessoal, determinando que o excesso deverá ser eliminado à razão de, pelo menos, 10% (dez por cento) a cada exercício, a partir de 2023, de forma a se enquadrar no respectivo limite até o término do exercício de 2032.

A não recondução da despesa com pessoal ao patamar legal, nos prazos fixados no regime ordinário previsto na LRF ou no regime extraordinário previsto na LC nº 178/21, conforme o caso, acarreta a aplicação de sanções de natureza institucional e pessoal.

Ao Tribunal de Contas foi atribuída a missão de fiscalizar o cumprimento da LRF, cabendo-lhe a verificação dos cálculos dos limites da despesa total com pessoal de cada Poder e órgão, bem como a emissão de alerta quando verificado que o montante da despesa com pessoal ultrapassou 90% (noventa por cento) do limite legal, competindo-lhe, também, a responsabilização dos gestores públicos no caso de violação das normas legais.

Cabe a cada Tribunal de Contas estabelecer o processo por meio do qual estas competências serão exercidas. Em regra, as Cortes de Contas apuram o cumprimento da despesa com pessoal no processo de prestação de contas do respectivo órgão ou poder.

Na condução deste processo, cabe ao Tribunal de Contas efetuar a revisão do cálculo da receita corrente líquida e do montante total da despesa com pessoal, realizando os ajustes matemáticos necessários, quando identificada adição ou exclusão indevida, que destoe da legislação aplicável.

Constatado o descumprimento do limite da despesa com pessoal e a não eliminação do excedente no prazo legal, o Tribunal de Contas poderá rejeitar a prestação de contas, ou emitir parecer prévio pela rejeição, quando se tratar do Chefe do Poder Executivo. Este foi o principal motivo que fundamentou a desaprovação de contas (ou a emissão de parecer prévio neste sentido) pelo TCM/BA, entre os anos de 2015 e 2020.

Uma das principais consequências da rejeição de contas é a possibilidade de reconhecimento da inelegibilidade do gestor público. Não obstante, as alterações legislativas promovidas, no ano de 2021, na Lei Complementar nº 64/1990 e na Lei de Improbidade Administrativa colocaram em xeque a possibilidade de ser reconhecida a inelegibilidade do gestor público, quando suas contas forem rejeitadas pela não recondução da despesa com pessoal ao limite no prazo legal.

Noutro giro, quando constatado o descumprimento da despesa com pessoal e a não adoção de providências para recondução desta despesa ao patamar legal, o Tribunal de Contas aplicará ao gestor a multa de 30% dos seus vencimentos anuais, prevista na Lei nº 10.028/2000.

Os Tribunais de Contas divergem sobre a dosimetria desta multa, existindo decisões que aplicam o valor fixo de 30% (trinta por cento) dos vencimentos, ao passo que outras encaram este percentual como um limite. Tramita, atualmente, no Senado Federal, o Projeto de Lei nº 6.561/19, cujo objetivo é pacificar esta matéria, para reconhecer a possibilidade de aplicação proporcional desta pena (BRASIL, Projeto de Lei nº 6.561, 2019).

Verifica-se, portanto, que o Tribunal de Contas ocupa posição de destaque na fiscalização do cumprimento dos limites de gastos com pessoal, devendo, deste modo, aplicar com rigor as normas que disciplinam o cálculo destas despesas. Deve-se coibir, portanto, a flexibilização da interpretação dos conceitos da LRF, a fim de evitar o agravamento da crise fiscal vivenciada no Brasil. Este foi o objetivo da LC nº 178/21.

Referências

ABRAHAM, Marcus. *Curso de Direito Financeiro Brasileiro*. 6. ed. Rio de Janeiro: Forense, 2021.

BRASIL. [Constituição (1988)]. Constituição da República Federativa do Brasil. Disponível em: http://www.planalto.gov.br/ccivil_03/constituicao/constituicao.htm. Acesso em: 10 jan. 2022.

BRASIL. Câmara dos Deputados. Projeto de Lei Complementar nº 9, de 5 de janeiro de 2021. Disponível em: https://www.camara.leg.br/proposicoesWeb/prop_mostrarintegra;jsessionid=node0vzzjatseibv9619029esa7a327789427.node0?codteor=1960236&filename=PLP+9/21. Acesso em: 10 jan. 2022.

BRASIL. Decreto Legislativo nº 6, de 20 de março de 2020. *Diário Oficial da União*: seção 1, Brasília, DF, a n o 158, 55-C, p. 1, 20 mar. 2020. Disponível em: https://pesquisa.in.gov.br/imprensa/jsp/visualiza/index.jsp?data=20/03/2020&jornal=602&pagina=1. Acesso em: 10 jan. 2022.

BRASIL. Lei Complementar nº 101, de 4 de maio de 2000. Estabelece normas de finanças públicas voltadas para a responsabilidade na gestão fiscal e dá outras providências. *Diário Oficial da União*, Brasília, DF, 5 maio 2000.

BRASIL. Lei Complementar nº 178, de 13 de janeiro de 2021. *Diário Oficial da União*, 14 jan. 2021. Disponível em: https://www.in.gov.br/en/web/dou/-/lei-complementar-n-178-de-13-de-janeiro-de-2021-298911357. Acesso em: 10 jan. 2022.

BRASIL. Lei Complementar nº 64, de 18 de maio de 1990. *Planalto*. Disponível em: http://www.planalto.gov.br/ccivil_03/leis/lcp/lcp64.htm. Acesso em: 10 jan. 2022.

BRASIL. Lei nº 10.028, de 19 de outubro de 2000. *Planalto*. Disponível em: http://www.planalto.gov.br/ccivil_03/leis/l10028.htm. Acesso em: 10 jan. 2022.

BRASIL. Lei nº 8.443, de 16 de julho de 1992. *Planalto*. Disponível em: http://www.planalto.gov.br/ccivil_03/leis/l8443.htm. Acesso em: 10 jan. 2022.

BRASIL. Lei nº 9.504, de 30 de setembro de 1997. *Planalto*. Disponível em: http://www.planalto.gov.br/ccivil_03/leis/l9504.htm. Acesso em: 10 jan. 2022.

BRASIL. Ministério da Economia. Instituto de Pesquisa Econômica Aplicada (*Ipea*). Visão Geral da Conjuntura. *Carta de Conjuntura*, n. 8, 3. trim. 2020. Disponível em: https://www.ipea.gov.br/portal/images/stories/PDFs/conjuntura/201001_cc_48_visao_geral.pdf. Acesso em: 10 jan. 2022.

BRASIL. Ministério da Economia. Secretaria Especial de Fazenda. Secretaria do Tesouro Nacional. *Nota Técnica SEI nº 30805/2021/ME*. Disponível em: https://sisweb.tesouro.gov.br/apex/f?p=2501:9::::9:P9_ID_PUBLICACAO_ANEXO:13589. Acesso em: 10 jan. 2022.

BRASIL. Ministério da Economia. Secretaria Especial de Previdência e Trabalho. Secretaria de Previdência. *Nota Técnica SEI nº 18162/2021/ME*. Disponível em: https://www.gov.br/trabalho-e-previdencia/pt-br/assuntos/previdencia-no-servico-publico/legislacao-dos-rpps/notas/nota-tecnica-sei-18162-2021-me-lc-178-2021-equilibrio-atuarial-rpps-e-limites-fiscais.pdf. Acesso em: 10 jan. 2022.

BRASIL. Ministério da Fazenda. Portaria nº 464, de 19 de novembro de 2018. *Diário Oficial da União*: seção 1, Brasília, DF, edição 222 p. 34, 20 nov. 2018. Disponível em: https://www.in.gov.br/materia/-/asset_publisher/Kujrw0TZC2Mb/content/id/50863383/do1-2018-11-20-portaria-n-464-de-19-de-novembro-de-2018-50863118. Acesso em: 10 jan. 2022.

BRASIL. Secretaria do Tesouro Nacional. *Manual de Demonstrativos Fiscais*. 12. ed. Brasília: Secretaria do Tesouro Nacional, Subsecretaria de Contabilidade Pública, Coordenação-Geral de Normas de Contabilidade Aplicadas à Federação, 2021. Disponível em: https://www.tesourotransparente.gov.br/publicacoes/manual-de-demonstrativos-fiscais-mdf/40050. Acesso em: 10 jan. 2022.

BRASIL. Supremo Tribunal Federal. *Recurso Extraordinário 848.826, Distrito Federal*. Recurso Extraordinário. Prestação de contas do chefe do poder executivo municipal. Parecer prévio do Tribunal de Contas. Eficácia sujeita ao crivo parlamentar. Competência da câmara municipal para o julgamento das contas de governo e de gestão. Lei Complementar 64/1990, alterada pela Lei Complementar 135/2010. Inelegibilidade. Decisão irrecorrível. Atribuição do legislativo local. Recurso Extraordinário conhecido e provido. Relator: Min. Roberto Barroso, 10 de agosto de 2016. Disponível em: https://redir.stf.jus.br/paginadorpub/paginador.jsp?docTP=TP&docID=13432838. Acesso em: 10 jan. 2022.

BRASIL. Tribunal de Contas da União. Resolução TCU nº 142, de 30 de maio de 2001. *Revista do TCU*, n. 89, 2001. Disponível em: https://revista.tcu.gov.br/ojs/index.php/RTCU/article/view/875. Acesso em: 10 jan. 2022.

BRASIL. Tribunal de Contas dos Municípios do Estado da Bahia. *Resolução nº 222*, de 30 de dezembro de 1992. Disponível em: https://www.tcm.ba.gov.br/consulta/legislacao/resolucoes/?f=222. Acesso em: 10 jan. 2022.

BRASIL. Tribunal Superior Eleitoral. *Agravo Regimental no Recurso Especial Eleitoral nº 060010826 – UBIRATÃ – PR*. Agravo interno. Recurso especial. Eleições 2020. Vereador. Registro de candidatura. Inelegibilidade. Rejeição de contas públicas. Art. 1º, I, G, DA LC 64/90. Irregularidade insanável. Ato doloso de improbidade administrativa. Aumento. Despesa com pessoal. Extrapolamento. Limite legal. Lei de Responsabilidade Fiscal. Inobservância. Negativa de provimento. Relator: Min. Luis Felipe Salomão, 22 de abril de 2021. Disponível em: https://pje.tse.jus.br:8443/pje-web/Processo/ConsultaDocumento/listView.seam. Acesso em: 10 jan. 2022.

CONTI, José Maurício. O Direito Financeiro precisa ser levado a sério e 2021 não começou bem... *Jota – Coluna Fiscal*, 28 jan. 2021. Disponível em: https://www.jota.info/opiniao-e-analise/colunas/coluna-fiscal/o-direito-financeiro-precisa-ser-levado-a-serio-e-2021-nao-comecou-bem-28012021. Acesso em: 10 jan. 2022.

FERNANDES, Jorge Ulisses Jacoby. Evolução da responsabilidade fiscal e da sociedade brasileira. *In:* FIRMO FILHO, Alípio Reis; WARPECHOWSKI, Ana Cristina Moraes; RAMOS FILHO, Carlos Alberto de Moraes (coord.). *Responsabilidade na gestão fiscal:* estudos em homenagem aos 20 anos da lei complementar nº 101/2000. Belo Horizonte: Fórum, 2020. p. 271-293.

INSTITUTO BRASILEIRO DE GEOGRAFIA E ESTATÍSTICA. *Biblioteca*. Disponível em: https://biblioteca. ibge.gov.br/index.php/biblioteca-catalogo?view=detalhes&id=72121. Acesso em: 10 jan. 2022.

LIMA, Luiz Henrique. Atenção! A LRF mudou. *Instituto Rui Barbosa*. 2021. Disponível em: https://irbcontas. org.br/artigo/atencao-a-lrf-mudou/. Acesso em: 10 jan. 2022.

MIRANDA, Coutinho, Doris de. *Prestação de contas de governo*. Belo Horizonte: Fórum, 2020.

MORAES, Jorge Édipo Muniz do Carmo. *A efetividade dos mecanismos de controle do art. 23 da Lei de Responsabilidade Fiscal frente à consolidação do princípio da intranscendência das obrigações e sanções com o advento da Lei Complementar nº 178/2021*. 2021. Monografia (Especialização em Direito Público) – Faculdade ATAME, Goiânia, 2021.

SILVA, André Garcia Xerez. *Tribunais de Contas e Inelegibilidade:* limites da jurisprudência eleitoral. 2. ed. Rio de Janeiro: Lumen Juris, 2021.

TRIBUNAL DE CONTAS DOS MUNICÍPIOS DO ESTADO DA BAHIA. *Relatório anual*. Disponível em: https:// www.tcm.ba.gov.br/institucional/relatorio-anual/. Acesso em: 10 jan. 2022.

Informação bibliográfica deste texto, conforme a NBR 6023:2018 da Associação Brasileira de Normas Técnicas (ABNT):

REGO, Aline Paim Monteiro do. A despesa com pessoal e a LC nº 178/21: uma análise da responsabilização do gestor público perante o Tribunal de Contas. *In:* CONTI, José Maurício; MARRARA, Thiago; IOCKEN, Sabrina Nunes; CARVALHO, André Castro (coord.). *Responsabilidade do gestor na Administração Pública:* aspectos gerais. Belo Horizonte: Fórum, 2022. p. 121-143. ISBN 978-65-5518-412-9. v.1.

RESPONSABILIDADE DO AGENTE PÚBLICO: UMA ANÁLISE DO ARTIGO 28 DA LINDB À LUZ DE ASPECTOS ESTRUTURAIS E ESFERAS DA RESPONSABILIDADE, FENÔMENO INTERPRETATIVO E INCERTEZA DO DIREITO

PAULO HENRIQUE MACERA

1 Introdução

O tema da responsabilidade do agente público, que sempre teve importância no Direito Público, ganhou grande destaque no cenário jurídico brasileiro nos últimos anos.

Seja em função da revisão do papel da atividade controladora considerada por parte da doutrina como hipertrofiada; seja em função do debate na sociedade em torno do tema da corrupção, potencializado com as discussões que orbitaram a Operação Lava Jato; seja por conta de tragédias de grande comoção nacional, dentre as quais se destacam o rompimento das barragens de rejeito em Mariana e Brumadinho; seja em função de diversas iniciativas legislativas que tangenciaram o tema da responsabilidade do agente público;[1] a questão passou a ocupar posição de destaque no próprio quadro geral de transformação do Direito Administrativo.

As discussões foram bastante marcadas, dentre outras coisas, pelo choque de posições entre importantes instituições, polarizações político-partidárias, expectativas e frustrações da sociedade com a política e com a corrupção, embates entre controladores e controlados, debates no âmbito da academia e entre ela, instituições e sociedade. Nesse contexto, contudo, algumas importantes noções jurídicas relevantes inerentes ao tema foram, por vezes, deixadas de lado em determinados momentos, o que prejudica a abordagem do tema – ao menos no âmbito jurídico – com uma maior carga técnica

---

[1] Dentre as quais se destacam, a inserção de dispositivos afetos ao Direito Público na Lei de Introdução às Normas do Direito Brasileiro – LINDB trazida pela Lei nº 13.655/2018, a Lei nº 13.869/2019 (nova lei de abuso de autoridade), a Lei nº 13.964/2019 ("pacote anticrime"), a Medida Provisória – MP nº 966/2020 (com vigência já encerrada), que tratou da responsabilização de agentes públicos em relação a atos relacionados ao combate à pandemia da covid-19), bem como a reforma na Lei de Improbidade Administrativa trazida pela Lei nº 14.230/2021.

que ele requer. Do mesmo modo, não foi dada a devida atenção a alguns aspectos estruturais importantes do tema da responsabilidade.

Despido de uma indevida intenção de generalização da crítica apontada, o presente artigo visa analisar o tema da responsabilidade do agente público sob o ponto de vista estrutural, no intuito de trazer alguns elementos importantes para os quais não foi dado, na visão aqui defendida, o devido destaque nesses debates atuais.

De início, serão tecidas algumas considerações introdutórias sobre a natureza jurídica das esferas de sanção e responsabilidade a que o agente público está sujeito, com o escopo de estabelecer algumas premissas relevantes para o enfrentamento do tema, antecedidas de algumas considerações a respeito da abrangência da expressão agentes públicos.

Na sequência, serão trazidas algumas reflexões a respeito da interface entre interpretação e responsabilidade. Não constitui objetivo dessa abordagem estudar a hermenêutica e suas técnicas na condição de capítulo de Teoria Geral do Direito, mas discutir o tema da responsabilidade em face dessa atividade cotidiana do operador do Direito e do agente público. Nessa discussão, serão comparados, inclusive, alguns pontos do debate envolvendo a edição da nova lei de abuso de autoridade e as discussões em torno da edição do artigo 28 da LINDB e da própria MP nº 966/2020 no que tange à atividade interpretativa do agente.

Por fim, levando por base essas duas abordagens anteriores, será objeto de análise mais diretamente o artigo 28 da LINDB sob o enfoque dos impactos estruturais na responsabilidade dos agentes públicos, inclusive a questão da sua constitucionalidade em face do que dispõe o artigo 37, §6º, da Constituição Federal, além do levantamento de questões em termos de legística. Para tal fim, serão aproveitadas as discussões em torno da edição da MP nº 966/2020, notadamente a apreciação do tema pelo Supremo Tribunal Federal, e discussões em torno dos debates inerentes às recentes reformas legislativas que passaram pelo tema.

2 Categorização das esferas de responsabilidade e sanção dos agentes públicos

A abordagem mais técnica do tema da responsabilidade do agente público, bem como do melhor posicionamento das recentes reformas legislativas acerca do assunto no que tange à abrangência da compreensão dos dispositivos recém-inseridos no ordenamento, é feita em melhores bases quando posicionadas as diversas esferas de sanção e responsabilidade a que o agente público está sujeito.

O presente tópico, assim, não busca trazer uma compilação introdutória com função meramente expositiva, mas discutir algumas premissas que, por vezes, não são adequadamente utilizadas em algumas discussões sobre a responsabilidade dos agentes públicos.

Antes, contudo, de se discutir as categorias de sanções e esferas de responsabilidade, importante o registro introdutório da abrangência da expressão "agente(s) público(s)" (contida, por exemplo, no artigo 28 da LINDB e artigos 1º e 2º da Lei nº 8.429/92, Lei de Improbidade Administrativa – LIA) ou simplesmente o termo "agente(s)" (contido, por exemplo, no artigo 37, §§5º e 6º, da CF e artigo 5º da LIA).

A doutrina tradicionalmente buscou classificar as diversas espécies de agentes por meio de categorias propostas, havendo algumas divergências parciais no que tange ao enquadramento de algumas figuras.

Para mencionar um exemplo mais tradicional, Hely Lopes Meirelles dividia o gênero agentes públicos (pessoas físicas incumbidas, definitiva ou transitoriamente, do exercício de alguma função estatal) em agente políticos (componentes do Governo nos seus primeiros escalões, podendo ter vínculos de natureza variada – cargos, funções, mandatos ou comissões – cujo ato de provimento pode variar – nomeação, eleição, designação ou delegação – possuindo um regime de responsabilidade próprio e não sujeitos ao regime jurídico único, o que incluiria inclusive magistrados e membros do Ministério Público, Ministros de Estado, dentre outros), agentes administrativos (que incluiria servidores públicos concursados, dando a entender que empregados públicos, de vínculo celetista, estariam incluídos, servidores em comissão e servidores temporários), agentes honoríficos (que transitoriamente exercem múnus público, sem vínculo estatutário ou empregatício, como jurados e mesários eleitoral), agentes delegados (particulares que recebem a incumbência de realizar determinada função pública em nome próprio, sob as regras públicas e mediante constante fiscalização) e agentes credenciados.[2]

Outros doutrinadores de conhecidos manuais de Direito Administrativo também apresentavam suas classificações com algumas variações. Celso Antônio Bandeira de Mello divide os agentes públicos em agentes políticos, servidores estatais (servidores públicos e servidores das pessoas governamentais de Direito Público, dentre os quais estão enquadrados os empregados públicos) e, em uma categoria bastante ampla, os particulares em colaboração com a Administração.[3] Já Maria Sylvia Zanella Di Pietro categoriza os agentes públicos em agentes políticos, servidores públicos, militares e particulares em colaboração com o Poder Público.[4] Classificação semelhante adota Thiago Marrara, categorizando os agentes públicos em agentes políticos, colaboradores privados (que inclui os colaboradores por delegação, por requisição, nomeação, designação e contratação, por gestão de negócios públicos, "representantes" da sociedade, estagiários, trabalhadores voluntários etc.), militares e servidores civis em sentido amplo ou agentes administrativos (que inclui os ocupantes de cargos públicos de provimento efetivo, de cargos públicos de provimento vitalício, de cargos comissionados, empregados públicos e servidores temporários em razão de excepcional interesse público).[5]

De fato, verificam-se algumas variações taxonômicas no que tange a algumas categorias de agentes públicos na doutrina. É o caso, por exemplo, do enquadramento dos cargos de magistrados e membros do Ministério Público (por alguns enquadrados como agentes políticos e, para outros, agentes administrativos, ao menos aqueles não ocupantes das cortes superiores),[6] dos empregados públicos e das figuras que atuam em colaboração.

---

[2] MEIRELLES, Hely Lopes. *Direito administrativo brasileiro*. 16. ed. São Paulo: Revista dos Tribunais, 1991, p. 66-72.

[3] BANDEIRA DE MELLO, Celso Antônio. *Curso de direito administrativo*. 27. ed. São Paulo: Malheiros, 2010, p. 247-254.

[4] DI PIETRO, Maria Sylvia Zanella. *Direito administrativo*. 21. ed. São Paulo: Atlas, 2008, p. 485-492.

[5] MARRARA, Thiago. *Manual de direito administrativo*, volume I: fundamentos, organização e pessoal. São Paulo: Kindle Direct Publishing (KDP), 2017, posição 5013-5392 de 6521.

[6] Maria Sylvia Zanella Di Pietro, por exemplo, explicitamente exclui os magistrados e membros do Ministério Público da categoria de agentes políticos (DI PIETRO. *Direito administrativo*, op. cit., p. 486).

Ademais, os conceitos do Direito Administrativo Laboral passaram por mudanças e consolidações históricas tanto na doutrina como também na própria legislação (exemplo disso é a existência até hoje do conceito de "funcionário público" presente no Código Penal e conceituado em seu artigo 327, já em desuso na doutrina que trata do tema), sobretudo em um cenário de federalismo tripartite, em que cada ente possui certa autonomia mínima para disciplinar alguns aspectos. De todo modo, as duas últimas classificações apresentadas, opina-se aqui, refletem de maneira mais sistêmica o cenário atual e o tratamento mais usualmente dado.

A despeito das variantes, e sem a preocupação de eleger alguma propositura taxonômica correta nesse conhecido e antigo debate, fato é que a expressão "agente público" – ou simplesmente "agente", em um contexto de norma de Direito Público – é bastante ampla. Thiago Marrara destaca a importância sistêmica da definição do artigo 2º da LIA[7] não apenas para identificação do sujeito ativo do ato de improbidade, mas também para trazer uma definição nacional do conceito de agente público.[8]

Deste modo, quando se falar em agentes ou agentes públicos, tem-se que, em princípio, todas essas categorias estarão abrangidas,[9] quando relacionadas ao exercício de uma função pública (abarcando, portanto, agentes que realizem funções tanto de ordem executória como controladora, como agentes de qualquer dos Poderes), ressalvada a exclusão de alguma espécie de maneira explícita ou implícita pelo ordenamento.

Esses agentes públicos estão submetidos a sanções de distintas naturezas e, assim, sujeitos a esferas de responsabilidade distintas. Relevante, para fins deste artigo, estabelecer algumas considerações a respeito dessas questões.

Quando se fala em sanção de determinada natureza, é fundamental identificar qual o critério utilizado para delimitar o campo de cada espécie, sob pena de se estar discutindo questões distintas sob a mesma terminologia.

A expressão sanção administrativa, por exemplo, é designada, por vezes, para indicar situações diferentes. Ilustrativamente, tome-se o caso das sanções de perda da função pública, proibição de contratar com o Poder Público ou receber benefícios ou incentivos fiscais ou creditícios, presentes na LIA (artigo 12), ou a suspensão ou interdição parcial das atividades ou proibição de receber incentivos, subsídios, subvenções, doações ou empréstimos de órgãos ou entidades públicas e de instituições financeiras públicas ou controladas pelo Poder Público aplicada judicialmente com fundamento na Lei Anticorrupção (artigo 19, incisos II e IV, da Lei nº 12.846/2013). Tais sanções indiscutivelmente impactam as relações administrativas entre o sancionado e o Poder Público, porém não decorrem de um processo administrativo, tampouco são aplicadas por uma autoridade administrativa.

---

[7] O *caput* de tal dispositivo possuía a seguinte redação: "Art. 2º Reputa-se agente público, para os efeitos desta lei, todo aquele que exerce, ainda que transitoriamente ou sem remuneração, por eleição, nomeação, designação, contratação ou qualquer outra forma de investidura ou vínculo, mandato, cargo, emprego ou função nas entidades mencionadas no artigo anterior". Com a reforma da Lei 14.230/2021, passou a ter a seguinte redação: "Para os efeitos desta Lei, consideram-se agente público o agente político, o servidor público e todo aquele que exerce, ainda que transitoriamente ou sem remuneração, por eleição, nomeação, designação, contratação ou qualquer outra forma de investidura ou vínculo, mandato, cargo, emprego ou função nas entidades referidas no art. 1º desta Lei".

[8] MARRARA. *Manual de direito administrativo*, volume I, *op. cit.*, posição 5022 de 6521.

[9] Acerca da não limitação conceitual do conceito de agentes do artigo 37, §6º, da CF, abrangendo inclusive os magistrados, ver: MACERA, Paulo Henrique. *Responsabilidade do Estado por omissão judicial*. Dissertação (Mestrado em Direito) – Universidade de São Paulo, São Paulo, 2015, p. 55-59.

Também não é incomum ver o emprego do conceito da sanção administrativa como aquela espécie de sanção a que o agente ou mesmo o cidadão sem vínculo com a Administração Pública estaria sujeito em razão de violação de regras de Direito Administrativo. Tal definição não parece adequada por muito pouco explicar.

Primeiramente, a classificação de quais comandos normativos seriam da espécie de Direito Público ou mesmo de Direito Administrativo, para fins de avaliar qual o tipo de norma violada, não parece ser adequada. A divisão do Direito em ramos e matérias associa-se muito mais a uma técnica de melhor compreensão, ensino e pesquisa acadêmica do Direito do que propriamente um fenômeno jurídico de fragmentação do Direito em determinado ordenamento – ao contrário, o fenômeno do Direito é uno. Em segundo lugar, mesmo a divisão metodológica do que seria Direito Público ou Privado, ou inerente à "matéria do Direito Administrativo", não é tarefa fácil, ou mesmo viável, até mesmo porque o grau de interdisciplinaridade para se compreender determinados institutos ou fenômenos jurídicos inviabiliza um enquadramento tranquilo. Enfim, sequer parece ser útil tal definição, uma vez que a violação de regras que seriam mais claramente enquadradas, tradicionalmente, como "de Direito Administrativo", pode resultar em consequências jurídicas muito diversas, tais como a necessidade de se reparar civilmente a Administração (por danos diretamente causados a ela ou por danos a terceiros, em sede regressiva), ter direitos relativos ao vínculo particular-Estado afetados, ter sanções impostas por autoridades administrativas ou mesmo resultar em uma condenação criminal.

Os termos civil e penal também podem ser utilizados de maneira bastante diversa.

Quanto ao termo penal, ele pode designar tanto as infrações previstas na legislação penal, impostas pela autoridade jurisdicional competente e mediante um processo penal, bem como pode designar, de maneira genérica, punições (ser penalizado). As punições, nesse sentido amplo, podem advir tanto do exercício da função administrativa como da jurisdicional cível ou penal. Nesse contexto, é que se abre margem para a designação de um campo do "Direito Administrativo Penal" ou "Direito Administrativo Sancionador",[10] bem como se posiciona a relevante discussão em torno de haver um núcleo de direitos e garantias constitucionais penais comuns tanto ao Direito Penal em sentido estrito como ao exercício do poder punitivo estatal de maneira ampla (seja por meio da função administrativa, seja por meio da função jurisdicional, inclusive cível).

Já em relação ao termo civil, também há de se atentar para o sentido em que a expressão é empregada em contextos diferentes. Por vezes, indica meramente determinada consequência jurídica de cunho pecuniário (por exemplo, quando se fala que determinada lei prevê sanção de natureza civil ao se referir a multa).

Em outro contexto associa-se à tradicional responsabilidade civil, como instituto destinado a reparar dano provocado ou a restituir valores acrescidos ilicitamente a determinado patrimônio (regresso ao *status quo ante*). Nesse sentido, pode ser colocada ao lado da acepção mais ampla do termo penal já apontado, como espécies distintas de sanções (em sentido amplo). Nesse contexto, Hans Kelsen distingue duas espécies de sanções, essas entendidas como atos de coerção que são estatuídos contra uma ação

---

[10] Nesse contexto, a Lei nº 14.230/2021, ao reformar a LIA, trouxe o §4º do artigo 1º, dispondo que: "aplicam-se ao sistema da improbidade disciplinado nesta Lei os princípios constitucionais do direito administrativo sancionador".

ou omissão determinada pela ordem jurídica, que seriam a pena (no sentido estrito da palavra) e a execução (execução forçada).[11] "Penal" e "civil", nesse contexto, podem ser encarados como a punição e a reparação, respectivamente. Ou seja, a imposição de uma pena ou a imposição de uma obrigação secundária de reparar o dano ou restituir o *status quo ante*.

Sob essa distinção, não haveria uma esfera "administrativa" que se colocasse ao lado dessas esferas civil (reparatória) como penal (punitivista). Tanto a função administrativa como a função jurisdicional podem impor a determinado agente público uma punição como uma obrigação reparatória. Assim, em sentido amplo, a responsabilidade jurídica do agente público por suas condutas contrárias ao ordenamento (e, excepcionalmente, pela conduta de terceiros), nesse sentido, pode abranger tanto as consequências jurídicas relativas à reparação de danos causados como as punições a que está sujeito pelo exercício da função pública. Tais consequências podem ser impostas tanto por uma autoridade administrativa, em exercício de função administrativa, como por uma autoridade judicial, em exercício de função jurisdicional cível ou penal.

Enfim, o termo civil também pode estar a se referir, a depender do contexto, para indicar essa esfera do exercício de função jurisdicional de natureza não penal (em sentido estrito). Trata-se da "jurisdição cível". Sob essa acepção, é possível colocar a esfera cível, somada com a penal (formando a esfera jurisdicional), ao lado da esfera administrativa.

Essas variações contextuais são exemplos de que muitas vezes se discutem esferas de sanção ou espécie de responsabilidade a que o agente está sujeito, ou enquadramento da responsabilidade prevista em leis ou dispositivos legais, sem um necessário alinhamento de premissas taxonômicas e conceituais devidamente estabelecido.

Assim, quando se fala em esferas da sanção, relevante atentar ao que se está falando. Se é chamar atenção para a espécie de sanção em sentido amplo (punição e reparação). Se é uma alusão apenas ao núcleo de direito afetado pelo sancionado (consequência imposta pelo Direito que afeta a seara patrimonial do agente público, que afeta ou modifica relações jurídicas por ele estabelecidas com o Estado ou mesmo se afeta seus direitos de liberdade). Ou se o enfoque é por meio do exercício de qual função estatal que será imposta uma punição (ou mesmo uma obrigação secundária reparatória) ao agente público: função administrativa, jurisdicional (cível ou penal) ou mesmo outras funções (como a político-legislativa, ou mesmo de outras espécies, a depender do grau de detalhe da classificação das funções estatais adotada).

Quanto a esse ponto, opina-se que não há uma abordagem certa ou errada, mas apenas a contextualização do que se está a referir. Do mesmo modo, a legislação pode se referir a tais conceitos dentro desses distintos contextos. Ocorre que nem sempre a legística favorece a hermenêutica, cabendo ao intérprete analisar caso a caso.

Sob esse ponto, opina-se aqui, levando-se em conta o contexto geral em que tais expressões aparecem, que o critério normalmente utilizado, como regra, ao se referir às esferas cível, administrativa e penal de responsabilidade ou de sanção a que o agente público está sujeito, *normalmente se está a referir a esse aspecto funcional*.

Deste modo, nessa acepção, entende-se que deve se falar em sanção administrativa para se referir àquelas que são impostas por autoridade administrativa, fruto do exercício da função administrativa, e que deve ser aplicada por meio de um processo

---

[11] ELSEN, Hans. *Teoria pura do direito*. Trad. João Baptista Machado. 8. ed. São Paulo: Martins Fontes, 2020, p. 121-128.

administrativo. É nesse sentido que se passa a abordar a expressão "sanção administrativa" no presente trabalho.

Ao lado das sanções administrativas, estão as sanções jurisdicionais, ou seja, impostas como fruto de um processo de natureza jurisdicional (aplicado por autoridade judicial em exercício da função jurisdicional). Essas podem decorrer de um processo de natureza cível ou criminal, razão pela qual se fala em sanção cível[12] ou criminal do agente público. São marcadas pela necessidade de um processo de natureza jurisdicional (reserva de jurisdição) – ou ao menos a realização de algum acordo, quando esse resultar em sanção, que evita o processamento da responsabilização pela via jurisdicional.[13]

Também é possível se falar de sanções aplicáveis a agentes públicos relativas a outras esferas, como as sanções de cunho político, fruto do exercício da função legislativa em sentido amplo (apuradas por um processo legislativo em sentido amplo), mais afetas aos agentes políticos, tais como os processos de *impeachment*, sanções políticas (infrações político-administrativas) apuradas em processo de cassação de mandato por comissão processante no âmbito legislativo, conforme o Decreto-Lei nº 201/1967, dentre outras. Essas não são objeto mais direto da presente abordagem.

Do mesmo modo, cada espécie de sanção específica pode repercutir na seara administrativa, civil, penal ou política do cidadão. Ocorre que tal efeito não corresponde necessariamente à *natureza da sanção* que se aplica (ao menos na linha taxonômica do que se propõe aqui). Por exemplo, processos jurisdicionais de natureza cível podem impor sanções com repercussão nas relações administrativas (interferir na relação jurídica do cidadão com o Estado) e políticas (afetar direitos políticos), processos administrativos podem impor sanções com efeitos civis (de ordem patrimonial, pecuniários) e até mes-

---

[12] Repare que não foi mencionada deliberadamente "sanção civil", mas sim "cível" – como é usual da linguagem forense para indicar processos opostos ao penal no âmbito da justiça comum.

[13] A multiplicação de acordos administrativos relacionados à seara sancionatória, celebrados em etapas prévias a um processo jurisdicional, torna, naturalmente, tais classificações mais complexas e entrelaçadas. Alguns deles visam apenas prevenir ou reparar o dano, não cominando propriamente sanções. É o caso dos Termos de Ajustamento de Condutas tradicionais. Na esfera penal, há acordos que resultam em aplicação de pena restritiva de direitos e multa, como os da lei do JEC/JECRIM (artigo 76 da Lei nº 9.099/95). Já o recente acordo de não persecução penal introduzido pela Lei nº 13.964/2019 ("pacote anticrime"), por sua vez, menciona a imposição de "condições" (não falando propriamente em sanção ou pena, conforme o artigo 28-A do Código de Processo Penal). Ambos, todavia, são submetidos à homologação judicial.

Porém, punições que tradicionalmente poderiam ser consideradas jurisdicionais cíveis (com base nessa classificação apontada), caso sejam aplicadas por meio de acordo em fase administrativa, apresentarem a natureza de sanção (e não de meras condições suspensivas da persecução) e especialmente se o acordo não for submetido à homologação judicial, podem gerar discussões sobre eventual natureza administrativa da sanção.

Um caso que chamava atenção, nesse sentido, era o acordo de não persecução cível quando introduzido pelo "pacote anticrime", ao alterar a redação do artigo 17, §1º, da LIA, notadamente quando o acordo era pré-processual. Além dos dispositivos legais não deixarem claro todos os requisitos para a celebração do acordo, regulamentações produzidas no âmbito do Ministério Público não eram claras quanto à necessidade de homologação judicial nesses casos, mas apenas de órgãos de cúpula do próprio Ministério Público.

A Resolução nº 1.193/2020 do Colégio de Procuradores de Justiça do Ministério Público de São Paulo, por exemplo, submetia tal acordo extrajudicial à homologação apenas do Conselho Superior do Ministério Público (artigo 5º, inciso XII), o que poderia dar margem a discussões se a sanção, nesse caso, deixasse de ser jurisdicional. De todo modo, a reforma operada na LIA pela Lei nº 14.230/2021, tornou explícita, no artigo 17-B, §1º, inciso III, a necessidade "de homologação judicial, independentemente de o acordo ocorrer antes ou depois do ajuizamento da ação de improbidade administrativa" – o que motivou, inclusive, a alteração da mencionada Resolução nº 1.193/2020-CPJ/MPSP pela Resolução nº 1.380/2021-CPJ/MPSP, alterando a redação do mencionado artigo 5º, inciso XII, adequando-o à necessidade de homologação judicial do acordo extrajudicial.

Não se objeta, aqui, a manutenção da classificação de tais sanções como jurisdicionais, sobretudo se dependentes de homologação judicial.

mo condenações penais (fruto de processos jurisdicionais de natureza penal) podem repercutir na esfera civil do cidadão (pagamento de multas) ou administrativa (perda de cargo público). Assim, essa repercussão não é o fator determinante para caracterização da natureza da sanção.

Os diversos tipos das sanções da lei de improbidade administrativa – sanções essas de natureza jurisdicional cível, conforme a abordagem descrita – repercutem em diversas esferas do cidadão: esfera patrimonial (multa), esfera administrativa (perda da função pública, proibição de contratar com o Poder Público ou receber benefícios ou incentivos fiscais ou creditícios) ou esfera política (suspensão dos direitos políticos).

Assim como o agente público está sujeito a sanções de diferentes naturezas, submete-se também a esferas de responsabilidades distintas.

Deixada de lado a responsabilidade político-legislativa mais afeta a alguns agentes políticos, é de conhecimento difundido que o agente público está sujeito a (ao menos) três grandes esferas de responsabilidade: a penal, a civil e a administrativa.[14]

Quanto à esfera penal, a visualização da delimitação de seu campo em comparação com as demais esferas não gera maiores dificuldades. Isso não significa, contudo, que não haja temas importantes e relevantes para a delimitação de seu campo em comparação com as outras duas esferas, para verificação de problemas específicos dessa esfera de responsabilidade (temas mais afetos ao Direito Penal), bem como no que tange à inter-relação entre as demais esferas (envolvendo questões como o princípio da incomunicabilidade das instâncias e suas ressalvas, notadamente o caso do reconhecimento penal da negativa da autoria ou inexistência do fato e dos impactos da absolvição penal na improbidade administrativa, conforme o recente §4º do artigo 21 da LAI, inserido pela Lei nº 14.230/2021; impactos no prazo prescricional em uma esfera quando o fato está sendo apurado em outra;[15] impactos, abatimentos e compensações de penalidades entre instâncias, como o recém-editado §5º do artigo 21 da LAI; dentre outras questões). Ademais, a própria política de acordos não persecutórios penais trouxe novos e importantes elementos para este debate.

Nessa esfera, costuma-se classificar os crimes em funcionais próprios e impróprios. Crimes funcionais são aqueles cuja qualidade de "funcionário público" (artigo 327 do CP) é imprescindível para a tipificação do crime. São próprios quando a prática da conduta por agente que não se enquadre como funcionário público é considerada conduta atípica, como o caso da prevaricação (artigo 319 do CP). Já em relação aos classificados como impróprios, a prática da conduta por agente que não se enquadre

---

[14] Quanto a esse ponto, apenas a título de exemplo, dispõe o Estatuto do Servidor Público Federal, a Lei nº 8.112/91, em seu artigo 121, que "O servidor responde civil, penal e administrativamente pelo exercício irregular de suas atribuições".

[15] Nesse sentido, alguns estatutos dos servidores preveem que a capitulação da infração disciplinar também como crime implica a incidência do prazo prescricional da lei penal (por exemplo, em âmbito federal, no artigo 142, §2º, da Lei nº 8.112/91). Quanto a esse ponto, digno de registro que a 1ª Seção do Superior Tribunal de Justiça-STJ recentemente superou seu entendimento anterior de modo a compreender que a utilização do prazo prescricional previsto na lei penal independe da existência de apuração criminal como pré-requisito (EDv nos EREsp 1.656.383-SC, Rel. Min. Gurgel de Faria, j. em 27.06.2018 e MS 20.857-DF, Rel. Min. p/Acórdão Og Fernandes, j. em 22.05.2019). Também nesse ponto, a LIA previa, em seu artigo 23, inciso II, que a ação de improbidade prescreve "dentro do prazo prescricional previsto em lei específica para faltas disciplinares puníveis com demissão a bem do serviço público, nos casos de exercício de cargo efetivo ou emprego". Atualmente, porém, tal dispositivo foi revogado, havendo um detalhado regramento da prescrição no âmbito da improbidade no artigo 23 e seus parágrafos, com marcos interruptivos e suspensivos.

como funcionário público, embora afaste a tipicidade do crime funcional, resulta na adequação típica em relação a outro crime, como o caso do crime de peculato (artigo 168 do CP) – se o agente não ostentar a qualidade de funcionário público, a conduta poderá ser tipificada no crime comum de apropriação indébita (artigo 168 do CP).

Quanto às fronteiras entre as esferas de responsabilidade administrativa e civil do agente público, podem ocorrer maiores discussões. Em realidade, não se trata de dificuldade em visualizar cada campo, mas sim de definição do critério adequado para distinção das esferas, conforme abordado antes.

Não há dúvidas de que o campo da responsabilização administrativa abrange as sanções administrativas tratadas anteriormente, o que inclui a responsabilidade funcional-estatutária do servidor, a responsabilidade perante os Tribunais de Contas[16] ou a responsabilidade em face de qualquer sanção que poderá ser aplicada por autoridades administrativas quando relacionadas à sua condição de agente público.

Contudo, o enquadramento das chamadas sanções cíveis (sanções aplicáveis por autoridade jurisdicional de natureza cível) é que pode variar conforme o contexto da utilização dos termos. Caso se adote o critério de vincular as esferas de responsabilidade do servidor a cada esfera sancionatória a que está sujeito (e essa levar em conta, por óbvio, o critério da natureza da sanção e não o campo de repercussão de seus efeitos, na linha do que já abordado), as sanções da improbidade administrativa estarão no campo da esfera cível de responsabilidade agente público.

Por outro lado, caso se adote uma definição de que a responsabilidade civil do agente é exclusivamente aquela, de fortes bases civilistas, de reparação do dano imputável ao agente público ou de restituição dos valores ilicitamente acrescidos ao patrimônio (vedação do enriquecimento sem causa), a esfera civil da responsabilidade do agente não abrangerá as sanções de improbidade administrativa (ressalvado quando a própria lei eleva tais espécies de responsabilidade à condição de sanção – sistemática essa que, aparentemente, foi modificada pela Lei nº 14.230/2021 ao alterar o artigo 12 da LIA, ao menos em relação ao ressarcimento do dano patrimonial).

Nessa linha, abre-se margem para eventual classificação das sanções de improbidade como sanção administrativa, caso adote-se a definição de que a esfera de responsabilidade administrativa do agente é aquela para a qual o agente está sujeito se violar as normas de Direito Público que o regem, independentemente da autoridade que a aplique (administrativa ou jurisdicional, excluído, por óbvio, o campo da responsabilidade penal).[17]

Porém, é possível encontrar definições que limitam a responsabilidade civil do agente público àquela patrimonial cuja base encontra-se no próprio Direito Civil (artigo 186, do Código Civil), que veicula a regra universal de que aquele que causou

---

[16] Importante o registro de que, a depender do grau de detalhe da classificação adotada, é possível abrir o leque de espécies de responsabilidades, como é o caso de um possível reconhecimento de uma esfera de responsabilidade financeira do agente. Sem prejuízo disso, ao menos na realidade brasileira, entende-se que eventual classificação mais detalhada não afasta a natureza administrativa (e, por óbvio, não jurisdicional) dos Tribunais de Contas no Brasil.

[17] Aparentemente, é a definição ampla adotada por Edmir Netto de Araújo, para quem "em sentido amplo, a responsabilidade administrativa é aquela à qual está sujeito o agente público por qualquer ato praticado no exercício de suas atribuições legais (e, em certos casos até mesmo fora delas), infringente das normas administrativas, podendo ocorrer ou não a qualificação penal adicional, e, não raro, a responsabilidade patrimonial (civil) decorrente" (ARAÚJO, Edmir Netto de. *Curso de direito administrativo*. 5. ed. São Paulo: Saraiva, 2010, p. 767).

dano a outrem é obrigado a repará-lo, mas que, ao mesmo tempo, limite a responsabilidade administrativa àquela aplicada por autoridade administrativa, por meio de um processo administrativo (sanções administrativas, portanto).[18] Tais definições, embora isoladamente corretas a depender da premissa que se adote, partem de critérios não congruentes entre si para definir o campo administrativo e civil – para a primeira, adota-se o critério funcional e, para a segunda, a distinção entre reparação e punição já abordada ("civil" e "penal"). É em função dessa incongruência que as sanções da lei de improbidade administrativa ficariam "descobertas", gerando uma dificuldade de enquadramento das sanções, por exemplo, da lei de improbidade.[19]

Assim, o que se chama atenção é para a distinção entre a *esfera de responsabilidade no que tange às sanções cíveis* às quais o agente público está sujeito, da *responsabilidade civil reparatória (indenização pecuniária)* do agente público, muitas vezes abordadas sem qualquer preocupação distintiva, embora designando coisas bastante diversas.

Em relação a tal distinção, chama-se atenção para dois pontos. O primeiro é que, apesar de a responsabilidade civil reparatória poder ser apurada na esfera de responsabilidade civil (no que tange às sanções cíveis) do agente,[20] ela pode decorrer e se relacionar com as esferas da sanção penal e administrativa. Isso denota que a questão da responsabilidade pela indenização não se restringe à esfera das sanções cíveis do agente público, mas também se relaciona com as demais esferas sancionatórias.

Na esfera penal, por exemplo, a certeza da obrigação de indenização é um efeito da condenação (artigo 91, inciso I, do CP), bem como a reparação do dano é circunstância atenuante (artigo 65, inciso III, alínea "b", do CP). Já na esfera administrativo-disciplinar, por exemplo, a reparação do dano culposo até certo limite de valor em âmbito federal pode resultar no encerramento da apuração para fins disciplinares (Instrução Normativa nº 04/2009 da Controladoria-Geral da União), bem como existem ritos que disciplinam o reconhecimento administrativo do dever secundário do agente público indenizar o Estado por danos a ele causados (diretamente ou, em caso de dano por ele provocado na condição de agente público a terceiro, na via regressiva).

O segundo ponto para o qual se busca chamar atenção é que, mesmo quando a indenização para reparação do dano é tratada como sanção punitiva em algumas das três esferas sancionatórias, esse não é o tratamento mais adequado. Quanto a isso, duas observações importantes devem ser consideradas.

Primeiramente porque a função de cada uma desses consequentes jurídicos é distinta.[21] Tal distinção remete-se àquele uso dos termos "civil" e "penal" enquanto distinção entre reparação e punição, já abordado. As bases da responsabilidade civil pela reparação de danos e das sanções punitivas são diversas.

---

[18] Adotando definição nessa linha: DI PIETRO, *Direito administrativo, op. cit.*, p. 577-580.

[19] Por outro lado, um reconhecimento de dever de o agente público indenizar o Estado apurado na via administrativa seria, nessas definições lastreadas em critérios incongruentes, simultaneamente uma sanção civil e administrativa.

[20] Jurisdição cível que pode impor tanto punições cíveis (como as sanções da lei de improbidade) como reconhecer o dever secundário do agente reparar o Estado.

[21] Sem ignorar as relevantes discussões em torno da função da pena – discussão essa bastante rica no campo da criminologia – e suas funções (de prevenção geral ou especial, positiva ou negativa, ressocializadora etc.), e sem prejuízo de importantes correlações entre o campo da punição e da reparação (para mencionar importantes exemplos, os movimentos de valorização de vítima no Direito Penal, inclusive com impactos punitivos em função de reparação ou amenização do dano, bem como o papel secundário inibitório da prática do ilícito na responsabilidade civil e as discussões em torno dos *punitive dameges* nesse campo), fato é que a função primordial de ambas não são coincidentes.

Quanto a isso, interessante o registro de que, em relação à responsabilidade civil (geral do Direito Privado), Sergio Cavalieri Filho destaca que a teoria da indenização de danos apenas foi colocada em bases mais racionais quando os juristas constataram, após quase um século de discussões estéreis em torno da culpa, que o verdadeiro fundamento da responsabilidade civil estava no equilíbrio econômico-jurídico provocado pelo dano. A partir dessa constatação, a tese de que a obrigação de reparar nascia da culpa de Hermann von Ihering foi paulatinamente desmoronando.[22]

Em função disso, a própria aplicação isolada do "dever de reparar o dano" como punição não tem o condão de cumprir o papel principal da punição. Tal fato é, inclusive, desnecessário, uma vez que o dever de reparar é geral do ordenamento jurídico, não necessitando ser elevado à condição de penalidade. Nesse sentido, um bom exemplo é a própria LIA antes da reforma promovida pela Lei nº 14.230/2021 no artigo 12 (que previa o ressarcimento do dano como espécie de punição da lei). Dificilmente a condenação por improbidade limitar-se-ia apenas à "punição" do ressarcimento ao erário. Após a promulgação da Lei nº 12.120/2009, o artigo 12 da LIA passou a admitir a aplicação isolada de algumas das sanções. É perfeitamente possível imaginar a cominação de tão somente uma única sanção-pena das ali elencadas (como a suspensão dos direitos políticos, a proibição de contratar com o poder público, a multa e a perda do cargo público), porém, no caso da sanção de caráter indenizatório (ressarcimento ao erário, devolução dos valores ilicitamente obtidos), é mais difícil imaginar que somente a aplicação individualizada dessa "pena" atenderia aos fins da lei de improbidade.[23]

A segunda é que, mesmo que o agente público, ou qualquer outro sujeito passivo de sanção, seja sancionado em mais de uma esfera, ou mesmo sancionado por duas vias dentro de uma mesma esfera quando a legislação assim autorizar, ao contrário das demais sanções (inclusive pecuniárias, como a multa), os aspectos indenizatórios como o ressarcimento ao erário não poderão ser exigidos duas vezes. É o caso, por exemplo, da pessoa jurídica condenada tanto pela lei de improbidade administrativa como pela lei anticorrupção no que tange ao perdimento de bens, direitos e valores decorrentes do ilícito. Em outras palavras, embora seja perfeitamente possível um agente ser sancionado duas vezes (em esferas distintas ou em uma mesma esfera quando legalmente autorizado – esse último caso não se aplica no âmbito da esfera penal, evidentemente), não parece adequado entender como reparação civil aquilo que extrapole o prejuízo, real ou presumido, sobre o qual se pretende reparar (por exemplo, devolver duas vezes um único acréscimo patrimonial irregular).[24]

Nesse sentido, andou bem o legislador ao distinguir a reparação do dano das sanções punitivas, em si, da LIA. Não obstante, o que se objetivou ressaltar é a distinção em essência da reparação de danos e da punição de agentes públicos, que, por vezes, é ignorada nesse debate.

---

[22] CAVALIERI FILHO, Sergio. *Programa de responsabilidade civil*. 8. ed. São Paulo: Atlas, 2008, p. 13.

[23] De todo modo, por mais estranho que isso pudesse parecer, enquanto o ressarcimento ao erário era elevado à condição de penalidade, eventual hipótese de condenação por improbidade que cominasse somente tal penalidade de modo isolado não deixaria de configurar uma condenação por improbidade para outros fins de direito.

[24] Isso não significa que não possa haver previsão normativa de "reparação em dobro ou triplo" da quantia ilicitamente recebida, por exemplo. Ocorre que, naquilo que extrapolar o que, de fato, configura o valor do dano (real ou presumido), assume caráter claro de punição.

Assim, sem pretensão de impor qualquer classificação, propõe-se aqui para fins convencionais desta abordagem, bem como para eventual norte interpretativo da legislação (quando não restar claro o contexto utilizado), a seguinte diferenciação adiante exposta.

Via de regra, quando se falar de esferas de responsabilidade ou de sanções a que o agente público está sujeito, deve-se pautar pela seguinte distinção: a *esfera penal de responsabilidade do agente* e a *esfera cível da responsabilidade do agente* remetem-se à sujeição do agente a ser responsabilizado por sanção imposta e processada na via jurisdicional. Já a *esfera administrativa da responsabilidade do agente* remete-se à sujeição do agente a ser responsabilizado por sanção imposta e processada na via administrativa. Não obstante isso, o uso da expressão *responsabilidade civil do agente público* pode se referir à possibilidade de ser imputada ao agente público a obrigação secundária de reparar um dano (ou mesmo ser chamado a restituir valores fruto de enriquecimento ilícito). Tal obrigação pode ser reconhecida nas três esferas de responsabilidade apontadas.[25]

Enfim, como principal síntese da ideia deste tópico, e mais importante que a definição de um critério taxonômico correto ou absoluto, é o alerta para se avaliar o verdadeiro sentido dos termos *civil*, *penal* e *administrativo*, empregados nesse contexto das esferas de responsabilidade e sanções do agente público. Primeiramente, para evitar eventuais discussões doutrinárias desnecessárias, que, aparentemente, são antagônicas, porém apenas sofrem de um desalinhamento de premissas conceituais. Mais importante do que isso, em segundo lugar, a consciência dessas diferenças de emprego terminológico pode ser importante para auxiliar na interpretação da legislação que trata de sanções e responsabilidade do agente. Enfim, tal consciência também é relevante, em termos de legística, para que se editem leis e normas mais precisas do ponto de vista terminológico, evitando-se discussões desnecessárias.

3 Interpretação, volição, discricionariedade e a relação desses aspectos com a responsabilidade do agente público

Estabelecidas as premissas de categorização, é fundamental tecer comentários sobre a questão da atividade de interpretação[26] de normas realizadas cotidianamente pelos agentes públicos como ponto fundamental da discussão do tema de sua responsabilidade.

Exaustivas são as discussões em torno da questão de que a função administrativa há muito tempo está sujeita a uma noção de legalidade mais ampla, fortemente marcada pela constitucionalização do Direito Administrativo.[27] Também já estão superadas as noções de que a discricionariedade é uma seara absolutamente estanque, que permitiria um campo abstrato normativo infenso, sob qualquer aspecto, à atuação dos órgãos controladores. Nesse cenário, a atividade controladora, cuja atuação é bastante

---

[25] Além disso, há de se ter cuidado se o contexto pelo qual o termo é empregado não está se referindo ao núcleo de direitos do agente público que é afetado com a imposição de uma punição: esfera patrimonial, esfera de relações jurídicas com o Estado, direitos de liberdade etc.

[26] Ressalta-se que não se está preocupado em analisar a interpretação como técnica, mas apenas como dado da realidade a ser estruturalmente considerado ao se tratar da responsabilidade do agente público.

[27] Acerca de uma abordagem ampla sobre esse tema, conferir: BINENBOJM, Gustavo. *Uma teoria do direito administrativo*, direitos fundamentais, democracia e constitucionalização. 2. ed. Rio de Janeiro: Renovar, 2008.

permeada por valores constitucionais, possui atualmente amplitude bastante larga em termos de materiais. No Brasil, praticamente não se cogita mais de campos do Direito que seriam absolutamente infensos à atuação dos órgãos controladores (sobretudo em relação ao controle jurisdicional).

Embora não se trate de um tema novo, é bastante atual a discussão acerca dos limites do controle nesse quadro de amplitude da atividade controladora. Não se trata de discutir necessariamente uma limitação necessariamente prévia e abstrata a tal atividade, como um núcleo de matérias reservadas, mas sim os limites de atuação dessa atividade nos campos em que ela justamente pode atuar, bem como de debater os contornos teóricos da discricionariedade administrativa e seu significado operacional.

No que tange à responsabilidade do agente, é fundamental a compreensão de noções como a relação entre discricionariedade, interpretação, volição e controle.

Não há que se falar em atos inteiramente discricionários e atos inteiramente vinculados. Ademais, nem mesmo no passado era possível dizer que tal distinção deveria ser levada a extremos. Não obstante isso, é possível reconhecer que existem margens de discricionariedade – e, de maneira inversa, de vinculação – com maior ou menor intensidade para a prática de determinados atos, de tal sorte que poderia se falar em atos predominantemente discricionários, atos predominantemente vinculados e "atos intermediários". Mais adequado ainda é falar em existência maior ou menor de espaços de discricionariedade para que o administrador pratique determinados atos e defina alguns de seus aspectos do que classificar o ato em si como predominantemente discricionário ou vinculado.[28] Alguma margem mínima de discricionariedade (por exemplo, em relação ao momento da prática do ato) ou de vinculação sempre haverá sobre ao menos um dos elementos dos atos.[29]

A distinção entre volição e intelecção é bastante relevante na definição do campo do mérito administrativo e verificação da margem de discricionariedade efetivamente existente no caso concreto. Faz parte da atividade cotidiana do administrador público a interpretação das leis e do ordenamento jurídico como um todo. A atividade administrativa não implica apenas fazer escolhas, mas também interpretar o ordenamento para que tais escolhas sejam feitas de maneira adequada. Ocorre que a interpretação e a realização de escolhas devem ser encaradas como campos distintos, ao menos em âmbito teórico, para verificação de qual campo seria típico do exercício da função administrativa.

---

[28] Até mesmo porque atos muito parecidos podem ter sido resultado, a depender da situação concreta, do exercício de escolhas pelo administrador com maior ou menor margem de discricionariedade. Assim, a discricionariedade mais se relaciona com o procedimento e o processo decisório (que define os elementos do ato) que leva o administrador a praticar determinado ato, do que uma classificação do ato pronto em si. Nesse sentido, Celso Antônio Bandeira de Mello aponta que os atos discricionários "melhor se denominariam *atos praticados no exercício de competência discricionária*" e que "[j]á se tem reiteradamente observado, com inteira procedência, que não há *ato propriamente discricionário*, mas apenas discricionariedade por ocasião da prática de certos atos" (BANDEIRA DE MELLO, Curso de direito administrativo, *op. cit.*, p. 424-431).

[29] Nesse sentido, "[d]eve-se ter em mente, contudo, que um mesmo comportamento da Administração aceita elementos marcados pela discricionariedade e pela vinculação. É possível que a margem de escolha atinja a ação administrativa de modo geral ou somente um de seus elementos, como a competência, a forma ou o conteúdo. Por reflexo, é concebível que uma mesma ação abarque aspectos discricionários (dependentes de escolha) e vinculados (predeterminados pela norma jurídica). Como prelecionam Di Pietro e Edmir Netto de Araújo, na verdade, todas as atribuições administrativas apresentam aspectos discricionários e vinculados. Cabe ao direito apenas diferenciar o grau dessas duas variáveis. Em última instância, isso revela inexistir atos puramente discricionários ou vinculados" (MARRARA. *Manual de direito administrativo*, volume I, *op. cit.*, posição 2572-2577 de 6521).

A interpretação do ordenamento realizada diante de um contexto fático (ou seja, não apenas a interpretação em abstrato do ordenamento, mas sim cercado dos elementos do caso concreto) possui também o papel de demarcação do campo discricionário no caso concreto. Com as premissas jurídicas normativas, e com os elementos fáticos casuísticos, interpreta-se o ordenamento para que se verifique qual a saída ou quais as saídas juridicamente possíveis ao administrador. Trata-se de atividade no campo intelectivo do Direito.

Realizada essa primeira etapa interpretativa, caso seja constatado da interpretação que o ordenamento jurídico conferiu ao administrador a possibilidade de adoção de mais de uma solução (ou maneiras distintas de conduzir determinada solução), estará demarcado o campo da discricionariedade *no caso concreto*.[30] A partir daí, cabe ao administrador realizar escolhas (técnicas, políticas etc.) de acordo com sua competência fixada. Nessa seara, estar-se-á no campo volitivo, típico do exercício da função administrativa. Constatado que o administrador juridicamente poderia adotar duas soluções possíveis, e sua escolha recaiu sobre uma, os órgãos controladores deverão se abster de modificar essa decisão.[31] Trata-se do campo próprio da função administrativa, funcionando como limite ao controle.[32]

Tal distinção é relevante para se constatar que o verdadeiro campo da discricionariedade não está sujeito à revisão pelo controle, *salvo quando se tratar do controle hierárquico*. É apenas no controle hierárquico, decorrente da própria estrutura administrativa, que é possível revisar o campo de mérito administrativo, mas porque o próprio ordenamento confere à autoridade em posição superior (por exemplo, em sede recursal) a possibilidade de decidir de maneira diversa.

Como o controle externo, como regra geral,[33] não tem a aptidão para revisar escolhas legítimas discricionárias (campo volitivo do exercício da função administrativa),

---

[30] Fundamental a constatação de que a discricionariedade é verificada no caso concreto, e não simplesmente prefixada no ordenamento em abstrato. A conjuntura fática pode fazer desaparecer a possibilidade de adoção de determinadas escolhas que, em princípio, pareciam possíveis diante da análise da lei. E tal análise ainda se dá no campo da interpretação (e não da volição do administrador). Nesse sentido, "[m]érito do ato é o campo de liberdade suposto na lei *e que efetivamente venha a remanescer no caso concreto*, para que o administrador, segundo critérios de conveniência e oportunidade, decida-se entre duas ou mais soluções admissíveis perante a situação vertente" (BANDEIRA DE MELLO, *Curso de direito administrativo, op. cit.*, p. 965) (g.n.).

[31] Uma crítica que poderia ser aventada é a seguinte: existem situações em que o administrador pratica determinado ato no exercício de competência discricionária, que são considerados lícitos no momento de sua prática, mas o Poder Judiciário, posteriormente, é chamado a controlar a decisão em face de novas circunstâncias que tornam a manutenção do ato ilícita. Nesse cenário, não se está propriamente controlando o ato anteriormente praticado em si, mas sim a inércia do administrador responsável que se manteve inerte em relação a novos fatores que impunham juridicamente a modificação ou extinção do ato administrativo (é, por exemplo, o caso da inércia em se declarar a caducidade ou cassação do ato administrativo). Nesse caso, o controle estaria incidindo, em seu viés de substituição do exercício ilegal de competência administrativa, não sobre a prática do ato em si, mas sobre a inércia ou exercício inadequado posterior à prática do ato.

[32] Poder-se-ia criticar essa construção com o seguinte exemplo: ao se interpretar o ordenamento no caso concreto, chegou-se à conclusão de que o administrador poderia adotar as saídas "A" e "B". Com finalidade desviada (visando o favorecimento pessoal de um amigo, por exemplo), escolheu a primeira. Embora possível, tal opção estaria viciada, sujeitando-se, então, ao controle judicial. Assim, poderia afirmar que o controle judicial poderia avançar sobre o campo volitivo. Ocorre que nessa situação o ordenamento jurídico já não teria conferido de antemão ao administrador a prerrogativa de adotar uma solução com a finalidade desviada. Não há que se falar, então, de discricionariedade fixada ao administrador para adoção desses atos, razão pela qual o controle não estaria avançando sobre o campo volitivo juridicamente conferido ao administrador.

[33] Ressalvado, evidentemente, quando o ordenamento expressamente fixar tal competência ao órgão controlador externo.

sempre que uma decisão for revisada por esse controle será por razões jurídicas – por exemplo, por discordar da interpretação jurídica conferida pelo administrador no caso concreto – e não por substituição do exercício de competência discricionária.

Outro ponto relevante é a questão dos conceitos jurídicos indeterminados, noção essa distinta da discricionariedade. Essa representa ponto fundamental do exercício da função administrativa. Consiste no poder que a autoridade pública possui de escolher, considerando as circunstâncias do caso concreto, e dentre as decisões juridicamente válidas possíveis para o caso, aquela que entender mais adequada para o atendimento da finalidade pública em sua avaliação. Já os conceitos jurídicos indeterminados, fruto da textura aberta do Direito, associam-se à ideia de interpretação, caracterizada pela utilização nos preceitos normativos de termos e expressões com multiplicidade de significados sobre os quais o intérprete realiza sua atividade hermenêutica que, essencialmente, apresenta determinado grau de subjetividade.

Sem prejuízo de serem noções claramente distintas, interessante se mostra discutir as possíveis correlações entre elas. Maria Sylvia Zanella Di Pietro,[34] ao discorrer sobre a discricionariedade, sustenta que o motivo do ato administrativo será discricionário quando: a) a lei não o definir, deixando-o ao inteiro critério da Administração Pública (citando o exemplo da exoneração *ad nutum* de servidor em comissão); b) a lei define o motivo utilizando noções vagas, vocábulos plurissignificativos, os chamados conceitos jurídicos indeterminados, que deixam à Administração a possibilidade de apreciação segundo critérios de oportunidade e conveniência administrativa (utiliza como exemplo a punição de servidor que praticar "falta grave" ou "procedimento irregular", sem prever no que eles consistem; ou quando a lei prevê o tombamento de bem que tenha valor artístico ou cultural sem estabelecer critérios objetivos).

A existência na legislação de conceitos jurídicos indeterminados, em princípio, não implica necessariamente a criação de campo de discricionariedade conferida ao administrador. O processo intelectivo de conformação desses conceitos jurídicos indeterminados diante das circunstâncias é justamente a atividade intelectiva pela qual se demarca no caso concreto o campo da discricionariedade do administrador. É justamente por isso que é possível ao controle discordar da interpretação realizada pelo administrador revisando-se o ato por ele praticado. Contudo, isso não se dá a título de substituição da discricionariedade, e sim da *discordância em relação à interpretação jurídica* realizada – situação em que os órgãos controladores interpretam que *não havia discricionariedade* para a prática de determinado ato.

Sem prejuízo disso, em diversas circunstâncias, a utilização desses conceitos jurídicos indeterminados se dá justamente como uma técnica de criação de espaços discricionários. Em muitas circunstâncias, a conformação desses conceitos para o melhor atendimento do ordenamento e consecução dos fins do Estado não é feita de maneira mais adequada no âmbito do campo da interpretação jurídica pelos órgãos controladores. Ou seja, não podem os órgãos controladores, a pretexto de interpretar o conceito jurídico indeterminado e fixar interpretativamente no caso concreto o campo da discricionariedade, avançar excessivamente na seara das escolhas legítimas do administrador que estiver técnica, política ou juridicamente mais bem posicionado para conformação desses conceitos.

---

[34] DI PIETRO, *Direito administrativo, op. cit.*, p. 204.

Tal verificação deve ser feita com base nas regras de competência fixadas na legislação, as quais alçam o administrador à condição de autoridade mais adequada para conformação desses conceitos jurídicos indeterminados. É relevante, nesse cenário, respeitar a escolha da autoridade competente na conformação de tais conceitos reconhecendo que os agentes políticos eleitos são os legitimados democraticamente para a realização de escolhas políticas e que os agentes públicos ocupantes de cargos que exigem formação técnica específica possuem conhecimento e legitimidade para realizar as escolhas de cunho técnico (princípio da deferência).[35]

Ainda nesses casos, cabe aos órgãos controladores verificar se o ato foi praticado de maneira voltada ao atendimento do interesse público, sem desvios de finalidade, bem como se as escolhas foram adotadas de maneira transparente, inclusive respeitada a cada vez mais cobrada processualização e motivação das decisões administrativas – que são os meios mais adequados para o exercício de tais competências. Isso não implica a possibilidade do controlador revisar determinados atos ou decisões "por entender politicamente mais interessante" determinada medida em detrimento da outra, ou "acreditar que tecnicamente seria melhor" uma solução técnica específica, se a conformação desses conceitos jurídicos indeterminados for exercida dentro de padrões não manifestamente irrazoáveis e em consonância com a Constituição.

Assim, toda essa tendência de constitucionalização do Direito Administrativo, valorização dos princípios e adoção de uma noção de legalidade mais ampliada ("princípio da juridicidade"), que implicou um alargamento da atividade controladora (diminuindo consideravelmente as matérias sobre as quais a jurisdição não poderia incidir), não deve ser encarada como o desaparecimento da discricionariedade administrativa. O que se tem é um reposicionamento da discricionariedade,[36] diante do alargamento do campo da interpretação.

A questão interessante de se verificar nesse fenômeno é que a própria delimitação do campo do que é discricionário depende previamente da interpretação (não apenas da prescrição normativa, prévia e abstrata, mas dessa confrontada com as circunstâncias do caso concreto), afinal é por meio da interpretação que se verificam as soluções juridicamente possíveis no caso concreto. Como é o Direito (e não somente a lei em sentido estrito) que, diante das circunstâncias do caso concreto, delimita o campo da discricionariedade, há um campo fértil para a expansão da própria atividade interpretativa

---

[35] Acerca do princípio da discricionariedade e deferência administrativa, Egon Bockmann Moreira aponta que "[o]s órgãos de controle externo tendem a se arrogar a competência para atribuir qualificativos à decisão administrativa – e inventam outra, que qualificam como "a melhor ainda" do que a proferida pela pessoa a quem a lei e os regulamentos definiram como competente. A toda evidência, não existe solução única para tais excessos no controle das decisões discricionárias. Mas há alguns caminhos que permitem atenuar tais usurpações de competência. Dentre eles, está o denominado princípio da deferência, ao estabelecer que decisões proferidas por autoridades detentoras de competência específica – sobretudo de ordem técnica – precisam ser respeitadas pelos demais órgãos e entidades estatais (em especial o Poder Judiciário, o Ministério Público e as Cortes de Contas)" (MOREIRA, Egon Bockmann. Crescimento econômico, discricionariedade e o princípio da deferência. *Revista Colunistas Direito do Estado*, 12 de maio de 2016. Disponível em: http://www.direitodoestado.com.br/colunistas/egon-bockmann-moreira/crescimento-economico-discricionariedade-e-o-principio-da-deferencia. Acesso em: 15 fev. 2022).

[36] Acerca desse reposicionamento da discricionariedade, bem aponta Maria Sylvia Zanella Di Pietro que "[e]ssa tendência que se observa na doutrina, de ampliar o alcance da apreciação do Poder Judiciário, não implica invasão na discricionariedade administrativa; o que se procura é colocar essa discricionariedade em seus devidos limites, para distingui-la da interpretação (apreciação que leva a uma única solução, a interferência da vontade do intérprete) e impedir as arbitrariedades que a Administração Pública pratica sob o pretexto de agir discricionariamente" (DI PIETRO, *Direito administrativo, op. cit.*, p. 208).

(que se autoalimenta e se expande conforme a maior ou menor importância conferida a si própria). Em outras palavras, como é a atividade intelectiva[37] que determina onde encerra seu campo e começa o campo da volição para o exercício da função administrativa, ela possui autonomia para decidir até onde pode ir – não é de se estranhar que se fale em "autocontenção" quando o controle de legalidade em sentido amplo reconhece a competência do administrador para determinada escolha, concordando ou não com o seu mérito, reconhecendo que se trata de escolha legítima.

Verifica-se, portanto, que a interpretação possui campo fértil para expansão de suas fronteiras e sufocamento do próprio campo da discricionariedade. Esse é um dos possíveis fatores que fazem com que alguns autores realizem até mesmo um diagnóstico da perda do sentido operacional do limite entre legalidade e mérito.[38]

Enquanto a atividade administrativa executória atua tanto no campo da intelectivo como volitivo, a atividade controladora (jurisdicional e, em alguns casos, administrativa[39]) se limita (ou deveria se limitar) ao campo da interpretação. Assim, quando o controlador atua nessa atividade intelectiva, é ela que definirá, ao interpretar, quais são os seus próprios limites de atuação.

Desta maneira, esse contexto que envolve a ampliação da legalidade, a constitucionalização do Direito Administrativo, a valorização dos princípios e a retomada da pauta axiológica do Direito, associado à ampliação do uso de conceitos jurídicos indeterminados na legislação, multiplicação da legislação do Direito público em volume e complexidade (muitas vezes de forma assistemática, descoordenada e em um cenário de alta complexidade federalista presente no Brasil, além da não rara baixa preocupação com técnicas de legística), gera um cenário bastante evidente, e muitas vezes patológico, de *incerteza do Direito*. E essa incerteza afeta não apenas o conteúdo daquilo que o administrador está vinculado a realizar (aquilo que o Direito impõe ao gestor dentro do campo da vinculação), como a própria interpretação da fronteira que se estabelece entre os campos da vinculação e da discricionariedade (da sujeição e da prerrogativa).

Esse alargamento do campo da interpretação e aumento da incerteza e indeterminação do Direito[40] impacta, evidentemente, tanto a atividade administrativa executória dos agentes públicos em geral como a atividade controladora. E a preocupação com a responsabilização em função de interpretação é comum a quaisquer agentes públicos, inclusive os que pertencem às esferas controladoras. Isso foi explicitado em debates legislativos recentes.

---

[37] Quando é mencionada a intelecção no presente trabalho, não se está a insinuar, por óbvio, que a atividade volitiva de escolha dentre as soluções juridicamente possíveis no caso concreto não demanda inteligência e racionalidade. Ao contrário, essas são fundamentais para o sucesso do gestor, e demandam muitas vezes soluções inteligentes de diversos ramos do conhecimento científico. Apenas se está a dizer sob o *ponto de vista estritamente jurídico* (afinal, esse é um trabalho dessa natureza), a atividade intelectual de verificação do que o Direito impõe ao gestor ali se encerra.

[38] Nesse sentido: MENEZES DE ALMEIDA, Fernando Dias. O Brasil necessita ressuscitar a jurisdição administrativa? Debate à luz da história do direito administrativo brasileiro. *In*: MARRARA, Thiago; GONZÁLES, Jorge Agudo (coord.). *Controles da administração e judicialização de políticas públicas*. São Paulo: Almedina, 2016, p. 288.

[39] Quando se falar de controle que possibilite a revisão de mérito (por exemplo, na estrutura hierárquica, ou mesmo no controle externo quando houver autorização legal para tanto), a questão volitiva, por óbvio, também estará presente.

[40] Sobre a indeterminação do direito e dever de incrementar a segurança jurídica, abordado no contexto da LINDB, conferir: MOREIRA, Egon Bockmann; PEREIRA, Paula Pessoa. Art. 30 da LINDB – o dever público de incrementar a segurança jurídica. *Revista de Direito Administrativo – RDA*, ed. especial, p. 243-274, 2018. Disponível em: http://bibliotecadigital.fgv.br/ojs/index.php/rda/article/view/77657/74320. Acesso em: 15 fev. 2022.

Tanto o artigo 28 da LINDB como a Lei nº 13.869/2019 (nova lei de abuso de autoridade) podem afetar agentes públicos de ambas as esferas – em relação a essa última, embora existam alguns tipos destinados a grupos de agentes públicos específicos, como o parágrafo único do artigo 9º, ela abrange amplamente os agentes públicos, conforme o seu artigo 1º e especialmente seu artigo 2º. A despeito disso, as discussões em torno da edição da Lei nº 13.655/2018, notadamente em função da inclusão na LINDB do artigo 28, foram certamente mais associadas, no que tange à responsabilidade do agente, a uma proteção àqueles que exercem atribuições mais ligadas às funções administrativas de caráter mais executório diante do controle a que estão sujeitos. Tal fato, inclusive, despertou críticas daqueles que exercem o controle no sentido de que representaria uma ameaça ao exercício da atividade controladora.[41] Por outro lado, não foi amplamente explorado nos debates o fato de que o artigo 28 também se aplicaria aos agentes públicos que exercem funções controladoras.

Já no debate em torno da aprovação da nova lei de abuso de autoridade foi levantado, por parte da crítica, o perigo para a liberdade de atuação dos agentes públicos controladores, que não poderiam ser punidos pela interpretação. Foi chamada a atenção para o receio da criação da metafórica figura do "crime de hermenêutica".

Sobre esse ponto, cumpre registrar que, durante o trâmite do respectivo processo legislativo, o §2º do artigo 1º da Lei nº 13.869/2019 vinculava a divergência de interpretação ao princípio da razoabilidade para não configurar abuso de autoridade. De maneira geral, foram tecidas críticas no sentido de que o intérprete poderia ter sua atividade comprometida e sua posição fragilizada caso houvesse receio de responsabilização pela interpretação de conceitos jurídicos indeterminados. Vejam-se, por exemplo, as seguintes críticas:

> O primeiro ponto que merece reparo é o parágrafo segundo do artigo 1º da proposta de Requião, que estabelece que a divergência de interpretação de lei ou na avaliação de fatos e provas, necessariamente razoável e fundamentada, não configura, por si só, abuso de autoridade.
>
> Ora, o conceito do que venha a ser razoável na interpretação da lei ou na avaliação de provas é algo fluido o suficiente para fragilizar a posição de quem tem a responsabilidade de fazê-lo. A hermenêutica, ou seja, a interpretação da lei não deve de modo algum representar risco para os integrantes do sistema de Justiça, uma vez que isso pode resultar na inibição de sua atuação.[42]

De fato, tal crítica tem sua razão. Não se pode sujeitar algum agente público à fragilizada posição de estar sob o receio da responsabilização pela avaliação de outra autoridade, por ter sua interpretação considerada não razoável, sobretudo nesse cenário de incerteza do Direito. Existe, inclusive, uma vagueza e subjetividade bastante consideráveis no conceito de razoabilidade interpretativa. Ademais, a própria (salutar)

---

[41] Um exemplo de crítica geral das reformas da LINDB (ainda quando tramitava enquanto projeto de lei) sob a ótica de que seria uma iniciativa inibitória da ação controladora: OLIVEIRA, Júlio Marcelo de. Projeto de lei ameaça o controle da administração pública. *Revista Consultor Jurídico*, 10 de abril de 2018. Disponível em: https://www.conjur.com.br/2018-abr-10/projeto-lei-ameaca-controle-administracao-publica. Acesso em: 15 fev. 2022.

[42] SMANIO, Gianpaolo. Contra o abuso ou abuso contra? *Valor Econômico*, 26 de abril de 2017. Disponível também em: http://www.mpsp.mp.br/portal/page/portal/noticias/noticia?id_noticia=16874488&id_grupo=118. Acesso em: 15 fev. 2022.

liberdade de divergência dos membros do Poder Judiciário e controladores administrativos em geral (estes último, não investidos de jurisdição) contribui para esse cenário de maior indeterminação do Direito.

O que não se pode perder de vista, contudo, é que o cenário de indeterminação do Direito e insegurança jurídica é "democrático", de modo a afetar *todos os agentes públicos*, seja ele controlador judicial ou administrativo, seja ele encarregado da execução mais direta das políticas públicas e das atividades estatais em geral. Todos os que exercem função pública e necessitam interpretar o Direito não devem estar submetidos ao receio de responsabilização pelo fato de sua interpretação, diante de um cenário de incerteza, não ter sido, por si só, considerada adequada por outra autoridade posteriormente.

Portanto, o mesmo discurso sobre o aumento da legitimidade da atividade controladora, em decorrência da ampliação do campo da interpretação (fruto da maior incerteza do Direito, da constitucionalização do Direito Administrativo e da força normativa dos princípios) que justifica a ampliação da atividade controladora, é o que justifica (ou deveria justificar) maiores cautelas para se cogitar da responsabilização dos agentes públicos em geral no tocante à sua atividade cotidiana de interpretar o Direito quando do exercício da função administrativa.[43]

Deste modo, há de se encarar a responsabilidade[44] do agente público com muita cautela em razão de interpretação do Direito, atividade honesta e séria, sobretudo considerando esse fenômeno da indeterminação do Direito ora abordado.

Mencionou-se atividade honesta, porque não se está a proteger o dolo, o conluio ou a conduta deliberada de se aproveitar da indeterminação do Direito para atender interesses voltados para uma finalidade que não seja pública (por exemplo, para atendimento de interesse ou sentimento pessoal ou de terceiros, quando se acredita que interesse público orienta outra solução). Ocorre que tal desonestidade, em um Estado de Direito, não pode ser simplesmente presumida ou especulada tão somente a partir do conteúdo da decisão em si. Deve ser concretamente comprovada, vedando-se alegações genéricas de não atendimento ao interesse público ou outro valor constitucional.[45]

Mencionou-se atividade séria, ademais, porque as decisões devem ser devidamente motivadas e processualizadas. A incerteza do Direito não exime o dever de explicitar as razões e de documentação do processo decisório.

A despeito disso, no cenário atual, prevalece (de maneira explícita ou velada) a noção geral de que os agentes públicos que exercem função administrativa executória possuem baixa autonomia para interpretar o Direito, devendo sua atividade hermenêutica estar atrelada à interpretação de seus controladores.

---

[43] Nesse sentido, bastante relevante a crítica às razões de veto do §1º do artigo 28 da LINDB no que tange aos fundamentos utilizados, conforme será abordado.

[44] Não se está aqui a discutir, repita-se, a questão relacionada à possibilidade de os órgãos controladores determinarem a anulação, modificação ou medida de qualquer impacto em relação às decisões dos órgãos administrativos executores – tema esse também objeto de preocupação das reformas trazidas na LINDB em 2018 – dados os objetivos do presente trabalho.

[45] Nesse sentido, rejeita-se a responsabilização com base em uma formulação genérica do tipo "se o agente adotou a interpretação X, é porque atuou violando o valor jurídico Y, devendo ser responsabilizado". Deve-se buscar uma formulação mais condizente com o Estado de Direito, como a seguinte: "o agente deve ser responsabilizado, porque adotou a interpretação X, buscando a finalidade antijurídica Z, o que se comprova com a prova W, em violação ao valor jurídico Y".

Independentemente da discussão da legitimidade dessa ideia – o que fugiria dos objetivos deste artigo –, o que se torna extremamente preocupante é a sua utilização para punir o agente público desacompanhada de outros elementos que efetivamente recomendem a aplicação de punição.

Se a interpretação da autoridade controladora deve prevalecer sistemicamente, há uma correlata obrigação de informar com absoluta clareza e publicidade adequada quais são os entendimentos que devem ser seguidos. A noção genérica de que o fiscalizado deve conhecer a jurisprudência de seu fiscalizador não pode implicar a terceirização da atividade de consolidação de orientações e da jurisprudência do órgão fiscalizador. Para que ele sancione determinado agente público por não seguir orientação específica sua, o mínimo que se espera é que essa orientação seja *consolidada* (constituir jurisprudência, no mínimo, majoritária),[46][47] *clara, inequívoca,*[48] *específica* (amoldada às precisas circunstâncias do caso concreto em que o administrador decida), com *publicidade adequada* e *contemporânea* ao momento da decisão administrativa.

A despeito da existência dos importantes instrumentos das súmulas, sistemas de buscas eletrônicos de decisões e manuais que divulgam orientações, há um mar de questões: não decididas; decididas apenas tangencialmente; aventadas apenas incidentalmente na fundamentação de outras decisões; decididas em ocasião isolada; coexistentes com decisões em sentido diverso do próprio órgão; coexistentes com decisões em sentido diverso do outro órgão também responsável pela fiscalização de um mesmo agente; não divulgadas mediante publicidade adequada e eficiente; não contemporâneas à decisão administrativa;[49] dentre outras situações correlatas.

Não são poucos os casos em que órgãos de assessoria jurídica, questionados sobre alguma questão específica que demande interpretação, encontrem dificuldade em extrair qual é a orientação de seu fiscalizador.[50]

Importante ressaltar que não se está a criticar (ao menos de maneira generalizada) uma suposta falta de eficiência das instituições de controle em se realizar administrativamente a consolidação de entendimentos (o que, ademais, desenvolveu muito nos últimos anos), tampouco a divergência interpretativa entre seus membros (de fato, que é algo natural do Direito nesse cenário de indeterminação). O que se busca chamar a atenção é para o descabimento de punir o agente público simplesmente por adotar interpretação que não venha a ser considerada correta pelo órgão fiscalizador.

---

[46]   Mesmo em relação à jurisprudência inequivocamente minoritária ou mesmo diante de decisões colegiadas por maioria de votos é curioso se cogitar da punição. Para a divergência interna do órgão, normalmente há vênias, elogios e destaque à beleza do direito por permitir diferentes interpretações. Ao fiscalizado, por vezes, há a sanção.

[47]   Em muitos casos, afirmar que determinada orientação ou linha decisória é majoritária não é tarefa fácil. No âmbito da própria academia, por vezes, afirma-se que determinada orientação é a jurisprudência majoritária de determinado órgão sem um devido cuidado metodológico. Assim, essa consolidação jurisprudencial deve ser inequívoca e efetivamente demonstrada para se cogitar a discutir a aplicação de determinada sanção.

[48]   Para tal, alguns parâmetros podem ser adotados, por exemplo: a ampla reiteração das decisões, a veiculação por meios de instrumentos típicos de consolidação de entendimento, o critério do duplo aviso (existência de uma recomendação anterior ao próprio agente público para seguir determinada orientação) – os dois anteriores são critérios gerais, enquanto o segundo individual.

[49]   A falta de contemporaneidade pode ser em função de fatores diversos. Pode decorrer da própria decisão em si (data da decisão), da data da publicidade adequada da decisão (data da publicidade), do fato de que a orientação abstrata se tornou consolidada e não a decisão em si (data da consolidação da posição do órgão), etc.

[50]   Não raro, há um esforço hermenêutico de se retirar de passagens argumentativas da fundamentação de decisões alguma orientação.

4 Análise do artigo 28 da LINDB

Em 2018, a LINDB foi reformada pela Lei nº 13.655 para inclusão dos artigos 20 a 30. Tais dispositivos foram inseridos por meio do Projeto de Lei do Senado de nº 349/2015, com a numeração PL nº 7.448/2017 na Câmara dos Deputados, e destinam-se a disciplinar normas gerais de aplicação do Direito Público. Trata-se de lei, sabidamente, com origem acadêmica.[51]

Durante a tramitação do processo legislativo, o projeto recebeu críticas, sobretudo por parte de atores integrantes dos órgãos controladores, na linha de que o projeto teria vindo para coibir a ação controladora, que favoreceria a corrupção e a impunidade.[52]

Durante o processo legislativo, ocorreram debates entre acadêmicos que atuaram em favor do projeto (com ampla adesão acadêmica de conhecidos professores do Direito Administrativo e Direito Público em geral) e atores que encaravam a iniciativa como maléfica ao bom exercício do controle (contando também com membros da academia, normalmente ligados a órgãos de controle), o que se intensificou quando o projeto, já aprovado nas casas legislativas, foi para a sanção presidencial.[53]

Nesse debate, o projeto recebeu diversos "apelidos" e qualificações que exprimem, de certo modo, a visão desses dois grupos, tais como: "lei para inovar", "lei da segurança jurídica", "lei da empatia", "combate ao apagão das canetas", de um lado, e "estímulo à corrupção", "combate à lava jato", "permissão para errar", de outro.

Sancionado parcialmente o projeto e promulgada a lei reformadora da LINDB, os debates continuaram. Pode-se perceber um segundo núcleo de críticas à aludida proposta (já na condição de lei), também com bases na academia, não necessariamente alinhado com a crítica mais comum aos órgãos controladores (muitos, ao contrário,

---

[51] Acerca das origens acadêmicas da lei, o professor Carlos Ari Sundfeld, um dos principais autores intelectuais da lei ao lado de Floriano Azevedo Marques Neto, destacou, ainda quando do processo legislativo de aprovação, que proposta teve por base pesquisas acadêmicas da Sociedade Brasileira de Direito Público – SBDP, Grupo Público da FGV Direito SP e Faculdade de Direito da USP. Aponta que em tais estudos fora constatada uma crise das ideias históricas sobre a divisão de tarefas dentro do Estado na construção do interesse público. Por um lado, os órgãos controladores e os juízes compartilham com a Administração Pública a construção concreta do interesse público e, de outro, a Administração compartilha a produção normativa com os legisladores, porém sempre com base em leis pontuais e fragmentadas que contribuíram para a ineficiência e o arbítrio no exercício dessas competências compartilhadas. Ante a tais constatações, aponta o autor que apenas uma solução legislativa articulada poderia abrir caminho para a busca de um equilíbrio para tal compartilhamento de funções criadoras pelos diversos Poderes e órgãos constitucionais autônomos. E tal solução deveria possuir abrangência nacional (ao contrário das leis de processo administrativo) e, ao mesmo tempo, incidência para todos os Poderes e órgãos constitucionais autônomos, chegando-se à conclusão que a lei geral que se pretendia guardava identidade com o conteúdo da antiga Lei de Introdução ao Código Civil. Assim, a forma e a estratégia visualizadas foram a de maior publicização da LINDB (SUNDFELD, Carlos Ari. Uma lei geral inovadora para o Direito Público. *Jota*. 31 de outubro de 2017. Disponível em: https://www.jota.info/opiniao-e-analise/colunas/controle-publico/uma-lei-geral-inovadora-para-o-direito-publico-01112017. Acesso em: 15 fev. 2022). Também sobre as origens acadêmicas do projeto de lei respectivo: PALMA, Juliana Bonacorsi de. A Proposta de Lei da Segurança Jurídica na Gestão e do Controle Público e as Pesquisas Acadêmicas. *SBDP*, 2018. Disponível em: http://www.sbdp.org.br/wp/wp-content/uploads/2019/06/LINDB.pdf. Acesso em: 15 fev. 2022.

[52] Notoriamente um dos principais críticos do projeto que originou a alteração na LINDB, o Procurador do Ministério Público junto ao TCU Júlio Marcelo de Oliveira, tachando o PL como "insidioso", sustentou que "[o] projeto visa introduzir na Lei de Introdução às Normas do Direito Brasileiro normas alegadamente destinadas a conferir segurança jurídica e eficiência na criação e na aplicação do Direito Público. Ao contrário do que propõe, se sancionado integralmente, o projeto enfraquecerá sobremaneira o controle, será fonte de insegurança jurídica e premiará a ineficiência dos gestores públicos, além de apresentar conteúdo que não guarda compatibilidade material com a finalidade da LINDB, que é o de definir princípios de interpretação integradora no ordenamento jurídico brasileiro" (OLIVEIRA, Projeto de lei ameaça o controle da administração pública, *op. cit.*).

[53] Fato esse perceptível até mesmo no volume de publicações de artigos debatendo a matéria nesse período.

inclusive concordam com os problemas da cultura do hipercontrole e do diagnóstico de insegurança jurídica), mas sim com a crítica em termos de legística. É uma crítica na linha de que a própria lei que deveria auxiliar na interpretação pode, em função de sua redação, também gerar insegurança jurídica – por exemplo, em decorrência dos conceitos jurídicos indeterminados utilizados.[54] Para essa linha, o próprio fato de a doutrina ter que auxiliar na construção da lei interpretativa (além do fato de ter sido editado o Decreto Federal nº 9.830/2019 para auxiliar na interpretação da LINDB em nível federal), seria um indicativo de problemas legísticos da lei e reforçaria a desconfiança quanto ao incremento da segurança jurídica por ela gerada.

Assim, de modo geral, é possível identificar (com os problemas inerentes às generalizações e categorizações) três grupos: o dos autores acadêmicos e diversos apoiadores também da academia preocupados com a segurança jurídica e com a cultura do hipercontrole;[55] o dos críticos sob a ótica dos controladores; e os críticos de cunho legístico à lei.

Feito esse panorama, cumpre analisar o artigo 28 da LINDB. Dispõe aludido dispositivo que "[o] agente público responderá pessoalmente por suas decisões ou opiniões técnicas em caso de dolo ou erro grosseiro".

Em relação ao contexto de debate do processo de aprovação da reforma na LINDB, os apoiadores da iniciativa se manifestaram acerca do dispositivo. Ao comentar esse ponto, Marçal Justen Filho argumenta que o objetivo é "afastar o chamado 'crime de hermenêutica', em que o sujeito é punido por ter adotado interpretação diversa daquela escolhida por outrem", complementando o raciocínio ressaltando que "[o] crime de hermenêutica é repudiado universalmente, mas tem sido largamente praticado entre nós contra os servidores públicos".[56]

Cabe aqui um breve parênteses quanto a esse ponto. Relevante observar que esse mesmo argumento do "crime de hermenêutica" seria ventilado no ano seguinte, quando, dos debates em torno da aprovação da lei de abuso de autoridade, já eram evocados. A diferença, porém, é que no âmbito dos debates da reforma da LINDB, foi apontado mais em um contexto de proteção do agente público que exerce função administrativa de cunho executório contra atuação excessiva do controle, do que em defesa da livre atuação hermenêutica do controlador (embora, repita-se, as disposições da LINDB possam ser aplicadas perfeitamente à atividade controladora, inclusive no que tange à responsabilidade do agente público). Os debates que antecederam a recente reforma da LIA pela Lei nº 14.230/2021, de certo modo, também tangenciaram tal ideia, notadamente quando da discussão em torno do estabelecimento de um rol fechado para as hipóteses de improbidade por violação a princípios do artigo 11 da LIA. Disso tudo,

---

[54] Para um exemplo dessas críticas, proposta para auxiliar na interpretação da LINDB e verificação de alguns autores, conferir: MOTA, Fabricio. Pela segurança jurídica, precisamos tratar da interpretação da LINDB. *Revista Consultor Jurídico*, 11 de julho de 2019. Disponível em: https://www.conjur.com.br/2019-jul-11/interesse-publico-seguranca-juridica-precisamos-tratar-interpretacao-lindb. Acesso em: 15 fev. 2022.

[55] Em relação à cultura do hipercontrole, José Vicente Santos de Mendonça aponta que ela se manifesta por cinco aspectos: controle como vagueza, opinião, performance, disputa e incremento (MENDONÇA, José Vicente Santos de. Art. 21 da LINDB – indicando consequências e regularizando atos e negócios. *Revista de Direito Administrativo – RDA*, ed. Especial, p. 46, 2018. Disponível em: http://bibliotecadigital.fgv.br/ojs/index.php/rda/article/view/77649/74312. Acesso em: 15 fev. 2022).

[56] JUSTEN FILHO, Marçal. PL 7448/2017 e sua importância para o Direito brasileiro. *Jota*, 18 de abril de 2018. Disponível em: https://www.jota.info/opiniao-e-analise/colunas/coluna-do-justen/pl-7448-2017-e-sua-importancia-para-o-direito-brasileiro-18042018. Acesso em: 14/07/2018. Acesso em: 15 fev. 2022.

uma observação parece inescapável. O cenário de incerteza do Direito relatado no item 3, no fundo, sempre preocupa o agente público, mesmo de boa-fé e honesto, quando se depara com o risco de ser responsabilizado pela regular atividade hermenêutica de sua atividade cotidiana.

Retomando a análise do artigo 28 da LINDB, para Alexandre Santos de Aragão, "o risco exacerbado é sempre fator de paralisia ou, na melhor das hipóteses, é monetizado e transferido, onerando toda a sociedade".[57] Trata-se de argumento relacionado à crítica do apagão das canetas provocado pela cultura do hipercontrole.

Juliana Bonacorsi de Palma, destacando o pressuposto de confiança no gestor para inovar na gestão pública, ressalta que a lei em questão foi pensada tendo em vista o agente público honesto e de boa-fé, ao contrário das leis em geral do controle, que foram feitas com base no agente público ímprobo em mente, razão pela qual, segundo a autora, justifica-se o rigor dos textos. Argumenta que a lei deve também recompensar os comportamentos de honestidade como medida de incentivo para que se mantenham os padrões éticos na Administração Pública.[58]

Quanto às críticas, na linha dos controladores, costuma evocar a impunidade como argumento e que o dispositivo visaria dificultar a ação punitiva. Júlio Marcelo de Oliveira afirma que o dispositivo acabaria "deixando isento de qualquer responsabilidade aquele que age de forma negligente, imprudente ou com imperícia. Assim, gestores sem nenhuma capacidade técnica poderão atuar impunemente, tendo a ignorância como escudo".[59]

Outra crítica vinculada após a edição do aludido desportivo refere-se ao fato de que o dispositivo violaria o artigo 37, §6º, da CF, ao restringir a culpa leve, quando a Constituição assim não o fez.

Mencionadas as críticas, cumpre tecer algumas considerações acerca do dispositivo.

A primeira delas é que o discurso em torno de que tal alteração inibiria o combate à corrupção (ou a estimularia) é equivocado, senão falacioso. Isso por um motivo bastante simples e de fácil compreensão. Ao se observar as figuras criminais usualmente associadas à corrupção (por exemplo, a corrupção passiva e concussão), o enriquecimento ilícito enquanto ato de improbidade administrativa ou mesmo as próprias noções coloquiais e vulgares da corrupção, é possível perceber um aspecto em comum: todas elas pressupõem o dolo. O dispositivo em comento em nada afeta o dolo, tampouco o erro grosseiro (que pode ser associado a uma "culpa grave"). Até mesmo o incisivo discurso de que ele prestigiaria a impunidade esconde, por vezes, o fato de que a discussão estaria em torno da responsabilidade por atos de menor gravidade, inclusive envolvendo o desenvolvido problema de interpretação.

---

[57] ARAGÃO, Alexandre Santos de. Alterações na LINDB modernizaram relações dos cidadãos com Estado. *Conjur*, 13 de abril de 2018. Disponível em: https://www.conjur.com.br/2018-abr-13/alexandre-aragao-alteracoes-lindb-modernizam-relacoes-estado. Acesso em: 15 fev. 2022.

[58] Ainda, conforme a autora, "Seguro de que não será responsabilizado pessoalmente, salvo por dolo ou erro grosseiro, o gestor público pode inovar na gestão pública. Na inovação, espera-se o erro, desde que não seja grosseiro, pois é assim que problemas são identificados e endereçados. Incrementalmente, a gestão pública se torna melhor" (PALMA, Juliana Bonacorsi de. Desmistificando o PL 7.448/17: segurança jurídica para construirmos planos. *Conjur*, 20 de abril de 2018. Disponível em: https://www.conjur.com.br/2018-abr-20/juliana-bonacorsi--pl-744817-seguranca-juridica-novos-planos. Acesso em: 15 fev. 2022).

[59] OLIVEIRA, Projeto de lei ameaça o controle da administração pública, *op. cit.*

O segundo ponto, e mais relevante, refere-se aos debates em torno da constitucionalidade do dispositivo em face do que dispõe o artigo 37, §6º, da CF. Nessa discussão, não foi dada a atenção para um aspecto bastante elementar: o artigo 37, §6º, trata apenas da responsabilidade civil do agente público pela reparação de dano por ele causado (no caso, pela via regressiva quando o dano é provocado a terceiro e o Estado é chamado a reparar). O dispositivo constitucional não trata de qualquer das três esferas de sanção desenvolvidas no início do presente artigo.

Não há qualquer abertura semântica para se interpretar aludido dispositivo constitucional como fixador do elemento subjetivo do agente para o estabelecimento de punição ao agente nas esferas sancionatórias cível, administrativa ou penal. O dispositivo regulamenta a esfera de responsabilidade civil (patrimonial) extracontratual do Estado em relação a danos provocados ao cidadão. Não se está a falar no dispositivo constitucional, por óbvio, de sanções punitivas cíveis, penais ou administrativas que o Estado, enquanto pessoa jurídica, poderia sofrer por danos provocados ao cidadão, mas apenas da responsabilidade civil extracontratual do Estado pela reparação de danos provocados a terceiro.

Consequentemente, se a parte final que trata da responsabilidade regressiva do agente público nas hipóteses em que o Estado é responsabilizado, por óbvio, também não poderia estar se referindo às sanções punitivas que o agente público poderia sofrer. O acessório segue o principal. Não há qualquer sentido em se falar de aplicação de penalidade pela via regressiva ao cidadão, anteriormente aplicada ao Estado.

O que se mostra possível é "ampliar" a incidência do dispositivo constitucional para os casos de responsabilidade civil do agente público em relação a danos diretamente causados ao Estado (por exemplo, quebra de um bem público na repartição, em casos de dolo ou culpa), não se seu alcance apenas à hipótese específica da responsabilidade pela via regressiva. Em verdade, tal responsabilidade com base no dolo e culpa ("regular") poderia existir independentemente de interpretação ampliativa do dispositivo, pois decorre da regra geral de indenizar pelos danos causados, em caso de dolo ou culpa, de base civilista. Ora, se uma pessoa física que não se enquadre no conceito de agente público provocar dano ao Estado ou a um terceiro, também terá que indenizá-lo nas hipóteses de dolo ou culpa.

Deste modo, recorrendo-se, inclusive, ao desenvolvimento teórico realizado no item 2 supra, tem-se que associar o aludido dispositivo constitucional (que claramente trata da responsabilidade civil voltada à indenização de danos provocados a terceiros) às possíveis punições que o agente público estaria sujeito nas abordadas esferas de sanção[60] é equivocado.

Assim, o que, de fato, é pertinente discutir em função do artigo 37, §6º, da CF é a possibilidade de o artigo 28 da LINDB abranger os casos de responsabilidade civil do agente público relativa à indenização por danos por ele provocados. Quanto a isso, entende-se, aqui, não ser possível limitar o conceito de culpa da responsabilidade civil de maneira geral e irrestrita e, nesse sentido, erro grosseiro, a despeito de ser um

---

[60] Registra-se, é claro, que a responsabilidade civil por reparação de danos possui um espectro pedagógico de inibir condutas que provoquem danos a terceiros. Porém, além desse aspecto ser relegado ao plano secundário no que tange à função da responsabilidade civil, ele busca prevenir mais propriamente a ocorrência de novos danos a terceiros do que propriamente a prática de novos ilícitos. Caso contrário, poderia se cogitar da responsabilidade civil sem dano.

conceito jurídico indeterminado, indiscutivelmente para algo mais grave do que uma culpa simples ou de média gravidade.[61]

É verdade que o ordenamento convive com dispositivos infralegais que limitam o alcance da culpa em relação à responsabilidade civil patrimonial do agente público, como o caso dos artigos 143, 181, 184, 187 do Código de Processo Civil, que disciplinam a responsabilidade civil regressiva do magistrado, membro do Ministério Público, advogado público e defensor público no âmbito do processo civil – ademais, é perfeitamente defensável a aplicação desses dispositivos ao processo administrativo e outras, por exemplo, em razão do que dispõe o artigo 15 do aludido diploma. O argumento seria o de que a norma especial, ainda que infraconstitucional, prevaleceria em razão da necessidade de tutela de outros valores constitucionais (como a proteção da atuação em relação à própria interpretação daqueles cuja atuação se liga intimamente com as atividades hermenêuticas). Ademais, não estaria se excluindo a culpa, mas realizando a sua conformação para situações específicas.

Porém, o que não parece possível é a existência de regra geral restritiva, aplicável a todos os agentes públicos e em relação a toda a sua atuação. Por essa razão, inclusive, opina-se que o artigo 14 do Decreto Federal nº 9.830/2019, explícito em relação a esse ponto, parece ser inconstitucional.

Ademais, há duas considerações críticas em termos de legística do artigo 28 da LINDB.

A primeira delas, associada a essa conformação do dispositivo com o artigo 37, §6º, da CF, refere-se ao fato de que o dispositivo teria redação mais precisa se, ao invés de mencionar a responsabilização do agente público, falasse em punição (o agente será punido). Isso abrangeria as três esferas de sanção a que está sujeito, inclusive a penal, sem tratar da responsabilidade civil-patrimonial. A preocupação em torno da defesa da segurança jurídica parece mais voltada à não imposição de pena ao agente, mas não afastar a hipótese de responsabilidade civil por danos causados em caso de culpa não grave.

Deste modo, considerando a distinção apontada no item 2 (em relação às ideias de reparação e punição), e sem prejuízo dessa crítica de que a redação poderia ter sido mais clara, opina-se que a interpretação constitucional adequada do dispositivo é no sentido de que ele se refere à punição do agente público (até mesmo pela conformação com o artigo 37, §6º, da CF), bem como, do ponto de vista legístico, o comando normativo poderia ter sido mais claro quanto a esse alcance.[62]

---

[61] Nesse sentido, a vinculação do TCU ao conceito de "administrador médio" – conceito esse até mesmo variável – ou ao "parecerista médio" parece um esforço de manutenção da possibilidade de punição de condutas menos graves. É o que se verifica, por exemplo, do seguinte julgado editado imediatamente após a vigência da reforma na LINDB: responsabilidade. Culpa. Erro grosseiro. Conduta. A conduta culposa do responsável que foge ao referencial do "administrador médio" utilizado pelo TCU para avaliar a razoabilidade dos atos submetidos a sua apreciação caracteriza o "erro grosseiro" a que alude o art. 28 do Decreto-lei nº 4.657/1942 (Lei de Introdução às Normas do Direito Brasileiro), incluído pela Lei nº 13.655/2018 (TCU, Boletim de Jurisprudência nº 228, Acórdão 1628/Plenário, Rel. Min. Benjamin Zymler).

[62] Isso não afasta a possibilidade de se pensar remédios, a serem previstos em leis específicas ou regulamentações de carreiras e cargos de risco mais elevado, visando amenizar os riscos pessoais de perdas patrimoniais em função do exercício de arriscada função pública (como é o caso de auxílio no custeio de seguros contra responsabilidade civil). Tal fato pode ser importante, inclusive, para evitar o afastamento de mão de obra qualificada para o exercício de cargos sensíveis.

A segunda crítica, a título de reflexão, refere-se ao seguinte questionamento: ao buscar limitar a possibilidade de sancionar o agente em casos de condutas de baixa gravidade (não grosseiras), ou mesmo coibir abusos dos controladores ao sancionar indiscriminadamente agentes públicos, bem como considerando o papel de vetor interpretativo da LINDB (metanorma), não seria o caso do dispositivo definir o que poderia ser considerado culpa (ou, por definição negativa, o que assim não poderia ser considerado)?

Além de ser mais condizente com os objetivos de uma lei interpretativa, evitar-se-iam discussões em torno da constitucionalidade de uma "limitação da culpa" causadas pela criação pelo lançamento de outro conceito jurídico indeterminado, bem como evitaria discussões de ordens federalistas, por exemplo, em torno de uma "limitação da culpa" trazida por lei federal – que afeta a esfera disciplinar de outros entes federativos – ou mesmo a estranha possibilidade de regulamentação de lei nacional interpretativa por cada ente federativo de maneira diversa.[63]

Não obstante essas críticas, cumpre registrar que a edição desse dispositivo é um fator bastante positivo.

Sua edição está inserida em um contexto político-jurídico de se repensar a responsabilidade do agente público. Tal movimento esse que, de certo modo, não deixa de ser uma reação a uma onda anterior de recrudescimento da ampliação das esferas punitivas civil e administrativa do agente público que se verificou nas décadas após a edição da Constituição de 1988 – por exemplo, com a edição da Lei de Improbidade Administrativa, Lei Anticorrupção, Lei de Conflito de Interesses, Lei da Ficha Limpa, sanções administrativas em diversas leis setoriais etc. Como se sabe, tais esferas não apresentam o mesmo nível de garantia que a esfera penal, seja por não terem a mesma quantidade de instrumentos garantistas, em razão de uma (por vezes, fictícia) menor gravidade, seja em razão da má compreensão de que existe um núcleo garantista inerente ao direito punitivo estatal (esfera "penal" em sentido amplo, que deveria abarcar as sanções cíveis e administrativa).

Assim, pensando sobretudo o honesto e competente, que atua em um cenário de incerteza do Direito e com vários desafios que a legislação não pode antever, tal dispositivo possui inegável importância sistêmica. Não obstante isso, ele não é suficiente para melhorar a saúde institucional do Estado brasileiro, em prol da atuação mais segura desse gestor se não houver uma cultura de compreensão desse cenário de incerteza do Direito, e encerar com mais naturalidade a divergência.

Nesse sentido, faz-se necessário um registro final. Como se sabe, foram vetados do projeto três parágrafos que integrariam esse artigo 28. O segundo e terceiro referiam-se ao custeio da defesa de servidor, de modo semelhante ao artigo 22 da Lei nº 9.028/1995 – não despertando grande interesse para as questões ora debatidas. O ponto relevante é o parágrafo primeiro, que dispunha que "[n]ão se considera erro grosseiro a decisão ou opinião baseada em jurisprudência ou doutrina, ainda que não pacificadas, em orientação geral ou, ainda, em interpretação razoável, mesmo que não venha a ser posteriormente aceita por órgãos de controle ou judiciais".

Nesse debate, mostram-se bastante preocupante as razões do veto: "[a] busca pela pacificação de entendimentos é essencial para a segurança jurídica. O dispositivo

---

[63] Nesse sentido, poderiam, inclusive, ter sido traçadas balizas sobre a culpa no âmbito da responsabilidade civil reparatória por danos provocados pelos agentes públicos, sem conflitar com o artigo 37, §6º, da CF.

proposto admite a desconsideração de responsabilidade do agente público por decisão ou opinião baseada em interpretação jurisprudencial ou doutrinária não pacificada ou mesmo minoritária. Deste modo, a propositura atribui discricionariedade ao administrado em agir com base em sua própria convicção, o que se traduz em insegurança jurídica".

Além das relevantes discussões em torno do que seria efetivamente jurisprudência e doutrina majoritárias, essa ideia veiculada é preocupante à medida que traz a lógica de que o agente, ao decidir acerca de pontos não pacificados e de sérias dúvidas interpretativas, "age com base em sua própria convicção" e isso poderia resultar em insegurança jurídica.

Em primeiro lugar, não parece haver uma boa compreensão a distinção ontológica entre discricionariedade e interpretação. Ainda que, do ponto de vista operacional, a distinção teórica possa parecer irrelevante, para se estruturar um pensamento em torno da responsabilidade do agente público, essa compreensão pode ser.

Ademais, o exercício da atividade discricionária não é algo intrinsecamente ruim, tampouco gera insegurança jurídica. Ao contrário, a insegurança jurídica pode residir justamente na ausência de delimitação clara entre esses campos, sobretudo em um cenário de indeterminação do Direito e ampliação da atividade controladora com base na pauta axiológica do Direito, bem como na ausência de previsibilidade do que virá a ser considerada, *a posteriori*, a "interpretação correta".

Por fim, tais razões de veto parecem se equivocar ao atribuir ao gestor que executa a atividade administrativa a obrigação de promover a segurança jurídica, quando o protagonismo de tal papel muitas vezes está na atuação controladora. Cotidianamente, o gestor se depara com situações em que precisa decidir, com base em pressupostos jurídicos sobre matéria não pacificada. Como não será, via de regra, a posição que ele adotar que irá pacificar o assunto, não se pode cobrar segurança jurídica de sua atuação. Ao contrário, deve-se fornecer um cenário em que ele possa "consumir" segurança jurídica, para uma decisão juridicamente mais "acertada" (à luz da posição controladora). Assim, nos casos em que não tem condições de saber com clareza qual seria a "posição juridicamente acertada", deve-se ao menos ter bastante parcimônia para cogitação de sua responsabilidade.

Deste modo, embora as reformas legislativas que visam repensar a responsabilidade do agente sejam, de um modo geral, positivas (e sem prejuízo de críticas legísticas, como a feita em relação ao artigo 28 da LINDB), não se pode esquecer que uma evolução cultural do modo de pensar a responsabilidade do agente público (honesto, importante ressaltar), levando em conta o cenário de incerteza do Direito (que, indiscutivelmente, é um dado fático), também se faz necessária.

5 Conclusão

Em breve síntese conclusiva do que foi exposto no presente artigo, as principais ideias estão resumidas a seguir:

a) Seja para evitar eventuais discussões doutrinárias desnecessárias que, aparentemente são antagônicas, porém apenas sofrem de um desalinhamento de premissas conceituais, seja para auxiliar na interpretação da legislação que trata de sanções e responsabilidade do agente, seja para aprimoramento da legística, é importante se atentar que os termos *civil*, *penal* e *administrativo* podem ser empregados, no contexto das esferas de responsabilidade e sanções do agente público, com base em premissas conceituais e taxonômicas distintas.

b) Uma proposta de compreensão terminológica pode ser a seguinte: a *esfera penal de responsabilidade do agente* e a *esfera cível da responsabilidade do agente* remetem-se à sujeição do agente a ser responsabilizado por sanção imposta e processada na via jurisdicional. Já a *esfera administrativa da responsabilidade do agente* remete-se à sujeição do agente a ser responsabilizado por sanção imposta e processada na via administrativa. Não obstante isso, o uso da expressão *responsabilidade civil do agente público* pode se referir à possibilidade de ser imputada ao agente público a obrigação secundária de reparar um dano (ou mesmo ser chamado a restituir valores fruto de enriquecimento ilícito).

c) Não se pode negar que a ativada interpretativa do agente público é um dado da realidade e deve ser considerado para fins de sua responsabilização pessoal, evitando-se a generalização do chamado "crime de hermenêutica".

d) O artigo 28 da LINDB deve ser encarado como regulador da responsabilidade do agente público no que se refere às sanções punitivas a que está sujeito (seja na esfera administrativa, cível ou mesmo penal), mas não em relação à sua responsabilidade civil voltada à reparação de danos provocados por sua atuação.

e) Do ponto de vista da legística, são cabíveis duas críticas ao artigo 28 da LINDB: e.1) a abrangência do dispositivo poderia ser mais clara se fosse utilizado o termo punido ao invés de responsabilizado; e.2) o dispositivo, enquanto metanorma, poderia ter orientado a interpretação do que poderia ou não ser considerado culpa, ao invés de buscar restringir o alcance do que muitas vezes se compreende (indevidamente, muitas vezes) por culpa.

f) Não obstante tais críticas, o dispositivo pode ser um importante aliado à atuação do gestor competente e honesto, inserindo-se em um contexto de preocupação com a segurança jurídica de sua atuação, sobretudo em um cenário de incerteza do direito.

g) Por fim, embora as reformas legislativas que visam repensar a responsabilidade do agente são, de um modo geral, positivas, não se pode esquecer que uma evolução cultural do modo de pensar a responsabilidade do agente público (honesto e preparado), levando em conta o cenário de incerteza do Direito, também se faz necessária – preocupantes se mostram, nesse sentido, posições externadas, por exemplo, nas razões de veto do §1º do artigo 28 da LINDB.

Referências

ARAGÃO, Alexandre Santos de. Alterações na LINDB modernizaram relações dos cidadãos com Estado. *Conjur*, 13 de abril de 2018. Disponível em: https://www.conjur.com.br/2018-abr-13/alexandre-aragao-alteracoes-lindb-modernizam-relacoes-estado. Acesso em: 15 fev. 2022.

ARAÚJO, Edmir Netto de. *Curso de direito administrativo*. 5. ed. São Paulo: Saraiva, 2010.

BANDEIRA DE MELLO, Celso Antônio. *Curso de direito administrativo*. 27. ed. São Paulo: Malheiros, 2010.

BINENBOJM, Gustavo. *Uma teoria do direito administrativo*, direitos fundamentais, democracia e constitucionalização. 2. ed. Rio de Janeiro: Renovar, 2008.

CAVALIERI FILHO, Sergio. *Programa de responsabilidade civil*. 8. ed. São Paulo: Atlas, 2008.

DI PIETRO, Maria Sylvia Zanella. *Direito administrativo*. 21. ed. São Paulo: Atlas, 2008.

DI PIETRO, Maria Sylvia Zanella. Responsabilização dos advogados públicos pela elaboração de pareceres. *Revista Consultor Jurídico*, 20 de agosto de 2015. Disponível em: https://www.conjur.com.br/2015-ago-20/interesse-publico-responsabilizacao-advogado-publico-elaboracao-parecer. Acesso em: 15 fev. 2022.

JUSTEN FILHO, Marçal. PL 7448/2017 e sua importância para o Direito brasileiro. *Jota*, 18 de abril de 2018. Disponível em: https://www.jota.info/opiniao-e-analise/artigos/pl-7448-2017-e-sua-importancia-para-o-direito-brasileiro-18042018. Acesso em: 15 fev. 2022.

KELSEN, Hans. *Teoria pura do direito*. Trad. João Baptista Machado. 8. ed. São Paulo: Martins Fontes, 2020.

MACERA, Paulo Henrique. *Responsabilidade do Estado por omissão judicial*. Dissertação (mestrado em direito) – Universidade de São Paulo, São Paulo, 2015.

MARRARA, Thiago. *Manual de direito administrativo*, volume I: fundamentos, organização e pessoal. São Paulo: Kindle Direct Publishing (KDP), 2017.

MEIRELLES, Hely Lopes. *Direito administrativo brasileiro*. 16. ed. São Paulo: Revista dos Tribunais, 1991.

MENDONÇA, José Vicente Santos de. Art. 21 da LINDB – indicando consequências e regularizando atos e negócios. *Revista de Direito Administrativo – RDA*, ed. especial. p. 43-61, 2018. Disponível em: http://bibliotecadigital.fgv.br/ojs/index.php/rda/article/view/77649/74312. Acesso em: 15 fev. 2022.

MENEZES DE ALMEIDA, Fernando Dias. O Brasil necessita ressuscitar a jurisdição administrativa? Debate à luz da história do direito administrativo brasileiro. *In*: MARRARA, Thiago; GONZÁLES, Jorge Agudo (coord.). *Controles da administração e judicialização de políticas públicas*. São Paulo: Almedina, 2016, p. 275-291.

MOREIRA, Egon Bockmann. Crescimento econômico, discricionariedade e o princípio da deferência. *Revista Colunistas Direito do Estado*, 12 de maio de 2016. Disponível em: http://www.direitodoestado.com.br/colunistas/egon-bockmann-moreira/crescimento-economico-discricionariedade-e-o-principio-da-deferencia. Acesso em: 15 fev. 2022.

MOREIRA, Egon Bockmann; PEREIRA, Paula Pessoa. Art. 30 da LINDB – o dever público de incrementar a segurança jurídica. *Revista de Direito Administrativo – RDA*, ed. Especial, p. 243-274, 2018. Disponível em: http://bibliotecadigital.fgv.br/ojs/index.php/rda/article/view/77657/74320. Acesso em: 15 fev. 2022.

MOTA, Fabricio. Pela segurança jurídica, precisamos tratar da interpretação da Lindb. *Revista Consultor Jurídico*, 11 de julho de 2019. Disponível em: https://www.conjur.com.br/2019-jul-11/interesse-publico-seguranca-juridica-precisamos-tratar-interpretacao-lindb. Acesso em: 15 fev. 2022.

OLIVEIRA, Júlio Marcelo de. Projeto de lei ameaça o controle da administração pública. *Revista Consultor Jurídico*, 10 de abril de 2018. Disponível em: https://www.conjur.com.br/2018-abr-10/projeto-lei-ameaca-controle-administracao-publica. Acesso em: 15 fev. 2022.

PALMA, Juliana Bonacorsi de. A Proposta de Lei da Segurança Jurídica na Gestão e do Controle Público e as Pesquisas Acadêmicas. *SBDP*, 2018. Disponível em: http://www.sbdp.org.br/wp/wp-content/uploads/2019/06/LINDB.pdf. Acesso em: 15 fev. 2022.

PALMA, Juliana Bonacorsi de. Desmistificando o PL 7.448/17: segurança jurídica para construirmos planos. *Conjur*, 20 de abril de 2018. Disponível em: https://www.conjur.com.br/2018-abr-20/juliana-bonacorsi-pl-744817-seguranca-juridica-novos-planos. Acesso em: 15 fev. 2022.

SMANIO, Gianpaolo. Contra o abuso ou abuso contra? *Valor Econômico*, 26 de abril de 2017. Disponível também em: http://www.mpsp.mp.br/portal/page/portal/noticias/noticia?id_noticia=16874488&id_grupo=118. Acesso em: 15 fev. 2022.

SUNDFELD, Carlos Ari. Uma lei geral inovadora para o Direito Público. *Jota*. 31 de outubro de 2017. Disponível em: https://www.jota.info/opiniao-e-analise/colunas/controle-publico/uma-lei-geral-inovadora-para-o-direito-publico-01112017. Acesso em: 15 fev. 2022.

Informação bibliográfica deste texto, conforme a NBR 6023:2018 da Associação Brasileira de Normas Técnicas (ABNT):

MACERA, Paulo Henrique. Responsabilidade do agente público: uma análise do artigo 28 da LINDB à luz de aspectos estruturais e esferas da responsabilidade, fenômeno interpretativo e incerteza do Direito. *In*: CONTI, José Maurício; MARRARA, Thiago; IOCKEN, Sabrina Nunes; CARVALHO, André Castro (coord.). *Responsabilidade do gestor na Administração Pública*: aspectos gerais. Belo Horizonte: Fórum, 2022. p. 145-173. ISBN 978-65-5518-412-9. v.1.

O PODER LEGISLATIVO E O ENFRENTAMENTO DA CORRUPÇÃO

RODRIGO OLIVEIRA DE FARIA

1 Introdução

A baixa credibilidade do Poder Legislativo e dos principais atores na arena legislativa, os partidos políticos, conjugada com a forte percepção de corrupção disseminada na sociedade brasileira e sua associação com o parlamento traçam um cenário bastante adverso no contexto brasileiro. Tal cenário é ainda composto de um arranjo institucional, referido como presidencialismo de coalizão, em que, para a formação das coalizões governativas se torna necessário o compartilhamento de recursos entre os parceiros da coalizão que permita a construção e manutenção da base de apoio do Governo, vislumbrando-se incentivos para utilização de práticas corruptivas com tal finalidade. Ademais, a atual estratégia de tratamento do tema da corrupção, que aponta para sua criminalização, parece entregar resultados insatisfatórios com os instrumentos utilizados, contrariamente ao consenso de que estratégias preventivas são muito mais eficazes no tratamento do desvio de recursos. Nesse contexto, o Poder Legislativo é identificado como *parte do problema,* sem que se perceba que, por outro lado, é parte integrante e fundamental de quaisquer avanços que se pretenda implementar, inclusive para a elaboração de uma estratégia eficiente de combate à corrupção.

Este artigo, que procura alinhavar algumas reflexões sobre tais elementos, encontra-se dividido em cinco seções. A primeira apresenta brevemente o atual panorama de descrédito das instituições representativas e da associação da corrupção com o Legislativo; a segunda expõe as linhas gerais da classificação dos tipos de corrupção; a terceira seção aponta os marcos legislativos mais recentes de combate à corrupção, bem como o desenho da estratégia de criminalização da corrupção no Brasil; a quarta seção apresenta os elementos centrais do presidencialismo de coalizão e os incentivos gerados em sua mecânica de funcionamento; a última seção, por sua vez, discute os instrumentos legislativos de supervisão do Parlamento, apontando a situação limite em que se encontra a democracia brasileira.

2 Descrédito, desconfiança e associação com a corrupção: o Legislativo na berlinda

Em setembro de 2021, o Instituto de Pesquisas *Datafolha* conduziu uma pesquisa nacional[1] sobre o grau de confiança nas instituições brasileiras, utilizando-se de 3.667 entrevistas em todo o Brasil, distribuídas em 190 municípios, por meio de aplicação de questionário estruturado, com abordagem pessoal em pontos de fluxo populacional. A pesquisa revelou que a reprovação ao desempenho do Congresso Nacional aumentou entre os brasileiros, tendo sido o trabalho do parlamento avaliado como ruim ou péssimo, por 44%; como regular, por 40%; e como ótimo ou bom, por 13%. Ademais, a avaliação do grau de confiança nas instituições brasileiras revela que, em primeiro lugar, figuram os partidos políticos como as instituições menos confiáveis (61% dos entrevistados não confiam), seguidos de perto pelo Congresso Nacional, em que 49% dos brasileiros não confiam. Por sua vez, as Forças Armadas se mantiveram como a instituição mais confiável do País.

Outras pesquisas de opinião ratificam percepção assemelhada acerca do Poder Legislativo, associando-o de forma bastante enfática com a corrupção:

> a opinião pública identifica o Estado – e no interior do Estado, o Legislativo – concentrando a corrupção entre as instituições estatais. Assim, não só as três instituições mais corruptas pertencem ao Legislativo, como também a percepção é de que a incidência da corrupção está aumentando.[2]

E a mesma constatação, em outros termos:

> A baixa confiança no Congresso, já apontada por diversas pesquisas, aliada a uma forte percepção sobre a maior incidência de corrupção no Legislativo, aferida pela pesquisa do Centro de Referência do Interesse Público, torna a reforma política pauta de grande importância na agenda política brasileira.[3]

Efetivamente, há um entendimento generalizado na sociedade brasileira, inclusive no meio jurídico, de que a corrupção advém, em grande parte, do próprio Congresso Nacional:

> O Parlamento brasileiro liga menos para a corrupção do que para outros ilícitos penais, alguns deles configuradores de condutas absolutamente irrelevantes. Há uma explicação para isso: *grande parte da corrupção advém justamente do Congresso Nacional, com suas negociatas escusas pela liberação de verbas e indicação de apaniguados para cargos no Executivo*[4] (grifos nossos).

---

[1] Os dados completos da pesquisa quantitativa realizada pelo Datafolha podem ser acessados em: http://media.folha.uol.com.br/datafolha/2021/09/24/avali24968insti94782congress8472.pdf.

[2] AVRITZER, Leonardo. Governabilidade, sistema político e corrupção no Brasil. *In:* AVRITZER, Leonardo; FILGUEIRAS, Fernando (org.). *Corrupção e Sistema Político no Brasil*. Rio de Janeiro: Civilização Brasileira, 2011. p. 53.

[3] AVRITZER, Leonardo. *op. cit.*, p. 58-59.

[4] NUCCI, Guilherme de Souza. *Corrupção e Anticorrupção*. Rio de Janeiro: Forense, 2015, p. 6.

Tal entendimento se irradia em relação a outros importantes mecanismos de funcionamento das coalizões governativas no sistema presidencialista brasileiro, a exemplo da composição política e da distribuição do poder entre os parceiros da coalizão de governo, seja por meio de cargos e orçamento (patronagem):

> Ponto relevante é o desprezo pela meritocracia, desde o Brasil-colônia, substituída pela troca de favores e conchavos palacianos, uma vez que o ofício público era considerado como pertencente ao rei. A própria Coroa chegou a vender cargos. Daí se nota o descalabro pelo qual a história brasileira da corrupção passou, registrando, infelizmente até hoje, quase o mesmo sistema. Muitas nomeações políticas a cargos importantes advêm de trocas de favores, subserviência palaciana, esperteza nos relacionamentos e as sempre conhecidas amizades de mão dupla.
>
> [...]
>
> Havendo um generalizado *dá-cá, toma-lá,* o oferecimento de vantagens indevidas a servidores públicos torna-se tradição, sendo até mesmo marginalizado quem não aceita o suborno. Acarreta a *corrupção oficial* no interior da Administração Pública.[5]

As análises internacionais também evidenciam a percepção de elevada corrupção nas instituições brasileiras:

> Corruption is a significant problem in Brazil, ranking alongside public security and income inequality as one of the most potentially destabilizing challenges facing Latin America's largest democracy in the new millennium. Most indices of corruption perceptions place Brazil above the regional and world average – that is, neither among the cleanest but certainly not in the lowest tier of corruption nations.[6]

Tal fenômeno, contudo, não é propriamente nacional. De fato, a percepção global em relação aos parlamentos não é das melhores. Mundialmente, ocorre um fenômeno de desconfiança em relação aos representantes e, particularmente, em relação ao Poder Legislativo, considerado como uma das instituições mais corruptas dos governos nacionais: *"Not only do citizens have little trust in parliaments, but parliaments are regarded among the most corrupt institutions".*[7]

As pesquisas mundialmente conduzidas pelo *World Value Survey*, nos últimos 32 anos, sobre a cultura política e sobre valores culturais e sociais, revelaram, regularmente, dois fatos:

> *The first is that legislatures enjoy very little public confidence relative to that enjoyed by other institutions; the second is that legislatures also enjoy very little confidence in absolute terms. In other words, it is not simply that the citizens have less confidence in parliament than in other institutions, but that citizens rank legislative institutions among the lowest of institutions with public trust.*[8]

---

5   NUCCI, Guilherme de Souza, *op. cit.*, p. 9/10.

6   TAYLOR, Matthew M. Brazil: Corruption as Harmless Jeitinho or Threat to Democracy. *In*: MORRIS, Stephen D.; BLAKE, Charles H. *Corruption & Politics in Latin America:* National & Regional Dynamics. Colorado: Lynne Rienner Publishers, 2010, p. 89.

7   PELIZZO, Riccardo; STAPENHURST, Frederick. *Corruption and Legislatures*. New York: Routledge, 2014, p. 60.

8   PELIZZO, Riccardo; STAPENHURST, Frederick, *op. cit.*, p. 58.

O descrédito das instituições representativas perante a opinião pública poderia ser apontado como um sintoma de enfraquecimento das democracias contemporâneas? Ou os níveis elevados de desconfiança poderiam ser atribuídos a níveis também mais elevados de exigência dos cidadãos em relação aos governos nacionais?

O fenômeno da corrupção tem contribuído para a gradativa erosão da própria legitimidade democrática, como também é amplamente reconhecido: "*Corruption poses additional threats to the proper functioning of a political system: It erodes the representativeness and the legitimacy of the political institutions*".[9]

A outra faceta da elevada desconfiança em relação ao Poder Legislativo é a percepção da corrupção. O Índice de Percepção da Corrupção (IPC) é o principal indicador de corrupção no setor público do mundo.[10] Produzido desde 1995 pela Transparência Internacional, o IPC avalia 180 países e territórios, classificando-os em uma escala que vai de 0 (altamente corrupto) a 100 (muito íntegro).

O IPC de 2019 havia mantido o Brasil no pior patamar da série histórica. Com 35 pontos, o país permanecia estagnado, com sua menor pontuação no IPC desde 2012, evidenciando a corrupção como um dos maiores obstáculos ao desenvolvimento econômico e social. Por sua vez, o IPC de 2021 trouxe ligeira oscilação positiva para a pontuação brasileira, que passou a 38 pontos.

A percepção da corrupção no Brasil, efetivamente, não se encontra dissociada de um vasto conjunto de escândalos, que tem sacudido nossas instituições:

> Um amplo conjunto de escândalos políticos marca da democracia brasileira desde o começo dos anos 1990. O impeachment do ex-presidente Collor, a Comissão Parlamentar de Inquérito sobre o Orçamento, as denúncias de venda de votos no Congresso durante as negociações para a instituição da possibilidade de reeleição e o conhecido 'mensalão' estão entre os principais escândalos da política brasileira desde a redemocratização. Todos esses casos aumentaram a percepção acerca da gravidade da corrupção no Brasil. Entre os brasileiros, 73% consideram a corrupção no país um fenômeno muito grave.[11]

No caso brasileiro, as análises também têm incorporado a especificidade de um sistema multipartidário minoritário, com implicações adicionais para a manutenção de coalizões governativas sem que haja o fomento da corrupção:

> Ao mesmo tempo, o sistema proporcional implantado no Brasil criou o chamado "presidencialismo de coalizão", um fenômeno que pode ser descrito da seguinte forma: o presidente do Brasil se elege com uma quantidade muito maior de votos que seu partido recebe nas eleições para o Congresso, criando a necessidade de alianças políticas. Por sua vez, as negociações para a conquista da maioria no Congresso têm como moeda de troca os recursos públicos alocados no orçamento da União ou a distribuição de cargos entre os ministérios.[12]

---

[9] PELIZZO, Riccardo; STAPENHURST, Frederick, *op. cit.*, p. 62.

[10] Para mais detalhes, ver: https://transparenciainternacional.org.br/ipc/. O relatório do Índice de Percepção da Corrupção 2021 encontra-se disponível em: https://comunidade.transparenciainternacional.org.br/indice-de-percepcao-da-corrupcao-2021.

[11] AVRITZER, Leonardo. Governabilidade, sistema político e corrupção no Brasil. *In*: AVRITZER, Leonardo; FILGUEIRAS, Fernando (org.). *Corrupção e Sistema Político no Brasil*. Rio de Janeiro: Civilização Brasileira, 2011, p. 43-44.

[12] AVRITZER, Leonardo, *op. cit.*, p. 44/45.

E, neste sentido: "O resultado foi um conjunto de negociações no interior do Congresso que, como é amplamente sabido, favorece casos de corrupção e o popular 'caixa dois'".[13]

A superação de tal estado de coisas, contudo, depende de uma ampla articulação para o enfrentamento da corrupção em nosso cenário institucional e da formulação de uma política nacional de combate à corrupção, que seria, nas palavras de Warde:

> Uma política que articule os órgãos e os agentes públicos envolvidos, que sincronize as suas ações, que dê fim a uma disputa vergonhosa e paralisante por protagonismo. Uma política que coíba a espetacularização e, ao mesmo tempo, a banalização da corrupção e do seu combate.[14]

Tal reconhecimento não indica que não haja esforços nesse sentido no Brasil. Contudo, tais iniciativas ainda parecem frágeis, ante o cenário desafiador trazido pela corrupção. Uma de tais iniciativas teria sido a Estratégia Nacional de Combate à Corrupção e à Lavagem de Dinheiro (ENCCLA):

> Importante medida adotada no âmbito do Poder Executivo diz respeito à instituição da Estratégia Nacional de Combate à Corrupção e à Lavagem de Dinheiro (ENCCLA), criada em 2003, que pode ser definida como a primeira tentativa de articulação dos órgãos do Governo Federal para o estabelecimento de uma política nacional de combate aos crimes de corrupção e de lavagem de dinheiro. Na ENCCLA, representantes dos mais importantes órgãos de controle da Administração Pública federal buscam identificar os problemas existentes e definir os principais objetivos para a construção de um sistema de combate aos ilícitos relacionados à corrupção.[15]

De qualquer forma, reconhecida a existência de forte percepção de corrupção na sociedade brasileira e, ainda, que o Poder Legislativo se encontra associado fortemente às práticas corruptivas, várias soluções são aventadas, com destaque para aquelas indicativas da necessidade de reformas políticas e, em particular, do sistema de financiamento das campanhas políticas, ponto nevrálgico do sistema político:

> Algumas mudanças são fundamentais para pensarmos uma organização do sistema político menos vulnerável à incidência da corrupção no aparato estatal. A primeira delas é o financiamento das campanhas políticas. Aqui se colocam os principais problemas que posteriormente afetarão o sistema político. Uma relação entre público e privado sem nenhuma transparência gera um sistema de obrigações recíprocas sem nenhuma legalidade (...) o financiamento público – exclusivo ou parcial – pode ajudar na resolução deste problema fornecendo condições para uma maior renovação da representação no Congresso.[16]

A disciplina jurídica do financiamento de campanhas eleitorais é um vaso quebrado. Rompeu com o financiamento empresarial, julgada a Ação Direta de Inconstitucionalidade 4650, mas não afastou o poder econômico do jogo político, que ainda se faz sentir por um claudicante regramento das doações de pessoas físicas. A isso se somam a insuficiência

---

[13] AVRITZER, Leonardo, *op. cit.*, p. 45.

[14] WARDE, Walfrido. *O Espetáculo da Corrupção*. Rio de Janeiro: Casa da Palavra/LeYa, 2018, p. 10.

[15] FURTADO, Lucas Rocha. *As Raízes da Corrupção no Brasil*. Belo Horizonte: Fórum, 2015, p. 152.

[16] AVRITZER, Leonardo. Governabilidade, sistema político e corrupção no Brasil. *In:* AVRITZER, Leonardo; FILGUEIRAS, Fernando (org.). *Corrupção e Sistema Político no Brasil*. Rio de Janeiro: Civilização Brasileira, 2011. p. 57.

dos recursos providos por um modelo mambembe de financiamento público, a ganância de políticos insaciáveis e a expansão do crime organizado, para ajudar a corromper ao invés de depurar o sistema.

Enquanto não racionalizarmos e democratizarmos o financiamento da política, em especial o financiamento das campanhas eleitorais – mas não apenas elas –, os mais ricos – e, sobretudo, os menos escrupulosos – tratarão de fazer com que seus votos se multipliquem e valham mais do que o do cidadão comum. E, ao fazê-lo, continuarão a se apropriar dos candidatos e, sem seguida, dos políticos eleitos, das instituições que comandam – como marionetes dos seus benfeitores – e de todo o Estado, para que o Estado os sirva, em detrimento de todo o povo.[17]

Feita a contextualização panorâmica do descrédito do Poder Legislativo, em nível mundial, que se conjuga com a diminuição dos níveis da legitimidade democrática e, por outro lado, associa-se com práticas corruptivas, gerando mais descrédito e revolta da população, há que se analisar, brevemente, que iniciativas do próprio Poder Legislativo propiciam instrumentais importantes de combate à corrupção, o que abre espaço para a questão central deste artigo, qual seja, em que medida o Poder Legislativo deve ser reconhecido como elemento fundamental e integrante do conjunto de soluções para o enfrentamento da corrupção.

3 Delineamentos conceituais e taxonômicos

Como se sabe, na legislação penal brasileira, em sentido estrito, a corrupção se apresenta sob duas formas básicas: *corrupção ativa* e *corrupção passiva*, que significam, respectiva e suscintamente, *oferecer ou solicitar vantagem indevida*. No geral, contudo, a corrupção é um termo guarda-chuva que abriga diversas outras condutas, incluindo desde infrações penais até ilícitos civis e administrativos.[18]

> O Código Penal de 1940, inspirado no Código suíço, disciplinou não apenas em dispositivos separados, mas também em capítulos distintos, a corrupção passiva e a corrupção ativa, rompendo, em tese, a bilateralidade obrigatória dessa infração penal, que, via de regra, pode consumar-se a passiva, independentemente da correspondente prática da ativa, e vice-versa. Essa opção do legislador, tratando as espécies de corrupção, ativa e passiva, como crimes autônomos, facilita sua punibilidade, os quais, nas modalidades de solicitar (passiva) e oferecer (ativa), por exemplo, independem da anuência do particular ou do funcionário público, respectivamente, para consumarem-se.[19]

Em termos gerais, a corrupção evidencia um tipo de relação espúria entre o setor público e o setor privado, com características bastante particulares a cada Estado nacional:

> O termo corrupção designa um tipo de relação entre o estado e o setor privado. Às vezes, os funcionários do estado são os atores dominantes; em outros casos, os atores privados são as forças mais poderosas. O relativo poder de barganha desses grupos determina

---

[17] WARDE, Walfrido. *O Espetáculo da Corrupção*. Rio de Janeiro: Casa da Palavra/LeYa, 2018, p. 13/14.

[18] NUCCI, Guilherme de Souza. *Corrupção e Anticorrupção*. Rio de Janeiro: Forense, 2015, p. 11.

[19] BITENCOURT, Cezar Roberto. *Código Penal Comentado*. 10. ed. São Paulo: Saraiva, 2019.

tanto o impacto geral da corrupção na sociedade quanto a distribuição dos ganhos entre os pagadores e os recebedores de suborno.[20]

Em termos mais específicos, conforme a definição adotada pela Transparência Internacional, a corrupção expressaria o *abuso do poder confiado para ganhos privados*. Ou, conforme a exegese doutrinária:

> A corrupção caracteriza-se, nitidamente, pela negociata, pelo pacto escuso, pelo acordo ilícito, pela depravação moral de uma pessoa, gerando, muitas vezes, imensos estragos ao Estado. Mas a corrupção não se limita às fronteiras da Administração Pública, pois corre solta no ambiente privado, em particular, no cenário de empresas particulares.[21]

Em termos classificatórios, pode-se identificar três espécies de corrupção: *grande corrupção, corrupção burocrática e corrupção legislativa*.[22] Referidos tipos se diferenciam em termos dos tipos de decisão que são influenciadas pela corrupção e pela fonte do poder pelo tomador de decisão.

Em primeiro lugar, a *grande corrupção*, como o nome implica, é *ampla e usualmente envolve líderes políticos*, sendo definida como aquela que se presta a formular e adotar *decisões políticas e econômicas*. Os líderes governamentais precisam balancear os interesses mais amplos do eleitorado e seu desejo de permanência no poder. Líderes corruptos podem mudar políticas nacionais para servir aos seus próprios interesses.

Em segundo lugar, existiria a *corrupção burocrática (petty corruption)*, que se refere às *distorções na implementação de leis, políticas e regulações*. Na sua forma mais comum, servidores públicos solicitam propina dos cidadãos para que estes recebam serviços a que têm direito, para receber ou ter acesso a serviços para os quais não estão habilitados ou simplesmente para agilizar procedimentos burocráticos.

Por último, a *corrupção legislativa* se refere à maneira e extensão pela qual o *comportamento de voto dos legisladores pode ser influenciado*. Legisladores podem receber *suborno por grupos de interesse* para produzir legislação que favoreça seus membros. Além disso, existe também a *compra de voto* para favorecer sua reeleição ou por líderes no Executivo em seus esforços para ter alguma legislação aprovada.

A principal nota distintiva entre a grande corrupção e a corrupção burocrática estaria no fato de que a *grande corrupção* se referiria a *distorções* na *formulação* de leis, políticas e regulações, enquanto que a *corrupção burocrática* estaria associada a *distorções* na *implementação* de leis, políticas e regulações.

Por sua vez, a *corrupção eleitoral*, comumente citada e analisada, seria uma *subcategoria da grande corrupção*. A corrupção eleitoral ocorreria quando políticos – e mais especificamente candidatos políticos – se envolvessem em *campanhas eleitorais ilegais por meio da aceitação de contribuições que violem a legislação eleitoral* (fontes de recursos inadmitidas pela legislação; valores superiores ao máximo estabelecido em lei; aceitação de recursos para posterior atuação em nome dos doadores dos fundos recebidos ou, na forma ativa, por meio da compra de votos).

---

[20] ROSE-ACKERMAN, Susan; PALIFKA, Bonnie J. *Corrupção e Governo*: causas, consequências e reforma. Trad. Eduardo Lessa. Rio de Janeiro: FGV Editora, 2020.

[21] NUCCI, Guilherme de Souza. *Corrupção e Anticorrupção*. Rio de Janeiro: Forense, 2015, p. 3.

[22] JAIN, Arvind K. *Political Economy of Corruption*. London: Routledge, 2001.

Conforme o nível hierárquico em que surja a ocorrência, a corrupção poderia envolver altos escalões da Administração Pública ou, ao contrário, os níveis hierárquicos inferiores, como destaca Lucas Furtado:

> Há situações em que a corrupção se desenvolve de 'cima para baixo'. Nessas hipóteses, são os servidores que compõem a cúpula da Administração Pública que decidem, planejam e executam os atos de corrupção, o que cria um sistema em que o pagamento de subornos é centralizado e monopolista. Nesse modelo, são os servidores mais graduados que definem quanto será cobrado e como será repartido o valor pago. (...) No modelo 'de baixo para cima', o planejamento e a execução dos atos corruptos são desenvolvidos pelos servidores dos escalões mais baixos da Administração Pública, que, em seguida, dividem o produto com aqueles que lhes são superiores na hierarquia. (...) Deficiências estruturais, carência de pessoal qualificado, remuneração inadequada dos servidores públicos, mecanismos de recrutamento de pessoal que não observam critérios objetivos, legislação administrativa e penal falha, inexistência de mecanismos adequados de controle administrativo e judicial, deficiências que impedem a aplicação de sanções aos servidores que praticam atos ilícitos, falta de transparência, contratações diretas sem licitação são apenas algumas das inúmeras causas da corrupção administrativa.[23]

Por vezes, o termo *corrupção* também é utilizado como sinônimo de *fraude*, como se destaca no *Referencial de Combate à Fraude e Corrupção do TCU*:

> Neste referencial os termos 'fraude' e 'corrupção' são mencionados exaustivamente. No entanto, não existe consenso internacional sobre a definição desses termos. A própria Convenção das Nações Unidas contra a Corrupção (UN, 2004) não apresenta uma definição para o termo 'corrupção'. O resultado é que cada país ou entidade internacional define-os conforme o seu contexto jurídico.[24]

No que se refere à fraude, houve extensiva análise de sua ocorrência nas organizações, a partir do referencial teórico trazido por *Donald Cressey* (1953), conhecido como *Triângulo da Fraude*: por esse modelo, para uma fraude ocorrer, é necessária a presença de três fatores: *pressão, oportunidade e racionalização*.[25]

E as três arestas identificadas por Cressey foram decompostas nos seguintes termos:

> A *primeira aresta do triângulo da fraude é a pressão*, mas em algumas representações do triângulo, essa aresta é também chamada de incentivo ou motivação. A pressão é o que motiva o crime em primeiro lugar. Essa pressão pode ter várias origens, mas em geral se trata de algum problema financeiro do indivíduo, que por não conseguir resolver por meios legítimos, passa a considerar cometer uma ilegalidade para resolver o seu problema. A pressão pode ter origem pessoal ou profissional. Exemplos de pressão podem ser incapacidade de honrar as suas dívidas pessoais, vício no jogo ou em drogas, problemas de saúde, metas de produtividade no trabalho, desejo por padrão de vida superior.

---

[23] FURTADO, Lucas Rocha. *As Raízes da Corrupção no Brasil*. Belo Horizonte: Fórum, 2015, p. 58/59.

[24] TRIBUNAL DE CONTAS DA UNIÃO. *Referencial de Combate à Fraude e Corrupção*: aplicável a órgãos e entidades da Administração Pública. 2. ed. Brasília, 2018, p. 10.

[25] *Idem*, p. 10.

A *segunda aresta, oportunidade*, refere-se à fraqueza do sistema, na qual o servidor tem o poder e habilidade para explorar uma situação que faz a fraude possível. A oportunidade define o método com que a fraude será cometida. O indivíduo deve vislumbrar uma forma de usar e abusar de sua posição de confiança para resolver o seu problema financeiro com uma percepção de baixo risco de ser pego. A oportunidade é criada por controles ineficazes e falhas na governança e, quanto maior for a percepção de oportunidade, maior a probabilidade de a fraude ocorrer. Outros fatores relacionados com a percepção de oportunidade são: a assunção de que a organização não está ciente; os servidores não serem verificados periodicamente quanto ao cumprimento das políticas; a crença de que ninguém se importa e que ninguém vai considerar a transgressão grave. Mesmo que a pressão seja extrema, a fraude não vai ocorrer se a oportunidade não estiver presente.

A *terceira aresta é a racionalização*, que significa que o indivíduo antes de transgredir formula algum tipo de racionalização moralmente aceitável antes de se envolver em comportamentos antiéticos. A racionalização refere-se à justificação de que o comportamento antiético é algo diferente de atividade criminosa. Os transgressores se veem como pessoas comuns e honestas que são pegas em más circunstâncias. As racionalizações comuns são 'eu estava apenas pegando emprestado o dinheiro', 'eu merecia esse dinheiro', 'eu tinha que desviar o dinheiro para ajudar minha família', 'eu não sou pago o que mereço', 'minha organização é desonesta com outros e merece ser trapaceada'[26] (grifos nossos).

A partir da formulação original de Cressey, teorias subsequentes procuraram adicionar uma quarta aresta, caracterizando o que ficou conhecido na literatura como *diamante da fraude*:

> A partir do triângulo da fraude, outra teoria introduziu o 'diamante da fraude'. Nesse modelo, a nova aresta é a capacidade. Isso significa que para a fraude ocorrer, além dos fatores do triângulo da fraude, o transgressor precisa ter as habilidades pessoais e técnicas para cometer a fraude. Assim, a pressão é a causa-raiz da fraude, que leva o indivíduo a racionalizar e buscar uma oportunidade, e quando esse cenário está montado, bastaria a capacidade do indivíduo para a fraude ocorrer.[27]

Os principais *mecanismos de combate a fraude e corrupção* identificados pela literatura são: *prevenção, detecção, investigação, correção e monitoramento*.[28] A cada mecanismo encontra-se associado um conjunto de componentes que contribuem, direta ou indiretamente, para o alcance do seu objetivo.[29] Por sua vez, vinculado a cada componente, também se encontra associado um conjunto de práticas, que representariam o detalhamento das atividades no seu nível mais operacional.

Percebe-se, do exame do *Referencial de Combate à Fraude e Corrupção*, que a *corrupção burocrática (petty corruption)* é o alvo central das preocupações. Por outro lado, nota-se que parte significativa dos elementos associados aos mecanismos de combate à fraude

---

[26] TRIBUNAL DE CONTAS DA UNIÃO. *Referencial de Combate à Fraude e Corrupção:* aplicável a órgãos e entidades da Administração Pública. 2. ed. Brasília, 2018, p. 14/15.

[27] *Idem*, p.15.

[28] *Idem*, p.15.

[29] Os componentes do mecanismo prevenção seriam: 1. Gestão da ética e integridade; 2. Controles preventivos; 3. Transparência e *accountability*. Por sua vez, os componentes integrantes da detecção seriam: 1. Controles detectivos; 2. Canal de denúncias; 3. Auditoria interna. A investigação seria composta por: 1. Pré-investigação; 2. Execução da investigação; 3. Pós-investigação. De outra feita, a correção integraria os seguintes elementos: 1. Ilícitos éticos; 2. Ilícitos administrativos; 3. Ilícitos civis; 4. Ilícitos penais. Por último, o monitoramento se comporia de: 1. Monitoramento contínuo; e 2. Monitoramento geral.

e corrupção depende do envolvimento e do empoderamento das iniciativas atribuídas pela alta administração no seio burocrático. Ou seja, a eficácia da implementação desses mecanismos depende, em grande medida, da anuência da alta Administração. Nesses termos, o *alcance dos mecanismos, embora importante e imprescindível, permanece limitado aos escalões médios e inferiores da máquina burocrática, não enfrentando as mazelas que tanto são demandas pela sociedade brasileira.*

A literatura especializada destaca, enfaticamente, que, ocorrido o desvio fraudulento de recursos financeiros, os esforços para mitigação do dano provocado seriam pouco eficientes. O histórico de recuperação administrativa desses ativos é desfavorável para qualquer esfera de governo e de poder. Os meios de recuperação são lentos e custosos, obrigando a organização a alocar recursos humanos e, portanto, mais recursos financeiros, para recuperar o recurso desviado, sem garantia de êxito.

Portanto, a prevenção não só é mais eficiente na preservação dos recursos públicos, mas também confere efetividade ao benefício social que se pretenda alcançar com esses recursos:

> Nessa equação, os controles preventivos, em geral, apresentam melhor relação custo-benefício e por isso devem ser a primeira opção a ser avaliada, pois evitam, por exemplo, que a organização pague algo indevido e, posteriormente, tenha que implementar medidas corretivas e punitivas custosas.[30]

Em termos instrumentais, o combate à corrupção contaria com a atuação, articulada ou não, de vários órgãos ou entidades criadas com tal função:

> As *atuações dos tribunais de contas e das controladorias, no âmbito administrativo,* e dos *ministérios públicos e das polícias judiciárias, na esfera criminal,* dão grandes resultados no combate a fraude e corrupção. Contudo, a *moderna teoria de Linhas de Defesa* aponta o *administrador público como o principal agente nesse combate.* Os gestores de uma organização, em conjunto com os servidores, empregados e terceirizados, compõem a linha de frente na defesa do patrimônio público, especialmente porque vivem o dia a dia das operações da organização. Logo, estão na melhor posição para perceber e identificar desvios e aplicar as correções necessárias[31] (grifos nossos).

Realizadas, brevemente, a conceituação basilar acerca da corrupção e a revisão bibliográfica acerca de sua taxonomia, há que se verificar em que medida o próprio Poder Legislativo tem contribuído, por meio dos instrumentos e referenciais legislativos, para o combate à corrupção no Brasil.

4 Apontamentos recentes acerca do arcabouço legislativo de combate à corrupção e a estratégia de criminalização da corrupção

Em 2013, delineia-se importante marco legislativo em relação às ferramentas legislativas relativas ao combate de corrupção. Efetivamente, com a edição das Leis

---

[30] FURTADO, Lucas Rocha. *As Raízes da Corrupção no Brasil.* Belo Horizonte: Fórum, 2015, p. 23.

[31] TRIBUNAL DE CONTAS DA UNIÃO. *Referencial de Combate à Fraude e Corrupção:* aplicável a órgãos e entidades da Administração Pública. 2. ed. Brasília, 2018.

nº 12.846/2013 (Lei Anticorrupção) e nº 12.850/213 (Lei das Organizações Criminosas), houve significativa ampliação dos meios de investigação.

Para Nucci, a pressão da sociedade que experimentou verdadeira convulsão em junho de 2013 com ampla mobilização e pressão popular foi determinante para a aprovação, célere, da Lei Anticorrupção:

> Em junho de 2013, o Brasil experimentou vários movimentos da sociedade, que saiu às ruas para demandar diversos pontos elementares, como saúde, educação, moradia, entre outros, mas uma bandeira se levantou com uniformidade: a luta contra a corrupção.
>
> Não por acaso, em 1º de agosto do mesmo ano, o Parlamento editou a Lei 12.846/2013, denominada Lei Anticorrupção. A sequência dos fatos leva a crer que tenha sido uma resposta à sociedade, ao menos a mais rápida possível, para mostrar empenho governamental quanto aos anseios sociais. Terá sido a mais adequada solução? A referida Lei, de fato, trouxe benefícios e auxiliará, verdadeiramente, no combate à corrupção? Pelo estudo que traçamos, a Lei 12.846/2013 era uma necessidade, pois é mais um instrumento nessa longa luta contra um mal antigo e difícil de ser eliminado.[32]

Por sua vez, Walfrido Warde destaca os componentes das leis aprovadas, que permitiram melhor aparelhamento dos instrumentos de detecção da delinquência e, também, a adoção de um severo sistema de punições:

> O aparecimento das leis nº 12.850 (Lei de Organização Criminosa – Delação Premiada) e nº 12.846 (Lei Anticorrupção – Leniência), ambas no ano de 2013, ainda no primeiro mandato da presidente Dilma Rousseff, determinou uma verdadeira e parcialmente positiva revolução em dois dos quatro pilares: no aparelhamento dos instrumentos de detecção da deliquência e para a urdidura de um severo sistema de punições.[33]

A Lei nº 12.846/2013 dispõe sobre a responsabilização administrativa e civil de pessoas jurídicas pela prática de atos contra a Administração Pública, prevendo a responsabilidade objetiva das referidas pessoas jurídicas; a caracterização de atos lesivos à Administração Pública; a competência para instauração de processos administrativos de responsabilização de pessoas jurídicas; a celebração de acordo de leniência com as pessoas jurídicas responsáveis pela prática dos atos previstos nesta lei que colaborem efetivamente com as investigações; a competência para celebração de acordos de leniência no âmbito do Poder Executivo Federal; e a criação do Cadastro Nacional de Empresas Punidas – CNEP.

A seu turno, a Lei nº 12.850/2013 define organização criminosa e dispõe sobre a investigação criminal, os meios de obtenção da prova, infrações penais correlatas e o procedimento criminal; trata, ainda, do acordo de colaboração premiada, inclusive sua homologação; disciplina, por fim, a ação controlada e a infiltração de agentes.

Referida lei tramitou na Câmara dos Deputados como *Projeto de Lei nº 6.578/09*, de autoria da senadora Serys Slhessarenko (PT-MT), revogando a Lei nº 9.034/95, por ser mais abrangente, ao definir organização criminosa e o procedimento judicial.

---

[32] NUCCI, Guilherme de Souza. *Corrupção e Anticorrupção*. Rio de Janeiro: Forense, 2015, p. VI/VII.

[33] WARDE, Walfrido. *O Espetáculo da Corrupção*. Rio de Janeiro: Casa da Palavra/LeYa, 2018, p. 40.

O parecer do Relator da matéria, Deputado João Campos, ao analisar o mérito do projeto, destacou os principais avanços contidos no projeto:

> Quanto ao mérito, foram inúmeros os avanços da proposição em comento no que concerne aos instrumentos para a investigação criminal de crimes praticados por infratores que compõem organizações criminosas que assolam a segurança pública do País, dentre eles destacamos:
>
> 1. define o significado de organização criminosa para fins penais, evitando-se interpretações equivocadas que poderiam promover injustiça na atuação do Estado;
>
> 2. estabelece sanção penal para aquele que impede ou, de qualquer forma, embaraça a investigação de crime que envolva organização criminosa;
>
> 3. obriga o efetivo e direto acompanhamento pelo Ministério Público, junto às corregedorias de polícia, de todos os inquéritos que investiguem crimes com indícios de participação de policiais;
>
> 4. regra, de forma controlada, o processo de infiltração de policiais junto às organizações criminosas;
>
> 5. permite o ágil fornecimento de dados cadastrais não protegidos por sigilo constitucional, que interessam à investigação criminal e estabelece prazo para armazenamento desses dados, inclusive os atinentes a registro de viagens e de endereçamento eletrônico;
>
> 6. autoriza, antes ou durante o processo criminal, a preservação do nome, endereço e demais dados de qualificação da vítima ou de testemunhas, assim como do investigado ou acusado colaborador;
>
> 7. agiliza o procedimento relativo à apreensão ou ao sequestro de bens, direitos ou valores do acusado;
>
> Sendo assim, urge a aprovação desta proposição como medida necessária à ação estatal, por propiciar instrumentos para maior eficácia nos resultados das investigações criminais daqueles algozes que se organizam para lesar a sociedade brasileira.[34]

Percebe-se, pelo teor da lei aprovada, o cunho repressivo-penal que permeia o referido instrumental, a endossar, preliminarmente, a tese de pesquisadores que identificaram a adoção de uma *estratégia de criminalização da corrupção no Brasil*:

> *dois motivos principais pelos quais a criminalização da corrupção parece ser uma estratégia equivocada de combate à corrupção*. O primeiro motivo é que *se criminaliza um grande número de atitudes sem conseguir diferenciar e punir as mais graves*. Não se consegue punir as mais graves em virtude de um processo penal ultrapassado, o qual impede a sanção, facilita apelações contínuas e favorece a prescrição dos crimes. Além disso, há de destacar o fato de haver uma *dificuldade para a produção de provas* e o fato de que, normalmente, esses crimes têm conexões internacionais, o que dificulta ainda mais a condenação.[35]

A discussão sobre a eficácia da referida estratégia de combate à corrupção parece bastante instigante. Afinal, como visto, as análises doutrinárias e técnicas apontam para

---

[34] Parecer do Deputado João Campos ao Projeto de Lei nº 6.578, de 2009 (PLS nº 150/2006), p. 7/8. Disponível em: https://www.camara.leg.br/proposicoesWeb/prop_mostrarintegra?codteor=825569&filename=PRL+1+CSPCCO +%3D%3E+PL+6578/2009. Acesso em: 4 dez. 2020.

[35] AVRITZER, Leonardo; FILGUEIRAS, Fernando. *Corrupção e controles democráticos no Brasil*. Brasília: CEPAL, 2011 (Textos para Discussão CEPAL-IPEA, 32).

a abordagem preventiva como a mais exitosa,[36] tanto em termos de prevenção aos ilícitos como em relação à recuperação dos valores desviados, considerando que por meio da prevenção evita-se a dilapidação dos cofres públicos, enquanto que a recuperação de valores desviados tem se mostrado sempre difícil, demorada e pouco eficiente.

Isso não significa que os esforços legislativos de aperfeiçoamento da legislação penal-repressiva não devam ser feitos, mas que não deveriam ser o foco central de uma política de prevenção à corrupção. Como aponta Luiz Flávio Gomes:

> O aspecto ético e cultural é relevante para diminuir a corrupção. Mas nenhum país dispensa a repressão penal. A educação tem que estar ao lado da repressão. Ela é necessária. Mas só a repressão penal não funciona em longo prazo: um grupo é punido e um novo grupo aparece. Isso ocorreu na Itália após a Operação Mãos Limpas, tendo surgido a corrupção 2.0. Mudanças profundas só acontecem com reformas das instituições políticas, econômicas, jurídicas e sociais. Quando o agente público 'exige' propina e a vítima não se sente empoderada para denunciar, estamos diante do mau funcionamento das instituições. Serviços de atendimento confiáveis precisam ser instituídos para que o 'denunciante' se sinta seguro.[37]

A alta impunidade dos casos de corrupção, no Brasil, provoca uma visão distorcida no âmbito da opinião pública brasileira. Do ponto de vista da percepção dos brasileiros, 65% concordam que, se as leis que existem fossem cumpridas e não existisse a impunidade, a corrupção diminuiria. A par disso, 66% concordam que o controle da corrupção exige leis novas, com penas mais duras e maiores. *Esse processo de criminalização da corrupção estabelece uma contradição no seio da cidadania. O brasileiro deseja leis mais duras, criando uma espécie de cultura penal que resulta na expansão das instituições de vigilância.* Quando a criminalização da corrupção e a consequente expansão dos instrumentos de vigilância das instituições judiciais sobre a política e sobre a Administração Pública se revelam incapazes de oferecer respostas definitivas ao problema, cria-se um processo de deslegitimação da política e de naturalização da corrupção na dimensão do Estado brasileiro.[38]

O processo de expansão do controle administrativo-burocrático da corrupção e a estratégia de criminalização realizada pelas instituições judiciais, mediante o deslocamento do controle da área cível para a área criminal, resultaram no enfraquecimento de uma terceira dimensão do controle da corrupção, que seria exatamente o controle público não estatal da corrupção, como destacam Avritzer e Filgueiras. Pode-se dizer que o controle público não estatal da corrupção, no Brasil, é o tipo mais enfraquecido, porquanto as instituições tenham privilegiado a expansão dos sistemas de vigilância burocrática e criminal. Ao privilegiar a tese da criminalização da corrupção, com o auxílio de processos investigativos secretos, interpretação mediante a lei do crime organizado e a espetacularização das ações policiais, o Ministério Público retirou a capacidade do controle público exercido pela sociedade civil e privilegiou o controle realizado

---

[36] Como destacou Lucas Furtado: "Em razão do que se demonstrou ao longo desta tese, é de concluir que a única forma de se combater de forma efetiva a corrupção é por meio de medidas de caráter preventivo". *As Raízes da Corrupção no Brasil*. Belo Horizonte: Fórum, 2015.

[37] GOMES, Luiz Flávio. *O Jogo Sujo da Corrupção*. Bauru: Astral Cultural, 2017.

[38] AVRITZER, Leonardo; FILGUEIRAS, Fernando. *Corrupção e controles democráticos no Brasil*. Brasília: CEPAL, 2011. (Textos para Discussão CEPAL-IPEA, 32).

no interior do aparato estatal, particularmente no sistema de justiça. No entanto, esse controle ocorre como um de pequena corrupção, deixando de lado a *grande corrupção*.[39]

Em síntese, há evidente necessidade de ajuste na estratégia atualmente adotada para o combate à corrupção, como também indica indiretamente Lucas Rocha Furtado ao concluir pela falência total do sistema de combate à corrupção:

> As constatações apontadas (...) devem constituir motivo para forte inquietação: são raros os casos de condenação criminal; são mais raros ainda os casos de cumprimento de sentenças criminais; e é inexpressiva a recuperação dos recursos públicos desviados. Ou seja, *se a efetividade do sistema de combate à corrupção, no Brasil, for medido pelo exame dos mecanismos repressivos, deve-se concluir pela falência total do sistema*[40] (grifos nossos).

Feitos esses breves apontamentos sobre a evolução das ferramentas legislativas de combate à corrupção, as justificativas para sua aprovação e a estratégia em curso de criminalização da corrupção, faz-se necessário apresentar, na seção seguinte, os incentivos presentes nas coalizões governativas do presidencialismo minoritário brasileiro, antes de passarmos a discutir as possibilidades e limitações da participação do Legislativo em uma estratégia mais eficiente de combate à corrupção, com suas limitações e problemáticas.

5 Presidencialismo de coalizão e incentivos a práticas corruptivas: apontamentos sobre o escândalo do Mensalão

Há um número bastante elevado de casos recentes de corrupção[41] no aparelho do Estado brasileiro, com participação de membros do Poder Legislativo. Contudo, considerando as peculiaridades do sistema político brasileiro, parece mais proveitoso salientar que alguns dos contornos do presidencialismo de coalizão têm sido apontados, por estudiosos da ciência política, como geradores de incentivos para práticas corruptivas. O emblemático caso do *Mensalão*[42] seria uma comprovação da existência de tais incentivos e, assim, a par de se salientar alguns dos elementos constitutivos do presidencialismo de coalizão, pode-se, ainda, ilustrar tais ocorrências com alguns dos fatos relacionados a tal escândalo.

No *presidencialismo de coalizão*, presidentes se comportam de forma semelhante aos primeiros-ministros europeus em sistemas multipartidários, compartilhando o poder e

---

[39] AVRITZER, Leonardo; FILGUEIRAS, Fernando, *op. cit.*

[40] FURTADO, Lucas Rocha. *As Raízes da Corrupção no Brasil*. Belo Horizonte: Editora Fórum, 2015, p. 379.

[41] Caso Jorgina Maria de Freitas Fernandes; Escândalo dos Anões do Orçamento; Escândalo das ambulâncias; Corrupção na SUDAM; Caso Collor; Operação Curupira; Escândalo dos bancos Marka e FonteCindam; Escândalo dos Precatórios; Escândalo do Fórum Trabalhista de São Paulo; Escândalo do Mensalão. Tais são alguns dos escândalos de corrupção recente e que são analisados por Lucas Rocha Furtado em *As Raízes da Corrupção no Brasil*. Belo Horizonte: Fórum, 2015, p. 375.

[42] Como destacam Pereira, Power e Raile, "Reconhecemos que, como no caso da maioria dos escândalos por corrupção, as provas são às vezes indiretas e podem gerar dúvidas quando (como no caso do mensalão) o esquema é denunciado por um dos próprios participantes. Contudo, *acreditamos que estamos entre a maioria dos observadores que reconhece que o Governo Lula recompensou paralelamente os parlamentares para assegurar o apoio político no Congresso, de 2004 até o início de 2005"*. PEREIRA, Carlos; POWER, Timothy J.; RAILE, Eric D. *Presidencialismo de Coalizão e Recompensas Paralelas*: Explicando o Escândalo do Mensalão, p. 209. *In*: INÁCIO, Magna; RENNÓ, Lucio (org.). *Legislativo Brasileiro em Perspectiva Comparada*. Belo Horizonte: Editora UFMG, 2009 (grifos nossos).

gerenciando a coalizão com distribuição interpartidária proporcional para aprovação da legislação e de suas diretrizes de governo.[43] Em tal contexto, o Poder Executivo "precisa desenvolver uma estratégia integrada de governo que equilibre transferências monetárias (pork), transferências políticas (cargos nos ministérios e outras formas de patronagem) e concessões políticas".[44]

A distribuição de benefícios políticos é central na estratégia de *gestão da coalizão*, com impactos não triviais sobre os incentivos para assegurar as condições de governabilidade:

> A distribuição de benefícios políticos em si é multifacetada, já que o Executivo deve determinar o número de partidos na coalizão de governo, a abrangência ideológica desses partidos e a proporcionalidade da distribuição de cargos dentro do gabinete. Essas escolhas constituem o cerne da 'gestão da coalizão' do Executivo, que definimos como a manipulação estratégica das ferramentas de coalizão para atingir objetivos legislativos do Executivo ao longo do seu mandato. Coalizões de governo menores e de maior homogeneidade ideológica têm uma administração interna mais fácil. Contudo, uma coalizão de governo com menor número de partidos, especialmente se esses partidos constituem uma minoria ou uma maioria pequena de parlamentares, pode dificultar substancialmente a aprovação da legislação. A exclusão de certos partidos aumenta o risco de alienação desses partidos e o surgimento de uma coalizão de governo minoritária.[45]

Efetivamente, a literatura especializada reconhece, de longa data, que sistemas políticos que facilitam a troca de favores individualizados podem favorecer negociações ilícitas:

> Sistemas políticos que facilitam a troca de favores individualizados, sejam eles empregos, pagamentos irregulares ou contratos governamentais, são perfeitamente talhados para negócios envolvendo corrupção. A reforma dessas práticas dependerá ou de um escândalo ou de uma crise, ou da lenta erosão dos benefícios dessas negociatas. Às vezes, é necessária uma abordagem indireta à reforma. Em vez de um ataque direto à corrupção, outras mudanças estruturais podem ser introduzidas.[46]

Em perspectiva mais ampla, cabe lembrar que a identificação de vínculos entre características das instituições políticas brasileiras e a corrupção foi extensamente feita, sendo que *presidencialismo, federalismo e representação proporcional,* características institucionais presentes no Brasil, já foram associados à corrupção.[47]

No contexto de formação e gestão de coalizões governativas, Matthew Taylor reconhece a existência de incentivos a práticas corruptivas no caso brasileiro. Em suas palavras:

> As noted above, the Brazilian political system provides incentives toward some forms of corruption, both in the pursuit of power and the preservation of it. This problem plays

---

[43] PEREIRA, Carlos; POWER, Timothy J.; RAILE, Eric D. *Op. cit.,* p. 207/208.

[44] PEREIRA, Carlos; POWER, Timothy J.; RAILE, Eric D. *Op. cit.,* p. 213.

[45] PEREIRA, Carlos; POWER, Timothy J.; RAILE, Eric D. *Op. cit.,* p. 213/214.

[46] ROSE-ACKERMAN, Susan; PALIFKA, Bonnie J. *Corrupção e Governo:* causas, consequências e reforma. Trad. Eduardo Lessa. Rio de Janeiro: FGV Editora, 2020.

[47] PEREIRA, Carlos; POWER, Timothy J.; RAILE, Eric D. *op. cit.,* p. 207/208.

out in three stages. First, the current electoral rules tend to make for extremely expensive elections, increasing the pursuit of both licit and illicit forms of campaign financing. Second, *the rules governing the party system make it difficult for a single party to control the legislature; accordingly, the creation of a multiparty coalition in support of the president is deemed essential to guaranteeing governability – even though coalition formation may encourage side payments like the mensalão and a blind eye turned to alleged shenanigans.* Third, in light of prevailing institutional arrangements, monitoring wrongdoing and imposing electoral and political accountability is difficult at all three levels of the federation[48] (grifos nossos).

E, novamente, em Matthew Taylor:

Once elections are over, multiparty presidentialism remains a system fraught with potential dangers, not least because of the potential for deadlock between the executive and legislative branches (e.g., Mainwaring 1993; Linz and Valenzuela 1994). Post-authoritarian Brazil has managed to overcome this threat, in part because of the executive's strong legislative powers and agenda control (Figueiredo and Limongi 1999; Amorim Neto et al. 2003), but also through strong coalition management (Raile et al. 2006). While Brazil's success in this regard may put to rest some of the worst fears about the instability of multiparty presidential democracy, from the perspective of corruption, the president's need to create and preserve a governing coalition in the face of fractious and tentative party allegiances may be a significant downside.

With more than fifteen parties typically represented in Congress, it has always been the case that the president's party has lacked a majority. As a result, coalition building has become a particularly well-evolved art form, with campaign alliances, cabinet ministries, policy positions, pork, and corrupt transfers all on the table when it comes time to pull together congressional support.[49] (grifos nossos)

Como se sabe, a partir da divulgação, pela imprensa, do recebimento de vantagem indevida pelo ex-diretor dos Correios, Maurício Marinho, iniciou-se a investigação do que ficou posteriormente conhecido como escândalo do *Mensalão*:

Os fatos relativos ao esquema do 'mensalão' tornaram-se públicos a partir da divulgação, pela imprensa, da existência de uma gravação de vídeo na qual o ex-diretor do Departamento de Contratação e Administração de Material dos Correios, Maurício Marinho, foi flagrado solicitando recebendo vantagem indevida para beneficiar empresários interessados em entrar para o rol de fornecedores da estatal. A denúncia foi primeiramente apresentada pela Revista Veja.

Os diálogos constantes do vídeo também revelaram informações a respeito de supostos procedimentos de troca de apoio político, no Congresso Nacional, por cargos e posições de mando em empresas estatais e diversos órgãos públicos da Administração direta e indireta. Em trecho da conversa gravada, Maurício Marinho afirma: "Nós somos três e trabalhamos fechado. Os três são designados pelo PTB de Roberto Jefferson. É uma composição com o governo. Nomeamos o diretor, um assessor e um departamento-chave. Tudo que nós fechamos o partido fica sabendo". No decorrer do diálogo, o dirigente dos Correios dá detalhes sobre o direcionamento de licitações em favor de empresas

---

[48] TAYLOR, Matthew M. *Brazil: Corruption as Harmless Jeitinho or Threat to Democracy? In*: MORRIS, Stephen D.; BLAKE, Charles H. *Corruption & Politics in Latin America: National & Regional Dynamics*. Colorado: Lynne Rienner Publishers, 2010. P. 98

[49] TAYLOR, Matthew M., *op. cit.*, p. 99.

indicadas e os percentuais de "comissões" cobrados em razão da natureza do objeto a ser contratado, deixando a entender que parte das propinas arrecadadas iria para o PTB e, mais, que aquele partido adotava o mesmo esquema em outros órgãos e entidades da Administração Pública: "Tudo o que é feito aqui tem a parte do presidente, do partido [...] Nós temos de ver quantos vão ser os candidatos, o que é que vamos dar para cada um, o que é que compete aos Correios, à Infraero, à Eletronorte, à Petrobras".[50]

Com a instalação da *Comissão Parlamentar Mista de Inquérito* (CPMI) dos Correios, personagem emblemática trouxe novos fatos e evidências:

> Em depoimento à CPMI, Sr. Roberto Jefferson afirmou que as indicações para cargos de confiança, resultantes de composição político-partidária, sempre objetivaram a arrecadação de recursos para as campanhas eleitorais. Ao admitir que não prestara contas à Justiça Eleitoral dos valores recebidos, confessou, assim, o cometimento de crime eleitoral e de crime contra a ordem tributária. (...)
>
> Posteriormente, o então deputado Roberto Jefferson acabou revelando que o esquema de corrupção do qual participava não estava limitado à ECT, mas, sim, envolvia um complexo sistema de financiamento ilegal da base de sustentação política do Governo no Congresso Nacional. Esclareceu, ainda, que a atuação de integrantes do Governo Federal e do Partido dos Trabalhadores para garantir o apoio de parlamentares aos projetos de interesse do Governo ocorria pelo loteamento político dos cargos públicos, o que denominou "fábricas de dinheiro", e pela distribuição de uma "mesada" aos parlamentares, que chamou de "mensalão".[51]

E, ainda conforme as denúncias de Roberto Jefferson:

> os repasses do "mensalão" teriam sido realizados em 2003 e 2004 pelo então secretário de Finanças e Planejamento do Partido dos Trabalhadores, Delúbio Soares, e que ele próprio, como presidente do PTB, bem como o ex-tesoureiro de seu partido, Emerson Palmieri, haviam recebido do PT a quantia de R$ 4 milhões de reais, não declarada à Receita Federal e à Justiça Eleitoral. Outros parlamentares beneficiários do esquema também foram indicados, entre eles o ex-deputado Bispo Rodrigues – PL; o deputado José Janene – PP; o deputado Pedro Corrêa – PP; o deputado Pedro Henry – PP e o deputado Sandro Mabel – PL.
>
> Em depoimento à Comissão de Ética da Câmara dos Deputados e também à "CPMI dos Correios", Roberto Jefferson acusou de dirigir e operacionalizar o esquema o ex-ministro-chefe da Casa Civil, José Dirceu, o ex-tesoureiro do Partido dos Trabalhadores, Delúbio Soares, e o publicitário Marcos Valério Fernandes de Souza ao qual incumbia efetuar os repasses financeiros. Dois dias após sofrer as acusações por parte de Roberto Jefferson, José Dirceu se afastou do cargo de ministro-chefe da Casa Civil.[52]

Como já foi anteriormente indicado, o escândalo do Mensalão é apresentado como reflexo dos problemas que se encontram associados à manutenção de coalizão de governo, que apresentam complexidade crescente à medida em que se amplia a heterogeneidade ideológica da base de sustentação do governo, gerando incentivos para a entrega de vantagens ilícitas:

---

[50] FURTADO, Lucas Rocha. *As Raízes da Corrupção no Brasil*. Belo Horizonte: Fórum, 2015, p. 358.

[51] FURTADO, Lucas Rocha. *As Raízes da Corrupção no Brasil*. Belo Horizonte: Fórum, 2015, p. 359.

[52] FURTADO, Lucas Rocha, *op. cit.*, p. 359.

The mensalão scandal that beset the Lula administration, for example, is largely seen as a reflection of the problems associated with maintaining coalition unity under conditions of uncertain party membership and shifting party loyalties. The PT had long been in the wilderness of opposition, and thus it was perhaps not surprising that Lula filled his cabinet primarily with party members when he was finally elected to office after three previous defeats. Even though Lula nearly doubled the cabinet, from twenty-one to thirty-six seats, the large number of PT nominees left little room for other coalition parties. As Raile et al (2006, 8) note, *'coalitions that are larger, with greater ideological heterogeneity, and/or a higher concentration of power (at the expense of other coalition members) are more difficult to manage'. Lula's coalition closely fits this third category – of high concentration – and as a result, in a absence of cabinet spots, compensatory side payments were used to enforce coalition discipline.* The issue of legislative side payments has a longer history than the recent mensalão scandal, however. There were allegations of vote buying to aprove the reelection amendment during Fernando Henrique Cardoso's first term, and operatives working for Collor are claimed to have offered side payments in an effort to block his impeachment[53] (grifos nossos).

De forma geral, as investigações relativas ao Mensalão terminaram por indicar que

da indicação político-partidária para ocupação de cargos de mando em diversos órgãos e entidades da Administração Pública federal, resultava a angariação indevida de recursos públicos mediante superfaturamento de preços nas contratações, recebimento de propina e outros meios espúrios. Os recursos angariados tinham por finalidade o financiamento de campanhas eleitorais, o aliciamento de parlamentares e partidos para a base de apoio do Governo no Congresso Nacional e o enriquecimento ilícito de agentes públicos, políticos, empresários e demais participantes do esquema.[54]

Nesses termos, "as condições intragovernamentais e estratégias de negociação subótimas foram as principais causas do esquema do Mensalão que ocorreu no Brasil, do início de 2004 até maio de 2005", na visão de Pereira, Power e Raile.[55] Vistos tais elementos, pode-se adentrar no exame dos instrumentos à disposição do Legislativo para o combate à corrupção.

6 Instrumentos legislativos de supervisão e papel do Parlamento no combate à corrupção

Nota-se, até aqui, que o Poder Legislativo está normalmente associado como sendo "parte do problema", e poucos estudos foram realizados para descrever como os legislativos podem ajudar a controlar a corrupção.[56]

---

[53] TAYLOR, Matthew M. Brazil: Corruption as Harmless Jeitinho or Threat to Democracy? *In:* MORRIS, Stephen D.; BLAKE, Charles H. *Corruption & Politics in Latin America: National & Regional Dynamics.* Colorado: Lynne Rienner Publishers, 2010. p. 100.

[54] FURTADO, Lucas Rocha. *As Raízes da Corrupção no Brasil.* Belo Horizonte: Fórum, 2015, p. 351.

[55] PEREIRA, Carlos; POWER, Timothy J.; RAILE, Eric D. Presidencialismo de Coalizão e Recompensas Paralelas: Explicando o Escândalo do Mensalão. *In:* INÁCIO, Magna; RENNÓ, Lucio (org.). *Legislativo Brasileiro em Perspectiva Comparada.* Belo Horizonte: Editora UFMG, 2009. p. 207.

[56] PELIZZO, Riccardo; STAPENHURST, Frederick. *Corruption and Legislatures.* New York: Routlegde, 2014.

Adicionalmente, não se destaca com frequência que os papéis tradicionalmente atribuídos ao Poder Legislativo encontram-se em mutação, não somente no caso brasileiro. É o que salientam Pelizzo e Stapernhurst:

> The international Community has long emphasized that legislatures, which act as agents of the electorate, have a clear mandate to oversee the actions and the expenditures of the executive, and they are hence an integral part of any system of accountability. *In contemporary political systems, the oversight function is the single most important function a legislature can perform.* In recent years, new modes of representation have emerged and new forms of political expression have appeared. Citizens – with the technology revolution, with internet and so on – have found a variety of new ways for making their voices heard. Hence, *while legislatures still perform a representative function, the importance of performing this function has somewhat diminished.* Similarly, because of the knowledge gap between the executive and the legislative branch, *it has come to be accepted that the executive branch has the prerogative to initiate the legislative, in the sense of law-making process.* Hence, while legislatures still perform an enormously important legislative function, the importance of performing this function has somewhat declined. *The decline in the importance of performing these two functions has been coupled with an increase in the importance of performing the oversight function. It is precisely because the legislature has lost some of its influence in the legislative process that it has to be even more effective in overseeing policy and budget implementation*[57] (grifos nossos).

A diminuição da importância das funções de representação e de elaboração legislativa não passou despercebida por estudiosos da ciência política no contexto brasileiro. Efetivamente, como destacam Limongi e Figueiredo, há evidências bastante claras no sentido de existir uma predominância do Executivo como principal legislador de jure e de fato.[58] Em síntese:

> O principal argumento é que essa preponderância legislativa do Executivo decorre diretamente de sua capacidade, garantida constitucionalmente, de controlar a agenda – o timing e o conteúdo – dos trabalhos legislativos. Os mecanismos constitucionais que ampliam os poderes legislativos do presidente – ou seja, a extensão da exclusividade de iniciativa, o poder de editar medidas provisórias com força de lei e a faculdade de solicitar urgência para os seus projetos –, estabelecidos pelas reformas constitucionais militares e ratificados pela Constituição de 1988, não só lhe permitem definir a agenda legislativa, mas o colocam em posição estratégica para a aprovação de seus projetos.[59]

Por outro lado, como destacado, o Poder Legislativo tem sido visto como "parte do problema", o que dificulta a visualização da necessidade de sua participação em qualquer mudança significativa do referido panorama institucional. Isso também pode ser percebido quando se analisam as partes interessadas (*stakeholders*) no desenvolvimento de estratégias efetivas de combate à corrupção.

Há vários tipos de corrupção e as estratégias para evitar e combater a corrupção são multidimensionais e devem envolver múltiplas partes interessadas (*stakeholders*),

---

[57] PELIZZO, Riccardo; STAPENHURST, Frederick, *op. cit.*, p. 29/30.

[58] FIGUEIREDO, Argelina Cheibub; LIMONGI, Fernando. *Executivo e Legislativo na nova ordem constitucional.* 2. ed. Rio de Janeiro: Editora FGV, 2001, p. 41.

[59] *Idem*, p. 41.

sendo que um dos principais *stakeholders* negligenciado tem sido o Poder Legislativo.[60] Isso é bastante surpreendente, dado que cada uma das principais funções dos parlamentos – elaboração legislativa e de políticas públicas, representação e supervisão/fiscalização – tem um importante papel no controle da corrupção.

A literatura tem identificado uma série de ferramentas legislativas de supervisão que podem ser utilizadas no enfrentamento contra os vários tipos de corrupção. Tais ferramentas vão desde a instituição de *comissões parlamentares, realização de audiências públicas, entidade superiora de fiscalização, agência anticorrupção, interpelações políticas, impeachment* ou, ainda, o *recall*. A tabela a seguir sistematiza brevemente o instrumental descrito:

TABELA 1

Taxonomy of Corruption – and Legislative Oversight Tools[61]

Type of corruption	Examples	Legislative oversight tools
Bureaucratic	Bribery – usually "petty" Nepotism Misappropriation Extortion Influence peddling Speed Money Embezzlement	Committees Supreme audit institution Anti-corruption agency Ombudsperson
Political-Executive	Bribery – often "grand" State capture Nepotism Misappropriation Adoption of laws/ regulations that favor one group/person Influence peddling Embezzlement	Committees Special inquiries Questions Interpellations No confidence/ impeachment Supreme audit institution Anti-corruption agency Executive codes of conduct recall

Neste caso, cumpre realizar breve investigação acerca da existência e da disponibilidade de tais ferramentas legislativas no quadro institucional brasileiro que confirmem a possibilidade de sua utilização pelo Poder Legislativo.

A previsão para a constituição de comissões, permanentes e temporárias, inclusive de *Comissões Parlamentares de Inquérito* (CPIs), encontra assento e amparo constitucional no art. 58 da Carta Magna:

> Art. 58. O Congresso Nacional e suas Casas terão comissões permanentes e temporárias, constituídas na forma e com as atribuições previstas no respectivo regimento ou no ato de que resultar sua criação.
>
> §1º Na constituição das Mesas e de cada comissão, é assegurada, tanto quanto possível, a representação proporcional dos partidos ou dos blocos parlamentares que participam da respectiva Casa.

---

[60] *Idem.*

[61] PELIZZO, Riccardo; STAPENHURST, Frederick. *Corruption and Legislatures.* New York: Routlegde, 2014.

§2º Às comissões, em razão da matéria de sua competência, cabe:

I - discutir e votar projeto de lei que dispensar, na forma do regimento, a competência do plenário, salvo se houver recurso de um décimo dos membros da Casa;

II - realizar audiências públicas com entidades da sociedade civil;

III - convocar Ministros de Estado para prestar informações sobre assuntos inerentes a suas atribuições;

IV - receber petições, reclamações, representações ou queixas de qualquer pessoa contra atos ou omissões das autoridades ou entidades públicas;

V - solicitar depoimento de qualquer autoridade ou cidadão;

VI - apreciar programas de obras, planos nacionais, regionais e setoriais de desenvolvimento e sobre eles emitir parecer.

§3º As comissões parlamentares de inquérito, que terão poderes de investigação próprios das autoridades judiciais, além de outros previstos nos regimentos das respectivas Casas, serão criadas pela Câmara dos Deputados e pelo Senado Federal, em conjunto ou separadamente, mediante requerimento de um terço de seus membros, para a apuração de fato determinado e por prazo certo, sendo suas conclusões, se for o caso, encaminhadas ao Ministério Público, para que promova a responsabilidade civil ou criminal dos infratores.

§4º Durante o recesso, haverá uma comissão representativa do Congresso Nacional, eleita por suas Casas na última sessão ordinária do período legislativo, com atribuições definidas no regimento comum, cuja composição reproduzirá, quanto possível, a proporcionalidade da representação partidária.

As Comissões Parlamentares de Inquérito (CPI) são temporárias, podendo atuar também durante o recesso parlamentar. Têm o prazo de cento e vinte dias, prorrogável por até metade, mediante deliberação do Plenário, para conclusão de seus trabalhos.

São criadas a requerimento de pelo menos um terço do total de membros da Casa (*§3º do art. 58 da CF/88*). No caso de comissão parlamentar mista de inquérito (CPMI), é necessária também a subscrição de um terço do total de membros do Senado e será composta por igual número de membros das duas Casas legislativas.

As CPIs e CPMIs destinam-se a investigar fato de relevante interesse para a vida pública e para a ordem constitucional, legal, econômica ou social do País. Têm poderes de investigação equiparados aos das autoridades judiciais (*§3º do art. 58 da CF/88*), tais como determinar diligências, ouvir indiciados, inquirir testemunhas, requisitar de órgãos e entidades da Administração Pública informações e documentos, requerer a audiência de Deputados e Ministros de Estado, tomar depoimentos de autoridades federais, estaduais e municipais, bem como requisitar os serviços de quaisquer autoridades, inclusive policiais (art. 36 do RICD). Além disso, essas comissões podem deslocar-se a qualquer ponto do território nacional para a realização de investigações e audiências públicas e estipular prazo para o atendimento de qualquer providência ou realização de diligência sob as penas da lei, exceto quando da alçada de autoridade judiciária.[62]

Nos termos do art. 33 do Regimento Interno da Câmara dos Deputados (RICD), as Comissões Temporárias são de três tipos: i. Especiais, ii. de Inquérito; e iii. Externas. E, conforme previsão do art. 35, "a Câmara dos Deputados, a requerimento de um terço de seus membros, instituirá Comissão Parlamentar de Inquérito para apuração de

---

[62] Conforme descrições feitas no site da Câmara dos Deputados a respeito das CPIs e CPMIs. Disponível em: https://www2.camara.leg.br/atividade-legislativa/comissoes/comissoes-temporarias/parlamentar-de-inquerito.

fato determinado e por prazo certo, a qual terá poderes de investigação próprios das autoridades judiciais, além de outros previstos em lei e neste Regimento".

Ao término dos trabalhos, a Comissão deve apresentar relatório circunstanciado, com suas conclusões, que será publicado no Diário da Câmara dos Deputados e encaminhado, conforme o caso, à Mesa, ao Ministério Público ou à Advocacia-Geral da União, ao Poder Executivo ou à Comissão Permanente que tenha maior pertinência à matéria (art. 37 do RICD). Dentre os poderes da Comissão Parlamentar de Inquérito encontram-se o de determinar diligências, ouvir indiciados, inquirir testemunhas, requerer a audiência de Deputados e Ministros de Estado, tomar depoimentos de autoridades federais, estaduais e municipais, requisitar informações, dentre diversas outras (art. 36 do RICD).

Ademais, o Texto Constitucional ainda assegura, dentre as prerrogativas da Câmara dos Deputados e do Senado Federal, a convocação de Ministro de Estado para prestar informação sobre assunto previamente determinado:

> Art. 50. A Câmara dos Deputados e o Senado Federal, ou qualquer de suas Comissões, poderão convocar Ministro de Estado ou quaisquer titulares de órgãos diretamente subordinados à Presidência da República para prestarem, pessoalmente, informações sobre assunto previamente determinado, importando em crime de responsabilidade a ausência sem justificação adequada.
>
> (...)
>
> §2º As Mesas da Câmara dos Deputados e do Senado Federal poderão encaminhar pedidos escritos de informação a Ministros de Estado ou a qualquer das pessoas referidas no caput deste artigo, importando em crime de responsabilidade a recusa, ou o não atendimento, no prazo de trinta dias, bem como a prestação de informações falsas.

Note-se, ainda, que o art. 71 da Constituição, ao se referir ao controle externo, atribui competência ao Tribunal de Contas da União para que realize, por iniciativa da Câmara dos Deputados ou do Senado Federal, inspeções e auditorias:

> Art. 71. O controle externo, a cargo do Congresso Nacional, será exercido com o auxílio do Tribunal de Contas da União, ao qual compete:
>
> IV – realizar, por iniciativa própria, da Câmara dos Deputados, do Senado Federal, de Comissão técnica ou de inquérito, inspeções e auditorias de natureza contábil, financeira, orçamentária, operacional e patrimonial, nas unidades administrativas dos Poderes Legislativo, Executivo e Judiciário, e demais entidades referidas no inciso II;

A título comparativo, no caso da instituição de auditoria externa do governo americano, o *Government Accountabiliby Office* (GAO), a maior parte do seu trabalho é realizada em decorrência das solicitações dos Comitês ou Subcomitês do Congresso norte-americano: *89% do seu trabalho no exercício de 2002 foi determinado ou solicitado pelo Congresso,*[63] não obstante o GAO também realize pesquisa sob a autoridade direta do Controlador-Geral norte-americano.

---

[63] U.S. GOVERNMENT ACCOUNTABILITY OFFICE. *GAO: Transformation, Challenges, and Opportunities.* Statement of David M. Walker. 2003.

Desta forma, considerando que o contexto institucional brasileiro indica claramente a existência das ferramentas legislativas apontadas como necessárias pela literatura internacional, cabe verificar se tais ferramentas são ou podem ser utilizadas pelo Congresso Nacional.

Em relação a todos os escândalos recentes de corrupção[64] (Caso Jorgina Maria de Freitas Fernandes, Anões do Orçamento, Ambulâncias, SUDAM, Collor, Operação Curupira, bancos Marka e FonteCindam, Precatórios, Fórum Trabalhista de São Paulo e Mensalão), verifica-se que houve, efetivamente, a instalação de CPIs. Em sua ampla maioria, os escândalos tornaram-se conhecidos por meio de denúncias feitas pela imprensa, tendo havido, ainda, participação da Polícia Federal (Ambulâncias) e do TCU (construção do Fórum Trabalhista de São Paulo).[65]

Ou seja, há um conjunto de instituições que atua no combate das mazelas da prática corruptiva em nosso cotidiano, muito embora o reconhecimento de sua importância, pela sociedade, seja diferenciado conforme as instituições:

> Tal fato parece coerente, dada a visibilidade midiática das CPIs e das operações da Polícia Federal, e é importante na crítica à tese da naturalidade da corrupção no Brasil. Não apenas a corrupção não é natural como sua incidência é combatida por um conjunto de instituições que detêm o reconhecimento da opinião pública por suas ações. Neste sentido, tanto as CPIs quanto as ações da Polícia Federal têm adquirido forte visibilidade e aprovação da opinião pública, dado esse já aferido no nosso *survey* anterior realizado em 2008.
>
> Todavia, o dado que chama a atenção é como a opinião pública avalia a efetividade da ação dos diferentes atores. No que diz respeito às ações da Polícia Federal, 84% julgam que são efetivas, em comparação a 78%, no caso do Judiciário. Mas, no que diz respeito às ações do Congresso, apenas 69% julgam que são efetivas. O que explicaria esse hiato entre conhecer/ não conhecer e não acreditar nas ações do Congresso?
>
> A nosso ver, essa questão está localizada na mesma chave discutida anteriormente, qual seja a baixa legitimidade atribuída às ações do sistema político. Assim, ações do Congresso Nacional contra a corrupção têm maior visibilidade do que ações semelhantes realizadas pelo Judiciário. Esse dado mostra que a opinião pública detém informações sobre o Congresso e suas atividades. Ao mesmo tempo, o dado mostra também que informações detidas pela população não são suficientes para mudar sua opinião sobre o desempenho das instituições políticas. Quando passamos do quesito conhecer ações sobre a corrupção para a efetividade destas, o que parece estar em questão é como a opinião pública vê o Congresso e suas ações. E aí o julgamento é rigoroso dada a história de corrupção no interior do Congresso.[66]

Também no caso do *Mensalão*, referido anteriormente, houve instalação de CPI para averiguação das denúncias, tendo contado, inclusive, com representação majoritária do próprio governo, segundo as regras de proporcionalidade na constituição da referida Comissão:

---

[64] FURTADO, Lucas Rocha. *As Raízes da Corrupção no Brasil*. Belo Horizonte: Fórum, 2015, p. 375.

[65] *Idem*, p. 375.

[66] AVRITZER, Leonardo. Governabilidade, sistema político e corrupção no Brasil. *In*: AVRITZER, Leonardo; FILGUEIRAS, Fernando (org.). *Corrupção e Sistema Político no Brasil*. Rio de Janeiro: Civilização Brasileira, 2011. p. 56.

Não entraremos em detalhes sobre as várias investigações cruzadas (a maioria centrada nos Correios e a regulação de jogos de azar, bingos) que levaram à descoberta do mensalão. É suficiente dizer que no dia 6 de junho de 2005, o deputado federal Roberto Jefferson, do Partido Trabalhista Brasileiro (PTB), denunciou um esquema pelo qual assessores de Lula utilizavam pagamentos mensais para ganhar votos no Congresso. *Dentro de poucos dias, o Legislativo havia montado duas comissões de inquérito paralelas que fizeram mais revelações espetaculares. Os membros dessas Comissões Parlamentares de Inquérito (CPIs) foram designados de acordo com regras de longa data por representação proporcional* e, assim, as comissões estavam majoritariamente dominadas por aliados de Lula. Isso, no entanto, não fez diferença para o resultado, uma vez que evidências financeiras começaram a surgir e testemunhas proeminentes foram chamadas, algumas com confissões detalhadas e outras acompanhadas de rastros documentais impressionantes. Pagamentos de quantias específicas foram vinculados a parlamentares e seus funcionários, e esses pagamentos estavam claramente sincronizados a importantes votações nominais legislativas durante os dois primeiros anos do Governo Lula. As consequências políticas foram imediatas e, para alguns, devastadoras. No final de 2005, Jefferson e José Dirceu, ex-ministro da Casa Civil de Lula, tiveram seus mandatos de deputado federal cassados e perderam seus direitos políticos por oito anos. Vários outros parlamentares renunciaram seus cargos antecipadamente para evitar o mesmo desfecho.

No dia 5 de abril de 2006, uma comissão mista especial do Congresso publicou seu relatório final em que listou 18 deputados (e um ex-deputado) que haviam recebido pagamentos do mensalão. A comissão, presidida pelo senador Delcídio Amaral, do partido de Lula (PT), e por seu Relator, advogado respeitado, deputado Osmar Serraglio, do Partido do Movimento Democrático Brasileiro (PMDB, o maior partido da coalizão de apoio de Lula), foi elogiada por sua imparcialidade e detalhamento no Relatório. A comissão declarou sem meias palavras que o mensalão era uma forma de compra de votos no Congresso operada por assessores do presidente, mas surpreendentemente poupava o presidente Lula de responsabilidade direta na questão. A comissão aprovou o relatório numa votação de 17 a 4 e o encaminhou à liderança do Congresso. Subsequentemente, a Câmara dos Deputados em sua totalidade absolveu a maioria dos acusados por meio de voto secreto.

Paralelamente às comissões internas de inquérito do Congresso, o Procurador Geral da República, Antônio Fernando de Souza, lançou uma investigação criminal independente. Em março de 2006, Souza pediu que o Supremo Tribunal Federal (STF) instaurasse inquéritos criminais contra 40 indivíduos ligados ao mensalão, incluindo alguns que já haviam sido julgados por seus colegas no Congresso. (...) Surpreendentemente, em agosto de 2007, o Supremo anunciou que aprovaria os 40 indiciamentos e que cada um dos acusados seria julgado pelo STF, provavelmente entre 2009 e 2010.

É importante salientar que as Comissões Parlamentares de Inquérito eram dominadas por aliados de Lula; que a Câmara dos Deputados como um todo, controlada por forças a favor do Governo, revogou o mandato de assessores políticos de Lula baseada nos relatórios das comissões; que o Procurador Geral, Souza, foi indicado por Lula; e que seis dos dez juízes do Supremo que aprovaram os indiciamentos de 2007 também foram nomeados por Lula.[67]

De qualquer forma, não se trata de matéria ausente de controvérsia, como se pode verificar das considerações lançadas por Matthew Taylor sobre as CPIs:

---

[67] PEREIRA, Carlos; POWER, Timothy J.; RAILE, Eric D. Presidencialismo de Coalizão e Recompensas Paralelas: Explicando o Escândalo do Mensalão. *In:* INÁCIO, Magna; RENNÓ, Lucio (org.). *Legislativo Brasileiro em Perspectiva Comparada.* Belo Horizonte: Editora UFMG, 2009. p. 209/210.

Parliamentary committees of inquiry (CPIs) are ubiquitous but not much more effective. The CPI has been an important instrument for investigating political corruption, but it is an inherently political body. As a result, it is rare for a CPI to move forward very far without either initial majority support or strong public pressure, especially if the executive branch is opposed to the investigation. Further, given the sixty-day term of each CPI, which cannot be extended without majority support, they often fail to conclude their investigations; only one in five actually produce a final report (FIGUEIREDO, 2001). More importantly, CPIs are criticized for producing a lot of smoke but little pay dirt. Their investigations rarely lead to successful subsequent prosecution of wrongdoing, even though they often lead to 'reputational' sanctions that (rightly or wrongly) tarnish the public image of those investigated.[68]

Feita a investigação acerca das ferramentas legislativas à disposição do Poder Legislativo para assegurar o exercício da função de supervisão do Governo, pode-se alinhavar algumas conclusões acerca do tema central de investigação deste artigo.

Parece que nos encontramos em situação bastante delicada do ponto de vista institucional. No mínimo, podemos concordar que atravessamos uma crise democrática. Afinal, "crises são situações que não podem durar e nas quais alguma decisão precisa ser tomada. Elas emergem quando o *status quo* é insustentável e nada ainda o substituiu".[69]

A legitimidade democrática encontra-se gradativamente corroída, e um dos indícios de deterioração é justamente o descrédito crescente de instituições democráticas, a exemplo dos partidos políticos e do Poder Legislativo. Escândalos de corrupção acentuam a desesperança e a revolta populares, prejudicando, ainda mais, a imagem do Congresso Nacional, com vários de seus membros frequentemente envolvidos em tais escândalos.

A corrupção amplamente disseminada na sociedade brasileira acentua a gravidade do panorama descrito, com indicadores bastante críticos, como já evidenciado pelo IPC da Transparência Internacional no caso brasileiro. Chega-se a um ponto de inflexão, na sociedade brasileira:

> O resultado desse processo é o absoluto descrédito da população com a democracia. Se o sistema democrático não é capaz de fornecer instrumentos para coibir esse ciclo vicioso, o sistema político chega a tal nível de saturação e de falta de legitimidade que o resultado são os golpes de Estado e o fim da democracia.[70]

Como poderia, porém, o sistema democrático ser capaz de fornecer elementos para coibir esse círculo vicioso, a não ser por meio do *resgate da importância da política e do Poder Legislativo*, bem como de ampla utilização dos ferramentais disponíveis ao Parlamento?

Não por outro motivo, análises têm indicado, também, a importância de propostas que centralizam a recuperação das prerrogativas do Poder Legislativo:

---

[68] TAYLOR, Matthew M. Brazil: Corruption as Harmless Jeitinho or Threat to Democracy? *In*: MORRIS, Stephen D.; BLAKE, Charles H. *Corruption & Politics in Latin America*: National & Regional Dynamics. Colorado: Lynne Rienner Publishers, 2010. p. 105.

[69] PRZEWORSKI, Adam. *Crises da democracia*. Trad. Berilo Vargas. Rio de Janeiro: Zahar, 2019, p. 34.

[70] FURTADO, Lucas Rocha. *As Raízes da Corrupção no Brasil*. Belo Horizonte: Fórum, 2015, p. 46/47.

vale a pena pensar a relação entre Executivo e Legislativo. Entre os três poderes no Brasil pós-1988, o Legislativo foi o que mais se enfraqueceu. O Judiciário recuperou amplamente suas prerrogativas e o Executivo passou a ter prerrogativas inéditas, tais como decidir questões relativas ao funcionamento do próprio Legislativo. Assim, realizar uma reforma política que possa ter como consequência o fortalecimento do Legislativo frente ao Executivo e ao Judiciário parece ser de importância decisiva para a democracia brasileira. Regular o financiamento de campanha e torná-lo público pode ter como consequência o fortalecimento do Legislativo, em especial, diante da opinião pública.[71]

Assim, parece fazer sentido afirmar que a solução para a crise em que nos encontramos acarreta, obrigatoriamente, o envolvimento e a participação do Poder Legislativo, ou, por outras palavras, considerar o Legislativo como "parte da solução" da crise em que nos encontramos. Efetivamente, como os *partidos políticos são os jogadores decisivos no Legislativo*,[72] há que se resgatar, igualmente, a importância da instituição mais desacreditada da sociedade brasileira.[73]

Ademais, como o Executivo organiza o apoio à sua agenda legislativa em bases partidárias,[74] em moldes similares àqueles dos regimes parlamentaristas, a definição das mudanças institucionais necessárias ao combate à corrupção, bem como a redefinição de uma estratégia mais eficiente nesse âmbito, há que ser feita em conjunto com o desenho e implementação, pelo governo, de uma política nacional de enfrentamento à corrupção.

As causas precisam ser entendidas e enfrentadas de forma adequada, afinal, se reconhece a indisciplina das relações entre Estado e empresa como a causa motriz central da corrupção:

> Não teremos êxito se não trabalharmos sobre as causas da corrupção. E a causa imediata é a profunda indisciplina das relações entre Estado e empresa, a falta de um regramento democraticamente discutido e instituído sobre o lobby pré-eleitoral, que se resume no financiamento de campanha, mas também de um regramento que se ocupe das pressões inevitáveis que a sociedade civil organizada exerce sobre os governos e os agentes públicos, num contínuo lobby pós-eleitoral.[75]

Ou seja, não há como se furtar ao envolvimento e participação do Poder Legislativo e, ainda menos, à construção de uma coalizão de governo que permita o enfrentamento do tema central, como defendem, igualmente, Rose-Ackerman e Palifka:

> Realisticamente, a reforma não ocorrerá, a menos que seja endossada por grupos e indivíduos poderosos de dentro e de fora do governo. Nas democracias, deve ser desenvolvida uma coalizão política que dê apoio às mudanças.[76]

---

[71] AVRITZER, Leonardo. *op. cit.*, p. 58. *In*: AVRITZER, Leonardo; FILGUEIRAS, Fernando (org.). *Corrupção e Sistema Político no Brasil*. Rio de Janeiro: Civilização Brasileira, 2011.

[72] FIGUEIREDO, Angelina Cheibub; LIMONGI, Fernando. *Executivo e Legislativo na nova ordem constitucional*. 2. ed. Rio de Janeiro: Editora FGV, 2001, p. 41.

[73] Conforme indicado pela última pesquisa de opinião realizada pelo Datafolha em 2021, já mencionada.

[74] FIGUEIREDO, Angelina Cheibub; LIMONGI, Fernando, *op. cit.*, p. 41.

[75] WARDE, Walfrido. *O Espetáculo da Corrupção*. Rio de Janeiro: Casa da Palavra/LeYa, 2018, p. 14.

[76] ROSE-ACKERMAN, Susan; PALIFKA, Bonnie J. *Corrupção e Governo*: causas, consequências e reforma. Trad. Eduardo Lessa. Rio de Janeiro: FGV Editora, 2020.

Em síntese: nos encontramos em um *beco aparentemente sem saída*. Uma decisão precisa ser tomada e só pode ser tomada com o resgate da importância do Poder Legislativo, que terá papel fundamental na elaboração de uma reforma que permita um revigoramento das instituições democráticas, bem como a elaboração de uma estratégia nova, eficaz e vigorosa contra a corrupção. Efetivamente, esse é o *nó górdio*[77] da democracia hoje no Brasil.

Referências

AVRITZER, Leonardo; FILGUEIRAS, Fernando. *Corrupção e Sistema Político no Brasil*. Rio de Janeiro: Civilização Brasileira, 2011.

AVRITZER, Leonardo; FILGUEIRAS, Fernando. *Corrupção e controles democráticos no Brasil*. Brasília: CEPAL, 2011 (Textos para Discussão CEPAL-IPEA, 32).

BITENCOURT, Cezar Roberto. *Código Penal Comentado*. 10. ed. São Paulo: Saraiva, 2019.

FIGUEIREDO, Argelina Cheibub; LIMONGI, Fernando. *Executivo e Legislativo na nova ordem constitucional*. 2. ed. Rio de Janeiro: Editora FGV, 2001.

FURTADO, Lucas Rocha. *As Raízes da Corrupção no Brasil*. Belo Horizonte: Fórum, 2015.

FURTADO, Lucas Rocha. *Brasil e Corrupção:* Análise de Casos. Belo Horizonte: Fórum, 2018.

GOMES, Luiz Flávio. *O Jogo Sujo da Corrupção*. Bauru: Astral Cultural, 2017.

INÁCIO, Magna; RENNÓ, Lucio (org.). *Legislativo Brasileiro em Perspectiva Comparada*. Belo Horizonte: Editora UFMG, 2009.

JAIN, Arvind K. *Political Economy of Corruption*. London: Routledge, 2001.

LEITE, Alaor; TEIXEIRA, Adriano. *Crime e Política*. Rio de Janeiro: Editora FGV, 2017.

MORRIS, Stephen D.; BLAKE, Charles H. *Corruption & Politics in Latin America:* National & Regional Dynamics. Colorado: Lynne Rienner Publishers, 2010.

NUCCI, Guilherme de Souza. *Código Penal Comentado*. 13. ed., rev., atual. e ampl. São Paulo: Revista dos Tribunais, 2013.

NUCCI, Guilherme de Souza. *Corrupção e Anticorrupção*. Rio de Janeiro: Forense, 2015.

PELIZZO, Riccardo; STAPENHURST, Frederick. *Corruption and Legislatures*. New York: Routlegde, 2014.

PEREIRA, Carlos; POWER, Timothy J.; RAILE, Eric D. Presidencialismo de Coalizão e Recompensas Paralelas: Explicando o Escândalo do Mensalão. *In*: INÁCIO, Magna; RENNÓ, Lucio (org.). *Legislativo Brasileiro em Perspectiva Comparada*. Belo Horizonte: Editora UFMG, 2009.

PRZEWORSKI, Adam. *Crises da democracia*. Trad. Berilo Vargas. Rio de Janeiro: Zahar, 2019.

ROSE-ACKERMAN, Susan; PALIFKA, Bonnie J. *Corrupção e Governo*. Causas, consequências e reforma. Trad. Eduardo Lessa. Rio de Janeiro: Editora FGV, 2020.

TAMASAUSKAS, Igor Sant'Anna. *Corrupção Política*. São Paulo: Revista dos Tribunais, 2019.

TAYLOR, Matthew M. Brazil: Corruption as Harmless Jeitinho or Threat to Democracy? *In*: MORRIS, Stephen D.; BLAKE, Charles H. *Corruption & Politics in Latin America*: National & Regional Dynamics. Colorado: Lynne Rienner Publishers, 2010.

---

[77] O *nó górdio* é uma lenda que envolve o rei da Frígia (Ásia Menor) e Alexandre, o Grande. É comumente usada como metáfora de um problema insolúvel (desatando um nó impossível) resolvido facilmente por ardil astuto ou por *pensar fora da caixa*.

TRIBUNAL DE CONTAS DA UNIÃO. *Referencial de Combate à Fraude e Corrupção:* aplicável a órgãos e entidades da Administração Pública. 2. ed. Brasília, 2018.

U.S. GOVERNMENT ACCOUNTABILITY OFFICE. *GAO: Transformation, Challenges, and Opportunities.* Statement of David M. Walker. 2003.

WARDE, Walfrido. *O Espetáculo da Corrupção.* Rio de Janeiro: Ed. Casa da Palavra, 2018.

Informação bibliográfica deste texto, conforme a NBR 6023:2018 da Associação Brasileira de Normas Técnicas (ABNT):

FARIA, Rodrigo Oliveira de. O Poder Legislativo e o enfrentamento da corrupção. *In:* CONTI, José Maurício; MARRARA, Thiago; IOCKEN, Sabrina Nunes; CARVALHO, André Castro (coord.). *Responsabilidade do gestor na Administração Pública:* aspectos gerais. Belo Horizonte: Fórum, 2022. p. 175-202. ISBN 978-65-5518-412-9. v.1.

DIREITO PÚBLICO SANCIONADOR E O PRINCÍPIO *NE BIS IN IDEM*: A EXPERIÊNCIA PORTUGUESA COMO ALTERNATIVA AO MODELO BRASILEIRO DE INDEPENDÊNCIA DAS INSTÂNCIAS

MARCELO CHELI DE LIMA

1 Introdução

No Direito Público Sancionador brasileiro vigora a regra da independência das instâncias julgadoras, isto é, o autor de um único fato poderá responder por mais de um processo perante esferas de responsabilização distintas (administrativa, judicial, controladora etc.). Todavia, a regra citada tem sido fonte de problemas, especialmente por permitir decisões conflitantes e a desproporcional aplicação de mais de uma sanção pela prática de um único fato.

Para refletir acerca do tema é preciso compreender no que consiste a regra da independência das instâncias, seus fundamentos jurídicos e corolários e, ulteriormente, pensá-la à luz da teoria da unidade do *jus puniendi* estatal, do fundamento unitário da imputação e do princípio do *ne bis in idem* (em seus aspectos material e formal). Após tal elucubração, as impropriedades do modelo de independência das instâncias praticado no Brasil tornam-se ostensivas.

Este artigo científico pretende apresentar o modelo brasileiro de independência das instâncias aplicável ao direito público sancionador, diagnosticar suas principais incongruências e, ao final, propor soluções para mitigação ou eliminação dos problemas constatados.

Nesta tarefa (proposição de soluções) apresentar-se-á o modelo de contraordenação praticado em Portugal, porquanto o sistema português, de inspiração alemã, valoriza a segurança jurídica e a vedação ao *bis in idem,* sendo mais congruente e proporcional que o modelo de independência das instâncias brasileiro.

Finalmente, propõe-se a adoção de três regras alternativas à independência das instâncias, cujo objetivo é atenuar ou eliminar os efeitos danosos que advêm de decisões conflitantes ou da desproporcionalidade na aplicação de sanções no caso de concurso de infrações.

2 A regra da independência das instâncias no modelo brasileiro

A experiência brasileira, em atenção à independência e harmonia entre os Poderes,[1] prestigiou a regra da independência das instâncias. Destarte, um único ato ilícito praticado por um agente público poderá repercutir em mais de uma instância de punição (cível, administrativa, penal e financeira).[2] A aplicação dessa regra poderá dar ensejo à propositura de ações cíveis (ressarcimento do dano e aplicação de sanção pela prática de ato de improbidade administrativa) e penal (denúncia, desde que o fato caracterize infração penal), além da responsabilização do agente fautor administrativamente (em razão do exercício do poder disciplinar a cargo da Administração Pública a que está vinculado) e, ainda, perante os tribunais de contas no auxílio ao exercício do controle externo.

Antonio Rodrigo Machado[3] – a respeito da independência das instâncias – ensina que:

> Ao cometer um ato ilícito que veio à tona no mundo jurídico, o cidadão está sujeito às consequências da repressão punitiva por parte do aparelho estatal (aplicação de uma ou algumas sanções) e a cada fato terá uma estrutura julgadora distinta para sua apuração. [...] a mesma atitude ilícita pode resultar em diferentes competências para julgamento do Direito quando a infração está sujeita a distintos regimes jurídicos [...].
>
> Alguns atos ilícitos, quando o sujeito ativo é agente público e o passivo é o Estado, podem resultar em atuação dessas três esferas diferentes de persecução punitiva (cível, penal e administrativa).

A doutrina supracitada corrobora o que já afirmado, porquanto um único ato ilícito poderá (em razão da existência de diversas sanções e estruturas julgadoras) acarretar mais de um processo e, caso evidenciada a culpa do agente, a aplicação de mais de uma sanção. No mais, não são apenas os agentes públicos que estão sujeitos à regra da independência das instâncias, mas também os particulares.[4]

Do que já foi dito, é possível concluir que a aplicação da regra da independência das instâncias ao agente público depende da prática de ilícito administrativo impróprio (ilícito administrativo penal), isto é, a conduta deve estar tipificada como ilícito administrativo e como crime (falta disciplinar-crime) ou como ilícito cível/administrativo/financeiro (reparação do dano ao erário, ato de improbidade administrativa ou condutas que podem ensejar a aplicação de sanções de competência dos Tribunais de Contas).

A doutrina de Sandro Lucio Dezan[5] reconhece a existência de duas espécies de ilícitos administrativos impróprios (conflitantes e não conflitantes), *in litteris*:

---

[1] Art. 2º da CF: "São Poderes da União, independentes e harmônicos entre si, o Legislativo, o Executivo e o Judiciário".

[2] O §4º do art. 37 da Constituição Federal prevê que a aplicação de sanções pela prática de ato de improbidade administrativa não prejudica eventual ação penal cabível.

[3] MACHADO, Antonio Rodrigo. *Sanções e penas*: a independência entre as instâncias administrativa e jurisdicional penal. Rio de Janeiro: Lumen Juris, 2020. p. 18-19.

[4] Um particular que, *v.g.*, pratique contra outro o delito de lesão corporal, além das penas previstas no Código Penal, poderá responder na esfera cível pelos danos morais e materiais suportados pela vítima.

[5] DEZAN, Sandro Lucio. *Ilícito administrativo disciplinar em espécie*. 2. ed. Curitiba: Juruá, 2014. p. 105-109.

Dentro desse conceito de ilício disciplinar impróprio, ainda se pode aferir a existência (i) dos representados por fatos idênticos aos descritos na norma penal (os quais consideramos conflitantes) e (ii) dos representados por fatos distintos, ao passo que englobam, porém extrapolam a descrição do tipo penal (não conflitantes).

[...]

Os ilícitos impróprios conflitantes são os que se submetem totalmente à supremacia da instância penal, ao passo que ficam adstritos à sentença que negue a existência do fato ou negue a autoria desse fato, consoante esta decisão exarar efeitos extramuros para fazer coisa julgada também no regime administrativo e, por se tratar de fato idêntico ao repercutido na Administração, impedir a autoria administrativa e competente de decidir de forma distinta da decidida em sede judicial. Como exemplo, de ilício impróprio conflitante, considera-se o tipo descrito no art. 132, I, da Lei 8.112/90, que prescreve ser punido com demissão o servidor que praticar crime contra a administração pública. [...] Por seu turno, os ilícitos não conflitantes, são os impróprios que, a par de conterem a descrição total da norma criminal, extrapolam os seus conceitos, descrevendo, ainda, fatos residuais, sensíveis somente em sede de Direito Administrativo disciplinar.

Não se pode olvidar que as sanções administrativas típicas (faltas funcionais) serão aplicadas pela Administração Pública no exercício do poder disciplinar e as demais sanções serão aplicadas pelo Poder Judiciário (sanções penais, pela prática de atos de improbidade administrativa, entre outras) e pelos Tribunais de Contas (multas, inabilitação para o exercício de cargos em comissão, entre outras).

3 Teoria da unidade do *jus puniendi* estatal

O mais importante corolário da teoria da unidade do direito de punir do Estado é a formação de uma espécie de microssistema que permite a aplicação de princípios comuns a todos os sub-ramos do chamado direito público sancionador, prestigiando-se, nessa toada, os direitos e garantias fundamentais dos averiguados e acusados em geral.[6]

Afirma-se que o *jus puniendi* estatal depende de um arcabouço de normas jurídicas cuja lógica pertence a um direito sancionador pré-sistêmico. Em razão disso, o sistema punitivo do Estado deve obedecer a uma lógica de punir (lógica da sanção de Direito Público) fundada na certeza do direito e na Justiça. Tal lógica estende-se não somente ao direito material (Direito Público Sancionador estático) representativo dos sub-ramos epistemológicos do Direito Público Sancionador, mas, do mesmo modo, aos seus sub-ramos processuais (Direito Público Sancionador dinâmico).[7]

A necessidade de determinação de princípios comuns aplicáveis a todas as ramificações do Direito Público Sancionador é uma realidade observável na experiência comparada e decorre da expansão do protagonismo das instâncias não penais nos processos de responsabilização dos agentes públicos transgressores. Tal informação é corroborada pela doutrina,[8] *in litteris*:

---

[6] Nesse sentido: OSÓRIO, Fábio Medina. *Direito administrativo sancionador*. 7. ed. rev. e atual. São Paulo: Thomson Reuters Brasil, 2020. p. 127.

[7] DEZAN, Sandro Lucio. *Uma teoria do direito público sancionador*: fundamentos da unidade do sistema punitivo. Rio de Janeiro: Lumen Juris, 2021. p. 38-39.

[8] NOBRE JÚNIOR, Edilson Pereira; VIANA, Ana Cristina Aguilar; XAVIER, Marília Barros (coord.). *Direito administrativo sancionador comparado*. Rio de Janeiro: CEEJ, 2021. v. 1. p. 195-196.

As Cortes Constitucionais europeias, especialmente, a partir dos anos 1960, voltaram sua atenção a um movimento de equiparação entre as sanções administrativas e penais nomeadamente para reconhecer que os princípios aplicáveis ao direito penal fossem igualmente utilizáveis no direito administrativo punitivo. Nesse espectro, o direito penal, já mais bem assentado com regras, princípios e garantias consolidados em tradicionais doutrinas e jurisprudências, apareceu como fonte de construção dogmática de um direito administrativo sancionador ainda em fase de desenvolvimento.

Considerando que as atividades sancionatórias administrativas alcançam hoje espaços que antes eram reservados unicamente à responsabilização criminal, o protagonismo do direito administrativo sancionador posto em evidência em países europeus – a partir de sua aproximação com aquele ramo do direito, tem ganhado cada vez mais relevância na solução dos conflitos que exsurgem do exercício do poder estatal. É, portanto, no direito comparado, nomeadamente a partir das concepções próprias ao tema no que tange ao direito português, de raízes muito mais antigas e, bem assim, consolidadas, que assentam as considerações a serem realizadas.

Não se pode negar que a determinação de princípios comuns a todos os sub-ramos do Direito Público Sancionador (material ou processual) é salutar, porquanto ressalta a segurança jurídica, a certeza do direito e pode reduzir eventuais incongruências entre as várias instâncias de responsabilização. Ademais, prestigia os direitos e garantias fundamentais dos agentes públicos envolvidos na prática de atos ilícitos.

3.1 Fundamentos unitários da imputação

Não são todos os acontecimentos da vida que importam para o Direito, mas somente aqueles fatos que têm consequências jurídicas. Tal conclusão serve não só para o Direito como um todo (considerado da forma mais ampla possível), mas também aos seus ramos (e ramificações destes), portanto é preciso responder à seguinte questão: quais são os fatos da vida que importam para o Direito Público Sancionador?

Já é possível inferir que o Direito Público Sancionador é gênero que contém várias espécies (Penal, Administrativo Sancionador, Financeiro Sancionador, Econômico Sancionador etc.) e pretende estudar, entre outras coisas, os comportamentos transgressores às normas de condutas e as várias espécies de sanções aplicáveis. Destarte, é possível afirmar que ao Direito Público Sancionador apenas interessam os fatos praticados pelos agentes públicos fautores que são definidos em lei como atos ilícitos, como, por exemplo, os fatos descritos nas normas penais incriminadoras.[9]

Conforme já dito, a prática de um único fato jurídico (ilícito), em razão da regra da independência das instâncias, poderá repercutir em mais de uma esfera autônoma de responsabilização, isto é, o agente fautor será, como regra, julgado pela prática do mesmo ato ilícito por mais de uma vez; não é incomum, contudo, a prolação de decisões

---

[9] Ver Sandro Lucio Dezan, que, citando o Professor Alejandro Nieto, ensina: "... o direito penal e o direito sancionador se ocupam de parcela dos fatos, a retirar dela, do conteúdo real dos acontecimentos, o que importa em essência para o Direito. Nisso, há de convir que nem todo o fato, a sua integralidade, é relevante para o direito punitivo, ou para o direito como um todo. Tão somente importam os seus contornos jurígenos epistemologicamente definidos que propiciam a subsunção aos moldes da norma proibitiva incriminadora, para o penal, e da norma definidora de ilícito, para os demais ramos sancionadores". DEZAN, Sandro Lucio. *Uma teoria do direito público sancionador*, cit., p. 39.

conflitantes, porquanto um agente público pode ser absolvido na instância criminal, mas ser condenado perante o Tribunal de Contas, por exemplo, pelos mesmos fatos já apreciados naquela instância.

Os julgamentos conflitantes das diversas esferas de responsabilização são potenciais geradores de insegurança jurídica, porquanto não se coadunam com a unidade da imputação. O resultado da "busca pela verdade",[10] após a conclusão de regular processo administrativo ou judicial, é apenas uma. Não se pode cogitar, destarte, a existência de mais de uma verdade, uma para cada processo a que está sujeito o agente público transgressor:

> [...] a verdade dos fatos deve ser uma só. Ou seja, para uma mesma descrição fática definida como infração em várias ordens punitivas, hão de se requerer as mesmas avaliações de valores de seus elementos.
>
> [...]
>
> Nesse sentido, a autoridade julgadora – o juiz, no processo penal, e o administrador, no processo administrativo sancionador brasileiro – busca e declara a verdade material, a se comportar, no processo, como verdade processualmente possível, factível de obtenção por meio de instrumentos jurídicos apropriados.
>
> [...]
>
> A necessidade de apreciação de valores acerca dos elementos jurídicos afetos às tipicidades trazidas na norma legal faz com que as verdades dos fatos coincidam ao ponto de se tratarem da mesma verdade processual e se evite ou se possa sindicar a obtenção de verdades distintas em sede de análise dos mesmos fatos relevantes para o direito punitivo, desde que esses requeiram o sopesamento dos mesmos elementos fáticos para a subsunção à norma proibitiva, quer seja ela de caráter penal, quer de caráter administrativo[11].

A teoria da unidade da imputação em Direito Público Sancionador traz interessante contraponto à regra da independência das instâncias, porquanto o Estado, no exercício do *jus puniendi*, deve atuar de forma lógica e congruente, já que não há duas verdades materiais alcançadas pelo processo, mas apenas uma. A unidade da imputação está associada ao princípio do *ne bis in idem*, especialmente ao aspecto processual deste.

3.2 *Ne bis in idem*

O vocábulo latino *bis* significa duas vezes. *Bis in idem*, por sua vez, pode ser traduzido como "duas vezes no mesmo assunto".[12]

A ideia básica do *ne bis in idem* é a de que ninguém será condenado ou processado duas ou mais vezes por um mesmo fato. Trata-se de uma concepção praticamente universal que desde as origens anglo-saxônicas[13] encontra-se presente nos ordenamentos jurídicos de países democráticos. No entanto, o alcance desse princípio, bem como seu

---

[10] O direito processual sancionador não se contenta com a chamada verdade formal, pois seu escopo é a busca pela verdade material, isto é, pretende-se demonstrar a realidade dos fatos, logo, deve-se abandonar o vetusto adágio latino *quod non est in actis non est in mundo*.

[11] DEZAN, Sandro Lucio. *Uma teoria do direito público sancionador*, cit., p. 41-42.

[12] CARLETTI, Amilcare; PEDROTTI, Irineu Antonio. *Manual de latim forense*. São Paulo: Ed. Universitária de Direito, 1995. v. 1. p. 220.

[13] Número 4º do art. 8º da Convenção Americana sobre Direitos Humanos (Pacto de São José da Costa Rica): "O acusado absolvido por sentença passada em julgado não poderá se submetido a novo processo pelos mesmos fatos".

conteúdo, indica variações notáveis, ainda que também revele traços históricos comuns no percurso do devido processo.[14]

Fábio Medina Osório[15] leciona que a aplicação desse princípio no Brasil é bastante restrita em razão da independência das instâncias:

> No Brasil, a ideia preponderante sempre foi a de excluir a aplicabilidade desse princípio ao abrigo do argumento de que os fatos acabam assumindo identidades distintas, desde diversas perspectivas normativas e valorações autônomas, além de existir independência entre as instâncias fiscalizadoras, à luz da separação de Poderes.
>
> [...]
>
> O sistema vigente valoriza, como vem fazendo, o princípio da independência das instâncias, numa perspectiva de separação de Poderes, em busca de um incremento das atuações estatais na proteção dos bens jurídicos ligados não apenas à probidade, mas a outros valores, dentro ou fora das relações de especial sujeição.

Quais as razões das restrições à aplicação desse princípio? Foi dito no item *supra* que a regra da independência das instâncias decorre da harmonia e independência entre os Poderes da República, todavia esse não é o único óbice ao reconhecimento do princípio *ne bis in idem*, porquanto o legislador optou pela criação de diversas leis que prescrevem sanções a determinados comportamentos. O escopo é nobre, já que se pretendeu tutelar bens jurídicos, mas é preciso concluir, como fez Sandro Lucio Dezan, que "a grande maioria das sobreposições protetivas, levadas a efeito pelos sub-ramos do direito público sancionador, compreende excesso do Estado em seu *jus puniendi*, apresenta-se, assim, em grande parte, ilegítimo".[16]

As restrições impostas ao princípio do *ne bis in idem*, em seus desdobramentos material e processual, pela regra da independência das instâncias, afrontam o postulado/princípio da proporcionalidade, da segurança jurídica, da autoridade da coisa julgada e do devido processo legal. Cabe, ainda, tecer comentários acerca dos dois aspectos desse princípio, quais sejam: aspectos material e formal.

3.2.1 Aspecto material

A regra da independência das instâncias poderá dar ensejo à aplicação de mais de uma sanção pela prática do mesmo ato ilícito, desde que o ato praticado repercuta em mais de uma instância julgadora.

Por exemplo, Tício, autoridade pública responsável por autarquia municipal, desvia dolosamente recursos públicos em proveito próprio. Tício estará sujeito às sanções aplicadas pelo Poder Judiciário pela prática de crime de peculato (pena privativa de liberdade ou restritiva de direitos) e por ato de improbidade administrativa que importa enriquecimento ilícito (perda do cargo, multa civil, suspensão de direitos políticos entre outras), às sanções de competência dos Tribunais de Contas (multa e inabilitação para o exercício de cargo em comissão ou função de confiança) e às sanções previstas no estatuto funcional dos servidores públicos municipais (pena de demissão, por exemplo).

---

[14] OSÓRIO, Fábio Medina. *Direito administrativo sancionador*, cit., p. 307.

[15] OSÓRIO, Fábio Medina. *Direito administrativo sancionador*, cit., p. 307 e 314.

[16] DEZAN, Sandro Lucio. *Uma teoria do direito público sancionador*, cit., p. 51.

No exemplo supracitado, Tício sofreria a aplicação de quatro sanções, porquanto todas as instâncias de responsabilização são autônomas, em regra. Fábio Medina Osório[17] corrobora tal posição:

> A visão consolidada majoritariamente é restritiva, estimulando que um sujeito, por um mesmo fato, responda algumas possíveis intervenções punitivas, provenientes de instâncias diversas, a saber, exemplificativamente: sanção do Tribunal de Contas; sanção administrativa inerente ao Poder Executivo; sanção judicial por ato de improbidade; sanção judicial por crime ou contravenção. Estas sanções podem ser repetidas, dando lugar a que se discuta sobre os limites dessa repetição e da quantificação final das penas. Podem, no entanto, tais sanções, apresentarem-se de modo original, complementando-se. Assim como os processos punitivos são autônomos, também as sanções acabam assumindo essa identidade.

A aplicação do princípio do *ne bis in idem* (aspecto material) poderia corrigir a aplicação "em cascata" das várias sanções que incidiriam sobre o mesmo fato, pois no aspecto material desse princípio uma única sanção poderia ser aplicada ao agente público fautor pela prática de um ato ilícito, solução que se coaduna com o postulado da proporcionalidade. Todavia, o máximo a que se tem chegado, dentro desse entendimento, é à redução de patamares de apenamento, seja pecuniário, seja em termos de prazos para suspensão ou restrição de direitos.[18]

3.2.1.1 O princípio da proporcionalidade

O grande fundamento do princípio da proporcionalidade é o excesso de poder, e o fim a que se destina é exatamente o de conter atos, decisões e condutas de agentes públicos que ultrapassem os limites adequados, com vistas ao objetivo colimado pela Administração, ou até mesmo pelos Poderes representativos do Estado. Significa que o poder público, quando intervém nas atividades sob o seu controle, deve atuar porque a situação reclama realmente sua intervenção, e esta deve ocorrer com equilíbrio, evitando-se os excessos e com proporção à finalidade a ser alcançada.[19] Gilmar Ferreira Mendes identifica como típica manifestação do excesso de poder a violação do princípio da proporcionalidade ou da proibição do excesso, que costuma se revelar mediante contradições, incongruências, irrazoabilidades ou inadequações entre meios e fins.[20]

Para aplicação escorreita do princípio da proporcionalidade é necessário investigar, no caso concreto, a presença dos seus elementos: adequação, necessidade e proporcionalidade em sentido estrito. A adequação sugere que um meio deve ser considerado adequado se for apto para alcançar o resultado pretendido; por sua vez, um ato estatal é necessário quando a realização do objetivo perseguido não possa ser promovida, com a mesma intensidade, por meio de outro ato menos gravoso; finalmente, a proporcionalidade em sentido estrito consiste em um sopesamento entre a intensidade da medida

---

[17] OSÓRIO, Fábio Medina. *Direito administrativo sancionador*, cit., p. 314.

[18] OSÓRIO, Fábio Medina. *Direito administrativo sancionador*, cit., p. 314.

[19] CARVALHO FILHO, José dos Santos. *Manual de direito administrativo*. 34. ed. São Paulo: Atlas, 2020. *E-book*.

[20] MENDES, Gilmar Ferreira; BRANCO, Paulo Gustavo Gonet. *Curso de direito constitucional*. 8. ed. rev. e atual. São Paulo: Saraiva, 2013. p. 225.

estatal e a importância da realização do direito que com ele colide e que fundamenta a adoção da medida restritiva.[21]

O aspecto material do princípio *ne bis in idem* está intimamente atrelado à ideia de proporcionalidade, pois tem potencial de impedir a aplicação de várias sanções ao agente público que praticou apenas um ato ilícito. A imposição de várias sanções ao mesmo fato é desproporcional, pois, além de não necessária – porque a realização do objetivo do legislador (proteção a bens jurídicos) pode ser promovida de outras maneiras, *v.g.*, aplicação de apenas uma sanção –, é também desproporcional (em sentido estrito), porquanto, em um juízo de ponderação entre a intensidade do exercício do *jus puniendi* estatal em colisão com a realização dos direitos fundamentais do agente público transgressor, não é legítima a imposição de mais de uma sanção pela prática de um único fato.

3.2.1.2 A Lei de Introdução às Normas do Direito Brasileiro (LINDB)

A Lei nº 13.655, de 25 de abril de 2018, incluiu no Decreto-lei nº 4.657/1942 (Lei de Introdução às Normas do Direito Brasileiro) disposições sobre segurança jurídica e eficiência na criação e na aplicação do Direito Público – foram acrescentados à LINDB dez artigos (arts. 20 a 30; e o art. 25 foi vetado).

O §3º do art. 22, em importante inovação para o Direito Público Sancionador, prestigiou o princípio do *ne bis in idem*, fixando que "as sanções aplicadas ao agente serão levadas em conta na dosimetria da pena das demais sanções de mesma natureza e relativas ao mesmo fato". A novidade é salutar, porquanto atenta para os princípios da proporcionalidade e do *ne bis in idem*. Para aplicação desse dispositivo legal é necessário que a natureza das sanções seja a mesma e que elas (sanções) sejam relativas ao mesmo fato.

Definir a natureza das sanções, para fins de aplicação da LINDB, conquanto possa parecer tarefa simples, é sobremodo dificultoso, já que não há diferença ontológica entre sanções penais, civis e administrativas. Isso porque, sem entrar em pormenores, toda sanção é uma punição imposta a determinado agente que transgrediu uma ou mais normas de conduta,[22] malgrado sejam sanções da mesma natureza, *v.g.*, as multas aplicáveis pelo Poder Judiciário (pela condenação à prática de ato de improbidade administrativa) e pelos Tribunais de Contas (no exercício do controle externo).[23]

Por fim, a incidência do §3º do art. 22 dependerá ainda da existência de um único fato. *A contrario sensu*, a existência de mais de um fato afasta parcialmente sua aplicação ao caso concreto.

---

[21] SILVA, Virgílio Afonso da. O proporcional e o razoável. *Revista dos Tribunais*, n. 798, p. 23-50, 2002.

[22] Hans Kelsen lecionava que: "Se considerarmos, porém, apenas a natureza externa das sanções, não poderemos encontrar quaisquer características distintivas [...] Assim, apesar da diferença que existe entre sanção criminal e sanção civil, a técnica social é fundamentalmente a mesma em ambos os casos. É essa diferença bastante relativa entre sanção civil e sanção criminal que constitui a base da diferenciação entre Direito Civil e Direito Criminal". KELSEN, Hans. *Teoria geral do direito e do Estado*. Tradução Luís Carlos Borges. 5. ed. São Paulo: Martins Fontes. p. 72.

[23] Concorda-se com Sandro Lucio Dezan quando afirmou: "Em nosso juízo, não há distinção ontológica entre as diversas espécies de ilícitos, pois todas as infrações, sejam elas previstas em direito penal, ou em direito sancionador econômico ou financeiro, ou, ainda, em direito tributário e administrativo, compreendem a desobediência a uma norma estampada em texto de lei que obriga ou que proíbe determinada conduta. E, nisso, não há que se falar em distinção, em essência, entre as diversas ordens normativas". DEZAN, Sandro Lucio. *Uma teoria do direito público sancionador*, cit., p. 41.

3.2.1.3 A nova Lei de Improbidade Administrativa

A Lei nº 14.230, de 25 de outubro de 2021, que alterou e acrescentou dispositivos à Lei nº 8.429, de 2 de junho de 1992 (Lei de Improbidade Administrativa), trouxe importantes inovações ao Direito Público Sancionador brasileiro, mas, para fins de aplicação do princípio *ne bis in idem*, destacam-se duas mudanças muito salutares, a saber: (i) a reparação do dano deverá deduzir o ressarcimento ocorrido nas instâncias criminal, civil e administrativa que tiver por objeto os mesmos fatos[24] e (ii) a vedação expressa à dupla aplicação de sanções às pessoas jurídicas, caso estas respondam também por infração à Lei Anticorrupção.

Em princípio, não se pode olvidar que a reparação do dano causado ao erário não tem natureza de sanção, mas de mero ressarcimento em razão da prática de ato ilícito. Todavia, a dupla condenação do agente à reparação do dano (em diferentes instâncias) pelo mesmo fato levará a Administração Pública ao enriquecimento sem causa, situação vedada pelo ordenamento jurídico. Portanto, o legislador, nitidamente valorizando o princípio do *ne bis in idem*, agiu corretamente ao determinar expressamente a dedução dos valores, a título de indenização, obtidos em outras instâncias.

Outra importante inovação se trata da previsão expressa à aplicação do princípio do *ne bis in idem* às pessoas jurídicas que têm sanções aplicadas com supedâneo na Lei nº 12.846/2013 (Lei Anticorrupção),[25] cujo fato praticado pode também dar ensejo à aplicação de sanções previstas na Lei de Improbidade Administrativa.

É cediço que as pessoas jurídicas estão sujeitas às sanções previstas na Lei de Improbidade Administrativa,[26] entretanto não é mais possível aplicar, em razão da prática de um único ato, as sanções da Lei Anticorrupção em concurso com as sanções previstas na Lei de Improbidade Administrativa,[27] porquanto a instância julgadora deverá observar o aspecto material do princípio do *ne bis in idem* na aplicação de sanções previstas em ambas as leis.

As alterações e acréscimos promovidos pelo legislador na Lei de Improbidade Administrativa merecem aplausos, pois ressaltam os princípios da proporcionalidade e do *ne bis in idem*. Ademais, prezam pela segurança jurídica e por maior coerência ao *jus puniendi* estatal.

3.3 Aspecto processual

O aspecto processual do princípio *ne bis in idem* é extraído do teor do item 4 do art. 8º da Convenção Americana sobre Direitos Humanos, que assegura ao acusado,

---

[24] §6º do art. 12 da Lei nº 8.429/1992: "A reparação do dano a que se refere esta Lei deverá deduzir o ressarcimento ocorrido nas instâncias criminal, civil e administrativa que tiver por objeto os mesmos fatos".

[25] "Art. 6º Na esfera administrativa, serão aplicadas às pessoas jurídicas consideradas responsáveis pelos atos lesivos previstos nesta Lei as seguintes sanções: I – multa, no valor de 0,1% (um décimo por cento) a 20% (vinte por cento) do faturamento bruto do último exercício anterior ao da instauração do processo administrativo, excluídos os tributos, a qual nunca será inferior à vantagem auferida, quando for possível sua estimação; e II – publicação extraordinária da decisão condenatória."

[26] Parágrafo único do art. 2º da Lei nº 8.429/1992: "No que se refere a recursos de origem pública, sujeita-se às sanções previstas nesta Lei o particular, pessoa física ou jurídica, que celebra com a administração pública convênio, contrato de repasse, contrato de gestão, termo de parceria, termo de cooperação ou ajuste administrativo equivalente".

[27] §7º do art. 12 da Lei nº 8.429/1992: "As sanções aplicadas a pessoas jurídicas com base nesta Lei e na Lei nº 12.846, de 1º de agosto de 2013, deverão observar o princípio constitucional do *non bis in idem*".

uma vez absolvido por sentença passada em julgado, o direito de não ser submetido a novo processo pelos mesmos fatos.

O princípio *ne bis in idem* em seu aspecto processual está, conforme doutrina de Guilherme de Souza Nucci, implícito na Constituição Federal de 1988 e atua como conformador da atuação do Estado:

> [...] não se pode processar alguém duas vezes com base no mesmo fato, impingindo-lhe dupla punição (*ne bis in idem*). E mesmo que ocorra absolvição, preceitua o art. 8º, item 4, da Convenção Americana sobre Direitos Humanos: "O acusado absolvido por sentença transitada em julgado não poderá ser submetido a novo processo pelos mesmos fatos". Conecta-se ao princípio da vedação à dupla punição pelo mesmo fato, oriundo do direito penal.[28]

O princípio do *ne bis in idem* é apontado ainda pela doutrina como uma verdadeira exigência à liberdade individual do homem, que impede que os mesmos fatos sejam processados repetidamente, sendo indiferente que eles possam ser contemplados em ângulos penais, formais e tecnicamente distintos.[29]

Não obstante as considerações feitas, esse aspecto do princípio analisado tem sido rechaçado, em regra, porquanto prevalece no Brasil o entendimento de que as instâncias julgadoras são independentes.[30] [31] Porém, a regra da independência das instâncias não é absoluta, pois há exceções que merecem comentários.

3.3.1 Exceções à independência das instâncias: a supremacia da esfera penal

A regra da independência das instâncias, conforme dito, não é de aplicação absoluta, pois, em algumas situações específicas, a autoridade da coisa julgada formada em regular processo penal irradiará seus efeitos sobre as demais instâncias julgadoras, que serão vinculadas pelo teor do decidido na esfera penal. É possível falar, destarte, em supremacia da instância penal sobre as demais instâncias (cível, administrativa, financeira etc.), já que qualquer julgamento em outra esfera não tem o condão de sobrepujá-la ou de algum modo comprometê-la.[32]

Acerca do assunto, Antonio Rodrigo Machado leciona: "A lei, a doutrina e a jurisprudência são unânimes em reconhecer a vinculação exercida pela sentença absolutória nos casos de negativa de autoria e de materialidade. Isso, por si só, demonstra uma predileção do sistema punitivo em favor da esfera penal".[33]

É insofismável que há supremacia da instância penal sobre as demais esferas de responsabilização, portanto, superada a questão, não se pode olvidar que, conforme já

---

[28] NUCCI, Guilherme de Souza. *Curso de direito processual penal*. 17. ed. Rio de Janeiro: Forense, 2020. *E-book*.

[29] Vicente Gimeno Sendra, Victor Moreno Catena e Valentin Cortés Domínguez, *Derecho procesal penal*, apud LOPES JR., Aury. *Direito processual penal*. 16. ed. São Paulo: Saraiva Educação, 2019. *E-book*.

[30] BRASIL. Supremo Tribunal Federal. *HC 172604/PR*. Rel. Min. Rosa Weber. Data de julgamento: 16.11.2020. Data de publicação: 18.11.2020.

[31] BRASIL. Superior Tribunal de Justiça. *HC 706701/RJ*. Rel. Min. Reynaldo Soares da Fonseca. Data de publicação: DJ 18.11.2021.

[32] BRASIL. Supremo Tribunal Federal. *Inq. 2903/AC*, Rel. Min. Teori Zavascki. Data de julgamento: 22.05.2014. Tribunal Pleno. Data de publicação: acórdão eletrônico DJe-125 divulg. 27.06.2014, public. 01.07.2014.

[33] MACHADO, Antonio Rodrigo. *Sanções e penas*, cit., p. 39.

dito, os julgamentos penais vinculam as demais instâncias apenas em casos específicos, pois dependerá do fundamento legal da absolvição.

O Decreto-lei nº 3.689/1941 (Código de Processo Penal) disciplina quais as hipóteses, entre outras, de absolvição do réu. Destarte, o juiz deverá julgar improcedente a pretensão punitiva estatal quando reconhecer: (i) a inexistência do fato; (ii) não haver provas da existência do fato; (iii) atipicidade do fato, ou seja, este não constituir infração penal; (iv) a negativa de autoria, isto é, restar provado que o réu não concorreu para infração penal; (v) não existirem provas de que o réu concorreu para a prática da infração penal; (vi) excludentes de ilicitude ou de culpabilidade; (vii) não existir prova suficiente para a condenação.

De todos os fundamentos motivadores da absolvição na esfera penal, somente vincularão as demais instâncias as absolvições com supedâneo na inexistência do fato ou na negativa de autoria.[34]

A absolvição por inexistência do fato, segundo Eugenio Pacelli e Douglas Fischer, quer dizer que o fato imputado como crime não existiu.[35] Nessa circunstância, qualquer comando estatal condenatório seria incongruente em relação ao sistema, pois, se o fato não existiu, por óbvio, qualquer pena aplicada ao agente, independentemente da instância de julgamento, incorrerá em subversão do sistema jurisdicional. Destarte, reconhecida em processo penal a inexistência do fato, a coisa julgada produzirá seus efeitos para todos os demais processos existentes que tenham como objeto litigioso o fato analisado pelo juiz criminal.[36]

Na outra hipótese, o resultado do julgamento penal que absolver alguém por negativa de autoria obrigará as demais instâncias sancionadoras, porquanto, nessa circunstância, restará provado que o réu não concorreu para infração penal. Nada mais lógico, pois, uma vez demonstrado que o réu não é autor, coautor ou partícipe de infração penal, não faz nenhum sentido submetê-lo a novo julgamento perante outra esfera punitiva.

Não obstante os vários fundamentos de absolvição previstos no Código de Processo Penal, somente os julgamentos absolutórios fundamentados na inexistência do fato e na negativa de autoria estenderão os efeitos da coisa julgada às outras instâncias de responsabilização.[37] Tal posição, contudo, não prestigia a segurança jurídica e pode gerar decisões estatais conflitantes, pois determinado agente transgressor pode ser absolvido criminalmente por inexistência ou insuficiência de provas, *v.g.*, e ainda ser submetido a outros processos perante as demais instâncias de responsabilização.

---

[34] Art. 126 da Lei nº 8.112/1990: "A responsabilidade administrativa do servidor será afastada no caso de absolvição criminal que negue a existência do fato ou sua autoria".

[35] PACELLI, Eugenio; FISCHER, Douglas. *Comentários ao Código de Processo Penal e sua jurisprudência*. 9. ed. São Paulo: Atlas, 2017. p. 812.

[36] MACHADO, Antonio Rodrigo. *Sanções e penas*, cit., p. 68.

[37] No sentido do quanto afirmado: "[...] Este Superior Tribunal de Justiça firmou entendimento quanto à independência entre as instâncias administrativa, penal e civil, pacificando também orientação no sentido de excepcionar a referida regra somente nos casos em que reconhecida, na sentença penal, a inexistência material do fato ou a negativa de sua autoria. II – Quanto à absolvição criminal por insuficiência de provas, entende este Superior Tribunal de Justiça que a sua ocorrência não afasta a responsabilidade administrativa nas hipóteses em que decorra da falta de provas nos autos". BRASIL. Superior Tribunal de Justiça. *AgRg no RMS 24582/SP*. Rel. Min. Nefi Cordeiro. 6ª Turma. Data de julgamento: 04.08.2015. Data de publicação: *DJe* 20.08.2015.

4 Alternativa ao modelo brasileiro

No Brasil vigora a regra da independência das instâncias julgadoras, entretanto há críticas contundentes ao modelo brasileiro, pois este promove incertezas (por meio da prolação de decisões conflitantes) e desproporcionalidades (pois não prevê óbice à aplicação de múltiplas sanções a um único fato).

Uma vez diagnosticado o problema, deve a doutrina buscar alternativa para sua correção, e às vezes o estudo do ordenamento jurídico de países estrangeiros (direito comparado) pode auxiliar na elaboração de soluções. Nesse contexto, a experiência portuguesa pode ser utilizada como alternativa ao modelo praticado no Brasil.

4.1 A experiência portuguesa: o Decreto-Lei nº 433/1982 e os ilícitos de mera ordenação social

O Direito das contraordenações português tem raízes na Alemanha. Neste último país, especialmente a partir do final da Primeira Guerra Mundial, verificou-se a necessidade estatal de intervir na área econômica. Destarte, criou-se, à época, um Direito Sancionatório próprio que foi além do Direito Penal clássico. Tratava-se de um Direito Penal de ordenação (*Ordnungsstrafrecht*) que consistia na aplicação de sanções por autoridades administrativas em detrimento de condutas ilícitas praticadas pelos operadores econômicos.[38][39]

O Decreto-lei português nº 433, de 27 de outubro de 1982, disciplinou o regime jurídico dos atos ilícitos de mera ordenação social, definindo como contraordenação "todo o facto ilícito e censurável que preencha um tipo legal no qual se comine uma coima".[40][41] Tal diploma legislativo prevê ainda, conforme se verificará, muitos dispositivos legais que, reconhecendo a distinção entre ilícitos administrativos (contraordenações) e ilícitos criminais, acabam por adequar o âmbito de punição nas duas esferas de responsabilização (administrativa e penal), operando verdadeira proteção a um eventual sobreposicionamento de sanções a partir do reconhecimento de maior intersecção entre as instâncias.[42]

---

[38] NOBRE JÚNIOR, Edilson Pereira; VIANA, Ana Cristina Aguilar; XAVIER, Marília Barros (coord.). *Direito administrador comparado*, cit., p. 198-199.

[39] Ver Adriano Farias Puerari, para quem a adoção do regime de contraordenações alemão em Portugal tem origem na doutrina: "O debate a respeito do direito contraordenacional alemão foi inaugurado na obra de Beleza dos Santos, *Ilícito penal administrativo e ilícito criminal*, de 1945. O autor português defendia que deveriam passar pelo caráter administrativo ou não administrativo do ilícito os valores ofendidos e o respectivo grau de ofensa da conduta do ponto de vista da neutralidade ética, uma vez que nem sempre a falta de colaboração do particular com a Administração poderia se caracterizar como eticamente irrelevante ou menos relevante do que aquela inerente ao ilícito criminal. Foi no entanto a partir de Eduardo Correia que se aprofundou a análise. Em uma primeira fase de seu pensamento se posicionou tal e qual Beleza dos Santos. O '*Mestre de Coimbra*' se preocupava com a dificuldade de diferenciação entre ilícito administrativo do ilícito de justiça, especialmente nas hipóteses em que o Estado vai além do mero reconhecimento de valores éticos e assume como função a sua promoção. A partir dos anos 1960, todavia, modifica profundamente seu pensamento, propugnando a adoção pelo direito português de um modelo semelhante às contraordenações da Alemanha". NOBRE JÚNIOR, Edilson Pereira; VIANA, Ana Cristina Aguilar; XAVIER, Marília Barros (coord.). *Direito administrativo sancionador comparado*, cit., p. 205-206.

[40] Coima é uma espécie de multa que pode ser aplicada às pessoas singulares ou coletivas (*vide* art. 17 do Decreto-lei português nº 433/1982).

[41] Art. 1º do Decreto-lei português nº 433/1982.

[42] NOBRE JÚNIOR, Edilson Pereira; VIANA, Ana Cristina Aguilar; XAVIER, Marília Barros (coord.). *Direito administrativo sancionador comparado*, cit., p. 220-221.

O art. 20 do decreto-lei das contraordenações, no que tange ao concurso de infrações, estabelece que, "se o mesmo facto constituir simultaneamente crime e contraordenação, será o agente sempre punido a título de crime, sem prejuízo da aplicação das sanções acessórias previstas para contraordenação". O dispositivo legal citado anteriormente (art. 20) prevê que, se um mesmo fato praticado constituir concomitantemente crime e contraordenação, o agente será sempre punido criminalmente, sem prejuízo, contudo, das sanções acessórias previstas no decreto-lei das contraordenações. Há nítida opção do legislador português pela instância penal de responsabilização, porquanto esta sempre prevalecerá sobre a instância competente para aplicação da sanção decorrente do ilícito contraordenacional, ressalvada a aplicação de sanções acessórias[43] à coima.

O modelo jurídico português, quando trata acerca do concurso de infrações, valoriza os princípios do *ne bis in idem* (aspecto material) e da proporcionalidade, porquanto impõe óbice à aplicação de mais de uma sanção pela prática de um único fato (ressalvadas, todavia, as sanções meramente acessórias), prevalecendo, sempre, a sanção penal. A supremacia da sanção penal no regime contraordenacional português permite ainda que, caso seja aplicada a coima e, ulteriormente, o agente venha a ser condenado criminalmente pelo mesmo fato, aquela sanção (coima) caducará;[44] ademais, é prevista a suspensão da execução da coima ou da sanção acessória aplicadas pela autoridade administrativa, desde que haja propositura de ação penal pelo Ministério Público.[45]

De mais a mais, o decreto-lei das contraordenações prevê ainda mecanismos jurídicos capazes de mitigar as incongruências do modelo de independência das instâncias no que tange a julgamento conflitantes, valorizando, destarte, o princípio do *ne bis in idem* em seu aspecto processual.

Quando o fato praticado constitui simultaneamente crime e contraordenação, a competência para processar e julgar o agente será das autoridades competentes para o processo criminal, isto é, caberá ao Poder Judiciário a aplicação da sanção.[46] Na pendência de julgamento de processo administrativo para apuração de contraordenação que também configure crime, os autos serão remetidos à autoridade judiciária criminal, conforme previsão legal.[47] Não há, no caso de concurso de infrações, independência das esferas de responsabilização, pois a autoridade administrativa tem o dever de remeter os

---

[43] As sanções acessórias estão previstas no art. 21 do Decreto-lei nº 433/1982 e consistem em: perda de objetos; interdição do exercício de profissão ou atividade que dependa de autorização do poder público; privação de direito a subsídio ou benefício outorgado por entidades ou serviços públicos; privação do direito de participar de feiras ou mercados; privação do direito de participar em arrematações ou concursos públicos que tenham por objeto a empreitada ou a concessão de obras públicas, o fornecimento de bens e serviços e a atribuição de licenças ou alvarás; encerramento de estabelecimento cujo funcionamento esteja sujeito à autorização ou licença de autoridade administrativa; e, finalmente, suspensão de autorizações, licenças ou alvarás.

[44] Art. 82, 1, do Decreto-lei português nº 433/1982: "A decisão da autoridade administrativa que aplicou uma coima ou uma sanção acessória caduca quando o arguido venha a ser condenado em processo criminal pelo mesmo facto". Ver ainda: art. 90, 3: "Quando, nos termos dos nºs 1 e 2 do artigo 82º, exista decisão em processo criminal incompatível com a aplicação administrativa de coima ou de sanção acessória, deve o tribunal da execução declarar a caducidade desta, oficiosamente ou a requerimento do Ministério Público ou do arguido".

[45] Art. 90, 2, do Decreto-lei português nº 433/1982: "Deve suspender-se a execução da decisão da autoridade administrativa quando tenha sido proferida acusação em processo criminal pelo mesmo facto".

[46] Art. 38, 1, do Decreto-lei português nº 433/1982: "Quando se verifique concurso de crime e contraordenação, ou quando, pelo mesmo facto, uma pessoa deva responder a título de crime e outra a título de contraordenação, o processamento da contraordenação cabe às autoridades competentes para o processo criminal".

[47] Art. 38, 2, do Decreto-lei nº 433/1982: "Se estiver pendente um processo na autoridade administrativa, devem os autos ser remetidos à autoridade competente nos termos do número anterior".

autos do processo ao Ministério Público caso o fato apurado também constitua crime,[48] mas, caso o agente do Ministério Público entenda que não há crime, os autos retornarão à instância administrativa para prosseguimento do feito.[49]

O modelo português também é diferente do brasileiro no que tange à extensão dos efeitos da coisa julgada, porquanto o caráter definitivo da decisão da autoridade administrativa ou o trânsito em julgado da decisão judicial que aprecie o fato como contraordenação ou como crime não permite sua reapreciação como contraordenação. Além disso, a sentença passada em julgado que apreciou o fato como contraordenação faz coisa julgada na esfera penal.

Diferentemente dos restritos critérios brasileiros de negativa de autoria e inexistência do fato para comunicação entre as instâncias, verificam-se, no ordenamento jurídico português, diversas possibilidades de intersecção nas hipóteses em que existir concurso de infrações.[50]

O legislador brasileiro pode (e deve) aprender com a experiência portuguesa, pois a regra da independência das instâncias praticada no Brasil é desproporcional e potencial geradora de insegurança jurídica. No Brasil, conforme já dito, há um único mecanismo para mitigar os problemas advindos da regra da independência das instâncias, qual seja, a formação da coisa julgada material, após regular processo penal, desde que o fundamento da absolvição seja a inexistência do fato ou a negativa de autoria, pois seu resultado vinculará as demais instâncias de responsabilização. Em sentido contrário, o regime contraordenacional português dispõe de uma série de mecanismos interessantes que são capazes de evitar o *bis in idem* (material ou processual): (i) supremacia da sanção penal sobre a coima ou a sanção acessória; (ii) suspensão do processo administrativo em que se discute fato que pode caracterizar crime e ilícito contraordenacional ao mesmo tempo; (iii) suspensão ou caducidade da execução da coima ou da sanção acessória em caso de propositura de ação penal ou condenação criminal transitada em julgada pelos mesmos fatos; (iv) dever de a autoridade administrativa submeter os autos de processo administrativo ao Ministério Público, caso o fato apurado constitua crime; (v) vinculação da esfera administrativa pela coisa julgada formada em processo penal; entre outros.

5 Sugestões para alteração do atual modelo brasileiro de independência das instâncias

O atual modelo brasileiro de independência das instâncias julgadoras – que informa o Direito Público Sancionador – é bastante criticado (e com razão) pela doutrina, porque pode gerar decisões conflitantes (incongruências lógicas), insegurança jurídica e desproporcionalidade na aplicação das sanções (já que viabiliza a aplicação de mais de uma sanção ao mesmo fato).

---

[48] Art. 40, 1, do Decreto-lei português nº 433/1982: "A autoridade administrativa competente remeterá o processo ao Ministério Público sempre que considere que a infracção constitui um crime".

[49] Art. 40, 2, do Decreto-lei português nº 433/1982: "Se o agente do Ministério Público considerar que não há lugar para a responsabilidade criminal, devolverá o processo à mesma autoridade".

[50] NOBRE JÚNIOR, Edilson Pereira; VIANA, Ana Cristina Aguilar; XAVIER, Marília Barros (coord.). *Direito administrativo sancionador comparado*, cit., p. 223.

Uma vez já diagnosticados os problemas ocasionados pela regra da independência das instâncias, não se pode esquivar à proposição de soluções que poderão mitigá-los, quiçá resolvê-los. Para tanto, ressalta-se que a solução para os citados problemas está no teor do já conhecido e estudado princípio da vedação ao *bis idem* ou *ne bis in idem*, portanto as alterações legislativas devem sempre considerá-lo.

Atualmente, conforme já dito, a Lei nº 14.230/2021 (que alterou a Lei de Improbidade Administrativa), ao valorizar o aspecto material do princípio *ne bis in idem*, trouxe mudanças importantes, porém ainda insuficientes, para correção das distorções oriundas da regra da independência das instâncias.

Como solução, propõe-se a adaptação do modelo de contraordenação português à realidade brasileira. Substituir-se-ia, destarte, a regra da independência das instâncias por, pelo menos, as seguintes regras:

(i) Caso haja a instauração de processos para apuração de falta funcional, cujos fatos também se amoldem à norma penal incriminadora, os autos do processo administrativo deverão ser remetidos ao Ministério Público para, caso entenda cabível, propor ação penal contra o agente público. Neste caso, prevalecerão o processo e o julgamento da lide penal.

(ii) A mesma regra do item *supra* aplicar-se-á aos processos de responsabilização dos agentes públicos perante os Tribunais de Contas e, igualmente, aos processos judiciais para apuração de ato de improbidade administrativa.

(iii) Vinculação das demais instâncias julgadoras ao teor da coisa julgada formada no processo penal, independentemente do fundamento legal da absolvição.

Outras regras hauridas do decreto-lei de contraordenação vigente em Portugal também poderão contribuir para aperfeiçoar o Direito Público Sancionador brasileiro, especialmente para superar a regra da independência das instâncias. Todavia, as três regras sugeridas já são suficientes para trazer um pouco mais de coerência ao nosso atual modelo.

6 Conclusão

Na introdução salientou-se que a regra da independência das instâncias, amplamente utilizada no Direito Público Sancionador brasileiro, desvaloriza a segurança jurídica e a proporcionalidade, porquanto não impõe óbice à instauração de vários processos pela prática de um único fato.

Durante o desenvolvimento do trabalho, buscou-se compreender o funcionamento do modelo de independência das instâncias julgadoras (pois não se pode criticar o que se ignora) e questionar seu caráter quase absoluto, refletindo acerca da imprescindibilidade de sua flexibilização, em atenção aos ditames da teoria da unidade do *jus puniendi* estatal e seus corolários (especialmente os fundamentos unitários da imputação), além da necessidade de valorizar o princípio *ne bis in idem*, nos aspectos material e formal, a proporcionalidade, a segurança jurídica e, finalmente, a coerência e lógica jurídica.

O estudo do Direito Comparado pode colaborar na elaboração de propostas para correção dos problemas oriundos da aplicação indivisível da regra da independência das instâncias. No caso da experiência portuguesa, o regime de contraordenações é interessante alternativa ao modelo brasileiro, desde que adequadamente adaptado pelo legislador à nossa realidade.

Os problemas mais graves que resultam da aplicação da regra da independência das instâncias consistem na possibilidade de julgamentos conflitantes (porque é possível que o agente seja condenado em uma esfera e absolvido em outra) e na imposição de múltiplas sanções. Destarte, diagnosticados os principais problemas, para fins de sua atenuação ou eliminação, é recomendável que o Poder Legislativo altere nosso ordenamento jurídico, substituindo o atual modelo, assentado na regra da independência das instâncias julgadoras, por outro modelo com novas regras. Estas deverão prestigiar os ditames da segurança jurídica, a proporcionalidade e o princípio do *ne bis in idem*.

Sugere-se, para tal fim, a adoção, pelo legislador, das regras extraídas do decreto-lei português das contraordenações, porém é preciso certa cautela, porquanto, conforme dito, a regra da independência das instâncias tem fundamento na Constituição Federal. Portanto, a depender da espécie legislativa escolhida, estar-se-á diante de potencial inconstitucionalidade material, sendo imprescindível, destarte, que as alterações comecem por meio de emenda à Constituição.

Referências

BRASIL. Superior Tribunal de Justiça. *AgRg no RMS 24582/SP*. Rel. Min. Nefi Cordeiro. 6ª Turma. Data de julgamento: 04.08.2015. Data de publicação: *DJe* 20.08.2015.

BRASIL. Superior Tribunal de Justiça. *HC 706701/RJ*. Rel. Min. Reynaldo Soares da Fonseca. Data de publicação: *DJ* 18.11.2021.

BRASIL. Supremo Tribunal Federal. *HC 172604/PR*. Rel. Min. Rosa Weber. Data de julgamento: 16.11.2020. Data de publicação: 18.11.2020.

BRASIL. Supremo Tribunal Federal. *Inq. 2903/AC*. Rel. Min. Teori Zavascki. Data de julgamento: 22.05.2014. Tribunal Pleno. Data de publicação: acórdão eletrônico *DJe*-125 divulg. 27.06.2014, public. 01.07.2014.

CARLETTI, Amilcare; PEDROTTI, Irineu Antonio. *Manual de latim forense*. São Paulo: Ed. Universitária de Direito, 1995. v. 1.

CARVALHO FILHO, José dos Santos. *Manual de direito administrativo*. 34. ed. São Paulo: Atlas, 2020. *E-book*.

DEZAN, Sandro Lucio. *Ilícito administrativo disciplinar em espécie*. 2. ed. Curitiba: Juruá, 2014.

DEZAN, Sandro Lucio. *Uma teoria do direito público sancionador*: fundamentos da unidade do sistema punitivo. Rio de Janeiro: Lumen Juris, 2021.

KELSEN, Hans. *Teoria geral do direito e do Estado*. Tradução Luís Carlos Borges. 5. ed. São Paulo: Martins Fontes.

LOPES JR., Aury. *Direito processual penal*. 16. ed. São Paulo: Saraiva Educação, 2019. *E-book*.

MACHADO, Antonio Rodrigo. *Sanções e penas*: a independência entre as instâncias administrativa e jurisdicional penal. Rio de Janeiro: Lumen Juris, 2020.

MENDES, Gilmar Ferreira; BRANCO, Paulo Gustavo Gonet. *Curso de direito constitucional*. 8. ed. rev. e atual. São Paulo: Saraiva, 2013.

NOBRE JÚNIOR, Edilson Pereira; VIANA, Ana Cristina Aguilar; XAVIER, Marília Barros (coord.). *Direito administrativo sancionador comparado*. Rio de Janeiro: CEEJ, 2021. v. 1.

NUCCI, Guilherme de Souza. *Curso de direito processual penal*. 17. ed. Rio de Janeiro: Forense, 2020. *E-book*.

OSÓRIO, Fábio Medina. *Direito administrativo sancionador*. 7. ed. rev. e atual. São Paulo: Thomson Reuters Brasil, 2020.

PACELLI, Eugenio; FISCHER, Douglas. *Comentários ao Código de Processo Penal e sua jurisprudência*. 9. ed. São Paulo: Atlas, 2017.

SILVA, Virgílio Afonso da. O proporcional e o razoável. *Revista dos Tribunais*, n. 798, p. 23-50, 2002.

Informação bibliográfica deste texto, conforme a NBR 6023:2018 da Associação Brasileira de Normas Técnicas (ABNT):

LIMA, Marcelo Cheli de. Direito Público Sancionador e o princípio *ne bis in idem*: a experiência portuguesa como alternativa ao modelo brasileiro de independência das instâncias. *In*: CONTI, José Maurício; MARRARA, Thiago; IOCKEN, Sabrina Nunes; CARVALHO, André Castro (coord.). *Responsabilidade do gestor na Administração Pública*: aspectos gerais. Belo Horizonte: Fórum, 2022. p. 203-219. ISBN 978-65-5518-412-9. v.1.

A RESPONSABILIZAÇÃO DO AGENTE PÚBLICO PÓS-COVID-19, O FEDERALISMO CENTRÍPETO E O ESTADO DE NECESSIDADE ADMINISTRATIVA

WILSON ACCIOLI DE BARROS FILHO

1 Introdução

A covid-19 descortinou problemas antigos no Brasil, de ordem constitucional e infraconstitucional. De ordem constitucional, temos uma Constituição Federal que está próxima dos 34 anos e as perguntas que surgem a partir disto são diversas: a atual forma federalista de Estado prioriza realmente a autonomia dos entes federados? O modelo federalista brasileiro está atendendo ao objetivo do art. 3º da Constituição (redução das desigualdades sociais e regionais)?

A Federação, não é preciso ensinar, é uma forma de Estado, cuja finalidade principal é permitir o exercício do Poder estatal em todo o território nacional, mas também limitá-lo. A ideia é que não haja monopólio concentrado em um único ente federativo.

Hoje, o país possui uma federação centralizada (centrípeta) que respeita a origem do Brasil Imperial e concentra as competências legislativas na União Federal. Assim, podemos nos questionar se temos um desenvolvimento real a partir deste modelo federalista centralizado ou um modelo engessado que ignora os interesses e as necessidades locais dos Estados e dos Municípios.

O STF, na ADI nº 6.341 e também na ADPF nº 672, tem procurado alargar o conceito de Estado Federalista por meio do alargamento da competência legislativa concorrente dos entes federados para o combate à covid. Daí a discussão sobre a importância do modelo federalista participativo e não mais centrípeto.

O modelo participativo permite à Constituição direcionar as competências legislativas para os entes, autorizando-os a legislar sobre seus interesses e necessidades locais. Assim, o interesse local seria gerido pelo Município, o regional pelo Estado e o nacional pela União.

Outro ator fundamental neste cenário de desigualdade legislativa é a LINDB, ao escancarar a desigualdade legislativa no Brasil quando assegurou em seu art. 22 que não irá haver responsabilização civil do agente público com base em causas relacionadas a limitações estruturais locais.

Segundo dados do IBGE,[1] o Brasil é composto atualmente por 5.570 Municípios. São Paulo (SP) é o mais populoso, com aproximadamente 12 milhões de habitantes, e Serra da Saudade (MG) o menos, com ínfimos 818 habitantes. Ambos, incluindo todos os demais entes federativos brasileiros, têm a obrigação constitucional de fazer incidir em suas relações jurídicas a Lei nº 14.133/2021 (Lei Geral de Licitações), sendo igualmente sancionados, no caso de eventual descumprimento de seus preceitos, pela Lei nº 8.429/1992 (Lei de Improbidade Administrativa).[2]

Para o legislador federal, todos os entes federativos são equivalentes no cumprimento das obrigações jurídicas estabelecidas por leis de caráter nacional. Tais equivalências jurídica e legislativa não atentam, todavia, para as profundas desigualdades social e econômica causadas, sobretudo, pelo aspecto continental do Brasil.

Não é preciso ir longe para concluir haver impactantes diferenças de desenvolvimento humano entre as várias regiões brasileiras que afetam sobremaneira as capacidades institucionais dos Municípios de cumprirem os preceitos de leis de abrangência nacional – como a lei de licitações. Segundo o Índice de Desenvolvimento Humano Municipal (IDHM) do Brasil, divulgado pela Organização das Nações Unidas (ONU),[3] os números no país oscilam de um máximo de 0,862 a um mínimo de 0,418, o primeiro correspondendo ao Município de São Caetano (SP) e o segundo ao Município de Melgaço (PA).[4]

Apesar dessa constatação, o legislador federal, amparado na competência privativa da União, insiste em enquadrar os entes federativos, sejam eles desenvolvidos ou subdesenvolvidos, como possuidores das mesmas capacidades institucionais para o cumprimento da legalidade. Como exemplo prático, tem-se a impossibilidade de servidor ou dirigente de órgão ou entidade contratante participar direta ou indiretamente da licitação ou do contrato administrativo.

---

[1]   Estimativa de população dos Municípios, com data de referência em 1º de julho de 2015. Disponível em: http://www.ibge.gov.br/home/presidencia/noticias/imprensa/ppts/00000023130408172015040928 87232.pdf.   Acesso em: 26 maio 2017.

[2]   Tais submissões decorrem dos incisos I e XXVII do art. 22 da Constituição Federal. A extensão da competência privativa da União para legislar sobre improbidade administrativa decorre da natureza civil das sanções impostas pela norma, razão pela qual não há que se falar, nos termos do art. 24 da Constituição, em inconstitucionalidade material da Lei nº 8.429/1992. Cf.: JUNIOR, Waldo Fazzio. *Improbidade Administrativa*. 3. ed. São Paulo: Atlas, 2015, p. 19-20. No mesmo sentido, Cf.: GARCIA, Emerson; ALVES, Rogério Pacheco. *Improbidade Administrativa*. 8. ed. São Paulo: Saraiva, 2014, p. 299.

[3]   Dados disponíveis em: http://www.atlasbrasil.org.br/2013/pt/ranking/. Acesso em: 26 maio 2017.

[4]   Com 26.642 habitantes, Melgaço contou para o exercício de 2016 com o orçamento financeiro de R$ 79.028.000,00 (Disponível em: http://www.melgaco.pa.gov.br/wp-content/uploads/2016/06/LEI-N%C2%BA-649-DE-22-DE--DEZEMBRO-DE-2015..pdf. Acesso em: 26 maio 2017). São Caetano do Sul, por sua vez, contendo pouco mais de 158.000 habitantes, contou, no mesmo exercício de 2016, com o orçamento de R$ 1.271.693.354, 00 (Disponível em: http://www.camarascs.sp.gov.br/media/ordens/273c01d18a.pdf. Acesso em: 26 maio 2017). Para não se pensar que o orçamento tem a ver somente com o número de habitantes e que por isto um Município é mais bem desenvolvido que outro, no intuito de demonstrar a relação do problema também com a localização geográfica do ente federado, tome-se o exemplo do Município de Carambeí (PR), o qual, mesmo possuindo 21.939 habitantes (equivalentes a Melgaço) e orçamento anual de R$ 75.000.000,00 (também equivalentes a Melgaço), ocupa atualmente a 1.081ª colocação, com IDHM igual a 0,728, estando mais de quatro mil posições acima do referido Município Paraense (Dados disponíveis em http://www.atlasbrasil.org.br/2013/pt/ranking/ e http://sapl.carambei.pr.leg.br/sapl_documentos/norma_juridica/1190_texto_integral. Acesso em: 26 maio 2017). Percebe-se, com isso, que a posição geográfica também influencia o grau de desenvolvimento humano, impactando diretamente na capacidade institucional dos entes federativos de atender aos preceitos de normas nacionais.

Importante esclarecer desde logo que a intenção deste artigo não é, a partir de entraves socioeconômicos regionais, legitimar ações ilícitas de agentes públicos locais com base numa possível hipossuficiência geográfica.[5]

A intenção desta reflexão é incentivar o debate sobre o federalismo participativo colocando luz no problema das diferenças regionais brasileiras para que os órgãos de controle externo (sobretudo os Tribunais de Contas e o Judiciário), quando deparados com questões aparentemente ilícitas, procurem compreender as circunstâncias fáticas, relevando como razão de decidir as insuficiências econômicas, sociais e geográficas do Estado ou Município administrado pelo agente público processado, para com isso minimizar ou mesmo afastar a ilicitude aparente do ato. E ao fazê-lo, mais adequado que seja sob o fundamento jurídico do estado de necessidade administrativa.

Nesse sentido, o objetivo deste artigo é analisar a pertinência e a adequação do estado de necessidade administrativa no regime jurídico de Direito Administrativo a partir de circunstâncias fáticas locais alheias à vontade do agente público que o levem a agir contrariamente à legalidade.

2 O estado de necessidade administrativa: compreensão e acomodação jurídica no regime de Direito Administrativo

O estado de necessidade administrativa não possui previsão normativa expressa no ordenamento legislativo brasileiro.[6] Sua incidência no meio jurídico, apenas como estado de necessidade, tem assento no Direito Penal, sendo uma das causas excludentes da ilicitude do tipo,[7] e no Direito Civil, incidindo como causa de anulação do negócio jurídico quando houver vício na formação da vontade de uma das partes.[8]

Nada obstante, embora inédito e pouco explorado no Brasil, o estado de necessidade administrativa é largamente estudado na Europa Ocidental,[9] sobretudo em Portugal.[10] O ordenamento jurídico português o prevê expressamente no art. 3º, n. 2, do código de

---

[5] Tal intenção, por certo, seria de pronto rejeitada por ultrapassar as barreiras jurídicas do Estado de Direito. Para não haver dúvidas da posição do autor, afirma-se não se pretender "que o estado de necessidade legalize toda e qualquer preterição do princípio da legalidade, sob pena de, desse modo, se estar a retirar do controlo jurisdicional um conjunto homogêneo de medidas administrativas – as tomadas em estado de necessidade –, porque seriam, por definição, ou melhor, por força daquele normativo, válidas" (AMARAL, Diogo Freitas do; GARCIA, Maria da Glória F. P. D. O estado de necessidade e a urgência em Direito Administrativo. *Revista da Ordem dos Advogados*, ano 59, p. 483, abr. 1999).

[6] Cf.: PAULA, Carlos Eduardo Artiaga; ALMEIDA, I. A. K. Princípio do estado de necessidade administrativo: concepção, fundamentos, justificativas e controle. *In*: CALDAS, Roberto Correia da Silva Gomes; PINTO, Helena Elias; CADEMARTORI, Luiz Henrique (org.). *O Novo Constitucionalismo Latino-Americano*: desafios da sustentabilidade. 1. ed. Florianópolis: Boiteux, 2012, p. 53.

[7] Art. 24 do Código Penal. Segundo Cezar Roberto Bitencourt, para o Direito Penal, "o estado de necessidade pode ser caracterizado pela colisão de bens jurídicos de distinto valor, devendo um deles ser sacrificado em prol da preservação daquele que é reputado como mais valioso" (BITENCOURT, Cezar Roberto. *Tratado de Direito Penal*. Parte Geral 1. 17. ed. São Paulo: Saraiva, 2012, p. 320).

[8] O Direito Civil regula o estado de necessidade no art. 156 do Código Civil. Neste caso, mesmo diante de uma situação contrária à vontade de uma das partes, o estado de necessidade permitiria ao cidadão prejudicado agir para minimizar o prejuízo, promovendo futura anulação do negócio jurídico excessivamente oneroso. Cf.: TARTUCE, Flávio. *Manual de Direito Civil*: volume único. 5 ed. Rio de Janeiro: Forense, 2015, p. 161 e 165.

[9] Países como França, Alemanha, Espanha, Portugal e Suíça já há algum tempo se dedicam ao estudo do estado de necessidade administrativa. Cf.: AMARAL, Diogo Freitas do; GARCIA, Maria da Glória F. P. D. O estado de necessidade e a urgência em Direito Administrativo. *Revista da Ordem dos Advogados*, ano 59, p. 473-478, abr. 1999.

[10] *Ibidem*, p. 456 e 478.

procedimento administrativo como causa excludente da ilicitude do ato administrativo. De acordo com o citado dispositivo, "os actos administrativos praticados em estado de necessidade, com preterição das regras estabelecidas neste Código, são válidos, desde que os seus resultados não puderem ter sido alcançados de outro modo".[11]

Sob este propósito, fala-se oportunamente no estado de necessidade com a finalidade de se revelar "desde logo que o Direito Administrativo geral tende a ser conformado por uma ideia de limitação da rigidez gerada pela preferência de lei e é sensível à imprescindibilidade de fórmulas de flexibilização, conciliadoras entre a generalidade e abstracção dos comandos jurídicos e a ajustabilidade destes perante situações em que a sua observância se torna nociva à colectividade".[12] Ele representa o cenário fático-legislativo diante do qual "é necessário escolher entre eficiência e satisfação do interesse público coletivo ameaçado e o respeito à legalidade".[13]

A principal causa de avocação do estado de necessidade para o Direito Administrativo diz respeito à constante crise do princípio da legalidade.[14] Hoje, os critérios para se aferir se determinado ato ou decisão da Administração está ou não circunscrito à legalidade não se resumem mais ao texto formal da lei, mas na sua conformidade com todo o regime jurídico de Direito Administrativo, incluindo a Constituição e os princípios do Direito.

É neste contexto, portanto, de insuficiência do Poder Legislativo para normatizar uma regra específica para cada situação fática, que se torna oportuno falar em estado de necessidade administrativa como solução jurídico-normativa destinada a acobertar com juridicidade medidas contrárias à lei, tomadas em situações excepcionais e temporárias, com a finalidade de manter hígida a continuidade do serviço público.[15]

José Manuel Sérvulo Correia conceitua o estado de necessidade administrativa como "a permissão normativa de actuação administrativa discrepante das regras estatuídas, como modo de contornar ou atenuar um perigo iminente e actual para um interesse público essencial, causado por circunstância excepcional não provocada pelo agente, dependendo a juridicidade excepcional de tal conduta da observância de parâmetros de proporcionalidade e brevidade e da indemnização dos sacrifícios por essa via infligidos a particulares".[16]

Juliana Gomes Miranda, por sua vez, postula ser o estado de necessidade administrativa "uma espécie de cláusula habilitadora, com efeitos derrogatórios, suspensivos ou até mesmo criativos, de uma atuação da Administração Pública interventiva e

---

[11] MIRANDA, Juliana Gomes. *Teoria da excepcionalidade administrativa*: a juridicização do estado de necessidade. Belo Horizonte: Fórum, 2010, p. 63.

[12] CORREIA, José Manuel Sérvulo. *Revisitando o estado de necessidade*. Estudos em Homenagem ao Professor Doutor Freitas do Amaral. Lisboa, p. 1-40, abr. 2010, p. 10. Disponível em: http://www.estig.ipbeja.pt/~ac_direito/ServuloEN.pdf. Acesso em: 29 maio 2017.

[13] MIRANDA, Juliana Gomes. Ob. cit., p. 46.

[14] É como afirmam Carlos Paula e Isabela Almeida: "o estado de necessidade administrativa surge da insuficiência do ordenamento jurídico e com a crise do próprio princípio de legalidade do qual estamos doutrinariamente acostumados de que a Administração somente age ou atua se há uma regra legal expressa. Essa legalidade estrita tem como próprio limite a necessidade da Administração e seu fim supremo, como o atendimento das necessidades públicas, pois é impossível a previsibilidade completa de todos os eventos relevantes" (PAULA, Carlos Eduardo Artiaga; ALMEIDA, I. A. K. Ob. cit., p. 58). Cf.: MIRANDA, Juliana Gomes. Ob. cit., p. 55.

[15] PAULA, Carlos Eduardo Artiaga; ALMEIDA, I. A. K. Ob. cit., p. 53-54.

[16] CORREIA, José Manuel Sérvulo. Ob. cit., p. 39-40.

ordenadora na sociedade, não prevista em lei ou contrária a esta, integrando o conceito de legalidade alternativa, sem prescindir da constatação de circunstâncias excepcionais que chamam por uma ação urgente e necessária, posto o resguardo do interesse maior sopesado e ponderado".[17]

Em síntese, o estado de necessidade administrativa é a regra que permite ao gestor descumprir outra regra ou princípio justificadamente inaplicável ao caso concreto.[18] Indiretamente, é também uma regra que possibilita ao controlador considerar a ocorrência da necessidade como razão de decidir, acaso seja verificada determinada excepcionalidade na realidade fática por ele julgada.

No cumprimento do seu papel, a doutrina elenca como pressupostos do estado de necessidade administrativa:[19] a) a configuração de um perigo atual e iminente; b) a proteção de um interesse público essencial; c) a existência de uma circunstância excepcional; d) não ter a situação sido provocada pelo agente público; e e) ser a realidade somente corrigida ou atenuada diante da inaplicação da lei.

O primeiro pressuposto do estado de necessidade administrativa é o perigo atual e iminente. Perigo é aqui compreendido como um "risco objetivo de lesão ou ofensa, ou seja, na probabilidade razoável de que o evoluir de uma situação presente conduza ao resultado lesivo".[20] A iminência do perigo remonta a uma situação urgente, aquela na qual "só uma intervenção célere poderá ser eficaz na prevenção dos efeitos danosos".[21] Por fim, além de iminente, o perigo deverá ser atual, isto é, representar uma situação fática transitória ou ocasional.[22]

O segundo pressuposto diz respeito à existência de um interesse público essencial a ser protegido pela atuação excepcional do agente público. Para José Manuel Sérvulo Correia, "esse interesse deverá ter um peso tal que possa, à luz das circunstâncias do caso, prevalecer sobre o interesse à legalidade na vertente da preferência de lei, a qual proíbe as decisões administrativas *contra legem*".[23] Dito de outro modo, "o interesse público em causa deverá reportar-se a aspectos essenciais da vida colectiva",[24] pelo que qualquer "interferência contra ele resultante da aplicação das regras estatuídas seja mais séria ou forte do que o efeito negativo que se produziria sobre os valores e bens protegidos

---

[17] MIRANDA, Juliana Gomes. Ob. cit., p. 116.

[18] Em sentido contrário, defendendo como princípio a natureza jurídica do estado de necessidade, Carlos Paula e Isabela Almeida asseveram que os princípios são "normas jurídicas que melhor se adéquam às situações concretas por serem relativos e não absolutos, ou seja, os princípios não têm a pretensão de exclusividade e podem ser aplicados simultaneamente, ainda que, aparentemente estejam em contradição. (...) Além disso, os princípios permitem uma atuação administrativa além da lei ou contrária à lei, sempre com a finalidade de prossecução do interesse público essencial, ponderado e garantido. Assim, em caso de conflito entre a regra legal e o interesse superior de um Estado, encontrando-se a Autoridade obstaculizada pela legalidade estrita, posta pela regra, cabe à Administração assegurar o fim essencial do Direito sobre as disposições formais: adotar medidas necessárias, apesar de não se encontrarem cobertas legalmente, normalizadas, mas constitucionalmente consubstanciadas, considerando-se sempre o momento e suas circunstâncias fáticas" (PAULA, Carlos Eduardo Artiaga; ALMEIDA, I. A. K. Ob. cit., p. 63).

[19] *Idem.*

[20] *Ibidem*, p. 23.

[21] *Idem.*

[22] *Ibidem*, p. 24.

[23] *Ibidem*, p. 25.

[24] *Idem.*

pela legalidade ordinária em caso de não-aplicação".[25] A título de exemplo, destaque-se o funcionamento contínuo de serviços públicos essenciais, como saúde e segurança.[26]

O terceiro pressuposto é a excepcionalidade da circunstância fática, a qual, conforme o próprio nome sugere, impede possa o estado de necessidade "resultar de uma simples avaliação positiva quanto à instrumentalidade da conduta anormal relativamente à preservação do interesse público em causa".[27] O sentido excepcional da circunstância concreta guarda relação com a anormalidade – causa não habitual no dia a dia do agente público. Como consequência, será somente a partir da concreta configuração da situação incomum que poderá o agente se valer do estado de necessidade administrativa para adotar a medida mais adequada e eficaz na proteção do interesse público essencial.[28]

O quarto pressuposto tem relação direta com o princípio da boa-fé, exigindo que para a ocorrência da situação excepcional não tenha havido vontade do agente público em simular conscientemente uma conjuntura fática anormal.[29] Caso contrário, efeito algum produziria o estado de necessidade, afinal, "seria iníqua, e mesmo inconstitucional, a norma que considerasse juridicamente justificadas as medidas que objectivamente não cumprissem os limites éticos impostos pela ideia de Direito".[30]

O quinto e último requisito de configuração do estado de necessidade administrativa é a inaplicação da regra estabelecida. Ele "significa um juízo sobre a funcionalidade ou instrumentalidade da não aplicação das regras estatuídas quanto ao preenchimento do objetivo do afastamento ou, ao menos, da atenuação, do perigo iminente e actual para um interesse público essencial".[31]

Todos esses elementos apresentados são os requisitos essenciais sem os quais não se poderá falar na existência de um estado de necessidade administrativa excludente ou atenuante da ilicitude do ato ou decisão administrativa. O atendimento dos cinco pressupostos depende diretamente da análise da situação fática sobre a qual o ato ou a decisão administrativa são emanados. É dizer, sempre que o agente público for motivar o descumprimento da lei e o controlador externo avaliar o respeito dos pressupostos deste não atendimento, terão ambos de considerar a realidade concreta da Administração para concluir se o instituto da necessidade esteve ou não verificado.

O posicionamento defendido neste artigo é no sentido de que as limitações econômicas e sociais dos entes federativos brasileiros sejam considerados pressuposto material do estado de necessidade. Assim, propõe-se seja acrescentada ao elemento da excepcionalidade da circunstância fática regra que permita ao agente público justificar o descumprimento da lei com base nas limitações regionais do ente federado, do mesmo modo seja aconselhado ao controlador externo aferir a existência da necessidade a partir das dicotomias fáticas locais.

---

[25] *Ibidem*, p. 26.

[26] A lógica por detrás deste pressuposto se relaciona com o problema da colisão de interesses. Assim, "para evitar que o perigo faça perecer determinado valor, o agente terá de sacrificar um outro valor jurídico de que não é senhor" (CAETANO, Marcello. *Manual de Direito Administrativo*. Vol. II. 10. ed. Coimbra: Almedina, 1999, p. 1281).

[27] CORREIA, José Manuel Sérvulo. Ob. cit., p. 26.

[28] AMARAL, Diogo Freitas do; GARCIA, Maria da Glória F. P. D. Ob. cit., p. 476.

[29] CORREIA, José Manuel Sérvulo. Ob. cit., p. 27.

[30] AMARAL, Diogo Freitas do; GARCIA, Maria da Glória F. P. D. Ob. cit., p. 483.

[31] CORREIA, José Manuel Sérvulo. Ob. cit., p. 28.

Recomenda-se também maior robustez normativa ao pressuposto do interesse público essencial por meio da inclusão em seu conteúdo da garantia de continuidade de serviços públicos essenciais como causa legítima do descumprimento comissivo ou omissivo da lei.

Por último, sugere-se interpretação não restritiva ao requisito do perigo atual e iminente, permitindo-se a sua identificação mesmo quando a transitoriedade da realidade não se circunscrever a uma situação ocasional. Melhor explicado, adverte-se para que o pressuposto do perigo não seja adotado com rigidez na realidade brasileira como forma de impedir a incidência do estado de necessidade administrativa em realidades locais, cujas limitações, embora excepcionais porque incomuns, não são ocasionais e transitórias.

À frente da doutrina e da legislação brasileiras, a jurisprudência tem desempenhado papel relevante na busca por um desenvolvimento dogmático do estado de necessidade administrativa.[32] Mesmo de maneira indireta, os Tribunais têm considerado as peculiaridades regionais dos Municípios como causas excludentes da ilicitude de atos administrativos.[33]

Em voto proferido na Ação Penal nº 348-5 julgada pelo Supremo Tribunal Federal, a Ministra Cármen Lúcia reconheceu ser comum existirem em âmbito administrativo municipal circunstâncias limitadoras do caso concreto que justificam o afastamento da lei em benefício do interesse coletivo. Na oportunidade, a Ministra acompanhou o Relator, ex-Ministro Eros Grau, na absolvição de um Prefeito acusado de contratação ilegal de advogado por inexigibilidade de licitação.

De acordo com a Ministra, não é incomum existirem situações emergenciais na Administração Pública. Para ela "um governante recém-empossado pode encontrar uma situação de tal descaso com a coisa pública, na matéria inclusive de busca, por exemplo, processamento de matéria tributária, que, na hora em que resolve fazer as cobranças, não há advogado em número suficiente na Procuradoria (...)".[34]

Da mesma forma, o Superior Tribunal de Justiça já se posicionou, por intermédio dos Ministros Herman Benjamim e Mauro Campbell Marques, afirmando que as circunstâncias excepcionais pelas quais passam os Municípios brasileiros em matéria previdenciária, tendo muitas vezes que preterir a regra geral de repasse vinculado do orçamento para evitar o bloqueio do Fundo de Participação do Município (FPM), são causas suficientes para afastar a ilicitude do ato administrativo.

No voto vista no Recurso Especial nº 246.746, o Ministro Mauro Campbell Marques asseverou inexistir ato de improbidade administrativa na omissão do Prefeito do Município de Governador Valadares (MG) em recolher ao Fundo de Custeio da

---

[32] Veja, neste sentido, trecho do acórdão do Tribunal de Justiça do Mato Grosso: "Com efeito, a utilização de excludente de ilicitude e culpabilidade do Direito Penal não revela obstacularização excessiva ao direito à probidade administrativa. Ao contrário, entendo estar isento de punição o sujeito quando demonstrado que atuou em estado de necessidade (art. 23 do CP), como ocorrido no caso dos autos" (BRASIL. Tribunal de Justiça do Mato Grosso. *Apelação Cível n. 121.570*. Rel. Desembargador José Zuquim Nogueira. Julgado em 29.11.16). No mesmo sentido, Cf.: BRASIL. Tribunal de Justiça do Paraná. *Apelação Cível 125.257-7*. Rel. Juíza Convocada Dilmari Helena Kessler. Julgado em 5 jun. 2007.

[33] BRASIL. Tribunal de Justiça de São Paulo. *Apelação Cível n. 0174521-80.2007.8.26.0000*. Rel. Desembargador Guerrieri Rezende. Julgado em 13.02.2012. No mesmo sentido, Cf.: BRASIL. Tribunal de Justiça de Santa Catarina. *Remessa Necessária n. 2011.085546-1*. Rel. Desembargador Júlio César Knoll. Julgado em 26 jun. 2013.

[34] BRASIL. Supremo Tribunal Federal. *Ação Penal n. 348-5*. Rel. Ministro Eros Grau. Julgado em 15.12.2006.

Previdência as parcelas de contribuição previdenciária retidas dos servidores municipais. Como razão de decidir, o Ministro Revisor elencou as dificuldades econômico-financeiras pelas quais passam os Municípios brasileiros, exigindo dos administradores públicos a dura missão de diariamente improvisar na gestão do dinheiro público.

Para Campbell Marques, verificou-se "impossível qualificar a conduta da parte recorrida como ímproba, especialmente diante da conjuntura em que praticada (...)".[35] Nas palavras do Ministro, "há de se levar em consideração a rotineira dificuldade econômico-financeira por que passam os Municípios brasileiros, o que impõe aos seus administradores, com o perdão da expressão, a necessidade de "improvisar" com o dinheiro público, fazendo verdadeiros malabarismos para garantir, ao fim e da melhor forma possível, o interesse público".[36]

Em homenagem ao sólido fundamento do citado voto-vista, o Relator Ministro Herman Benjamin reconsiderou a sua decisão para acompanhar o Ministro Revisor. Ao fazê-lo, reconheceu que as obrigações legais de ordem nacional impostas aos Municípios em matéria previdenciária justificaram, naquele momento, a atuação *contra legem* do Prefeito no sentido de preterir a lei em prol do interesse público.

Afirmou o Relator: "(...) conforme atestado pelo Tribunal de origem, a escolha tomada pelo administrador público (de deixar de repassar o tributo aos cofres previdenciários) deveu-se à necessidade de saldar dívidas de administrações anteriores, a fim de evitar o bloqueio do Fundo de Participação do Município – FPM. A finalidade pública comprovada nos autos, portanto, justifica a conduta do agente público, que se configura razoável e legítima".[37]

Outra importante observação sobre o contexto do estado de necessidade em âmbito administrativo brasileiro é a interpretação extensiva dos Tribunais para buscar no Direito Penal fundamento jurídico da razão de decidir com base na excepcionalidade do caso concreto. Isto pode ser verificado no julgamento do Recurso Especial nº 1.123.876, cujo objeto versou sobre os limites da prerrogativa sancionatória da Administração Pública em decorrência do estado de necessidade.

Para Campbell Marques, "o estado de necessidade não é instituto inerente apenas ao Direito Penal; (...). Na esfera administrativa, em razão da inexistência de codificação, não há dispositivo expresso sobre o instituto. Nada obstante, a construção de precedentes dos órgãos julgadores da Administração Pública e dos órgãos judiciais sempre foi no sentido do pleno reconhecimento e da real efetividade do estado de necessidade na seara administrativa (...)".[38]

Por fim, cumpre dizer que, apesar de não positivado, o estado de necessidade tem alguns aparecimentos reflexos e indiretos no ordenamento brasileiro. Como exemplo, listam-se determinadas causas de dispensa de licitação (art. 24, III, IV, V, IX e X, da Lei nº 14.133/2021), a desapropriação por necessidade ou utilidade pública (Decreto-Lei nº 3.365/1941) e a contratação temporária para atender necessidades excepcionais de interesse público (Lei nº 8.745/1993).

---

[35] BRASIL. Superior Tribunal de Justiça. *Recurso Especial n. 246.746*. Voto-vista. Ministro Mauro Campbell Marques. Rel. Ministro Herman Benjamin. Julgado em 02.02.2010.

[36] *Idem.*

[37] BRASIL. Superior Tribunal de Justiça. *Recurso Especial n. 246.746*. Rel. Ministro Herman Benjamin. Julgado em 02.02.2010.

[38] BRASIL. Superior Tribunal de Justiça. *Recurso Especial n. 1.123.876*. Rel. Ministro Mauro Campbell Marques. Julgado em 05.04.2011.

Conceituado o estado de necessidade administrativa e apresentada a sua acomodação jurídica no Direito Administrativo brasileiro, o tópico seguinte trará dois exemplos práticos avalizadores das dificuldades regionais dos entes federativos de antederem às obrigações legais de caráter nacional.

3 Pontuais obrigações gerais – de ordem nacional – contidas na Lei nº 14.133/2021 alheias às realidades dos Municípios brasileiros: reflexos na responsabilização do agente público

Conforme comentado na introdução deste trabalho, a legislação nacional brasileira não considera a realidade dos entes federativos, em especial dos Municípios, ao prever regras nacionais de vinculação obrigatória aos agentes públicos. Mais do que isso, a legislação silencia sobre possíveis causas sociais ou econômicas que poderiam legitimar uma conduta aparentemente ilegal do gestor municipal. Ao contrário, prevê dura responsabilização aos gestores brasileiros como se todos dispusessem de um mesmo instrumental para fazer valer os preceitos da legalidade.

Além dos dados estatísticos já apresentados, a partir de um preceito legal contido na lei de licitações, neste tópico serão identificadas pontuais obrigações procedimentais difíceis de serem atendidas na sua integralidade por gestores locais em razão de limitações econômicas e sociais por eles enfrentadas.

A intenção será, diante de discussão prática, evidenciar a pertinência da inclusão e do desenvolvimento da teoria do estado de necessidade administrativa no ordenamento jurídico brasileiro como solução compensadora da cegueira legislativa em relação às desigualdades regionais suportadas por Municípios membros de um país de dimensões continentais.

É comum nos Municípios brasileiros, por exemplo, o Poder Executivo ter de ponderar sobre respeitar o princípio da legalidade ou manter um contrato de locação com servidor público, sem qualquer vontade ou intenção de lesar o erário, simplesmente porque não há outro imóvel disponível na cidade com dimensões iguais ou equivalentes para alocar a estrutura da Administração.

Trata-se, pois, de *rotineiras* excepcionalidades justificadoras da inserção do estado de necessidade administrativa como causa excludente ou atenuante da ilicitude do ato ou decisão da Administração Pública.

3.1 As locações de bens imóveis pela Administração Pública: o estado de necessidade administrativa e a flexibilização da regra inserida no §1º do inciso III do art. 9º da Lei nº 14.133/2021

O Brasil do século XXI é um país com 36% da sua população residente em zona rural.[39] Isto quer dizer que dos 207,8 milhões de brasileiros, 74,8 milhões vivem em área não urbanizada, ou seja, sem qualquer infraestrutura para acomodar a prestação básica dos serviços públicos.

---

[39] Informação disponível em: http://agenciabrasil.ebc.com.br/geral/noticia/2015-03/pesquisa-diz-que-populacao-rural-do-brasil-e-maior-que-apurada-pelo-ibge. Acesso em: 8 jun. 2017.

O Estado do Maranhão, segundo o censo de 2010, possuía um total de 6.574.789 habitantes, dos quais 2.427.640 residiam em área rural.[40] Dos 217 Municípios daquele Estado, 109 (pouco mais de 50%) continham a metade ou mais da população residindo em zona não urbanizada.[41] O sempre esquecido Acre,[42] do mesmo modo, contava em 2010 com um total de 733.559 habitantes, 201.280 dos quais moradores de regiões agrárias.[43] Dentre os 23 Municípios acreanos, 9 (quase 40%) são compostos por população essencialmente campesina.[44] Descendo para a região Sul do país, constata-se que dos 399 Municípios integrantes do Estado do Paraná, 132 (33%) são formados por 40% ou mais de habitantes rurais.[45]

Obviamente não exaustivos e tampouco conclusivos, tais números servem para evidenciar uma parcela da realidade brasileira não estudada nos livros de Direito: tal qual em suas regiões geográficas, o Brasil é desigual também em suas leis. A mesma regra jurídica aplicável ao Estado de São Paulo (onde apenas 29 dos 645 Municípios são compostos por 50% ou mais de habitantes morando em área rural[46]) incide também sobre o Estado do Maranhão, no qual 50% dos Municípios são formados por mais da metade da população residente em zona rural.

A consequência disso tudo é uma só: determinados entes da federação possuem capacidade institucional para respeitar os mandamentos de leis nacionais e outros não.

Essa dicotomia é possível de ser visualizada no §1º do inciso III do art. 9º da Lei nº 14.133/2021, segundo o qual não poderá participar, direta ou indiretamente, da licitação ou da execução do contrato agente público de órgão ou entidade licitante ou contratante. Melhor esclarecida, esta regra consagra os princípios da moralidade e da impessoalidade ao impedir que agentes públicos influenciem e sejam beneficiados por negócios jurídicos travados dentro da própria Administração de cujos quadros façam parte.

Contudo, ao simplesmente impor uma regra sem exceção, o legislador acabou por transmitir ao controlador uma presumível mensagem autorizativa de que a participação de agente público em licitação ou contrato administrativo firmado por sua Administração é ilícita, imoral e ímproba.

Não se atentou, por exemplo, para a hipótese de não haver alternativa ao Município senão firmar um contrato administrativo diretamente com um agente público pertencente aos seus quadros ou a eles indiretamente ligados pelo fato de, diante das circunstâncias fáticas da entidade, esta ser a única maneira de garantir a continuidade do serviço público.

O leitor deve estar pensando qual seria essa realidade hipotética extrema em que não haveria outra saída ao gestor senão firmar um contrato administrativo com um

---

[40] Dados disponíveis em: http://www.censo2010.ibge.gov.br/sinopse/index.php?dados=11&uf=00. Acesso em: 8 jun. 2017.

[41] *Idem.*

[42] Esquecimento comprovador da dimensão continental do Brasil.

[43] Dados disponíveis em: http://www.censo2010.ibge.gov.br/sinopse/index.php?dados=11&uf=00. Acesso em: 8 jun. 2017.

[44] Contêm 50% ou mais de habitantes residentes em zona rural. Informação extraída do endereço http://www.censo2010.ibge.gov.br/sinopse/index.php?uf=12&dados=0. Acesso em: 8 jun. 2017.

[45] Dados disponíveis em: http://www.censo2010.ibge.gov.br/sinopse/index.php?uf=41&dados=21. Acesso em: 8 jun. 2017.

[46] Dados disponíveis em: http://www.censo2010.ibge.gov.br/sinopse/index.php?uf=35&dados=0. Acesso em: 8 jun. 2017.

servidor público do próprio ente. A mais comum decorre da limitação demonstrada em números no início deste tópico. Por conta da natureza predominantemente rural, muitos Municípios brasileiros são carentes de infraestrutura urbana e os prédios públicos, por não serem todos de propriedade da Administração, usualmente são alugados. Os proprietários destes poucos imóveis são muitas vezes os comerciantes, médicos, advogados ou radialistas que, pela notoriedade assumida na cidade, também acabam se envolvendo com a política (tornando-se prefeitos, vereadores, secretários municipais, detentores de cargos comissionados etc.).

Surge a partir disso o dilema para o Município: assinar, dentro das formalidades exigidas e com preço de mercado, um contrato de locação de bem imóvel pertencente a um agente público municipal ou respeitar a regra do §1º do inciso III do art. 9º da Lei nº 14.133/2021 e colocar em risco a continuidade da prestação do serviço público de saúde, por exemplo, porque não há outra estrutura em condições equivalentes apta a instalar a unidade de saúde municipal?

Uma resposta, seja ela qual for, deverá passar pela análise detida da existência justificada dos já comentados elementos do estado de necessidade administrativa, combinada com os graus de formalidade e transparência havidos no processo de contratação pública. Quanto mais clara e menos opaca a contratação, maiores serão as chances de a ilicitude ser relativizada ou amenizada pelo estado de necessidade administrativa.[47]

O estado de necessidade administrativa, nesse sentido, será o responsável por legitimar um cenário de aparente imoralidade imputado ao agente público. Mas, como se não bastasse, além do descumprimento motivado dos princípios da licitação, o gestor precisará formalizar sua ação ilícita conferindo a ela o máximo de adequação aos procedimentos de locação de bem imóvel previstos na Lei nº 14.133/2021.

Sob o prisma aqui analisado já houve decisões judiciais concordando que a simples relação contratual locatícia entre o Município e seu agente público não é causa suficiente para a declaração de ilicitude da avença, sendo necessária a imersão do controlador externo nas circunstâncias fáticas do caso concreto a fim de concluir se houve ou não conluio das partes para conscientemente violar a legalidade e os demais princípios da administração.

Na Remessa Necessária nº 2011.085546-1 julgada pelo Tribunal de Justiça de Santa Catarina, na qual se pretendia fossem responsabilizados o Prefeito e seus Secretários pela locação de bem imóvel pertencente a agente público dos quadros da Administração, decidiu-se, dentre outros argumentos, levando-se em consideração a limitação estrutural do Município de Otacílio Costa (SC), verificada através da escassez de imóveis à disposição para locação do Poder Público, por se afastar a ilicitude da contratação.

---

[47] Afinal, como bem aponta Marçal Justen Filho, a razão de ser do inciso III do art. 9º da Lei nº 8.666/1993 (atual §1º do inciso III do art. 9º da Lei nº 14.133/2021) é justamente impedir interferências pessoais na probidade do processo de licitação. Daí não ser exagerado concluir que, inexistente a má-fé na contratação, dificilmente poderá se falar em ofensa aos princípios da licitação, sobretudo quando for afastada a ilegalidade da locação pela superveniência do estado de necessidade administrativa. Com a palavra, o referido autor: "A única explicação para a vedação legal reside no risco de o sujeito interferir sobre a probidade do certame ou estabelecer condições infringentes da isonomia. Enfim e como visto, haveria risco de benefícios indevidos – 'indevidos' no sentido de que o servidor ou dirigente poderia influenciar a fixação das cláusulas da licitação ou do contrato, de molde a obter condições mais vantajosas na disputa". Cf.: JUSTEN FILHO, Marçal. *Comentários à Lei de licitações e contratos administrativos*. 16. ed. São Paulo: Revista dos Tribunais, 2014, p. 230.

Um interessante apontamento fático do Tribunal Catarinense foi no sentido de não haver "provas de que havia outros imóveis aptos à instalação da sede do Conselho Tutelar".[48] O acórdão ainda destacou "que os fatos aconteceram em uma cidade de pequeno porte, com pouco mais de 16 mil habitantes, ou seja, que não possui uma vasta opção de imóvel para alugar".[49]

Para concluir, se da análise da relação jurídica ficarem comprovados: a) o cumprimento transparente das formalidades procedimentais de contratação pública previstas na lei de licitações; b) a existência de uma circunstância excepcional revelada pela precariedade da infraestrutura local (escassez de imóveis urbanos aptos a instalar a estrutura física da Administração Pública); c) a essencialidade do serviço público a ser prestado através da locação do imóvel almejado;[50] e d) a confirmação de um perigo atual e iminente de dano à coletividade pela paralisação da prestação de serviço público; legitimada estará a assinatura do contrato de locação com imóvel de propriedade de agente público ligado aos quadros da Administração, ainda que contrariamente ao §1º do inciso III do art. 9º da Lei nº 14.133/2021.

Encerra-se este tópico com a reflexão acerca da inadequação, em um país com dimensões continentais, de uma norma geral delimitar tão drasticamente a participação de agente público em relações jurídicas contratuais com a Administração Pública quando esta é a única forma de garantir a continuidade do serviço público. Afinal, não é demais lembrar que, ao restringir o campo de atuação do gestor público, a Lei nº 14.133/2021 acaba por acomodar inadvertidamente na mesma prateleira as receitas e alternativas de que dispõem o Município de São Paulo (SP) e o Município de Serra da Saudade (MG), dizendo serem irrelevantes as diferenças econômicas e sociais havidas entre eles.

---

[48] Embora presentes os elementos no mérito da decisão, o acórdão não adotou o estado de necessidade administrativa para manter a improcedência da ação de improbidade administrativa contra o Prefeito e seus Secretários. A ausência do elemento subjetivo da conduta aliado às circunstâncias fáticas do caso concreto ensejaram a absolvição dos agentes públicos (BRASIL. Tribunal de Justiça de Santa Catarina. *Remessa Necessária n. 2011.085546-1*. Rel. Desembargador Júlio César Knoll. Julgado em 26 jun. 2013). No mesmo sentido, embora apoiado desta vez nos limites legais da discricionariedade, o Tribunal de Justiça de São Paulo já decidiu: "(...) diante de todos os dados objetivos exigidos para apoiar-se na dispensa, o único que encontraria óbice seria o fato de o Prefeito ter locado bem pertencente a um dos elementos do Legislativo local. (...) No caso, não é possível dar peso maior ao fato de o bem pertencer ao vereador se todos os demais requisitos encontram-se justificados no bojo dos autos. (...). O único problema que existe no caso seria a má-fé do alcaide na contratação do bem no nome da mulher do vereador, muito embora o bem pertencesse apenas a este, eis que casado no regime da separação total de bens. Quanto a este quadro, verifica-se que não há nos autos, qualquer elemento que pudesse vislumbrar a patente má-fé na contratação do imóvel pertencente ao vereador" (BRASIL. Tribunal de Justiça de São Paulo. *Apelação Cível n. 0174521-80.2007.8.26.0000*. Rel. Desembargador Guerrieri Rezende. Julgado em 13.02.2012). Veja também: BRASIL. Tribunal Regional Federal da 5ª Região. *Apelação Cível n. 200481000214864*. Rel. Desembargador Raimundo Alves de Campos Junior. Julgado em 16.01.2014. Embora não concernente à locação de bem imóvel de propriedade de agente público, oportuna a leitura da decisão do Tribunal de Justiça do Rio de Janeiro por retratar a realidade dos Municípios brasileiros em relação à escassez de bens imóveis urbanos disponíveis para locação pela Administração Pública: "Esclarecedor, nesse tocante, as declarações da testemunha José Américo, corretor de imóveis no município há trinta e três anos, no sentido de não existir, à época da celebração do contrato, outro imóvel disponível com as mesmas dimensões do imóvel locado" (BRASIL. Tribunal de Justiça do Rio de Janeiro. *Ação Penal n. 0020860-66.2013.8.19.0000*. Rel. Desembargadora Suely Lopes Magalhães. Julgado em 15.01.2014).

[49] *Idem.*

[50] "A ausência de licitação deriva da impossibilidade de o interesse público ser satisfeito através de outro imóvel, que não aquele selecionado. As características do imóvel (tais como localização, dimensão, edificação, destinação etc.) são relevantes, de modo que a Administração não tem outra escolha" (JUSTEN FILHO, Marçal. *Comentários...*, p. 308).

4 Conclusão

Uma das grandes lições jurídicas do covid-19, em matéria de responsabilização civil do agente público, é a demonstração da necessidade de descentralização do sistema legislativo-constitucional brasileiro. O regime jurídico precisa quebrar o monopólio das competências privativas da União, invertendo a pirâmide das competências legislativas dos entes federados para com isto garantir maior autonomia aos Municípios, a partir da lógica implementada pelo federalismo participativo (centrífugo).

A segunda lição é a importância da concentração de forças na ampliação das competências legislativas concorrentes dos entes federados – nos moldes da jurisprudência do STF. Não há possibilidade, em um país continental como o Brasil, de se desenvolver política pública sancionatória apoiada em um federalismo centrípeto.

O legislador infraconstitucional precisa compreender a intenção da Constituição. Em momento algum se estabeleceu que a competência privativa permite ao legislador federal esgotar os temas jurídicos formais e materiais vinculativos aos demais entes. Não é admissível que uma lei federal estabeleça procedimentos exaustivos a respeito de contratações realizadas por 5.570 Municípios. A União não poderia equiparar Serra da Saudade (MG) com São Paulo (SP) para fins de cumprimento de um mesmo procedimento normativo. Os gestores públicos não são equiparáveis.

Como solução, provisoriamente, se impõe aos órgãos de controle máximo respeito ao art. 22 da LINDB, devendo considerar em suas decisões os contextos social, econômico-financeiro e geográfico dos entes federativos. Tal medida evitará a adoção do mesmo rigor punitivo para Municípios com capacidades institucionais distintas.

Volta-se ao exemplo proposto anteriormente: os Municípios de São Caetano (SP) e de Melgaço (PA), embora diametralmente opostos em arrecadação, infraestrutura e desenvolvimentos econômico e social, são enquadrados pela lei de licitações (e pelas leis sancionatórias dela decorrentes) como detentores das mesmas capacidades institucionais para o atendimento das obrigações procedimentais dos processos de licitação e contratos administrativos. Diante desta isonomia legislativa às avessas,[51] caberia provisoriamente ao controlador (notadamente aos Tribunais de Contas, Ministério Público e Poder Judiciário) a calibragem da responsabilização dos agentes públicos.

Em caráter definitivo, condecorando o bom papel até aqui exercido pela jurisprudência, leis sancionadoras do Direito Administrativo brasileiro, como a de improbidade administrativa, melhor atingiriam suas finalidades se incluíssem em seus dispositivos o estado de necessidade como regra excludente da responsabilidade do agente público nas hipóteses excepcionais que o impeçam de cumprir a legislação quando, alheio a sua vontade, o atendimento da lei resulte em iminente risco à continuidade dos serviços públicos essenciais.

Referências

AMARAL, Diogo Freitas do; GARCIA, Maria da Glória F. P. D. O estado de necessidade e a urgência em Direito Administrativo. *Revista da Ordem dos Advogados*, ano 59, abr. 1999.

---

[51] Expressão usada para demonstrar o tratamento igual aos desiguais, subvertendo a lógica imanente ao princípio da isonomia.

BITENCOURT, Cezar Roberto. *Tratado de Direito Penal*. Parte Geral 1. 17. ed. São Paulo: Saraiva, 2012.

BRASIL. Supremo Tribunal Federal. *Ação Penal n. 348-5*. Rel. Ministro Eros Grau. Julgado em 15.12.2006.

BRASIL. Superior Tribunal de Justiça. *Recurso Especial n. 1.123.876*. Rel. Ministro Mauro Campbell Marques. Julgado em 05.04.2011.

BRASIL. Superior Tribunal de Justiça. *Recurso Especial n. 246.746*. Rel. Ministro Herman Benjamin. Julgado em 02.02.2010.

BRASIL. Superior Tribunal de Justiça. *Recurso Especial n. 246.746*. *Voto-vista*. Ministro Mauro Campbell Marques. Rel. Ministro Herman Benjamin. Julgado em 02.02.2010.

BRASIL. Tribunal Regional Federal da 5ª Região. *Apelação Cível n. 200481000214864*. Rel. Desembargador Raimundo Alves de Campos Junior. Julgado em 16.01.2014.

BRASIL. Tribunal de Justiça do Paraná. *Apelação Cível 125.257-7*. Rel. Juíza Convocada Dilmari Helena Kessler. Julgado em 05.06.2007.

BRASIL. Tribunal de Justiça de São Paulo. *Apelação Cível n. 0174521-80.2007.8.26.0000*. Rel. Desembargador Guerrieri Rezende. Julgado em 13.02.2012.

BRASIL. Tribunal de Justiça de Santa Catarina. *Remessa Necessária n. 2011.085546-1*. Rel. Desembargador Júlio César Knoll. Julgado em 26.06.2013.

CORREIA, José Manuel Sérvulo. *Revisitando o estado de necessidade. Estudos em Homenagem ao Professor Doutor Freitas do Amaral*. Lisboa, p.1-40, abr. 2010. Disponível em: http://www.estig.ipbeja.pt/~ac_direito/ServuloEN. pdf. Acesso em: 29 maio 2017.

GARCIA, Emerson; ALVES, Rogério Pacheco. *Improbidade Administrativa*. 8. ed. São Paulo: Saraiva, 2014.

JUNIOR, Waldo Fazzio. *Improbidade Administrativa*. 3. ed. São Paulo: Atlas, 2015.

JUSTEN FILHO, Marçal. *Comentários à Lei de licitações e contratos administrativos*. 16. ed. São Paulo: Revista dos Tribunais, 2014.

MIRANDA, Juliana Gomes. *Teoria da excepcionalidade administrativa*: a juridicização do estado de necessidade. Belo Horizonte: Fórum, 2010.

PAULA, Carlos Eduardo Artiaga; ALMEIDA, I. A. K. Princípio do estado de necessidade administrativo: concepção, fundamentos, justificativas e controle. *In*: CALDAS, Roberto Correia da Silva Gomes; PINTO, Helena Elias; CADEMARTORI, Luiz Henrique (org.). *O Novo Constitucionalismo Latino Americano*: desafios da sustentabilidade. 1. ed. Florianópolis: Boiteux, 2012.

TARTUCE, Flávio. *Manual de Direito Civil*: volume único. 5. ed. Rio de Janeiro: Forense, 2015.

Informação bibliográfica deste texto, conforme a NBR 6023:2018 da Associação Brasileira de Normas Técnicas (ABNT):

BARROS FILHO, Wilson Accioli de. A responsabilização do agente público pós-covid-19, o federalismo centrípeto e o estado de necessidade administrativa. *In*: CONTI, José Maurício; MARRARA, Thiago; IOCKEN, Sabrina Nunes; CARVALHO, André Castro (coord.). *Responsabilidade do gestor na Administração Pública*: aspectos gerais. Belo Horizonte: Fórum, 2022. p. 221-234. ISBN 978-65-5518-412-9. v.1.

RESPONSABILIDADE DO GESTOR PÚBLICO E OS RISCOS NA INOVAÇÃO

RODRIGO JACOBINA BOTELHO

1 Introdução e aspectos gerais

No regime constitucional brasileiro, forte é a presença da preocupação com a organização de um Estado baseado na busca do pleno bem-estar dos cidadãos pela via da prestação de serviços públicos eficientes e de qualidade, mas também na garantia da livre-iniciativa como motor fundamental do desenvolvimento, não sendo incomum, no entanto, que o Estado, além da prestação de serviços públicos *stricto sensu*,[1] se envolva em determinados mercados através de empresas públicas (como a Caixa Econômica Federal) e sociedades de economia mista (como a Petróleo Brasileiro S/A – Petrobras).

Os primados tradicionais do Direito, baseados em compartimentalizações herméticas entre seus ramos e entre classificações doutrinárias passadas, vêm encontrando significativas mudanças com o desenvolvimento da sociedade e das relações. No que tange ao Direito Administrativo, é notório que as segmentações dos espaços públicos e privados nas relações jurídicas – e, por consequência, a percepção de funções e bens – vêm cada vez mais se aproximando e, por que não dizer, se entrelaçando. Está claro que cada vez mais particulares vêm se imiscuindo na prestação de serviços públicos assim tradicionalmente concebidos e o Estado vem, livre ou não de críticas, se mostrando presente em searas privadas, como é o caso da ação do Estado, por exemplo, na prestação de serviços financeiros (seja em serviços no varejo, seja em complexas operações de *project finance*).

Nesses ambientes de envolvimento do Estado, seja na prestação de serviços, seja na participação, direta ou indireta, no mercado, é crescente a demanda por inovação, assim entendida não como a produção de novos bens e serviços, mas sim em como

---

[1] Aqui tomamos o sentido de uma definição mais clássica que vincula os serviços públicos à satisfação concreta de necessidades individuais ou transindividuais, materiais ou imateriais, vinculadas diretamente a um direito fundamental, destinada a pessoas indeterminadas e executada sob regime de direito público, tal como define o professor Marçal Justen Filho. JUSTEN FILHO, Marçal. *Curso de direito administrativo*. São Paulo: Saraiva, 2005. p. 478.

conceber novas formas de geração de valor.[2] Inovação, em seu sentido modernamente percebido pela doutrina, como bem coloca o Professor Guilherme Ary Plonski da Faculdade de Economia Administração e Contabilidade da Universidade de São Paulo:

> ... *é a criação de novas realidades*. Essa declaração singela realça características essenciais da inovação. Em primeiro lugar, ao ser *criação* ela é, ao mesmo tempo, o processo e o resultado de fazer existir algo que não havia e, por extensão, também de dar novo feitio ou utilidade a algo que já existia. Ao ser também entendida como *processo* a inovação deixa de ser percebida como fruto exclusivo de lampejos de inventividade ou engenhosidade, que certamente são bem-vindos e importantes. Ela passa a ser compreendida como um conjunto estruturado de ações ou operações visando a um resultado e, portanto, a inovação é propensa a ser estimulada, promovida e gerida. É, por conseguinte, um campo pluridisciplinar fértil para aplicação de conhecimentos e práticas de administração, direito, economia, engenharia, medicina e psicologia, entre outras.
>
> Em segundo lugar, ao enfatizar como resultado do processo de criação a existência de *novas realidades* evidencia-se tanto a amplitude das possibilidades ensejadas pela percepção contemporânea da inovação como a complexidade da sua efetivação. Há apenas duas décadas a inovação era associada de forma quase exclusiva ao setor secundário da economia, principalmente ao lançamento de produtos industrializados intensivos em tecnologia, assim como a mudanças nos processos de fabricação. Hoje a inovação é objeto de desejo de todos os setores da economia, assim como também de outros segmentos da sociedade. Entre esses merecem destaque as diversas esferas e poderes dos governos, os quais estão em busca de inovações na gestão pública que lhes permitam atender aos anseios crescentes da cidadania, num contexto de constrição de recursos e retração acentuada da credibilidade dos governantes.[3]

Essa demanda social crescente pela inovação enquanto norteadora de uma busca, ao fim e ao cabo, pela melhor prestação de serviços públicos e melhor gestão dos parcos recursos orçamentários fora percebida pelo Poder Executivo, tendo sido a inovação incluída na Proposta de Emenda à Constituição (PEC) nº 32/2020, em sua redação original, onde se pretende dar nova redação ao rol de princípios norteadores da administração pública esculpidos no artigo 37 da Constituição Federal. Na exposição de motivos que acompanha a PEC nº 33/2020 encaminhada ao Presidente da República se lê:

> Apesar de contar com uma força de trabalho profissional e altamente qualificada, a percepção do cidadão, corroborada por indicadores diversos, é a de que o Estado custa muito, mas entrega pouco. O país enfrenta, nesse sentido, o desafio de evitar um duplo colapso: na prestação de serviços para a população e no orçamento público. A estrutura complexa e pouco flexível da gestão de pessoas no serviço público brasileiro torna extremamente difícil a sua adaptação e a implantação de soluções rápidas, tão necessárias no mundo atual, caraterizado por um processo de constante e acelerada transformação. Torna-se imperativo, portanto, pensar em um novo modelo de serviço público, capaz de enfrentar os desafios do futuro e entregar serviços de qualidade para a população brasileira.

---

[2] SAWHNEY, Mohanbir; WOLCOTT, Robert C.; ARRONIZ, Inigo. *The 12 Different Ways for Companies to Innovate*. MIT Sloan Management Review. Spring 2006.

[3] PLONSKI, Guilherme Ary. Inovação em transformação. *Estudos Avançados*, São Paulo, v. 31, n. 90, p. 7, 2017.

Neste contexto, a proposta de Emenda à Constituição aqui apresentada, que possui como público-alvo não só a Administração pública como todo seu corpo de servidores, se insere em um escopo maior de transformação do Estado, que pretende trazer mais agilidade e eficiência aos serviços oferecidos pelo governo, sendo o primeiro passo em uma alteração maior do arcabouço legal brasileiro. O novo serviço público que se pretende implementar será baseado em quatro princípios: a) foco em servir: consciência de que a razão de existir do governo é servir aos brasileiros; b) valorização das pessoas: reconhecimento justo dos servidores, com foco no seu desenvolvimento efetivo; c) agilidade e inovação: gestão de pessoas adaptável e conectada com as melhores práticas mundiais; e d) eficiência e racionalidade: alcance de melhores resultados, em menos tempo e com menores custos.

A proposta foi elaborada para viabilizar a prestação de serviço público de qualidade para os cidadãos, especialmente para aqueles que mais precisam, a partir de três grandes orientações: (a) modernizar o Estado, conferindo maior dinamicidade, racionalidade e eficiência à sua atuação; (b) aproximar o serviço público brasileiro da realidade do país; e (c) garantir condições orçamentárias e financeiras para a existência do Estado e para a prestação de serviços públicos de qualidade.[4]

Acaso aprovada a referida PEC, a inovação passaria, ao lado de princípios tradicionalmente caros ao Direito Administrativo brasileiro, tais como a legalidade, moralidade e impessoalidade, a compor um rol de vetores de orientação para os gestores públicos e para a administração em geral.

Não é apenas o apelo constitucional que se quer impor à inovação. A recente lei de licitações, Lei nº 14.133/2021, igualmente declara franca preocupação em trazer meios mais eficientes de contratação com o Poder Público, considerando novas ferramentas tecnológicas, abrindo um leque de possibilidade para os gestores públicos.

Ocorre que o ambiente das possibilidades de inovação acaba, por sua própria natureza, por atrair certo grau de risco que pode levar à perda de recursos, comprometimento de pessoal, exploração ineficaz de bens públicos, dentre outras situações que, a uma primeira leitura, poderiam representar um eventual reclamo quanto à responsabilização dos gestores pelas decisões tomadas e os correlatos prejuízos ao patrimônio público.

A questão que merece análise é: quais os desafios para que se tenha em conta e em que medida e sob quais circunstâncias os gestores públicos (da administração direta e indireta) podem ser responsabilizados patrimonialmente por decisões tomadas na busca de impressão de maior inovação, quando esse ambiente, como dito, é afeto à maior risco de insucesso? Mais ainda, como os órgãos de controle e autoridade, aqui com maior foco nos Tribunais de Contas e Poder Judiciário, devem ter em consideração as ações e decisões dos gestores frente a tais situações, onde não há dolo[5] presente, senão uma tentativa de impressão de maior desenvolvimento técnico na qualidade e oferta de serviços, economicidade e eficiência na atuação do Estado.

Assim como a inovação – enquanto reclamo atual e futuro, a discussão sobre os desafios, dúvidas e a eventual responsabilização de gestores públicos é tema de grande

---

[4] Texto obtido no sítio da rede mundial de computadores da Câmara dos Deputados em: https://www.camara.leg.br/proposicoesWeb/prop_mostrarintegra?codteor=1928147&filename=PEC+32/2020. Acesso em: 6 dez. 2020.

[5] Para o presente trabalho, consideraremos apenas as hipóteses em que o risco assumido não deriva de ação dolosa com o intuito de lesar o patrimônio público em favor do próprio gestor e/ou em favor de terceiro, indivíduo ou grupo de indivíduos, empresas e associações, ou até mesmo sob o manto de deturpada concepção ideológica desejosa de eternização no poder.

importância para o ambiente jurídico nacional, sem que isso redunde em soluções já devidamente talhadas, tão pouco sólidas.

O tema, mais que tudo, necessita de um amplo debate e rigoroso estudo, o que aqui não se pretende esgotar, senão apenas semear.

2 Nova conformação dos bens públicos

O entrelaçamento entre os espaços público e privado, tal como sentido e já tratado na introdução, acaba por tornar a tradicional classificação de bens públicos e privados carente de uma nova visitação de forma a permitir que o sistema de proteção e controle de sua gestão possa se amoldar à realidade, conferindo maior efetividade àquilo que, em última análise, é o interesse do conjunto normativo, qual seja, a proteção do interesse público subjacente.[6][7]

Se nos prendermos às concepções e divisões didáticas tradicionais, teríamos apenas a classificação clássica: (a) bens de uso comum do povo; (b) bens de uso especiais; (c) bens dominicais. Tal classificação, adotada no Código Civil de 1916,[8] acabou sendo repetida pelo novo Código Civil de 2002, apenas com uma adaptação quanto aos bens dominicais, que antes eram vinculados à União, Estados e Municípios e passam a ser identificados como aqueles de propriedade das pessoas jurídicas de direito público.[9] Vê-se, aí, ainda que tímida, uma evolução da classificação dos bens públicos. A Professora Maria Silvia Di Pietro enxerga, quanto à destinação, um possível agrupamento em duas classificações apenas: (a) os bens integrantes do domínio público do Estado e (b) os bens de domínio privado do Estado.[10]

---

[6] FERRAZ, Luciano; MARRARA, Thiago. *Tratado de direito administrativo*, v. 3: direito administrativo dos bens e restrições estatais à propriedade. São Paulo: Revista dos Tribunais, 2019. p. 4.

[7] Há que se registrar aqui que não parece mais ter lugar uma defesa da supremacia incondicional do interesse público sobre o interesse privado. Como bem leciona o professor Humberto Ávila, "o esclarecimento dos fatos na fiscalização de tributos, a determinação dos meios empregados pela administração, a ponderação dos interesses envolvidos, pela administração ou pelo Poder Judiciário, a limitação da esfera privada dos cidadãos (ou cidadãos contribuintes), a preservação do sigilo, etc. são, todos esses casos, exemplos de atividades administrativas que não podem ser ponderadas em favor do interesse público e em detrimento dos interesses privados envolvidos. A ponderação deve, primeiro, determinar quais os bens jurídicos envolvidos e as normas a eles aplicáveis e, segundo, procurar preservar e proteger, ao máximo, esses mesmos bens. Caminho bem diverso, portanto, do que direcionar, de antemão, a interpretação das regras administrativas em favor do interesse público, o que quer que isso possa vir a significar. Não se está a negar a importância jurídica do interesse público. Há referências positivas em relação a ele. O que deve ficar claro, porém, é que, mesmo nos casos em que ele legitima uma atuação estatal restritiva específica, deve haver uma ponderação relativamente aos interesses privados e à medida de sua restrição. É essa ponderação para atribuir máxima realização aos direitos envolvidos o critério decisivo para a atuação administrativa. E antes que esse critério seja delimitado, não há cogitar sobre a referida supremacia do interesse público sobre o particular". ÁVILA, Humberto. Repensando o princípio da supremacia do interesse público sobre o particular. *Revista diálogo jurídico*, Salvador, ano 1, vol. 1, n 7, p. 29, 2001.

[8] Art. 66. Os bens públicos são: I. Os de uso comum do povo, tais como os mares, rios, estradas, ruas e praças. II. Os de uso especial, tais como os edifícios ou terrenos aplicados a serviço ou estabelecimento federal, estadual ou municipal. III. Os dominicais, isto é, os que constituem o patrimônio da União, dos Estados, ou Municípios, como objeto de direito pessoal, ou real de cada uma dessas entidades.

[9] Art. 99. São bens públicos: I - os de uso comum do povo, tais como rios, mares, estradas, ruas e praças; II - os de uso especial, tais como edifícios ou terrenos destinados a serviço ou estabelecimento da administração federal, estadual, territorial ou municipal, inclusive os de suas autarquias; III - os dominicais, que constituem o patrimônio das pessoas jurídicas de direito público, como objeto de direito pessoal, ou real, de cada uma dessas entidades.

[10] DI PIETRO, Maria Sylvia Zanella. *Direito administrativo*. São Paulo: Atlas, 2005. p. 579

O Professor Tiago Marrara assevera com clareza que a simples designação de *bens públicos*, tal como está lançada nos compêndios tradicionais e na codificação normativa, necessita de uma reflexão, vez que hoje temos uma circunstância mais ampla, a dos bens estatais, que superam a classificação de conhecimento comum, vez que por vezes importam em bens estatais públicos, mas por vezes redundam em bens estatais privados, valendo citar:

> Em virtude dos fatores descritos, parece fundamental que se insista, aqui, na necessidade de se ampliar o escopo dos estudos gerais por meio da valorização de um vasto "direito administrativo dos bens", o qual se divide em três partes menores: 1) o direito administrativo dos bens públicos; 2) o direito administrativo dos demais bens estatais (não públicos) e 3) o direito administrativo dos bens particulares vinculados a funções estatais (que serão enquadrados no "domínio público impróprio" ou no conceito de "bens públicos fáticos").[11]

Desta feita, parece-nos que, não com o objetivo direto de uma ampliação da regulação e proteção dos bens públicos, mas sim devido a uma nova conformação da realidade das fronteiras que separam os espaços públicos e privados, há de se compreender que o estado atual das demandas sociais acabou estendendo os limites conceituais tradicionais, reclamando uma visão mais ampla e, por conseguinte, promovendo uma elasticidade do sistema de proteção e de coerção respectiva.

Tendo-se o Direito como um regime de coerção, tal como na visão de Kelsen,[12] apreende-se que a eventual violação se apresenta como um pressuposto natural do Direito que deflagra o seu processo de imposição – de aplicação da sanção. E, nesse sentido, há que se conceber que a revisitação do sistema de bens estatais deve ser tida em conta em conjunto com a estruturação de um sistema de controle e proteção, seja a proteção por meio de tutelas administrativas e por ferramentas próprias das instituições (controle interno), seja por meio de tutelas judiciais por meio de ação civil pública, ação popular, mandado de segurança, ações possessórias e, até mesmo, ações criminais.

A ressignificação da separação entre o espaço público e o privado (e, consequentemente, entre bens públicos e privados) induz a uma necessidade de enfrentamento dos bens estatais em sua novel acepção social, investindo-se em sistemas de controle que ultrapassem as cercanias da ciência do Direito, em especial do Direito Administrativo,[13] valendo-se de primados de gestão pública e organizacional de forma a imprimir a máxima efetividade a esses sistemas e ao resultado final, que é, sem dúvida, a preservação da estrutura do Estado erigida como necessária para a satisfação das necessidades públicas.

Em suma, com a ampliação da conceituação tradicional dos bens públicos – alcançando bens estatais de uso privado, como os bens de empresas públicas – forçoso

---

[11] FERRAZ, Luciano; MARRARA, Thiago. *Tratado de direito administrativo*, v. 3: direito administrativo dos bens e restrições estatais à propriedade. São Paulo: Revista dos Tribunais, 2019. p. 4.

[12] "Se o Direito é concebido como uma ordem de coerção, isto é, como uma ordem estatuidora de atos de coerção, então a proposição jurídica que descreve o Direito toma a forma da afirmação segundo a qual, sob certas condições ou pressupostos pela ordem jurídica determinados, deve executar-se um ato de coação, pela mesma ordem jurídica especificado. Atos de coerção são atos a executar". KELSEN, Hans. *Teoria pura do direito*. São Paulo: Martins Fontes. p. 76.

[13] MARRARA, Tiago. Controle interno da administração pública: suas facetas e seus inimigos. *In*: MARRARA, Tiago; GONZÁLEZ, Jorge Agudo. *Controle da judicialização e administração de políticas públicas*. São Paulo: Almedina, 2016. p. 65.

compreender que o sistema de proteção não só alcança um maior conjunto de relações, como também deve, até por conta dessa extensão, compreender ferramentas de controle e acompanhamento do melhor uso desses bens.

3 Responsabilidade do gestor na inovação

A racionalidade – enquanto signo distintivo próprio da natureza humana – acaba por induzir ao comprometimento do indivíduo e, nesse sentido, traz como corolário a responsabilidade em seus amplos significados. Como bem preceitua João Franco do Carmo:

> Responsabilidade, na acepção que nos interessa, será, por conseguinte, a situação jurídica em que se encontra o sujeito que, tendo praticado um comportamento ilícito, vê formar-se na sua esfera jurídica a obrigação de suportar certas sanções ou consequências desfavoráveis.

> Este o conteúdo de uma regra sancionatória, que prevê a violação de uma regra jurídica principal (de conduta). Naturalmente que a responsabilidade deriva de determinada qualidade ou posição jurídica assumida pelo sujeito (por exemplo, cidadão, contratante, funcionário) que, conjugando-se com a antijuridicidade dos factos a ele imputados (ou dito de outro modo, a natureza da norma jurídica violada), vai condicionar a aplicação da forma (ou formas, se se cumularem) de responsabilidade jurídica em que poderá o mesmo incorrer.[14]

Interessa-nos aqui a responsabilidade do gestor público e, em especial, a esfera da responsabilidade financeira,[15] assim entendida como, na linha do texto normativo contido no artigo 70, *caput*, da Constituição Federal de 1988, a obrigação de repor recursos públicos (imputação de débito) ou de suportar as sanções previstas em lei, no âmbito do controle financeiro exercido pelos Tribunais de Contas, em razão da violação de normas pertinentes à gestão de bens, dinheiros e valores públicos ou dos recursos privados sujeitos à guarda e administração estatal.[16]

O prisma da responsabilidade importa, portanto, em elemento fundamental para a busca de uma máxima efetividade dos atos dos gestores públicos. Não nos parece seja um elemento isolado, vez que a responsabilidade faz sentido num ambiente em que a orientação também esteja presente. Parece-nos, em verdade, que muito da desconfortável deficiência de responsabilização no caso brasileiro é, dentre outros aspectos, tributária de uma falta de elementos seguros de fixação de *standards* que melhor orientem a tomada de decisão do gestor público. Esse é um problema – a melhor definição de *standards* quanto à tomada de decisões – que acaba por fazer com que o gestor público

---

[14] CARMO, J. F. Contribuição ao estudo da Responsabilidade Financeira. *Revista do Tribunal de Contas*, Lisboa, n. 23, p. 52, mar. 1995.

[15] Aqui entendida como modalidade autônoma à responsabilidade civil e criminal, face à feição própria da atividade financeira do Estado e seus esquemas lógico-jurídicos peculiares que a diferenciam dos outros ramos do Direito, sem, contudo, representar qualquer noção de hierarquia ou subordinação. Autonomia aqui não redunda em separação hermética.

[16] GOMES, Emerson C. S. *Responsabilidade financeira*. Porto Alegre: Núria Fabris, 2012. p.36.

encontre dificuldades na escolha dos seus atos[17] e faz com que o próprio sistema se mostre ineficiente quanto a um dos mais almejados efeitos da responsabilização: a prevenção, pela coerção, de novos atos ilícitos de gestores públicos. Essa faceta redunda numa ineficácia punitiva quanto aos gestores de má-fé e num afastamento de gestores qualificados, que se mostram reticentes em aceitar o desafio do ingresso no setor público.

Críticas à parte, é de se reconhecer que a responsabilidade financeira encerra, em verdade, uma acepção sancionatória (já mencionada) e outra reintegratória.

Na acepção reintegratória o foco de ação é a recomposição do patrimônio público que restou prejudicado pela ação do gestor – trata-se de recomposição do patrimônio público. Por outro lado, na acepção sancionatória, cuida-se da responsabilização em seu viés coercitivo, focando o sistema na penalização patrimonial do gestor que pratica o ilícito. Não raras são as vezes em que o ato do gestor não apresenta características de ilicitude dolosa, mas sim uma escolha que pode redundar em um prejuízo ao erário; nestes casos, a depender das vicissitudes do caso concreto, como será tratado mais à frente, a acepção de recomposição poderá se fazer presente, mas não parece razoável que haja, *per si*, uma sanção, vez que ausentes elementos de perfeita caracterização do ato ilícito. Entretanto, qualquer que seja a acepção – seja sancionatória, seja reintegratória – a função precípua pretendida, em última análise, é a garantia dos preceitos fundamentais da gestão pública.[18]

Tais aspectos – o retributivo e coercitivo – não se confundem e operam em esferas distintas: um no campo da recomposição da lesão causada ao – no caso – patrimônio público; outro no campo da sanção inibitória, que busca ter função dúplice, qual seja, impedir que o sancionado reincida e desestimular atos ilegais de outros.

Recentemente assistimos a importantes alterações na antiga Lei de Introdução ao Código Civil, e agora Lei de Introdução às Normas de Direito Brasileiro (LINDB),[19] em especial na redação do artigo 28, que vale aqui citar: "O agente público responderá pessoalmente por suas decisões ou opiniões técnicas em caso de dolo ou erro grosseiro". Não parece que caberia aqui maior digressão sobre o conceito de dolo e, até mesmo, como bem leciona o Professor André Castro Carvalho,[20] parece que a primeira parte – tornar alguém responsável por agir com dolo – seria profundamente dispensável; entretanto, o conceito de erro grosseiro impõe algum desafio hermenêutico.

Por outro lado, temos a necessidade de enfrentamento do conceito de erro grosseiro. É bem verdade que o parágrafo primeiro do referido artigo 28 da LINDB

---

[17] Uma expressão que se tornou no vocabulário cotidiano do Direito Administrativo é "apagão das canetas", que reflete o receio das autoridades em decidir por conta da posterior responsabilização. Na falta de segurança, o receio da futura responsabilização acaba por produzir uma paralisia dos agentes públicos. Sobre o tema, confira-se a obra de SANTOS, Rodrigo Valga dos. *Direito administrativo do medo*. São Paulo: Revista dos Tribunais, 2020.

[18] GOMES, Emerson C. S. *Responsabilidade financeira*. Porto Alegre: Núria Fabris, 2012. p. 39.

[19] Decreto-lei nº 4.657/42 na redação que lhe deram as Leis nºs 12.376/2010 e 13.655/2018. Segundo Carlos Ary Sundfeld e Floriano de Azevedo Marques, o objetivo da alteração na LINDB foi o de "melhorar a qualidade da atividade decisória pública no Brasil, exercida nos vários níveis da Federação (federal, estadual, distrital e municipal) e nos diferentes Poderes (Executivo, Legislativo e Judiciário) e órgãos autônomos de controle (Tribunais de Contas e Ministérios Públicos)". SUNDVELD, Carlos Ary; MARQUES, Floriano de Azevedo. Segurança jurídica e eficiência na lei de introdução ao direito brasileiro. In: PEREIRA, Antonio Augusto Junho. *Segurança jurídica e qualidade das decisões públicas*. Brasília: Senado Federal, 2015. p. 7.

[20] CARVALHO, André Castro. Pele em jogo: a LINDB e as assimetrias ocultas no cotidiano do administrador público brasileiro. In: CUNHA FILHO; ISSA; SCHWIND (coord.). *LINDB anotada*. v. II. São Paulo: Quartier Latin, 2019, p. 443.

trazia uma definição por exclusão do que seria erro grosseiro, mas tal dispositivo acabou sendo vetado por conta de que "a busca pela pacificação de entendimentos é essencial para a segurança jurídica. O dispositivo proposto admite a desconsideração de responsabilidade do agente público por decisão ou opinião baseada em interpretação jurisprudencial ou doutrinária não pacificada ou mesmo minoritária. Deste modo, a propositura atribui discricionariedade ao administrado em agir com base em sua própria convicção, o que se traduz em insegurança jurídica".[21] Permitimo-nos discordar das razões do veto – que acabou prestigiado pelo Congresso Nacional – tal como lançadas. A definição por exclusão era: "Não se considera erro grosseiro a decisão ou opinião baseada em jurisprudência ou doutrina, ainda que não pacificadas, em orientação geral ou, ainda, em interpretação razoável, mesmo que não venha a ser posteriormente aceita por órgãos de controle ou judiciais".[22] Assim como entendemos que as razões do veto não foram essencialmente bem fundadas, também temos que admitir que a redação da citada definição por exclusão também não é das melhores, principalmente quando acaba por encampar a exclusão da responsabilidade por *interpretação razoável*.

No campo das decisões de gestão voltadas à implementação de políticas calcadas em inovação, os aspectos que podem levar à conclusão por ter havido ou não erro grosseiro do gestor são tênues. Ainda que, como dito, a redação não prestigiada pelo veto confirmado pelo Poder Legislativo não seja das mais completas, dela podemos extrair que um dos elementos que elide o conceito de erro grosseiro é a decisão baseada em precedentes (ainda que não pacificados) e estudos sobre o tema sob discussão. Pedro de Hollanda Dionisio sugere que a definição adotada por Silvio de Salvo Venosa e referendada por alguns precedentes do Tribunal de Contas da União, no sentido de que encerra aquele ato que viola as exigências mais elementares de conhecimento e diligência profissional, observadas as circunstâncias do caso concreto e imposições da função ocupada pelo gestor.[23] Na mesma obra, enumera parâmetros de tolerabilidade do erro, sendo eles: (a) diligência; (b) exigências do cargo ocupado; (c) grau de incerteza fática ou jurídica envolvida na decisão; e (d) grau de aderência da decisão às informações coletadas.[24]

Nessa linha de raciocínio, em nome da observância de tais parâmetros, uma das providências de redução de riscos é a pluralidade de opiniões e pareceres a orientar a tomada de decisões. A realização de estudos detalhados e que analisem e confrontem cenários e modelos – por exemplo, macro e microeconômicos – nos parece ser um essencial aliado ao gestor administrativo na tomada de decisões, demonstrando que, principalmente quando se trata de inovação na Administração Pública, a decisão foi tomada lastreada em elementos concretos, que, ainda que sob a forma de modelos de análise, foram prudentemente enfrentados, deixando a ocorrência de eventual prejuízo na seara do risco da inovação, restando demonstrada as exigências, a eventual incerteza e aderência da decisão frente aos elementos coletados e analisados.

---

[21] Razões do veto à Lei nº 13.655/2018. Disponível em: http://www.planalto.gov.br/ccivil_03/_Ato2015-2018/2018/Msg/VEP/VEP-212.htm. Acesso em: 7 dez. 2020.

[22] Razões do veto à Lei nº 13.655/2018. Disponível em: http://www.planalto.gov.br/ccivil_03/_Ato2015-2018/2018/Msg/VEP/VEP-212.htm. Acesso em: 7 dez. 2020.

[23] DIONISIO, Pedro de Hollanda. *O direito ao erro do administrador público no Brasil*. Rio de Janeiro: GZ Editora. 2021. p. 128.

[24] *Idem. Ibidem*. p. 130-151.

Todo e qualquer procedimento inovador acaba por trazer riscos intrínsecos e extrínsecos que vão desde a eventual não conformação da realidade com o quanto projetado, aceitação do destinatário (o cidadão) e, como um todo, a aderência de um novo modelo nas expectativas de mercado e da comunidade. Tais situações, no mais das vezes, repousam na seara da dinâmica do mundo real e, portanto, não são totalmente mensuráveis de forma mais definida por meio de estudos, por mais detalhados que o sejam.

Além de estudos detalhados e pluralidade de opiniões, outra importante ferramenta é a estruturação de esferas de governança corporativa que sejam sólidas, responsivas e atuantes. Os princípios da governança corporativa, hoje amplamente praticados nos mercados privados enquanto sistema pelo qual as empresas e demais organizações são dirigidas, monitoradas e incentivadas, envolvendo os relacionamentos entre sócios, conselho de administração, diretoria, órgãos de fiscalização e controle e demais partes interessadas,[25] agregam determinado valor que passa, a cada dia, por se mostrar essencial aos corpos empresariais. No âmbito privado, a adoção de boas práticas de governança corporativa acaba por estimular investidores e o consumo de seus produtos; no âmbito público, a adoção de tais práticas induz a um melhor diálogo entre as empresas estatais, a população e o Estado, uma melhor prestação de serviços e uma melhor contribuição ao sócio majoritário, que, em última medida, adensa suas receitas e melhora a qualidade de suas ações.

No caso das empresas estatais, a adoção das boas práticas de governança corporativa não pode ser formatada e efetivada da mesma forma que em empresas privadas, dadas as suas peculiaridades. A Lei nº 13.303/2016 (Lei das Estatais) trouxe importantes modificações para tais empresas, em especial no campo da governança corporativa, notadamente com o alargamento da importância do papel do conselho de administração que passa, como bem ressaltam Andre Castro Carvalho e Otavio Venturini, a atuar como mediador dos interesses do Poder Público, população e acionistas.[26] Além dessa inovação, a referida norma também trouxe contornos mais claros – procurando conferir maior segurança ao gestor –, ao âmbito das ações gerenciais e sua discricionariedade.

No prisma do gestor e do conselho de administração em empresas estatais esse amadurecimento perpassa pelo cuidado no desenvolvimento de estudos prévios, processos claros e com orçamentos bem-definidos e estabelecimento de premissas e objetivos claros de cada ação a ser implementada, bem como procedimentos de acompanhamento de execução. Para tanto, é fundamental que a escolha dos membros da administração seja calcada em critérios objetivos, considerando a sua especialização e suas habilidades.

A adoção de programas de governança e de integridade certamente representará custos, mas, também, promoverá acréscimo de valor de forma que o saldo mostrar-se-á positivo, como bem ressaltam Rafael Hamze Issa e Diego Jacome Valois Tafur para o caso das empresas estatais: "a adoção de regras e governança corporativa tende a aumentar o valor de mercado da estatal, circunstância que equaliza os custos de transação dispendidos, ao mesmo tempo em que sinaliza o comprometimento da sociedade com as

---

[25] Conforme definição do Instituto Brasileiro de Governança Corporativa. Disponível em: www. https://www. ibgc.org.br/conhecimento/governanca-corporativa, acesso em: 9 nov. 2020.

[26] CARVALHO, André Castro; VENTURINI, Otávio. *Governança corporativa e controle do "Sistema U" sobre a gestão das estatais.* Site JOTA. 2 fev. 2018. Disponível em: https://www.jota.info/opiniao-e-analise/artigos/governanca-corporativa-e-controle-do-sistema-u-sobre-gestao-das-estatais-01022018. Acesso em: 7 dez. 2020.

razões que justificaram a sua criação. Busca-se, assim, superar as falhas que marcaram gestões recentes nas empresas estatais".[27]

No espectro do adensamento dos sistemas internos, temos ainda a figura dos departamentos e estrutura comumente chamados de *controle interno*, que acabam por atualmente apresentar alguns desafios, tais como a falta de especialização da estrutura de controle e, para uns, a criticável aproximação do controlador do controlado, o corporativismo, a impunidade e os custos de controle. Com relação à criticável aproximação do controlador com o controlado, vemos tal situação não como um inimigo, mas sim como um ponto de atenção. A aproximação que possa alimentar o corporativismo em si é, sem dúvida, reprovável, mas não pela aproximação pura e simplesmente, mas pelo efeito nocivo do corporativismo; a aproximação se dando em um viés de orientação para maior efetividade do processo de controle parece ser mais interessante, trazendo um pouco de colaboração em prol da maior eficiência possível do uso e gestão dos bens estatais.

4 A pluralidade de sistemas e órgãos de controle

No espectro das empresas estatais, não é equivocado concluir que o sistema criado pela Lei das Estatais está calcado na maior discricionariedade em aspectos de gestão diária sopesado com maior influência e responsabilidade do conselho de administração e maior foco de acompanhamento e fiscalização pelos órgãos do Sistema U.[28] É um sistema de balanceamento e proteção que se mostra razoável, pois não engessa a empresa estatal, mas impõe responsabilidade de gestão, administração e controle.

É inegável – e não nos parece crível que se sustente o contrário – que a Administração Pública está e sempre estará sob controle. É da natureza das relações humanas o controle do andamento e da qualidade dessas relações, firmando-se tal qualidade com um dos principais alicerces sociais – o que, *per si*, justifica o interesse no controle. Não poderia ser diferente na esfera da Administração Pública e, mais precisamente, do administrador.

Sistemas de controle sempre foram concebidos com maior ou menor sucesso, mas, depois da redemocratização em 1988, o Brasil experimentou e vem experimentando uma profusão de sistemas, estruturas organizacionais e normativas em termos de controle da Administração Pública. O retorno da influência do cidadão na vida pública não se revelou apenas na retomada do sufrágio universal, mas se revelou – direta e indiretamente – em diversas camadas de acompanhamento da gestão pública.

Em especial chama a atenção o papel desenvolvido pelo Poder Judiciário, que deixou o quase anonimato em que vivia antes da Constituição Federal de 1988 para passar aos holofotes da sociedade, desempenhando um papel, por vezes querido e por vezes odiado, de protagonista nas grandes – ou não tão grandes – questões sociais,

---

[27] ISSA, Rafael Hamze; TAFUR, Diego Jacome Valois. Governança corporativa nas estatais. *In*: CARVALHO, André Castro; BERTOCCELI, Rodrigo; ALVIM, Tiago Cripa; VENTURINI, Otavio (coord.). *Manual de compliance*. 2. ed. São Paulo: GEN-Forense, 2020. p. 730.

[28] CARVALHO, André Castro; VENTURINI, Otávio. *Governança corporativa e controle do "Sistema U" sobre a gestão das estatais*. Site JOTA. 2 fev. 2018. Disponível em: https://www.jota.info/opiniao-e-analise/artigos/governanca-corporativa-e-controle-do-sistema-u-sobre-gestao-das-estatais-01022018. Acesso em: 7 dez. 2020.

políticas, financeiras, dentre outras. Passou-se a enxergar, por muitos, uma *supremocracia* como conceitua Oscar Vilhena Vieira,[29] expressão cunhada para caracterizar, na visão do autor, o atual sistema brasileiro onde o Supremo Tribunal Federal se coloca na posição de singular voz do direito e de políticas públicas. Por outro lado, o professor Carlos Ari Sundfeld discorda dessa *supremocracia* defendendo que o Supremo Tribunal Federal não faz mais que promover um ativismo verbal e retórico e que a verdadeira delineadora das políticas públicas e provedora de meios de integração dos direitos sociais é a Administração Pública – por seus gestores – pelo que sugere em contrapartida a expressão *administrocracia*.[30]

Fato é que, em maior ou menor escala, com maior ou menor interferência, o Poder Judiciário será chamado a se manifestar, dado que a judicialização é um fenômeno das últimas décadas. E para essa intervenção precisará ter em conta a sua intensidade, concebendo métodos de identificação do quanto cabe ao exame do julgador e quanto escapa a esse exame.

Tradicionalmente quanto aos atos da Administração Pública a profissão se dá no sentido de que o conteúdo jurídico do ato administrativo é sindicável pelo Judiciário, mas não as escolhas discricionárias, de onde deriva a concepção amplamente conhecida no sentido de que os atos discricionários não estariam sujeitos a controle judicial, somente os vinculados estariam. Essa concepção apresenta contornos simplórios e incompatíveis com a complexidade das relações desenvolvidas pela Administração Pública. Tal simplificação até pode trabalhar em favor de uma solução mais rápida, menos custosa e operacionalmente mais fluída. Mas perder-se-á, sem sombra de dúvida, o melhor amolde ao caso concreto. Trata-se de um sopesamento de simplicidade *versus* complexidade, que, em verdade, traduz-se também como formalismo *versus* funcionalismo e deste dilema não consegue, com facilidade, escapar o Judiciário, como bem nos ensina o professor Eduardo Jordão:

> Eis o dilema que informa a escolha do procedimento de determinação da intensidade do controle judicial: um incontornável conflito entre precisão e operacionalidade. Quanto maior for a precisão de um procedimento (quanto mais seja ele poroso à complexidade do caso concreto), maior será também a sua complexidade. Em alguns casos, a ambição de precisão pode acarretar um procedimento totalmente operacional (simples, facilmente compreensível e aplicável), mas bastante impreciso, abrindo pouco espaço para as potencialidades da ponderação envolvida na determinação da intensidade do controle.[31]

A determinação dessa intensidade ou pode vir delineada originariamente pelo legislador, pela separação em categorias do ato – se discricionário ou não –, ou pela ponderação da complexidade do caso concreto.

No caso que aqui nos propusemos a enfrentar – da inovação – poderíamos, num primeiro momento, apontar a terceira opção – da ponderação do caso concreto – como a única possível, dadas as incertezas que, desde o início, sustentamos ser inerentes à

---

[29] VIEIRA, Oscar Vilhena. Supremo Tribunal Federal: o novo poder moderador. *In*: MOTA, Carlos Guilherme; SALINAS, Natasha S. C. (coord.). *Os juristas na formação do Estado-Nação brasileiro*. São Paulo: Saraiva. 2010. p. 514.

[30] SUNDFELD, Carlos Ari. Supremocracia ou administrocracia no novo direito público brasileiro. *Fórum Administrativo*, Belo Horizonte, ano 14, n. 159, p. 19, maio 2014.

[31] JORDÃO, Eduardo. Entre o prêt-à-porter e a alta costura: procedimentos de determinação da intensidade do controle judicial no direito comparado. *Revista Brasileira de Direito Público*, Belo Horizonte, ano 14, n. 52, p. 10.

inovação. Entretanto não nos parece que essa exclusividade seja fundamental, eis que não parece que esteja o exame do caso concreto liberto de qualquer padrão de análise como se a complexidade fosse uma garantia de ampla liberdade do examinador do caso. Nos casos de inovação claramente as particularidades do caso concreto são de importância ímpar, mas nos parece possível construir alguns predicados que auxiliarão o examinador na sua conclusão se eventual prejuízo aos bens públicos foram causados pelo ato do gestor ou pelos riscos inerentes da inovação.

Parece-nos cabível que o binômio vinculação e discricionariedade poderia ser recomposto de forma a ser um trinômio: vinculação, discricionariedade e avaliações técnicas complexas, como relata o professor Eduardo Jordão fora adotado na Itália, ainda que por pouco tempo (entre 2001 e 2004).[32] No campo das avaliações técnicas complexas, os elementos e peculiaridades do caso concreto hão de ser compreendidos não sob a higidez da rigorosa proteção dos bens públicos, mas, também, não sob o manto exclusivo da discricionariedade, muitas das vezes confundida com total ausência de controle e aferição.

Como antes dito, o gestor há de se cercar de (a) estudos apropriados que comparem cenários e resultados possíveis e (b) manejo das ferramentas de governança corporativa que, por natureza, ampliam o número de envolvidos na gestão e consequentemente ampliam o debate. Com o adequado uso dessas providências, afastada qualquer pecha de dolo ou culpa calcada em imprudência e negligência,[33] entendemos que a responsabilidade do gestor estaria sensivelmente controlada ou até mesmo elidida.

Enfim, cabe ao examinador da decisão do gestor administrativo (seja o juiz, seja o ministro do TCU ou outro integrante do sistema de controle) a compreensão da amplitude do seu poder de controle dos atos de Administração Pública, ora identificando que o legislador determinou claramente tal amplitude, ora pela aplicação do binômio discricionariedade e questão jurisdicional e ora ponderando as vicissitudes do caso concreto e suas complexidades. Assim, a real questão que se põe a cada jurisdição não é entre adotar um ou outro modelo extremo, mas o tanto de formalismo e de funcionalismo que pretendem – na exata medida da precisão que almejam. Há muito espaço para soluções intermediárias.[34]

Essa profusão de estruturas de controle – não só os aqui tratados diretamente, mas também outros como a Corregedoria-Geral da União, o Ministério Público, as Corregedorias e Ouvidorias Internas e auditorias independentes – inevitavelmente produz uma pluralidade de concepções e, no mais das vezes, uma sobreposição de múltiplas atribuições das estruturas de controle, o que, em grande medida, acaba por prejudicar o processo de tomada de decisão do administrador público e, de forma direta, acaba por afetar a capacidade: (a) da implementação de políticas públicas, (b) de produção de melhores serviços e (c) de projetos de inovação no âmbito do serviço público. O administrador acaba por se ver no meio de um cenário de pouca cooperação entre os órgãos de controle, situação que coloca o administrador de boa-fé em posição

---

[32] P. 42.

[33] Aqui, registre-se, não consideramos a imperícia, vez que partimos do pressuposto que o gestor, para estar desenvolvendo a atividade de gestão pública, está devidamente habilitado a tanto, na forma da lei.

[34] JORDÃO, Eduardo. Entre o prêt-à-porter e a alta costura: procedimentos de determinação da intensidade do controle judicial no direito comparado. *Revista Brasileira de Direito Público*, Belo Horizonte, ano 14, n. 52, p. 42.

de inegável insegurança quanto a sua atuação, o que não é desejável, tampouco eficiente do ponto de vista dos resultados dos serviços prestados.

É fato, por fim, como bem ressalta Rodrigo Valgas dos Santos, que "a alta probabilidade de ser responsabilizado pelo exercício de função pública, num sistema de controle disfuncionalizado, leva ao medo de responsabilização do agente público. Ao mesmo tempo que o medo é consequência, também é causa, à medida que produz respostas disfuncionais, visando a autoproteção dos agentes públicos, a exemplo do imobilismo decisório decorrente do medo em decidir (...)".[35]

Os órgãos de controle têm que se mostrar sensíveis aos riscos da inovação de forma a transmitir a devida segurança ao processo decisório. Mais que um sistema de repressão, os órgãos de controle têm um papel fundamental de, com vistas aos reclamos da inovação e seus riscos inerentes, traçar contornos bem-definidos de responsabilização, tendo em conta que, sem a assunção de riscos, os serviços públicos e a gestão dos bens públicos ficarão estacionados no tempo ou serão graves exemplos de retrocessos administrativos. Recentemente assistimos à importante alteração na lei de improbidade administrativa, onde o dolo passou a ser elemento fundamental para a configuração do ato ímprobo. Várias são as vozes, principalmente da Corregedoria-Geral da União e do Ministério Público Federal no sentido de que a lei acaba por supostamente inviabilizar a sanção dos gestores públicos; parece-nos, com as devidas vênias, que a nova redação da norma, associada à nova redação da LINDB, deve ser pensada na esteira de construção de uma cultura que não seja essencial e exclusivamente de sanção, mas sim uma cultura de construção de parâmetros orientadores da decisão do gestor, sob pena de não se enfrentar um correto endereçamento dos riscos e reclamos da inovação do setor público.

5 Conclusão

Podemos assim sumarizar as possíveis conclusões do presente estudo:

(a) De tudo o que fora aqui investigado, pode-se perceber que, com a evolução das demandas ou até mesmo da compreensão sobre a necessária elasticidade da presença do Estado própria de alguns governos, a noção tradicional de bens públicos acaba por ser alargada;

(b) No caso, temos, por outro lado, uma necessidade de que essa presença do Estado – criticável ou não – se dê da melhor forma possível, com a entrega dos melhores resultados ao seu destinatário final: o cidadão;

(c) Nessa linha de raciocínio, a inovação, não enquanto apenas inovação no sentido tecnológico como geralmente é compreendida, mas como processo de criação de valor agregado para bens e serviços – notadamente os públicos –, milita como uma preciosa ferramenta de impressão de mais e melhores benefícios ao cidadão;

(d) Ocorre que, em todo processo de inovação, há um inegável componente de risco, risco esse que se traduz em ineficaz alocação de recursos humanos, comprometimento de recursos financeiros e, eventualmente, necessidade de recomposição do ente público por danos experimentados por terceiros;

---

[35] SANTOS, Rodrigo Valga dos. *Direito administrativo do medo*. São Paulo: Revista dos Tribunais, 2020. p. 332.

(e) Entretanto, os riscos inerentes ao processo de inovação não podem ser um obstáculo para a sua implementação, sob pena de que a Administração Pública fique estacionada no tempo de forma a que, em nome da proteção de bens públicos que impediu a inovação, imprima-se verdadeiro prejuízo à administração pelo seu sucateamento de ativos e de processos, o que, ao fim do dia, redundará em péssimos serviços públicos e insatisfação geral dos administrados;

(f) Assim, mesmo com riscos, deve o gestor zelar pelo progresso administrativo, mas não sem calcar seu processo decisório no manejo de ferramentas que conduzam a uma decisão que se sustente mesmo diante daqueles riscos. Essas ferramentas podem ser identificadas na realização de amplos estudos sobre o tema sobre o qual se pretende inovar e o uso de estruturas de governança corporativa que contribuam com a pluralidade do exame de gestores, gerando o debate e buscando a posição/decisão mais adequada para os cenários identificados;

(g) Com o uso de estudos amplos e com a pluralidade do exame do tema dentro da cadeia de governança do ente administrativo, o gestor público tomará providências adequadas para a minimização dos riscos decorrentes da inovação. Com isso, há que se compreender, em um exame de responsabilidade por eventuais danos aos bens públicos, que as cautelas necessárias foram empreendidas, devendo o exame ser norteado para a identificação se o dano verificado decorreu de risco inerente àquele processo de inovação (tais como a não aceitação por parte de atores externos ao processo decisório, como os destinatários do serviço);

(h) Mesmo num cenário de superposição de estruturas de controle, como se dá no caso do ordenamento brasileiro, é necessário que quem examine determinada decisão administrativa tenha em conta aspectos reais e concretos da decisão tomada e não apenas fique engessado em uma lógica normativa que, como não poderia deixar de ser, apresenta-se genérica e rígida;

(i) Num esforço coletivo em prol da inovação da Administração Pública, há que se levar em consideração, portanto, que as decisões administrativas tomadas neste sentido acabam por redundar em assunção de risco e, caso tais riscos tenham sido assumidos devidamente embasados em estudos e ampla discussão nas esferas de controle e governança, tal situação deve ser, impositivamente, levada em consideração para minorar ou até mesmo elidir a eventual responsabilidade do gestor, caso advenha algum prejuízo para a Administração, prejuízo esse derivado exclusivamente dos riscos naturais (intrínsecos e extrínsecos) do campo, ambiente ou mercado onde se pretende inovar;

(j) Faz-se necessária uma forte compreensão por parte dos sistemas de controle que seu papel não é mera ou exclusivamente punitivo, mas sim de um dos protagonistas no processo de construção de parâmetros decisórios confiáveis e seguros para os gestores, principalmente quando estes se mostram diante de riscos inerentes a processos de inovação na Administração Pública.

Referências

ALVES, Maria Fernanda Colaço; CALMON, Paulo Carlos Du Pin. *Múltiplas chibatas?* Governança da política de controle da gestão pública federal. Salvador: ANPAD, 2008.

ÁVILA, Humberto. Repensando o princípio da supremacia do interesse público sobre o particular. *Revista diálogo jurídico*, Salvador, ano 1, vol. 1, n 7, p. 29, 2001.

CARMO, J. F. Contribuição ao estudo da responsabilidade financeira. *Revista do Tribunal de Contas*, Lisboa, n. 23, p 39-207, mar. 1995.

CARVALHO, André Castro. Pele em jogo: a LINDB e as assimetrias ocultas no cotidiano do administrador público brasileiro. *In*: CUNHA FILHO; ISSA; SCHWIND (coord.). *LINDB anotada.* v. II. São Paulo: Quartier Latin, 2019, p. 438-444.

CARVALHO, André Castro; VENTURINI, Otávio. Governança corporativa e controle do "Sistema U" sobre a gestão das estatais. Site JOTA. 2 fev. 2018. Disponível em: https://www.jota.info/opiniao-e-analise/artigos/governanca-corporativa-e-controle-do-sistema-u-sobre-gestao-das-estatais-01022018. Acesso em: 7 dez. 2020.

DI PIETRO, Maria Sylvia Zanella. *Direito administrativo.* São Paulo: Atlas, 2005.

DIONISIO, Pedro de Hollanda. *O direito ao erro do administrador público no Brasil.* Rio de Janeiro: GZ Editora. 2021.

FERRAZ, Luciano; MARRARA, Thiago. *Tratado de direito administrativo*, v. 3: direito administrativo dos bens e restrições estatais à propriedade. São Paulo: Revista dos Tribunais, 2019.

GOMES, Emerson C. S. *Responsabilidade financeira.* Porto Alegre: Núria Fabris, 2012.

ISSA, Rafael Hamze; TAFUR, Diego Jacome Valois. Governança corporativa nas estatais. *In*: CARVALHO, André Castro; BERTOCCELI, Rodrigo; ALVIM, Tiago Cripa; VENTURINI, Otavio (coord.). *Manual de compliance.* 2. ed. São Paulo: GEN-Forense, 2020.

JORDÃO, Eduardo. Entre o prêt-à-porter e a alta costura: procedimentos de determinação da intensidade do controle judicial no direito comparado. *Revista Brasileira de Direito Público*, Belo Horizonte, ano 14, n. 52, p. 9-42.

JUSTEN FILHO, Marçal. *Curso de direito administrativo.* São Paulo: Saraiva, 2005.

KELSEN, Hans. *Teoria pura do direito.* São Paulo: Martins Fontes, 2000.

MARRARA, Tiago. Controle interno da administração pública: suas facetas e seus inimigos. *In*: MARRARA, Tiago; GONZÁLEZ, Jorge Agudo. *Controle da judicialização e administração de políticas públicas.* São Paulo: Almedina, 2016.

PLONSKI, Guilherme Ary. Inovação em transformação. *Estudos Avançados*, São Paulo, v. 31, n. 90, p. 7-21, 2017.

SANTOS, Rodrigo Valga dos. *Direito administrativo do medo.* São Paulo: Revista dos Tribunais, 2020.

SAWHNEY, Mohanbir; WOLCOTT, Robert C.; ARRONIZ, Inigo. *The 12 Different Ways for Companies to Innovate.* MIT Sloan Management Review. Spring 2006.

SUNDVELD, Carlos Ary; MARQUES, Floriano de Azevedo. Segurança jurídica e eficiência na lei de introdução ao direito brasileiro. *In*: PEREIRA, Antonio Augusto Junho. *Segurança jurídica e qualidade das decisões públicas.* Brasília: Senado Federal, 2015. p. 7-8.

SUNDFELD, Carlos Ari. Supremocracia ou administrocracia no novo direito público brasileiro. *Fórum Administrativo*, Belo Horizonte, ano 14, n. 159, p. 19-23, maio 2014.

VIEIRA, Oscar Vilhena. Supremo Tribunal Federal: o novo poder moderador. *In*: MOTA, Carlos Guilherme; SALINAS, Natasha S. C. (coord.). *Os juristas na formação do Estado-Nação brasileiro.* São Paulo: Saraiva. 2010. p. 441-464.

Informação bibliográfica deste texto, conforme a NBR 6023:2018 da Associação Brasileira de Normas Técnicas (ABNT):

BOTELHO, Rodrigo Jacobina. Responsabilidade do gestor público e os riscos na inovação. *In*: CONTI, José Maurício; MARRARA, Thiago; IOCKEN, Sabrina Nunes; CARVALHO, André Castro (coord.). *Responsabilidade do gestor na Administração Pública: aspectos gerais.* Belo Horizonte: Fórum, 2022. p. 235-249. ISBN 978-65-5518-412-9. v. 1.

GESTÃO PÚBLICA RESPONSÁVEL EM TEMPOS DE CRISE: UM PROBLEMA DE SEGURANÇA JURÍDICA

ISABELLA REMAILI MONACO

1 Introdução

A importância da gestão pública responsável talvez nunca tenha sido tão evidente ao longo de toda a história do Brasil quanto no recente cenário de combate à pandemia do coronavírus. Isso porque a gravidade da crise sanitária e econômica exigiu que elevadíssima soma de recursos públicos não previstos no orçamento fosse subitamente empregada no socorro à população, sob pena do aumento em massa da mortalidade, da fome e do desemprego e sob a observação das grandes mídias em âmbito nacional e internacional.

Nesse contexto, cidadãos e gestores (ou administradores) públicos encontraram-se simultaneamente em situação de vulnerabilidade: os primeiros, por dependerem da adequada aplicação dos recursos públicos pelos últimos no enfrentamento da crise, por meio da concessão de auxílios, da construção de hospitais, da compra de respiradores e vacinas, dentre outros; e, os últimos, por necessitarem tomar medidas de urgência em uma situação repleta de incertezas, utilizando recursos disponibilizados de forma excepcional, ultrapassando limites legais e constitucionais dos gastos públicos, estando sujeitos a sanções legais e julgamentos da mídia e da sociedade, cuja atenção poucas vezes esteve tão voltada ao gestor.

Assim, a responsabilidade na gestão tornou-se alvo de preocupação tanto de administrados, que dependem da atuação responsável dos gestores para superação da crise, quanto de administradores, que precisam atuar de maneira responsável não só aos olhos da população, como também sob as diversas perspectivas legais. E diversas, aqui, no plural, pois, como esclarece o Professor Thiago Marrara (2019, p. 35), há uma multiplicação de sanções aplicáveis ao administrador em decorrência de uma mesma conduta ilícita, podendo ele ser responsabilizado, concomitantemente, nas esferas administrativa, cível, penal, política e financeira.

Entretanto, em meio a uma crise aguda, como atender a todos os limites legais sem deixar a população desprovida dos recursos necessários? Como garantir que as medidas de urgência tomadas não sejam posteriormente consideradas desnecessárias ou inadequadas? Como seguir todos os requisitos legais em contratações de urgência? Em suma, como assegurar que, no futuro, as ações realizadas por gestores de boa-fé não sejam consideradas irresponsáveis sob a perspectiva legal? E como evitar que sanções sejam indevidamente aplicadas a eles? Ainda, como alcançar um equilíbrio, no qual administradores não ganhem liberdade excessiva, colocando em risco o dinheiro público, nem tenham suas mãos atadas pelas restrições legais e correspondentes sanções?

Como se pode notar, a crise leva, no limite, a um problema de segurança jurídica sob dois vieses: o do gestor e o da sociedade. E por envolver uma grande soma de recursos públicos, ganham protagonismo as regras fiscais e as sanções decorrentes de seu descumprimento.

É justamente sob o prisma da responsabilidade fiscal em momentos de crise que este artigo objetiva discutir a necessidade de flexibilização moderada das regras fiscais e de instituição de controle concomitante dos atos da Administração Pública, a fim de preservar a segurança jurídica. Para tanto, terá como pano de fundo o contexto da pandemia, no Brasil, e analisará alguns dispositivos das principais alterações legislativas promovidas.

Objetiva-se que, ao final, sejam respondidas as seguintes perguntas: (i) Quais são os principais riscos que as situações de crise financeira oferecem aos gestores públicos?; (ii) Como as Emendas Constitucionais nº 106/2020 e nº 109/2021, bem como a Lei Complementar nº 173/2020, contribuíram para a segurança jurídica dos gestores públicos em face dessa situação?; (iii) Os atos normativos mencionados preveniram abusos por parte dos gestores?; (iv) Qual é a importância de se prever sanções pessoais e não meramente institucionais?; (v) Como garantir que o controle seja efetivo?

A fim de responder as questões propostas, este artigo será estruturado da seguinte forma: na primeira parte, serão abordadas a origem e a relevância das regras fiscais para uma gestão pública responsável; na segunda, será demonstrada necessidade de flexibilização das normas fiscais em situações excepcionais, tomando por base as principais normas fiscais e correspondentes sanções pessoais e institucionais; na terceira, será abordada a flexibilização ocorrida na pandemia, considerando os principais dispositivos dos três principais atos normativos identificados, quais sejam as Emendas Constitucionais nº 106/2020 e nº 109/2021 e a Lei Complementar nº 173/2020; por fim, será feita uma análise crítica dos dispositivos mencionados, considerando seus reflexos para administradores e administrados.

2 Breves apontamentos sobre as regras fiscais e a responsabilidade na gestão pública

De início, é importante fazer algumas considerações acerca das origens e da essencialidade da adoção de regras fiscais, especialmente, no Brasil, para fins de viabilizar uma gestão pública responsável, de qualidade.

Entretanto, antes de adentrar o tema, deve-se esclarecer o que se pretende dizer com "gestão pública responsável". Aqui, utilizou-se, de forma proposital, a expressão "gestão pública", e não "gestão fiscal", como consta da Lei de Responsabilidade Fiscal (Lei Complementar nº 101/2000 – LRF), pois se considera a responsabilidade na gestão tendo por foco não o cumprimento das regras fiscais isoladamente, mas, sim, seu melhor cumprimento associado ao melhor atendimento às necessidades da população, o que é colocado à prova em períodos de crise. Assim, para fins deste artigo, a gestão pública responsável é aquela que revela qualidade sob a perspectiva legal e social, efetivando gastos públicos adequados de maneira eficiente.

Pois bem. A relevância da gestão responsável, pautada por regras fiscais, já é de longa data reconhecida internacionalmente. Conforme observa Weder de Oliveira (2010, p. 154), a partir de 1980, o papel do Estado passou a ser repensado pelos países desenvolvidos, os quais passaram a implementar reformas fiscais e orçamentárias, visando à redução da dívida pública e à eficiência da gestão e das políticas públicas.

O contexto internacional influenciou significativamente o Brasil na elaboração de sua Lei de Responsabilidade Fiscal. Sobre isso, vale lembrar que o texto da LRF reflete a influência de quatro principais modelos estrangeiros. São eles: (i) o Fundo Monetário Internacional, em razão da edição e difusão de algumas normas de gestão pública em diversos países; (ii) a Nova Zelândia, por seu Fiscal Responsibility Act, de 1994, que, além de demonstrar preocupação com a transparência do Executivo e com a redução da dívida pública, também o fez com relação ao equilíbrio orçamentário a médio e longo prazos, não prevendo metas, mas, sim, admitindo afastamentos com previsão de retorno; (iii) a Comunidade Econômica Europeia, a partir do Tratado de Maastricht, que estabeleceu o monitoramento do orçamento, com metas e punições; e (iv) os Estados Unidos, por meio da edição do Budget Enforcement Act, aliado ao princípio de "accountability", estabelecendo metas de superávit, controle de gastos e compensação orçamentária (DEBUS; NASCIMENTO, 2002, p. 6).

Além da influência estrangeira, o contexto nacional em muito contribuiu para a elaboração da LRF, uma vez que as finanças públicas pediam socorro há muito tempo.

Segundo Guimarães (2019, p.424), as questões relacionadas à responsabilidade fiscal não receberam a devida atenção ao longo dos anos, de modo que a situação financeira e orçamentária dos entes públicos, especialmente dos entes subnacionais brasileiros, caracterizava-se por grave desorganização e sucessivas crises fiscais.

Assim, como explica Oliveira (2010, p. 154), era preciso, urgentemente, controlar o endividamento. Em razão disso, houve uma série de refinanciamentos das dívidas dos Estados pela União, com a imposição de contrapartidas consubstanciadas em severos ajustes ficais. Segundo Cristiane Leite (2011, p. 22), foi principalmente em razão desses ajustes que a LRF, cuja aprovação encontrava forte resistência dos políticos, passou a ser aceita, especialmente pelos governadores, como forma de viabilizar o ajuste fiscal com menor ônus político. Ainda assim, encontrou resistência dos prefeitos, que, além de não contarem com os refinanciamentos, recebiam sanções mais severas do que os governadores em decorrência do descumprimento da LRF: enquanto estes estavam sujeitos a crimes de responsabilidade (Lei nº 1.079/50), aqueles poderiam sofrer sanções penais (Decreto-Lei nº 201/67).

Ademais, embora a LRF seja o principal diploma normativo em matéria de responsabilidade fiscal, as regras fiscais constam também de Resoluções do Senado e da própria Constituição Federal de 1988, a qual, antes da elaboração da LRF, já apresentava normas fiscais, a exemplo da famosa regra de ouro (art. 167, III), e prescrevia, em seu art. 163, a criação de lei complementar para dispor sobre finanças públicas, o que veio a ocorrer doze anos depois, com a publicação da LRF.

E por que tamanha preocupação com as regras fiscais? Segundo Marcos Mendes (2021, p. 5), em países democráticos, a economia de mercado tende a produzir déficits estruturais. E isso ocorre por diversos motivos: aumento dos gastos em períodos pré-eleitorais; aprovação de gastos em benefício de um grupo de pressão específico; utilização da máquina pública para atendimento de interesses particulares dos gestores públicos (ampliação de poder, desvio de recursos, etc.); e, até mesmo, se ausentes as disfunções mencionadas, atendimento dos anseios do eleitor mediano, que, em regra, é mais pobre, demandando mais serviços públicos.

As regras fiscais apresentam-se, portanto, como instrumento para evitar o endividamento excessivo, conciliar demandas de curto e longo prazo, garantindo a estabilidade econômica, e, ainda, viabilizar a transparência (MENDES, 2021, p. 7).

Assim, por colaborarem para a gestão responsável e para o equilíbrio das contas públicas, as regras fiscais acabam por permitir que os entes tenham recursos financeiros suficientes para atender suas necessidades. Ao fim e ao cabo, isso significa que é preservada a autonomia financeira dos entes, sem a qual, como alerta o Professor Conti (2006, p. 142), nem mesmo se poderia falar em autonomia, comprometendo a base do federalismo brasileiro.

Contudo, não se pode negar que, infelizmente, no Brasil, persistem as reiteradas tentativas de burlar tais regras e, apesar dos esforços envidados, o descontrole das finanças públicas brasileiras segue sendo regra, não exceção. Afinal, além da impunidade patente, muitos são os gastos obrigatórios com políticas públicas. Ainda, o país não está imune a crises que lhe fogem ao controle.

Isso, porém, não significa que as regras fiscais sejam menos importantes ou que o país já não tenha avançado. Como aponta Oliveira (2010, p. 188), a LRF "foi decisiva para o enraizamento da consciência da responsabilidade fiscal". Para Abraham (2020), "o caos e a irresponsabilidade fiscal que assolavam nosso país antes da edição da LRF foram significativamente reduzidos e equacionados nos primeiros anos de sua vigência". Além disso, ainda que coexista a impunidade, muito se tem falado sobre julgamentos e penalidades excessivas impostas aos agentes públicos, perpetradas, principalmente, pelos Tribunais de Contas. Nesse sentido é o entendimento Rodrigo Valgas dos Santos (2020, p. 33), que aponta a ausência de individualização do nexo causal nos casos envolvendo apuração de dano ao erário.

Dessa forma, seja para resguardar o erário público, o equilíbrio econômico e o fornecimento de serviços públicos, seja para evitar a responsabilização do gestor, as regras fiscais devem ser seguidas.

3 Estado de calamidade pública e financeira e a flexibilização das regras fiscais

Apesar da inegável importância de respeitar os limites impostos pelas regras fiscais, isso nem sempre é possível e, por vezes, devido a motivos que escapam ao controle do gestor público. É o caso do advento de crises econômicas, ou, ainda pior, da pandemia do coronavírus, que, não bastando criar uma crise sanitária mundial, abalou fortemente a economia, especialmente, a brasileira.

De modo geral, situações de crise na economia acabam por impactar diretamente o orçamento, na medida em que exigem a efetivação de despesas não computadas ou insuficientemente dotadas na lei orçamentária a fim de atender às necessidades da população e promover a recuperação do país.

Nesse sentido, como explica o Professor José Maurício Conti (2003, p. 1086), ao tratar das funções do endividamento público – o qual, juntamente com as receitas tributárias e com as transferências voluntárias, corresponde a fonte de recursos ordinária do Estado (CARVALHO, 2019, p. 495) –, a teoria dos orçamentos cíclicos, baseada nas ideias de Keynes, estabelece a utilização dos recursos orçamentários para manter o equilíbrio econômico durante as fases cíclicas da economia. Isso significa que são legítimos os gastos públicos em momentos de déficit, abandonando, assim, a ideia de um equilíbrio anual do orçamento e admitindo uma política financeira baseada em déficits e superávits que se compensam no longo prazo, culminando com o equilíbrio não do orçamento, mas da economia.

Ocorre, contudo, que os gastos devem ser efetivados em consonância com a legislação, a qual precisa, pois, comportar certa flexibilização, caso contrário, dificultará a atuação do administrador e o atendimento aos anseios da população.

No caso brasileiro, a necessidade de flexibilização decorre do próprio conteúdo da LRF. Como explica Mendes (2021, p. 9), as regras fiscais adotadas têm caráter procíclico, ou seja, "limitam os gastos de pessoal, o volume máximo de contratação de dívidas e o estoque da dívida a um percentual da receita do ente público". Em virtude disso, torna-se mais fácil contrair dívidas e contratar pessoal em tempos de prosperidade, causando um estímulo adicional ao crescimento, que acarreta um processo inflacionário, ao qual se segue um período de recessão, no qual a margem para obtenção de recursos diminui de forma inversamente proporcional à necessidade de se obtê-los. Logo, surge espaço para flexibilizações.

E como bem observa Mendes (2021, p. 10), válvulas de escape são necessárias, mas é preciso ter cuidado com as exceções. Nesse exato sentido, Santana e Baghdassarian (2020, p. 129) apontam a relevância de haver a mensuração dos efeitos das políticas públicas sobre os indicadores de sustentabilidade, a fim de assegurar que os gastos estejam alinhados com a trajetória sustentável e que não serão utilizados de modo desordenado.

Embora gastos adicionais sejam, desde já, possíveis, por meio da abertura de créditos adicionais, e a própria LRF tenha previsto exceções para as situações de calamidade pública, outros atos normativos surgiram ao longo da pandemia a fim de garantir segurança jurídica aos gestores, bem como o atendimento às necessidades do povo. Todavia, teriam sido esses atos flexibilizados na medida certa?

A análise dos novos normativos exige, primeiro, averiguar os principais limites impostos, especialmente, pela CF/88 e pela LRF, bem como as sanções estipuladas. É do que se tratará a seguir.

3.1 Principais limites impostos pelas regras fiscais constantes da CF/88 e da LRF

Apesar de o conceito de responsabilidade na gestão fiscal ter sido definido na LRF, a preocupação com o tema já se apresentava no texto constitucional.

O art. 163 da CF/88 previu a criação de lei complementar para tratar de finanças públicas, dívida pública, fiscalização financeira, dentre outras matérias afetas ao tema. O art. 165, por sua vez, com claro intuito de planejar e controlar os gastos públicos, prescreveu que leis de iniciativa do Executivo deverão estabelecer o plano plurianual, as diretrizes orçamentárias e os orçamentos anuais. Ademais, o §3º do mesmo artigo deu especial atenção à transparência, ao obrigar o Executivo a publicar, até trinta dias após o encerramento do bimestre, relatório resumido da execução orçamentária.

Em se tratando de vedações, especificamente, o art. 167 é o principal dispositivo constitucional. Dele, destaca-se o seguinte:

Art. 167. São vedados:

I - o início de programas ou projetos não incluídos na lei orçamentária anual;

II - a realização de despesas ou a assunção de obrigações diretas que excedam os créditos orçamentários ou adicionais;

III - a realização de operações de créditos que excedam o montante das despesas de capital, ressalvadas as autorizadas mediante créditos suplementares ou especiais com finalidade precisa, aprovados pelo Poder Legislativo por maioria absoluta; (Vide Emenda constitucional nº 106, de 2020)

V - a abertura de crédito suplementar ou especial sem prévia autorização legislativa e sem indicação dos recursos correspondentes;

VI - a transposição, o remanejamento ou a transferência de recursos de uma categoria de programação para outra ou de um órgão para outro, sem prévia autorização legislativa;

X - a transferência voluntária de recursos e a concessão de empréstimos, inclusive por antecipação de receita, pelos Governos Federal e Estaduais e suas instituições financeiras, para pagamento de despesas com pessoal ativo, inativo e pensionista, dos Estados, do Distrito Federal e dos Municípios. (Incluído pela Emenda Constitucional nº 19, de 1998)

Como se pode notar, há um grande cuidado com (i) a previsão dos gastos na lei orçamentária; (ii) a aprovação das despesas mediante o devido processo legislativo; (iii) a preordenação da finalidade a que será destinado o recurso financeiro; (iv) a despesa com pessoal; e (v) a realização de empréstimos para financiar despesas correntes, ou seja, com o descumprimento da regra de ouro (art. 167, inciso III), afinal, se despesas usuais exigem a contratação de empréstimos, é porque há um claro desencontro entre receitas e despesas, indicando a insustentabilidade financeira do Estado.

Neste ponto, são cabíveis algumas reflexões acerca da necessidade de maleabilidade. Em circunstâncias excepcionais, é evidente que os gastos não estarão previstos em lei e, eventualmente, terão de ser remanejados. Também é certo que a contratação de pessoal em regime de urgência poderá ser necessária e que as despesas correntes poderão aumentar, exigindo o endividamento para sua realização.

As preocupações constitucionais referidas foram refletidas e pormenorizadas – ou, até mesmo, aumentadas – na LRF.

Antes de adentrar o texto legal, cabe mencionar que a LRF consiste em uma lei complementar de caráter nacional, aplicando-se, portanto, à União, aos Estados, ao Distrito Federal e aos Municípios, bem como aos três poderes, aos Tribunais de Contas, ao Ministério Público e à administração direta e indireta.

De acordo com Leite (2011, p. 17), a LRF possui três tipos de regras: (i) metas gerais e limites para indicadores selecionados; (ii) mecanismos institucionais de correção para os casos de descumprimento temporário; e (iii) sanções institucionais para o não cumprimento definitivo, as quais serão abordadas no tópico subsequente.

Interessa notar que a LRF se pauta por metas, afastando-se, nesse ponto, de um dos modelos que inspirou sua criação: o Fiscal Responsability Act, da Nova Zelândia. Conforme comentado, esse modelo admite que o equilíbrio se dê a médio e longo prazos e opta por não estabelecer metas, inclusive, para não as frustrar e, com isso, ficar em descrédito perante terceiros. Trata-se de estratégia interessante e peculiar, que mereceria maior estudo, considerando a dificuldade brasileira em cumprir as metas estipuladas e eventual perda de crédito em razão disso, o que leva, por exemplo, ao aumento dos juros no país, contribuindo para o crescimento do endividamento público.

Feita essa breve digressão, o texto da lei complementar, logo em seu art. 1º, §1º, delineia o significado de responsabilidade na gestão fiscal. Segundo ele:

> §1º A responsabilidade na gestão fiscal pressupõe a ação planejada e transparente, em que se previnem riscos e corrigem desvios capazes de afetar o equilíbrio das contas públicas, mediante o cumprimento de metas de resultados entre receitas e despesas e a obediência a limites e condições no que tange a renúncia de receita, geração de despesas com pessoal, da seguridade social e outras, dívidas consolidada e mobiliária, operações de crédito, inclusive por antecipação de receita, concessão de garantia e inscrição em Restos a Pagar.

Com base nisso, Conti (2003, p. 1089) destaca que a gestão fiscal responsável está fundada nos princípios do planejamento da ação governamental, da limitação dos gastos públicos e da transparência. Note-se, desde já, que tais fundamentos são colocados à prova em situações de urgência, as quais fogem ao planejamento, exigem gastos não computados e ações instantâneas.

Isso posto, vejam-se alguns dos principais limites impostos pela LRF.

Tal como a Constituição da República, a LRF também traz a regra de ouro em seu art. 12, §2º.

O conhecido art. 14, por sua vez, veda a renúncia de receita que decorra de concessão ou ampliação de benefício fiscal sem que haja (a) estimativa do impacto orçamentário-financeiro, no exercício em que tiver início e nos dois subsequentes, bem como, alternativamente: (i) demonstração de que a renúncia foi considerada na estimativa de receita da lei orçamentária e de que não afetará as metas de resultados fiscais previstas no anexo próprio da lei de diretrizes orçamentárias; ou (ii) medidas de compensação.

Aqui, é válido recordar que, ao longo da pandemia, as medidas de isolamento voltadas à contenção da propagação do coronavírus implicaram a perda de receitas de muitos trabalhadores e empresários. Diante disso, diversas medidas de diferimento e suspensão de tributos tiveram de ser tomadas, em especial, pelo governo federal, sem, é claro, que houvesse previsão na lei orçamentária ou imediata fonte de compensação.

Prosseguindo, o art. 15 dispõe que "serão consideradas não autorizadas, irregulares e lesivas ao patrimônio público a geração de despesa ou assunção de obrigação que não atendam o disposto nos arts. 16 e 17". O art. 16 prescreve que a criação, expansão ou aperfeiçoamento de ação governamental que acarrete aumento da despesa seja acompanhado de (i) estimativa do impacto orçamentário-financeiro no exercício em que deva entrar em vigor e nos dois subsequentes; e (ii) declaração do ordenador da despesa de que o aumento tem adequação orçamentária e financeira com a lei orçamentária anual e compatibilidade com o plano plurianual e com a lei de diretrizes orçamentárias. Quanto ao art. 17, dispõe que os atos que criarem ou aumentarem despesa de caráter continuado sejam instruídos com a estimativa de impacto e demonstrem a origem dos recursos para seu custeio.

Diante disso, pergunta-se: as despesas com a pandemia foram estimadas e estavam de acordo com o orçamento aprovado para 2020? Parece que não.

Outro dispositivo relevante é o art. 19, no qual se encontra a limitação de despesa com pessoal tendo por base percentuais da recente corrente líquida.

Quanto ao art. 31, prescreve que, se a dívida consolidada de um ente ultrapassar o respectivo limite ao final de um quadrimestre, deverá ser a ele reconduzida até o término dos três subsequentes, reduzindo o excedente em pelo menos 25% (vinte e cinco por cento) no primeiro.

Novamente, como reduzir a dívida em um contexto de profunda crise, em que recursos são imprescindíveis?

Por fim, seleciona-se uma última limitação, a do art. 42, o qual veda ao titular de Poder ou órgão, nos últimos dois quadrimestres do seu mandato, contrair obrigação de despesa que não possa ser cumprida integralmente dentro dele, ou que tenha parcelas a serem pagas no exercício seguinte sem que haja suficiente disponibilidade de caixa para este efeito.

Neste ponto, vale refletir se a norma seria cumprida na hipótese de a pandemia ter início nos últimos dois quadrimestres.

Vistas as principais limitações, trate-se, agora, das sanções.

3.2 Sanções institucionais e pessoais ao descumprimento das normas fiscais

Segundo Abraham (2017), a LRF prevê a punição à irresponsabilidade fiscal de diversas formas, as quais podem ser agrupadas em dois tipos de sanções: (i) institucionais e (ii) pessoais.

As sanções institucionais estão expressamente previstas na LRF e atingem o próprio ente federado, órgão ou poder que descumprir a regra, podendo de três tipos: (i) suspensão de transferências voluntárias (com exceção daquelas destinadas à saúde, à assistência social e à educação); (ii) suspensão de contratação de operações de crédito; e (iii) suspensão de obtenção de garantias.

O principal problema dessas sanções é que, por atingirem o ente ou órgão, afetam diretamente a população, que sofre com a carência de recursos. E apesar de a população poder pressionar seus gestores, tais sanções podem ser apontadas como ineficientes, justamente por não atingirem os responsáveis pelo equilíbrio das finanças de maneira direta e significativa. Nesse sentido, Borges (2004, p. 2) aponta, com razão, que, se houvesse apenas sanções institucionais, as regras fiscais seriam ineficazes.[1]

---

[1] Corrobora essa ideia a atuação do Supremo Tribunal Federal, que vem afastando ou flexibilizando as sanções institucionais, por meio de argumentos como a intranscendência das sanções. Sobre isso, vide a ementa do RE nº 770.149: "EMENTA: RECURSO EXTRAORDINÁRIO. REPERCUSSÃO GERAL. TEMA 743. DIREITO FINANCEIRO. SEPARAÇÃO DOS PODERES. AUTONOMIA FINANCEIRA. INSCRIÇÃO CADASTROS DE INADIMPLENTES. PRINCÍPIO DA INSTRANSCENDÊNCIA DE SANÇÕES. 1. A autonomia financeira dos Poderes veda limitação de despesas por outro Poder conforme decisão proferida na ADI n. 2238, DJe 15 set. 2020. 2. A jurisprudência da Corte está orientada no sentido de que a imposição de sanções ao Executivo estadual em virtude de pendências dos Poderes Legislativo e Judiciário locais constitui violação do princípio da intranscendência, na medida em que o Governo do Estado não tem competência para intervir na esfera orgânica daquelas instituições, que dispõem de plena autonomia institucional a elas outorgadas por efeito de expressa determinação constitucional. Precedentes. (RE 1.254.102 - AgR, de minha relatoria, Segunda Turma, DJe 17 jun. 2020;

As sanções pessoais, por sua vez, não constam do texto da lei, a qual, no art. 73, faz remissão a outros diplomas normativos:

> Art. 73. As infrações dos dispositivos desta Lei Complementar serão punidas segundo o Decreto-Lei nº 2.848, de 7 de dezembro de 1940 (Código Penal); a Lei nº 1.079, de 10 de abril de 1950; o Decreto-Lei nº 201, de 27 de fevereiro de 1967; a Lei nº 8.429, de 2 de junho de 1992; e demais normas da legislação pertinente.

Como se depreende da leitura do artigo, o gestor está sujeito, por uma mesma infração à legislação fiscal, a diversas sanções em esferas distintas: penal, política, administrativa, cível e financeira (perante os Tribunais de Contas).

Considerando o cenário de pandemia, assim como as limitações apontadas e a ineficácia das sanções institucionais, trate-se das principais sanções pessoais relacionadas ao descumprimento das regras fiscais, previstas, em especial, pela Lei nº 10.028/00 e pela Lei nº 8.429/92.

A Lei nº 10.028/00 incluiu no Código Penal o Capítulo IV, que trata dos crimes contra as finanças públicas. Assim, passou a ser considerado crime, nos termos do art. 359-C do CP, punido com reclusão de um a quatro anos, a ordenação ou autorização da assunção de obrigação, nos dois últimos quadrimestres do último ano do mandato ou legislatura, cuja despesa não possa ser paga no mesmo exercício financeiro ou, caso reste parcela a ser paga no exercício seguinte, que não tenha contrapartida suficiente de disponibilidade de caixa.

A lei em questão também ampliou o rol dos crimes de responsabilidade. Assim, passou a ser considerado crime de responsabilidade contra a lei orçamentária, punido nos moldes da legislação especial, cometido por prefeitos, governadores ou pelo Presidente da República, "deixar de ordenar a redução do montante da dívida consolidada, nos prazos estabelecidos em lei, quando o montante ultrapassar o valor resultante da aplicação do limite máximo fixado pelo Senado Federal", conforme o art. 10, 5), da Lei nº 1.079/50 e art. 1º, XVI, do Decreto-Lei nº 201/67.

A Lei de Improbidade Administrativa, por sua vez, trata, em seu art. 10, dos atos ímprobos que causam prejuízo ao erário, dentre os quais estão aqueles relacionados às finanças públicas, quais sejam: (a) realizar operação financeira sem observância das normas legais e regulamentares ou aceitar garantia insuficiente ou inidônea (inciso VI); (b) conceder benefício administrativo ou fiscal sem a observância das formalidades legais ou regulamentares aplicáveis à espécie (inciso VII); ordenar ou permitir a realização de despesas não autorizadas em lei ou regulamento (inciso IX); liberar verba pública sem a estrita observância das normas pertinentes ou influir de qualquer forma para a sua aplicação irregular (inciso XI); celebrar contrato ou outro instrumento que tenha por objeto a prestação de serviços públicos por meio da gestão associada sem observar as formalidades previstas na lei (inciso XIV).

RE 1263840 AgR, Relator Min. Marco Aurélio, Primeira Turma, DJe 14 ago. 2020; RE 1263645 AgR, Relator Min. Ricardo Lewandowski, Segunda Turma, DJe 06 ago. 2020; RE 1214919 AgR-segundo, Relator Min. Roberto Barroso, Primeira Turma, DJe 11.10.19). 3. Tese fixada em repercussão geral (Tema nº 743): 'É possível ao Município obter certidão positiva de débitos com efeito de negativa quando a Câmara Municipal do mesmo ente possui débitos com a Fazenda Nacional, tendo em conta o princípio da intranscendência subjetiva das sanções financeiras'. 4. Recurso Extraordinário a que se nega provimento." (STF, Recurso Extraordinário nº 770.149, Relator Min. Marco Aurélio, Relator para Acórdão Min. Edson Fachin, Tribunal Pleno, julgado em 05.08.2020).

Tais atos são punidos, nos termos do art. 12 da mesma lei, que assim dispõe:

Art. 12. Independentemente do ressarcimento integral do dano patrimonial, se efetivo, e das sanções penais comuns e de responsabilidade, civis e administrativas previstas na legislação específica, está o responsável pelo ato de improbidade sujeito às seguintes cominações, que podem ser aplicadas isolada ou cumulativamente, de acordo com a gravidade do fato: (Redação dada pela Lei nº 14.230, de 2021)
II - na hipótese do art. 10 desta Lei, perda dos bens ou valores acrescidos ilicitamente ao patrimônio, se concorrer esta circunstância, perda da função pública, suspensão dos direitos políticos até 12 (doze) anos, pagam/ento de multa civil equivalente ao valor do dano e proibição de contratar com o poder público ou de receber benefícios ou incentivos fiscais ou creditícios, direta ou indiretamente, ainda que por intermédio de pessoa jurídica da qual seja sócio majoritário, pelo prazo não superior a 12 (doze) anos; (Redação dada pela Lei nº 14.230, de 2021)

Ademais, não se pode esquecer que as contas dos chefes de Executivo, assim como dos demais administradores e responsáveis por dinheiros, bens e valores públicos, são submetidas à análise, normalmente *a posteriori*, do controle externo, que é exercido pelo Legislativo com o auxílio dos tribunais de contas, os quais, no caso do Presidente da República, apenas as aprecia, e para os demais, realiza o julgamento, podendo imputar multa, entre outras cominações, nos termos dos arts. 71 e 75 da CF/88.

Nota-se, portanto, que não só o administrador está sujeito a ultrapassar, especialmente nos momentos de crise, os limites impostos pela legislação, como também está sujeito a uma variedade de sanções, que vão desde uma simples multa até a perda dos direitos políticos. Há de se observar, ainda, que determinadas regras, como a do inciso XI da Lei nº 8.429/92, permitem certa margem de interpretação, principalmente considerando a circunstância em que medidas são tomadas com urgência e posteriormente avaliadas quando a urgência não mais existe.

3.2.1 Riscos ao gestor público em situações excepcionais

Conforme visto, em situações de crise, o gestor estará ainda mais sujeito ao descumprimento das regras fiscais e às sanções correspondentes, uma vez que os vários limites impostos pela CF/88 e pela LRF podem ser facilmente descumpridos.

Há que se considerar, porém, que a legislação já previa algumas flexibilizações.

Nesse sentido, menciona-se a segunda parte do art. 167, III, da CF/88, que ressalva a vedação à realização de operações de crédito que excedam o montante das despesas de capital nos casos em que haja autorização mediante créditos suplementares ou especiais com finalidade precisa, aprovados pelo Poder Legislativo por maioria absoluta. Ademais, o §3º do mesmo artigo trata da abertura de crédito extraordinário para atender despesas imprevisíveis e urgentes, como as decorrentes de guerra, comoção interna ou calamidade pública.

Com isso, o próprio texto constitucional permite a flexibilização da regra de ouro em momentos de crise, nos quais sejam necessários mais recursos, desde que atendidas as formalidades legais.

A LRF também apresentava, desde antes da pandemia, a possibilidade de afastar determinados limites. Isso, porém, apenas em casos de calamidade pública ou estado de defesa ou de sítio, conforme a redação antiga do art. 65:

Art. 65. Na ocorrência de calamidade pública reconhecida pelo Congresso Nacional, no caso da União, ou pelas Assembleias Legislativas, na hipótese dos Estados e Municípios, enquanto perdurar a situação:

I - serão suspensas a contagem dos prazos e as disposições estabelecidas nos arts. 23, 31 e 70;

II - serão dispensados o atingimento dos resultados fiscais e a limitação de empenho prevista no art. 9º.

Parágrafo único. Aplica-se o disposto no *caput* no caso de estado de defesa ou de sítio, decretado na forma da Constituição.

Assim, seja pelo fato de as flexibilizações até então existentes aplicarem-se, principalmente, aos casos em que fosse decretada a calamidade pública,[2] seja porque mesmo na última hipótese essas flexibilizações seriam restritas, modificações na legislação mostraram-se necessárias.

4 Reflexões acerca das flexibilizações trazidas pela EC nº 106/2020, LC nº 173/2020 e EC nº 109/2021

Com a finalidade precípua de atender as necessidades decorrentes da crise econômica e sanitária propagada, bem como de resguardar os gestores públicos, foram editados diversos atos normativos a partir de 2020, tanto para viabilizar a flexibilização permitida pelo art. 65 da LRF quanto para ampliar o rol de limites que poderiam ser afastados em decorrência da calamidade.

Assim, em 20 de março de 2020, foi publicado o Decreto Legislativo nº 6, por meio do qual se reconheceu, para fins do art. 65 da LRF, a ocorrência do estado de calamidade pública. O art. 1º previu, justamente, a dispensa do atingimento de resultados fiscais e da limitação de emprenho.

Diante da limitação do art. 65, houve a proposição de uma Ação Direta de Inconstitucionalidade no Supremo Tribunal Federal, a ADI nº 6.357, em que a Corte decidiu por deferir a medida cautelar para conceder interpretação conforme à Constituição Federal aos artigos 14, 16, 17 e 24 da LRF e 114, *caput, in fine* e §14, da Lei de Diretrizes Orçamentárias/2020. Com isso, durante a emergência em saúde pública e o estado de calamidade pública decorrente da covid-19, restaria inexigível a demonstração de adequação e compensação orçamentárias em relação à criação/expansão de programas públicos destinados ao enfrentamento do contexto de calamidade gerado pela disseminação da covid-19.

Meses depois, consolidando a decisão do STF, foi publicada a Emenda Constitucional nº 106/2020, que instituiu o regime extraordinário fiscal, financeiro e de contratações para o enfrentamento de calamidade pública nacional decorrente da pandemia. Segundo seu art. 1º, o regime extraordinário será adotado somente naquilo em que a urgência for incompatível com o regime regular.

---

[2] É interessante notar que, antes mesmo da pandemia, alguns Estados enfrentavam graves problemas financeiros e, para afastar as sanções impostas pela LRF, passam a editar decretos de calamidade financeira, a exemplo do Decreto nº 45.692/2016, do Estado do Rio de Janeiro. Buscou-se, com isso, caracterizar a calamidade nas finanças públicas como calamidade pública, a fim de atrair a aplicação do art. 65 da LRF. Sobre o tema, Cf.: ABRAHAM, Marcus. Estado de calamidade financeira e a Lei de Responsabilidade Fiscal. *In: JOTA.* Disponível em: https://www.jota.info/opiniao-e-analise/colunas/coluna-fiscal/coluna-fiscal-estado-de-calamidade-financeira-e-lrf-07072016. Acesso em: 16 out. 2019.

Em matéria de Direito Financeiro, merecem destaque alguns dispositivos dessa emenda, os quais são transcritos no quadro a seguir, cujo intuito é comparar o que previa a legislação até então e o que passou a ser possível:

Antes de 2020	EC nº 106/2020
LRF – arts. 14 e 16 Art. 14. A concessão ou ampliação de incentivo ou benefício de natureza tributária da qual decorra renúncia de receita deverá estar acompanhada de estimativa do impacto orçamentário-financeiro no exercício em que deva iniciar sua vigência e nos dois seguintes, atender ao disposto na lei de diretrizes orçamentárias e a pelo menos uma das seguintes condições: (Vide Medida Provisória nº 2.159, de 2001) (Vide Lei nº 10.276, de 2001) (Vide ADI 6357) I - demonstração pelo proponente de que a renúncia foi considerada na estimativa de receita da lei orçamentária, na forma do art. 12, e de que não afetará as metas de resultados fiscais previstas no anexo próprio da lei de diretrizes orçamentárias; II - estar acompanhada de medidas de compensação, no período mencionado no caput, por meio do aumento de receita, proveniente da elevação de alíquotas, ampliação da base de cálculo, majoração ou criação de tributo ou contribuição. Art. 16. A criação, expansão ou aperfeiçoamento de ação governamental que acarrete aumento da despesa será acompanhado de: (Vide ADI 6357) I - estimativa do impacto orçamentário--financeiro no exercício em que deva entrar em vigor e nos dois subsequentes; II - declaração do ordenador da despesa de que o aumento tem adequação orçamentária e financeira com a lei orçamentária anual e compatibilidade com o plano plurianual e com a lei de diretrizes orçamentárias.	Art. 3º Desde que não impliquem despesa permanente, as proposições legislativas e os atos do Poder Executivo com propósito exclusivo de enfrentar a calamidade e suas consequências sociais e econômicas, com vigência e efeitos restritos à sua duração, ficam dispensados da observância das limitações legais quanto à criação, à expansão ou ao aperfeiçoamento de ação governamental que acarrete aumento de despesa e à concessão ou à ampliação de incentivo ou benefício de natureza tributária da qual decorra renúncia de receita.
Art. 167 da CF/88: São vedados: III - a realização de operações de créditos que excedam o montante das despesas de capital, ressalvadas as autorizadas mediante créditos suplementares ou especiais com finalidade precisa, aprovados pelo Poder Legislativo por maioria absoluta;	Art. 4º Será dispensada, durante a integralidade do exercício financeiro em que vigore a calamidade pública nacional de que trata o art. 1º desta Emenda Constitucional, a observância do inciso III do **caput** do art. 167 da Constituição Federal.
- Regras fiscais e respectivas sanções.	Art. 10. Ficam convalidados os atos de gestão praticados a partir de 20 de março de 2020, desde que compatíveis com o teor desta Emenda Constitucional.

Como se pode notar, as flexibilizações trazidas pelos artigos 3º e 4º têm o objetivo central de facilitar a realização do gasto público. Isso se deu de duas formas: (i) afastando a principal limitação ao endividamento, consubstanciada na regra de ouro – o que, destaca-se, seria possível sem a previsão do art. 4º, tendo em vista que a segunda metade do inciso III do art. 167 da CF/88 já possibilitava que isso fosse feito com a abertura de créditos adicionais, desde que devidamente aprovados pelo Legislativo –; e (ii) dispensando os requisitos legais para aumento de despesa, seja ela relacionada a determinado incremento na ação governamental, seja ela relativa ao aumento do gasto tributário. Isso tudo, é claro, desde que a finalidade envolvida esteja em consonância com o enfrentamento da pandemia.

Por seu turno, o art. 10 objetivou garantir segurança jurídica à atuação do administrador de boa-fé.

Vale mencionar, ainda, o art. 2º, que, embora esteja mais próximo ao Direito Administrativo, pode repercutir na esfera financeira. Esse dispositivo permite a simplificação na contratação pública, o que pode acarretar futuras discussões acerca da legalidade e da legitimidade dos preços acordados e eventual acusação de dano ao erário.

Analisando os dispositivos em comento, nota-se que as flexibilizações foram drásticas e tiveram como única condição o atendimento à finalidade a que se destinavam, a compatibilidade com o combate à pandemia.

A única precaução mais efetiva foi aquela constante do art. 5º, que dispõe que as autorizações de despesas relacionadas ao enfrentamento da calamidade pública nacional e de seus efeitos sociais e econômicos deverão: (i) constar de programações orçamentárias específicas ou contar com marcadores que as identifiquem; e (ii) ser separadamente avaliadas na prestação de contas do Presidente da República e evidenciadas, até 30 (trinta) dias após o encerramento de cada bimestre. Isso porque a contabilização, se devidamente elaborada, permitirá que haja auditoria das contas. Entretanto, de modo geral, pode-se dizer que, se por um lado o gestor de boa-fé foi amparado, o de má-fé tem grande liberdade para atuar em causa própria.

No mesmo mês em que foi publicada a EC nº 106, também o foi a LC nº 173/2020. Esta estabeleceu o Programa Federativo de Enfrentamento ao Coronavírus, consubstanciado na suspensão do pagamento de dívidas, na reestruturação de operações de crédito e na entrega de recursos pela União aos Estados, ao Distrito Federal e aos Municípios. Além disso, incluiu previsões significativas na LRF.

Sobre a entrega de recursos, nos termos do art. 5º, foram 60 bilhões de reais fornecidos a título de auxílio, cuja aplicação deveria se dar em ações de enfrentamento à covid-19 e para mitigação de seus efeitos financeiros, sem, contudo, qualquer previsão de prestação de contas ou controle efetivo da utilização dos recursos. Sobre isso, Conti (2020a) afirma, acertadamente, o seguinte:

> Delimitar o que possa vir a ser "mitigação de efeitos financeiros" da pandemia é evidentemente, tarefa não difícil, mas verdadeiramente impossível, o que inviabiliza por completo reconhecê-la como transferência condicionada e identificar a efetiva aplicação dos recursos na finalidade para a qual foi criada, comprometendo, nesse aspecto, a fiscalização do correto uso dos recursos.

Por outro lado, andou bem a lei ao vedar o aumento de despesas permanentes durante o estado de calamidade, evitando, pois, que os recursos sejam empregados em gastos com criação de cargos, por exemplo.

Quanto às modificações na LRF, destaca-se o fato de o art. 7º ter expandido o rol do art. 65, cuja nova redação passou a prever, dentre outras, flexibilizações em algumas das regras fiscais apontadas como as principais na seção anterior, quais sejam as veiculadas pelos arts. 14, 16 e 42 da LRF. Confira-se a nova redação do art. 65, com destaques para os dispositivos incluídos pela LC nº 173/2020:

> Art. 65. Na ocorrência de calamidade pública reconhecida pelo Congresso Nacional, no caso da União, ou pelas Assembleias Legislativas, na hipótese dos Estados e Municípios, enquanto perdurar a situação:
>
> I - serão suspensas a contagem dos prazos e as disposições estabelecidas nos arts. 23, 31 e 70;
>
> II - serão dispensados o atingimento dos resultados fiscais e a limitação de empenho prevista no art. 9º.
>
> ~~Parágrafo único. Aplica-se o disposto no caput no caso de estado de defesa ou de sítio, decretado na forma da Constituição.~~
>
> *§1º Na ocorrência de calamidade pública reconhecida pelo Congresso Nacional, nos termos de decreto legislativo, em parte ou na integralidade do território nacional e enquanto perdurar a situação, além do previsto nos inciso I e II do caput: (Incluído pela Lei Complementar nº 173, de 2020)*
>
> *I - serão dispensados os limites, condições e demais restrições aplicáveis à União, aos Estados, ao Distrito Federal e aos Municípios, bem como sua verificação, para:*
>
> *a) contratação e aditamento de operações de crédito;*
>
> *b) concessão de garantias;*
>
> *c) contratação entre entes da Federação; e*
>
> *d) recebimento de transferências voluntárias;*
>
> *II - serão dispensados os limites e afastadas as vedações e sanções previstas e decorrentes dos arts. 35, 37 e 42, bem como será dispensado o cumprimento do disposto no parágrafo único do art. 8º desta Lei Complementar, desde que os recursos arrecadados sejam destinados ao combate à calamidade pública;*
>
> *III - serão afastadas as condições e as vedações previstas nos arts. 14, 16 e 17 desta Lei Complementar, desde que o incentivo ou benefício e a criação ou o aumento da despesa sejam destinados ao combate à calamidade pública.*
>
> *§2º O disposto no §1º deste artigo, observados os termos estabelecidos no decreto legislativo que reconhecer o estado de calamidade pública:*
>
> *I - aplicar-se-á exclusivamente:*
>
> *a) às unidades da Federação atingidas e localizadas no território em que for reconhecido o estado de calamidade pública pelo Congresso Nacional e enquanto perdurar o referido estado de calamidade;*
>
> *b) aos atos de gestão orçamentária e financeira necessários ao atendimento de despesas relacionadas ao cumprimento do decreto legislativo;*
>
> *II - não afasta as disposições relativas a transparência, controle e fiscalização.*
>
> *§3º No caso de aditamento de operações de crédito garantidas pela União com amparo no disposto no §1º deste artigo, a garantia será mantida, não sendo necessária a alteração dos contratos de garantia e de contragarantia vigentes.*

As flexibilizações realizadas, além de muitas, foram mais amplas do que as promovidas pela EC nº 106/2020, ainda que tenham coincidido em alguns pontos. Ademais, novamente, nota-se que o único requisito imposto é atender às necessidades da calamidade pública, sem haver qualquer previsão de controle efetivo. Ainda que o inciso II do §2º do art. 65 tenha trazido a preocupação com a transparência, trata-se de disposição genérica, que apenas determina que as disposições sobre a matéria não serão afastadas.

Por fim, destaca-se que a EC nº 109/2021, além de outros acréscimos à Constituição Federal, incluiu os arts. 167-B a 167-F, os quais repetem disposições já constantes da EC nº 106 e da LC nº 173, demonstrando a clara preocupação do legislador em evitar sanções, fazendo constar do texto constitucional alterações que não têm, necessaria-mente, caráter constitucional.

4.1 Flexibilizações, segurança jurídica e controle

Após a análise das flexibilizações incorporadas à legislação brasileira, é pertinente tecer alguns comentários acerca da segurança jurídica e do controle.

Conforme mencionado, muito se preocuparam os gestores em sentir-se resguar-dados pela lei e mudanças legislativas foram efetivamente realizadas para tanto. Ocorre que, muitas vezes, requisitos e condições foram afastados sem que houvesse previsão de rígido controle dos atos dos gestores e previsão de sanções.

Nesse sentido, é interessante notar que a EC nº 106, em sua proposta original, previa a instauração de um Comitê de Gestão da Crise, o qual foi retirado do texto aprovado. Com isso, a menção a um órgão de acompanhamento e/ou controle das ações de combate à pandemia foi extinta da norma de maior hierarquia criada para tratar da matéria. Note-se que nem seria preciso falar em criação de um novo grupo de trabalho; bastaria relembrar o papel dos Tribunais de Contas, delineado no texto constitucional, e prever que realizassem, por exemplo, um acompanhamento concomitante das medidas tomadas pelos gestores públicos.

E por que um controle concomitante? Como mencionado, em crises, as urgências exigem a tomada de decisões que nem sempre serão avaliadas, futuramente, como as melhores. Logo, é preciso que o gestor seja confortado pelo fato de que um controle externo à sua gestão tenha, à época, também considerado o ato legítimo. Além disso, em sentido oposto, determinadas ações podem resultar em danos irreparáveis, de modo que o controle poderia evitar que isso ocorresse em prejuízo ao erário.

A segurança jurídica do gestor de boa-fé é imprescindível, mas não pode acarre-tar a total insegurança do cidadão e dos recursos públicos. Nas palavras do Professor Conti (2020b): "as facilidades que o impropriamente denominado 'orçamento de guerra' abrem para a solução da crise são as mesmas que os oportunistas aproveitam para seus malfeitos, estão sempre próximos e atentos e não costumam perdê-las".

Por isso é que, além do controle, também devem ser claras as sanções impostas ao gestor em razão de desvios de conduta, não sendo eficazes e tampouco justas sanções que afetam, de forma direta, apenas a população.

Assim, sugere-se que as flexibilizações sejam feitas de modo mais equilibrado, de forma a deixar claro que os atos serão controlados e, se for o caso, devidamente punidos, e não meramente convalidados.

5 Conclusões

Em suma, este artigo buscou demonstrar que as regras fiscais, apesar de extremamente importantes, exigem flexibilizações em situações de crise. Mas não é só. Para que as flexibilizações sejam adequadas, é preciso que haja preocupação com o controle da gestão no período em que os limites foram afastados e que sejam previstas as sanções pessoais nos casos de má-fé, dando segurança jurídica ao gestor público e à população.

Além disso, à luz de todo o exposto sobre o recente cenário da pandemia, conclui-se que os atos normativos editados, por um lado, deram segurança ao gestor, mas, por outro, concederam a eles liberdade em demasia, facilitando a atuação mal-intencionada.

Diante disso, seria importante que houvesse a previsão de um controle concomitante dos atos praticados durante o estado de calamidade, bem como de rígidas sanções pessoais.

Referências

ABRAHAM, Marcus. Estado de calamidade financeira e a Lei de Responsabilidade Fiscal. *In:* jota. Disponível em: https://www.jota.info/opiniao-e-analise/colunas/coluna-fiscal/coluna-fiscal-estado-de-calamidade-financeira-e-lrf-07072016. Acesso em: 16 out. 2019.

ABRAHAM, Marcus. Os 20 anos da LRF: o passado, o presente e o futuro. 2020. *JOTA.* Disponível em: https://www.jota.info/opiniao-e-analise/colunas/coluna-fiscal/os-20-anos-da-lrf-o-passado-o-presente-e-o-futuro-07052020. Acesso em: 20 maio 2020.

ABRAHAM, Marcus. Sanções contra a irresponsabilidade fiscal. *GenJurídico.* 2017. Disponível em: http://genjuridico.com.br/2017/05/02/sancoes-contra-irresponsabilidade-fiscal/. Acesso em: 10 out. 2021.

BORGES, Maria Cecília Mendes. A efetividade do controle da gestão fiscal e sua relação com as sanções pessoais impostas aos administradores públicos pela Lei 10.028/2000. *Revista do TCU,* n. 101, jul./set. 2004. Disponível em: https://revista.tcu.gov.br/ojs/index.php/RTCU/article/view/635. Acesso em: 25 set. 2021.

BRASIL. Constituição (1988). *Constituição da República Federativa do Brasil,* de 5 de outubro de 1988.

BRASIL. Decreto Legislativo nº 6/2020.

BRASIL. Emenda Constitucional nº 106/2020.

BRASIL. Emenda Constitucional nº 109/2021.

BRASIL. Lei Complementar nº 101/2000. Lei de Responsabilidade Fiscal. Brasília-DF.

BRASIL. Lei Complementar nº 173/2020. Brasília-DF.

CARVALHO, José Augusto M. A dívida pública e a autonomia dos entes federados. *In:* CONTI, José Mauricio (Coord.). *Dívida Pública.* São Paulo: Blucher, 2019, p. 491-521.

CONTI, José Maurício. *A autonomia financeira do poder judiciário.* São Paulo: MP editora, 2006.

CONTI, José Maurício. Dívida pública e responsabilidade fiscal no federalismo brasileiro. *In:* SCHOUERI, Luís Eduardo (coord.). *Direito tributário.* Homenagem a Alcides Jorge Costa. v. 2. São Paulo: Quartier Latin, 2003, p. 1078-1093.

CONTI, José Maurício. Estados e municípios pedem socorro: Lei Complementar 173 concede auxílio financeiro e flexibiliza gestão fiscal para ajudar a saírem da crise. 2020a. *JOTA.* Disponível em: https://www.jota.info/opiniao-e-analise/colunas/coluna-fiscal/estados-e-municipios-pedem-socorro-23072020. Acesso em: 25 jul. 2020.

CONTI, José Maurício. O inimigo mora ao lado: "orçamento de guerra" exige controle e responsabilidade. 2020b. *JOTA.* Disponível em: https://www.jota.info/opiniao-e-analise/colunas/coluna-fiscal/o-inimigo-mora-ao-lado-orcamento-de-guerra-exige-controle-e-responsabilidade-16042020. Acesso em: 20 abr. 2020.

DEBUS, Ilvo; NASCIMENTO, Edson Ronaldo. *Entendendo a Lei de Responsabilidade Fiscal*. Brasília: Tesouro Nacional, 2000. Disponível em: https://www.tesourotransparente.gov.br/publicacoes/entendendo-a-lrf/2000/30. Acesso em: 8 out. 2021.

GUIMARÃES, Luís Gustavo F. Federalismo fiscal e endividamento público: as rodadas de negociação entre a União e os entes subnacionais. *In:* CONTI, José Maurício (coord.). *Dívida Pública*. São Paulo: Blucher, 2019, p. 421-440.

MARRARA, Thiago. Comentários ao art. 68. *In:* NOHARA, Irene Patrícia; MARRARA, Thiago. *Processo administrativo*: Lei 9784/99 comentada. 2. ed. São Paulo: Revista dos Tribunais, 2019. p. 529-558.

MENDES, Marcos. *Regras fiscais e o caso do teto de gastos no Brasil*. São Paulo: Insper, 2021. Disponível em: https://www.insper.edu.br/wp-content/uploads/2021/09/Regras-fiscais-e-o-caso-do-teto-de-gastos-no-Brasil-2021_Marcos-Mendes.pdf. Acesso em: 25 nov. 2021.

OLIVEIRA, Weder de. O equilíbrio das finanças públicas a Lei de Responsabilidade Fiscal. *Revista Técnica dos Tribunais de Contas – RTTC*, Belo Horizonte, ano 1, p. 151-190, set. 2010.

SANTANA, Hadassah Laís S.; BAGHDASSARIAN, William. Gestão Pública e Risco Jurídico no Âmbito da Pandemia. *In:* MENDES, Gilmar Ferreira; SANTANA, Hadassah Laís S.; AFONSO, José Roberto (coord.). *Governance 4.0 para Covid-19 no Brasil*: propostas para gestão pública e para políticas sociais e econômicas. São Paulo: Almedina, 2020. p. 115-135.

SANTOS, Rodrigo Valgas dos. *Direito Administrativo do Medo*. Risco e fuga da responsabilização dos agentes públicos. São Paulo: Revista dos Tribunais, 2020.

Informação bibliográfica deste texto, conforme a NBR 6023:2018 da Associação Brasileira de Normas Técnicas (ABNT):

MONACO, Isabella Remaili. Gestão pública responsável em tempos de crise: um problema de segurança jurídica. *In:* CONTI, José Maurício; MARRARA, Thiago; IOCKEN, Sabrina Nunes; CARVALHO, André Castro (coord.). *Responsabilidade do gestor na Administração Pública*: aspectos gerais. Belo Horizonte: Fórum, 2022. p. 251-267. ISBN 978-65-5518-412-9. v.1.

A ÉTICA NA ADMINISTRAÇÃO PÚBLICA E AS NOVAS FERRAMENTAS LEGAIS COMO MECANISMOS DE COMBATE À CORRUPÇÃO

HENRIQUE SERRA SITJÁ

ANA CRISTINA MORAES WARPECHOWSKI

1 Introdução

O caminho mais óbvio e, simultaneamente, mais difícil para ser trilhado na redução da corrupção estatal é a prevenção. Difícil, uma vez que a prática de atos ilícitos contra a Administração Pública usualmente está relacionada a uma série de determinantes, muitos deles enraizados nas instituições e, até mesmo, na sociedade. Medidas efetivas para combatê-la deverão reconhecer essa realidade e agir de maneira a se complementarem. Para tanto, estratégias que se valham das inovações tecnológicas, bem como das novas proposições nos mais diversos campos das ciências, devem ser propostas e incentivadas.

Um instrumento central para a avaliação difusa das ações estatais é a transparência ativa como incentivo ao controle social. No Brasil, o processo de disponibilização de informações culminou na recente promulgação da Lei Federal nº 14.129/2021, a Lei do Governo Digital. A norma, originalmente aplicável ao Poder Público federal, mas que poderá ser adotada pelos demais entes (§2º e inciso III do art. 2º), prevê a criação de plataforma digital única para a oferta de serviços e prestação de contas e informações, com dados abertos em formato e linguagem acessíveis aos cidadãos.

Anteriormente, a última década testemunhara a entrada em vigor da Lei Complementar Federal nº 131/2009, a Lei da Transparência, e da Lei Federal nº 12.527/2011, a Lei de Acesso à Informação. Em linhas gerais, a primeira norma obriga os entes públicos de todas as esferas a divulgarem informações pormenorizadas sobre as suas despesas e receitas em tempo real, ou seja, com prazo máximo de vinte e quatro horas da sua realização. A segunda, por sua vez, disciplina que os entes têm de ativamente divulgar uma série de dados relevantes sobre sua organização e atuação, como folha de pagamento, licitações e contratos, execução financeira e orçamentária, assim como possuir seção para o recebimento de questionamentos e requisição de informações. Para a concretização dos seus intuitos, ambas as normas determinam que os entes mantenham portal eletrônico para a divulgação dos dados.

Outra importante alteração legislativa recente deu-se por meio da introdução da Lei Federal nº 14.133/2021, que instituiu a Nova Lei de Licitações e Contratações Públicas (NLLC). Dentre uma série de importantes novidades, houve a consolidação da subordinação das contratações públicas ao controle social.

A aplicação de regras amplas e efetivas na redução dos desvios de recursos públicos relacionados às aquisições de bens e serviços pelo Estado brasileiro é relevante para o desenvolvimento do país por, ao menos, dois expressivos motivos. Os gastos públicos com contratos advindos de licitações representaram, em média, 13,8% do Produto Interno Bruto (PIB) entre os anos de 2006 e 2012, segundo estimativas de Cássio Garcia Ribeiro e colaboradores.[1] Adicionalmente, estudos indicam que práticas corruptas aumentam entre 20 e 25% os custos dos contratos públicos nos países em desenvolvimento, implicando perdas que podem alcançar entre 2 e 5% do PIB.[2]

Diante da relevância do tema, há diversos escritos nos diferentes campos das Ciências Sociais abordando os determinantes institucionais, legais, econômicos e sociais que conduzem às práticas corruptas, na maior parte prescrevendo medidas que visem a reduzir os eventuais ganhos ou aumentar a chance de punição advindos de tais atividades ilícitas. Essas proposições têm, inegavelmente, o poder de reduzir a incidência de corrupção relacionada aos gastos públicos.

Todavia, menos usual é a tática de desenhar regras voltadas a aumentar os potenciais ganhos de agentes que simplesmente cumpram as regras. Embora exista uma satisfação inerente à prática de "boas ações", alterações legais ou procedimentais que impliquem ganhos reputacionais ou, mesmo, monetários para entidades que adotem elevados padrões éticos de atuação têm de ser bem-vindas tanto em relação aos seus efeitos diretos – reduzir o desperdício de recursos públicos – quanto aos indiretos – aumentar os níveis de confiança na sociedade.

Assim sendo, o presente capítulo tem como intuito principal propor caminhos pelos quais as recentes alterações legais e inovações tecnológicas, acrescidas de instrumentos acessórios, podem ocasionar a elevação dos padrões éticos nas licitações e contratações públicas. Para tanto, será apresentado, na sequência, um breve resumo dos determinantes e consequências, tanto do ponto de vista individual quanto social, do comportamento corrupto. Posteriormente, as inovações legislativas serão mais bem caracterizadas para, então, serem propostos mecanismos aptos a contribuir no sentido de elevar a ética nas relações entre entidades públicas e privadas no Brasil.

2 O comportamento corrupto em observação

É inegável a complexidade que está por detrás de um comportamento corrupto. Tentar compreendê-lo exige a investigação de diversos fenômenos associados, como a

---

[1] RIBEIRO, Cassio Garcia *et al*. Unveiling the public procurement market in Brazil: A methodological tool to measure its size and potential. *Development Policy Review*, v. 36, p. O360-O377, 2018.

[2] KAR, Dev; SPANJERS, Joseph. *Illicit financial flows from developing countries: 2003-2012*. Washington, DC: Global Financial Integrity, 2014.

falta de empatia, a dissonância cognitiva, a mentira e o furto de bens materiais.[3] Para além disso, as teorias sobre a aprendizagem humana são um aspecto importante a ser tratado, pois entender como as pessoas funcionam poderá ampliar o que já se sabe sobre a corrupção, a fim de construir novos mecanismos que permitam minimizar os seus efeitos deletérios.

Claro que essas abordagens não são deterministas ou excludentes de outras que procuram trazer luzes sobre algo tão complexo. Mas é exatamente por isso que se torna necessário ultrapassar eventuais limites existentes entre as áreas do conhecimento humano para adentrar de formas transversal e interdisciplinar no contexto da conduta corrupta. E o objetivo é muito simples: embora ainda não se tenham respostas conclusivas, deve haver alguma forma de estancar os danos causados à Administração Pública e à sociedade, especialmente em virtude da usurpação de dinheiro público que seria utilizado para a concretização de políticas governamentais de assistência básica, destinadas à parcela mais necessitada da população. Assim sendo, esta seção tratará de alguns aspectos de duas das teorias de aprendizagem mais recentes, como também delineará as consequências sociais decorrentes da corrupção e mostrará como é necessário aumentar o patamar ético nas relações sociais.

2.1 A aprendizagem behaviorista de reforços e punições

A aprendizagem é uma mudança que ocorre no comportamento como resultado das experiências vivenciadas.[4] Como efeito prático para os seres humanos, promove a adaptação ao meio ambiente, moldando inúmeros aspectos da vida diária e ampliando as possibilidades de convivência social. Dessa forma, quanto mais fracos forem os estímulos ambientais, menores serão as chances de que haverá aprendizado e menores serão as conexões neurais desencadeadas na parte mais evoluída do cérebro (córtex); contrariamente, quanto mais fortes forem os incentivos, maior será o desenvolvimento dessa massa cinzenta, área responsável pelas capacidades de pensar, raciocinar e desenvolver a linguagem, o julgamento e a percepção.[5]

Não é à toa que a aprendizagem vem sendo alvo de estudos científicos, especialmente a partir do século XX. A partir desse momento, começou-se a observar empiricamente as consequências de introdução de reforçadores na conduta humana, destinados a mudar atitudes boas ou más, do ponto de vista social. Para explicar o significado de reforço ou punição – positivo ou negativo –, Gazzaniga *et al.*[6] citam o exemplo de um episódio da série de televisão norte-americana chamada *The Big Bang Theory*, no qual Sheldon Cooper oferecia à Penny chocolates quando, no seu entender, a conduta lhe

---

[3] Vide: WARPECHOWSKI, Ana Cristina Moraes; CUNHA, Milene Dias da. A indução de um novo patamar de consciência ética como pilar essencial no combate à corrupção. *In*: WARPECHOWSKI, Ana Cristina Moraes; GODINHO, Heloísa Helena Antonacio Monteiro; IOCKEN, Sabrina Nunes (Coord.). *Políticas públicas e os ODS da Agenda 2030*. Belo Horizonte: Fórum, 2021, p. 441-460.

[4] GAZZANIGA, Michael; HEATHERTON, Todd; HALPERN, Diane. *Ciência Psicológica*. 5. ed. Trad. de Maiza Ritomy Ide; Sandra Maria Mallmann da Rosa; Soraya Imon de Oliveira. Rev. Téc. de Antônio Jaeger. Porto Alegre: Artmed, 2018, p. 222.

[5] DAMÁSIO, António R. *O erro de Descartes*: emoção, razão e o cérebro humano. Trad. Dora Vicente, Georgina Segurado. 3. ed., São Paulo: Companhia das Letras, 2012, p. 43-45.

[6] GAZZANIGA; HEATHERTON; HALPERN. *Op. cit.*, p. 221-222.

agradava, aplicando destrutivamente a ciência psicológica. Leonard, namorado de Penny, desconfiou da repentina bondade de Sheldon e chegou à conclusão de que ele estaria usando os chocolates como reforço positivo com o objetivo de adestrá-la como um animal não humano; por isso, proibiu o amigo de usar a técnica de oferecer recompensas de forma a condicionar o comportamento dela conforme a sua vontade. Então, Sheldon repreendeu Leonard e esguichou água no rosto dele, utilizando, dessa vez, a punição positiva com a finalidade de inibir o comportamento.

Essa ilustração de algumas das técnicas de aprendizagem foi feita para divertir o público; apesar disso, representa diversos princípios científicos que vêm sendo desenvolvidos por psicólogos, notadamente pelos adeptos ao pensamento behaviorista. John B. Watson (1878-1958), por exemplo, fundou a escola do behaviorismo e partia do pressuposto de que todos os animais, humanos e não humanos, nasciam com o potencial para aprender qualquer coisa no mundo, como a *tábula rasa* de John Locke.[7] De outro lado, Ivan Pavlov (1849-1936) idealizou o "condicionamento clássico", passivo e automático, por meio do qual o animal aprende a fazer associações preditivas entre estímulos, como salivar ao sentir o cheiro de uma comida.[8] Ainda, inspirado nesses dois trabalhos, Burrhus Frederic Skinner (1904-1990) desenvolveu estudos para aprimorar a teoria do "condicionamento operante", na qual os animais fazem associações entre eventos controláveis e moldam o seu comportamento para que sejam (re)produzidos os efeitos esperados de reforço positivo (introdução de uma recompensa agradável) ou negativo (remoção de um estímulo desagradável) para aumentar a probabilidade de repetição das ações desejadas.[9] Importante o registro de que as punições, embora também possam ser positivas (administração de um estímulo desagradável) ou negativas (remoção de algo agradável), têm o efeito oposto, diminuindo as chances de reprodução das atitudes indesejadas.[10]

No âmbito legislativo brasileiro, existem muitas normas que utilizam essas técnicas de reforços ou punições, pois ainda é a forma mais comum de indução da aprendizagem. Na Lei Anticorrupção (Lei Federal nº 12.843/2013), por exemplo, há o acordo de leniência (art. 16), a fim de premiar a autoridade máxima de um órgão ou entidade pública que estiver disposta a colaborar com as investigações de atos ilícitos de corrupção, assim como estão disciplinadas as responsabilidades e as respectivas sanções administrativas (art. 6º) e civis (art. 19) das pessoas jurídicas se praticarem atos contra a Administração Pública, nacional ou estrangeira.

Nessa mesma linha, a nova Lei de Licitações e Contratações Públicas estabeleceu um regime intenso de observação das condutas dos agentes públicos e dos contratados envolvidos nas compras governamentais, incentivando que "seja feita a coisa certa".[11] Dessa forma, a partir da entrada em vigor da NLLC, os processos estão sujeitos ao controle social, e a Administração Pública precisa estabelecer as três linhas de defesa

---

[7] *Idem, ibidem*, p. 223. John Locke (1632-1704), filósofo inglês conhecido o "pai do liberalismo", pregou a teoria da *tábula rasa*, segundo a qual a mente humana era uma folha de papel em branco, que era preenchida com a experiência. Consulta em: https://pt.wikipedia.org/wiki/John_Locke. Acesso em: 13 de fev. 2022.

[8] *Idem, ibidem*, p. 226.

[9] *Idem, ibidem*, p. 239-241.

[10] *Idem, ibidem*, p. 246-247.

[11] SAPOLSKY, Robert M. *Comporte-se*: a biologia humana em nosso melhor e pior. Trad. Giovane Salimena e Vanessa Barbara. 1. ed. São Paulo: Companhia das Letras, 2021, p. 468-506.

formais: servidores e empregados públicos, agentes de licitação e autoridades que atuam na estrutura de governança; unidades de assessoria jurídica e controle interno; e órgão central de controle interno e Tribunais de Contas (art. 169). Essa lei, ainda, estimula a implementação de programas de integridade para os licitantes e contratados (art. 25, §4º; art. 60, inc. IV; art. 156, §1º, inc. V; art. 163, par. único) e estabelece as sanções administrativas e civis por atos ilícitos, deixando-se os crimes para o Código Penal (art. 178).

Porém, é bom lembrar que a aprendizagem nem sempre é perfeita. Em muitos casos, pode ser defeituosa ou distorcida, a exemplo daquela que ocorre em ambientes nos quais são cometidos crimes, não há punição, tampouco valores morais que sirvam como freios, prevalecendo o poder do infrator de subjugar as suas vítimas pela força das armas (crimes de sangue) ou do seu próprio intelecto (crimes do colarinho branco). Ou seja, o ambiente é um grande reforçador do comportamento humano, mesmo que o ato possa não ser socialmente aceito e as consequências sejam negativas, como no caso da corrupção, na qual o dinheiro, por si só, é um poderoso estimulante que proporciona a escalada da criminalidade, ainda mais se não houver mecanismos efetivos de prevenção e punição à criminalidade.

Com efeito, o sistema neural reflexivo, onde se encontra o córtex pré-frontal, é o responsável pela inibição do impulso interno de buscar a recompensa que irá conflitar com as regras sociais e os valores morais e éticos. Em razão disso, na avaliação dos prós e contras para se tomar uma decisão e exercer o autocontrole, se o córtex não estiver operante, prevalecerão os instintos e as emoções das camadas mais primitivas do cérebro – sistemas reptiliano e límbico, respectivamente.[12] Mas isso precisa ser avaliado com acurácia, já que existe uma variedade de métodos,[13] corroborados por estudos científicos, que sugerem alguns fatores de afetação negativa no desenvolvimento cortical, a saber: dependência por uma substância viciante,[14] dano cerebral ocasionado por lesão[15] ou tumor,[16] aspectos genéticos (*nature*) ou disfuncionalidades ambientais com a geração, por exemplo, de traumas físicos ou psicológicos na infância (*negative nurture*),[17] entre

---

[12] MACLEAN, Paul. *The triune brain in evolution*: role in paleocerebral functions. New York: Plenum Press, 1990. VILLENEUVE, Inés Merino. Una nueva vacuna: la vacuna del autoconocimiento. Bases neurobiológicas de la conducta humana. El juego entre el cerebro instintivo-emocional y el cerebro racional. *Revista pediatría atención primaria*, Madrid, v. 18, n. 70, abr./jun. 2016.

[13] Por exemplo, com a utilização combinada de técnicas de neuroimagens (DRMO – dessensibilização e reprocessamento dos movimentos oculares; PET – tomografia por emissão de pósitrons; SPECT – tomografia por emissão de fótons; fMRI – ressonância magnética funcional; rCBF – fluxo sanguíneo cerebral regional, dentre outros) e de técnicas psicoterapia (comportamental, cognitivo-comportamental, psicodinâmica, terapia de grupo, interpessoal, dentre outras). CALLEGARO, Marco Montarroyos; LANDEIRA-FERNANDEZ, J. Pesquisas em neurociência e suas implicações na prática psicoterápica, p. 851-872. *In:* CORDIOLI, A. V. (ed.). *Psicoterapias*: abordagens atuais. 3. ed. Porto Alegre: ArtMed, 2007.

[14] ROBINSON, Terry E.; BERRIDGE, Kent C. The incentive sensitization theory of addiction: some current issues. *Philosophical Transactions of The Royal Society B*, 363, 3137-3146, published online on 18 July 2008.

[15] Como o famoso Phineas Gage que, por acidente, teve boa parte do córtex pré-frontal arrancado por uma barra de ferro que entrou pelo olho esquerdo e saiu pelo topo da cabeça. António Damásio, juntamente com Hanna Damásio, foi pioneiro ao analisar o caso com as novas lentes das neurociências. DAMÁSIO, *op. cit.*, p. 25-38; SAPOLSKY, *op. cit.*, p. 57-58.

[16] A literatura traz dois exemplos clássicos de pessoas que tiveram tumores cerebrais e desenvolveram comportamentos violentos: Ulrike Meinhof (1934-1976), fundadora e integrante da organização armada de extrema-esquerda, chamada "Fração do Exército Vermelho (RAF)", atuante na Alemanha Ocidental por três décadas; e Charles Whitman (1941-1966), o "atirador da Torre do Texas". SAPOLSKY, *op. cit.*, p. 38-39.

[17] Conforme Adrian Raine, hoje há poucas dúvidas de que os genes, a neurobiologia e os maus-tratos na infância (inclusive decorrentes de uma alimentação deficiente) desempenham um papel significativo no comportamento antissocial e violento. Por isso, o autor assinalou a importância de serem desenvolvidos e ampliados os estudos

outros. Embora cada um deles já tenha o potencial de predispor o indivíduo à prática de atos criminosos ou violentos, pode ocorrer a sobreposição de fatores, o que agrava ainda mais as consequências de não se ter essa "trava" moduladora em condições suficientes de operação.

Para explicar melhor o funcionamento desses sistemas, António Damásio desenvolveu a hipótese dos "marcadores somáticos" – primeira teoria neurológica que impulsionou os passos das neurociências –, segundo a qual as decisões complexas ou sob condições de incerteza não são estritamente racionais, computacionais ou lógicas, mas influenciadas pelos sentimentos gerados a partir de emoções que, por sua vez, possibilitam a avaliação sobre a escolha a ser feita.[18] O marcador somático resgata aquilo que foi aprendido em experiências anteriores de punições e recompensas, isto é, se forem negativas, irá gerar um alarme e o comportamento será evitado e, em sendo positivas, provavelmente a decisão será tomada. Porém, as disfuncionalidades no córtex conduzem a uma deficiência ou ausência dos sentimentos, dificultando o resgate das memórias e gerando, em decorrência, um prejuízo nas reações empáticas, na medida em que o ato de se colocar no lugar do outro requer uma análise subjetiva e que só é alcançada por meio desse sistema cerebral.

Com a ampliação do conhecimento sobre como funciona o cérebro humano e as reações corporais advindas das ativações dos três sistemas, muitas dúvidas estão surgindo acerca da capacidade estatal de regular e atribuir punições aos infratores das regras sociais estabelecidas, já que alguns indivíduos podem estar afetados por algum tipo de redutor na capacidade analítica do córtex[19] e o treinamento para viver em sociedade não seria totalmente efetivo. Por isso, é correto afirmar que as formas de responsabilização precisam ser revistas a fim de incorporar novos conceitos ou teorias mais recentes, mas também é certo dizer que o regime legislativo só irá funcionar se for levado a sério por toda a sociedade, especialmente pelo Estado. Ou seja, o Brasil precisa avançar no campo regulatório e acrescentar novas técnicas de aprendizagem como mecanismos de modulação comportamental, fazendo com que as leis sejam respeitadas e cumpridas, sem subterfúgios.

2.2 A habituação coletiva da desonestidade e a aprendizagem social

Ainda dentro das teorias behavioristas, uma das modalidades mais comuns de aprendizagem é a habituação, que consiste na redução de respostas comportamentais após a reiteração de um estímulo monótono,[20] podendo haver uma adaptação sensorial ou uma fadiga muscular.[21] Por exemplo, se o local de trabalho tiver um ruído constante, com o passar do tempo o barulho é ignorado porque não é gratificante nem prejudicial,

---

em disciplinas emergentes, tais quais o neurodireito e a neuroética, para que a ciência preventiva de combate à criminalidade possa ser mais efetiva. RAINE, Adrian. O crime biológico: implicações para a sociedade e para o sistema de justiça criminal. Editorial a Convite, *Revista Psiquiátrica*, Rio Grande do Sul, v. 30, n. 1, abr. 2008.

[18] DAMÁSIO, *op. cit.*, p. 163-164.

[19] Por exemplo: RAINE, *op. cit.*; GALICIA, René Molina. Neurociencia, neuroética, derecho y proceso. *In*: TARUFFO, Michele; FENOLL, Jordi Nieva (dir.). *Neurociencia y proceso judicial*. Madrid: Marcial Pons, 2013, p. 43-82. FREITAS, Juarez. A hermenêutica jurídica e a ciência do cérebro: como lidar com os automatismos mentais. *Revista da AJURIS*, Porto Alegre, v. 40, n. 130, p. 223-244, jun. 2013.

[20] GAZZANIGA; HEATHERTON, HALPERN. *Op. cit.*, p. 224.

[21] SATO, Takechi. Habituação e sensibilização comportamental. *Psicol. USP*, São Paulo, v. 6, n. 1, p. 231-276, 1995.

não é bom nem ruim, mas se tornou desimportante. Do contrário, se o som habitual for interrompido repentinamente, o silêncio será percebido de modo imediato porque ocorre a desabituação de algo que já havia se tornado muito familiar. Esse tipo de aprendizado também é conhecido como processo de sensibilização, no qual ocorre o aumento da responsividade quando há a exposição a um estímulo inédito, especialmente os dolorosos ou ameaçadores,[22] como levar um choque ou enfrentar uma situação de risco.

Trazer esses conceitos é uma forma de elucidar alguns dos desafios adaptativos. No Brasil, tornaram-se tão comuns os relatos de comportamentos desonestos em jornais, especialmente em virtude de grandes esquemas de corrupção sistêmica (como nos famosos casos chamados de "Anões do Orçamento", "Mensalão", "Operação Lava Jato", "Rachadinha", etc.), que as pessoas vão diminuindo progressivamente as suas reações de indignação, passando a tolerar aquilo que deveria ser coibido por desacreditar nos sistemas atuais de recompensa e punição. Esse bombardeio entorpecedor de informações está muito próximo, mesmo que inadvertidamente, de uma estratégia de habituação coletiva para que outros esquemas de extorsão continuem sendo praticados, cada vez mais audaciosos. E, para quebrar esse círculo vicioso de condutas danosas e impunidade, a técnica inversa de promover a aprendizagem por sensibilização já não é mais suficiente, uma vez que muita energia teria de ser gasta na produção de estímulos para superar, em grau de intensidade, aquilo que se tornou comum e fatigante.

O behaviorismo, nos Estados Unidos, foi dominante até os anos 60 do século passado,[23] havendo, inclusive, a utilização de experimentos com animais humanos e não humanos,[24] muitas vezes cruéis.[25] Uma limitação está em explicar apenas parte do comportamento humano, sem se importar com as tendências biológicas ou mudanças ambientais, que possuem um peso significativo, como descrito no tópico anterior; e outra, no fato de que as punições podem não estar acompanhadas de instruções de como melhorar a conduta, algo que pode levar à criação de manobras para tornar possível, simplesmente, a fuga aos seus efeitos. Assim, surgiram novas formas de compreender a aprendizagem, dentre as quais se destaca uma das vertentes humanistas mais recentes, onde está inserida a teoria cognitiva social de Albert Bandura (1925-2021).[26] Em apertada síntese, essa teoria foi inovadora ao utilizar técnicas de observação de modelos comportamentais considerados socialmente adequados e das recompensas recebidas para, na

---

[22] GAZZANIGA; HEATHERTON; HALPERN. *Op. cit.*, p. 224; SATO, *op. cit.*, p. 243.

[23] GAZZANIGA; HEATHERTON; HALPERN. *Op. cit.*, p. 223.

[24] Como no caso do "pequeno Albert", em que John Watson realizou ensaios de condicionamento clássico em um bebê de onze meses a fim de verificar quais objetos teriam o potencial de produzir respostas de medo, método que, hoje, estaria proibido por não seguir um protocolo ético. BISACCIONI, Paola; CARVALHO NETO, Marcus Bentes de. Algumas considerações sobre o "pequeno Albert". *Temas em Psicologia*, Ribeirão Preto, vol. 18, n. 2, p. 491-498, 2010.

[25] A exemplo do "experimento de obediência" de Stanley Milgram, no qual eram selecionados dois voluntários para passar pelos papéis de professor (aplicava testes de memória e poderia dar choques elétricos gradativos até o limite de 450 volts e, ao seu lado, o cientista incentivava que fosse aumentada a punição a cada erro) e aluno (respondia aos testes, sendo que, no primeiro erro, ganhava um choque de verdade e, para os demais, eram dados choques falsos, embora atuasse como se fossem verdadeiros). Ou seja, criou-se a falsa alegação de que os professores estariam verificando os efeitos da punição sobre a aprendizagem, mas, ao final do experimento original, 65% dos voluntários aplicaram o choque máximo de 450 volts mediante a crença de que eram todos reais. SAPOLSKY, *op. cit.*, p. 452-453.

[26] Para a referência à obra de Albert Bandura, ver: GAZZANIGA, Michael; HEATHER-TON, Todd; HALPERN, Diane. *Op. cit.*, p. 254-259.

sequência, ser possível a reprodução e a integração pelos outros indivíduos, que não vivem sozinhos, mas interagem constantemente com o ambiente social do seu entorno.

Daí a necessidade de serem buscados estudos científicos que investiguem como ocorrem as relações sociais, pois há diversas pesquisas mais recentes que respeitam as questões éticas e estão voltadas a entender o funcionamento do ser humano com a aplicação de tecnologias mais modernas. Isolar os fatores que conduzem à corrupção é algo bem complicado; todavia, pesquisadores vêm oferecendo algumas explicações e evidências que podem ampliar a reflexão acerca do que está por detrás da conduta desonesta e, com a ponderação dessas peculiaridades à realidade de cada comunidade, poderá haver uma modelação mais apropriada das políticas públicas de prevenção e de dissuasão da escalada do comportamento corrupto.

Cabe aqui trazer alguns exemplos dessas evidências científicas. Diversos estudos interdisciplinares foram realizados com grupos de alunos por Dan Ariely e colaboradores,[27] objetivando investigar como se dá o comportamento desonesto. Em resultado, dados empíricos demonstraram que o ser humano encontra motivação não só nas análises dos custos e benefícios, mas também quando há o acionamento de um mecanismo interno de recompensas que reflete os valores pessoais e as regras sociais internalizadas pelo indivíduo, inibindo a desonestidade. Foram contabilizadas muitas trapaças na resolução das matrizes, especialmente aquelas que seriam consideradas como pequenos delitos; porém, o comportamento desonesto foi eliminado ao serem agregados elementos anteriormente à aplicação dos testes, como fazer os estudantes se lembrarem dos Dez Mandamentos bíblicos (moral religiosa) ou assinar um termo de ciência do código de ética (autoimagem). Esses desfechos apontam para a possibilidade de que, ao fazer com que o indivíduo se sinta observado, poderão ser aumentadas as chances de redução da criminalidade, já que alguém, mesmo que não se saiba exatamente quem é, "estaria de olho".

Em outro estudo mais recente, Dan Ariely e colaboradores[28] apuraram se a desonestidade aumenta ao longo do tempo. Como métodos de pesquisa, utilizaram uma combinação de exposição de imagens cerebrais, escaneadas por meio de um equipamento de ressonância magnética funcional, e uma tarefa comportamental, que consistia em aconselhar um segundo participante (cúmplice) a adivinhar a quantidade de dinheiro existente dentro de uma jarra com moedas de US$ 0,01. Apesar de serem avisados de que estariam trabalhando em conjunto a fim de obter uma estimativa mais precisa e o melhor benefício para ambos, havia uma estrutura de incentivos por meio da qual a mentira sobre o valor poderia beneficiar ou prejudicar ora os participantes, ora os cúmplices. Como principais resultados, verificou-se que: (1) a amígdala (sistema límbico) tem a sensibilidade diminuída com a repetição da desonestidade, uma vez que as reações por medo ou ansiedade diminuem; (2) a desonestidade aumenta progressivamente se for em benefício próprio; e (3) se o ato desonesto for em benefício da outra pessoa, será percebido como moralmente aceitável por conter uma avaliação afetiva. Dessa maneira, os pesquisadores concluíram que existe um possível perigo no envolvimento continuado em pequenos atos de desonestidade que ocorrem nos

---

[27] MAZAR, Nina; AMIR, On; ARIELY, Dan. The Dishonesty of Honest People: A Theory of Self-Concept Maintenance. *Journal of Marketing Research*, vol. 45, issue 6, p. 633-644, December 2008.

[28] GARRET, Neil *et al.* The brain adapts to dishonesty. *Nature Neuroscience*, 2016.

negócios, na política e na aplicação das leis, pois esses podem desencadear um processo que leva a atos maiores, extremamente prejudiciais à sociedade.

Ainda, Antoine Bechara e outros pesquisadores desenvolveram experimentos com o uso de jogos de cartas e imagens dos estímulos cerebrais, objetivando verificar qual seria a base neural do comportamento corrupto e imoral.[29] No geral, os indivíduos evitam tais condutas porque sopesam os valores morais da sociedade em conjunto com a possibilidade de serem punidos pela violação das regras sociais; contudo, existem corruptos perigosos, que cometem crimes para auferir vantagens mediante o uso, a manipulação e a geração de prejuízo às pessoas ao seu redor, utilizando, muitas vezes, o seu charme ou poder para acobertar atos criminosos e seguir impunes. Como ainda são incipientes as pesquisas que tratam de corrupção, Bechara e Sobhani partiram de estudos já consolidados sobre quais são as áreas do cérebro acionadas no momento das tomadas de decisões envolvendo julgamentos morais e, conforme os resultados, sugeriram que o corrupto possui características comportamentais semelhantes às de pessoas com psicopatia ou que tenham lesões no córtex pré-frontal e/ou na amígdala. Essa estrutura neural pode explicar a conduta corrupta, mas somente com o avanço nas pesquisas é que os Estados poderão compreender melhor as causas subjacentes que levam à corrupção e, consequentemente, estruturar melhor os sistemas punitivos.

Tais investigações, cuja seleção é meramente demonstrativa, têm de ser analisadas com base no seu poder explicativo, preditivo e prático de induzir mudanças comportamentais em uma sociedade. Para que isso ocorra, é necessário sair do laboratório e ir para vida real, pois as evidências devem representar, com a maior exatidão possível, o "estado da arte" de cada população.

Por isso, a aprendizagem social é uma teoria que pode fazer a diferença no combate à corrupção no Brasil, na medida em que o funcionamento humano está enraizado em sistemas sociais e estes, por sua vez, precisam impor limites e fornecer estruturas viáveis que possibilitem um desenvolvimento pessoal fundado na ética, como um verdadeiro "imperativo categórico".[30] Ou seja, trata-se de uma "bidirecionalidade dinâmica de influências",[31] já que o ser humano não vive sem a sociedade, mas a sociedade não existe sem o ser humano.

De forma mais direta, Bandura e Walters[32] afirmam que nós aprendemos com o meio e o meio aprende e se modifica em razão das nossas ações. Com isso, o autor afirma que a aprendizagem advém da capacidade autoavaliativa humana em resposta ativa, e não reativa, às experiências e a estímulos ambientes. Assim sendo, a observação das ações de outras pessoas torna-se uma das maneiras mais importantes de aquisição de conhecimento e habilidades para que possamos viver melhor em sociedade.

---

[29] Da aplicação do Iowa Gambling Task (IGT), foi produzida farta literatura, utilizada como base para a produção do artigo de referência: SOBHANI, Mona; BECHARA, Antoine. A somatic marker perspective of imoral and corrupt behavior. *Soc. Neurosci.*, v. 6, n. 5-6, p. 640-652, 2011.

[30] KANT, Immanuel (1724-1804). *Fundamentação da Metafísica dos Costumes*. Lisboa: Edições 70 Ltda., 1997.

[31] BANDURA, Albert; AZZI, Roberta Gurgel; POLYDORO, Soely (org.). *Teoria Social Cognitiva*: conceitos básicos. Trad. Cap. 1-5 de Ronaldo Cataldo Costa. Porto Alegre: Artmed, 2008, p. 16.

[32] BANDURA, Albert; WALTERS, Richard H. *Social learning theory*. Prentice Hall: Englewood cliffs, 1977.

2.3 As consequências sociais da corrupção

A avaliação dos motivos e as motivações para as práticas ilícitas, em geral, e corruptas, em particular, explicitam uma característica comum às análises do comportamento humano: a dualidade individual-social dos seus determinantes. Buscar compreender por que e como agimos é tarefa do conjunto das ciências humanas e sociais, tanto em suas respectivas áreas como de forma transversal e interdisciplinar.

No que se refere às consequências das ações corruptas, todavia, as perspectivas sociais tornam-se mais relevantes. Embora seja possível e pertinente avaliar o impacto fisiológico, neurológico e psicológico de praticar atos ilícitos, estudos que visem a avaliar meios para a redução na prática de crimes usualmente concentram seus esforços nas consequências legais, financeiras e de reputação às quais o perpetuador se sujeita. Com efeito, busca-se compreender preponderantemente as formas pelas quais as sociedades se organizam, agem por meio de medidas preventivas para evitar crimes ou reagem ao seu cometimento, uma abordagem consolidada há décadas nos campos da Economia,[33] Sociologia,[34] Ciência Política[35] e do Direito,[36] conduzindo a tentativas mais recentes de encontrar a convergência entre essas disciplinas.[37]

Atualmente, não resta dúvida quanto aos elevados custos sociais ocasionados pela corrupção.[38] Em que pese seja difícil de mensurá-los com precisão, em virtude de diversos efeitos negativos não contabilizados e que prejudicam a implementação de políticas públicas (como educação, saúde, combate à fome e à pobreza, segurança, etc.), bem como afetam o crescimento econômico, de acordo com o Fundo Monetário Internacional (FMI), os danos foram estimados, no ano de 2015, em cerca de US$ 1,5 a US$ 2 trilhões de dólares por ano, que se aproxima de 2% do PIB mundial.[39] Além disso, de uma rápida leitura do último relatório produzido pela organização *Transparency International*,[40] onde se encontram as medições dos níveis de percepção de corrupção no setor público mundial, já é possível perceber que é muito mais comum a prática

---

[33] Vide: ADES, Alberto; TELLA, Rafael Di. The causes and consequences of corruption: A review of recent empirical contributions. *IDs bulletin*, v. 27, n. 2, p. 6-11, 1996; TANZI, Vito. Corruption around the world: Causes, consequences, scope, and cures. *Staff papers*, v. 45, n. 4, p. 559-594, 1998; ROSE-ACKERMAN, Susan; PALIFKA, Bonnie J. *Corruption and government:* causes, consequences, and reform. Cambridge university press, 2016.

[34] Vide: ALAM, M. Shahid. Anatomy of corruption: An approach to the political economy of underdevelopment. *American Journal of Economics and Sociology*, v. 48, n. 4, p. 441-456, 1989; KHONDKER, Habibul Haque. Sociology of Corruption and 'Corruption of Sociology' Evaluating the Contributions of Syed Hussein Alatas. *Current Sociology*, v. 54, n. 1, p. 25-39, 2006.

[35] Vide: AZFAR, Omar; LEE, Young; SWAMY, Anand. The causes and consequences of corruption. *The Annals of the American Academy of Political and Social Science*, v. 573, n. 1, p. 42-56, 2001; LEHOUCQ, Fabrice. Electoral fraud: Causes, types, and consequences. *Annual review of political science*, v. 6, n. 1, p. 233-256, 2003.

[36] Vide: BUSCAGLIA, Edgardo; DAKOLIAS, Maria. An Analysis of the Causes of Corruption in the Judiciary. *Law & Pol'y Int'l Bus.*, v. 30, p. 95, 1998; HERZFELD, Thomas; WEISS, Christoph. Corruption and legal (in) effectiveness: an empirical investigation. *European Journal of Political Economy*, v. 19, n. 3, p. 621-632, 2003.

[37] Vide: JUDGE, William Q.; MCNATT, D. Brian; XU, Weichu. The antecedents and effects of national corruption: A meta-analysis. *Journal of world business*, v. 46, n. 1, p. 93-103, 2011; GANS-MORSE, Jordan et al. Reducing bureaucratic corruption: Interdisciplinary perspectives on what works. *World Development*, v. 105, p. 171-188, 2018.

[38] Sobre o tema da corrupção com enfoque no Brasil, ver: MORO, Sérgio. *Contra o sistema da corrupção.* Rio de Janeiro: Primeira Pessoa, 2021; PAULA, Marco Aurélio Borges de; CASTRO, Rodrigo Pironti Aguirre de. *Compliance, gestão de riscos e combate à corrupção.* 2. ed. Belo Horizonte: Fórum, 2020.

[39] INTERNATIONAL MONETARY FUND. *Corruption*: costs and mitigating strategies. May, 2016. Disponível em: https://www.imf.org/external/pubs/ft/sdn/2016/sdn1605.pdf. Acesso em: 17 fev. 2022.

[40] TRANSPARENCY INTERNATIONAL. Corruption perceptions index 2021. Jan. 2022. Disponível em: https://images.transparencycdn.org/images/CPI2021_Report_EN-web.pdf. Acesso em: 16 fev. 2022.

desses crimes no Brasil (com 38 pontos em uma escala de 0 a 100) do que na Dinamarca, Finlândia e Nova Zelândia (os três países com melhor escore: 88 pontos).

Não bastasse isso, estudos indicam uma série de correlações entre os fatores e as suas consequências, resultando em efeitos negativos mais severos em países em desenvolvimento, como apresentado em Olken e Pande.[41] Isso parece ser ocasionado não somente por questões quantitativas – pratica-se mais corrupção em economias menos desenvolvidas –, mas também por efeitos qualitativos. Paolo Mauro, valendo-se de dados em painel para o conjunto de países do mundo que resultaram em um dos trabalhos empíricos seminais sobre as causas e os efeitos da corrupção, propôs que ela altera o perfil de despesas dos governos. Maiores níveis de corrupção estão relacionados a menores orçamentos despendidos em educação e saúde,[42] gastos que possuem efeitos consideráveis no crescimento econômico de médio e longo prazo,[43] ao contribuírem para o aumento dos capitais humano e social. Por outro lado, tais países apresentam maiores despesas militares, como indica o recente estudo de Ali e Solarin,[44] um tipo de despesa pública com pequeno impacto nos níveis de desenvolvimento econômico.

Os efeitos das práticas corruptas, todavia, não afetam as sociedades somente de maneira indireta, por meio da redução do potencial econômico: diversas atividades sociais são direta e negativamente impactadas. É provável que a mais significativa das consequências seja a redução da confiabilidade dos indivíduos. Conforme Uslaner,[45] para quem confiança é conceituada como a crença de que os demais indivíduos compartilham de nossos valores morais, há uma relação causal entre ela e a corrupção: sociedades com menores níveis de confiança produzem cidadãos com menor nível de obediência às leis. A sua investigação empírica concluiu, ainda, que há uma retroalimentação entre baixos níveis de confiança e altos níveis de corrupção; bem como, de acordo com a ilação mais pessimista do estudo, baseada na avaliação de mudanças institucionais em diversos países do globo, mesmo em casos onde as alterações conduzem à redução nos casos de corrupção, o nível de confiança não aumentou.

Rothstein e Teorell[46] apresentam uma possível razão para esse fenômeno. Segundo os autores, a corrupção não faz, somente, as pessoas perderem a confiança nos governos, mas, também, nos demais indivíduos, visto que a vida cotidiana passa a ser interpretada pelas lentes da corrupção. Assim, seriam necessárias medidas visando semear a confiança entre os membros da sociedade, o que também auxiliaria no combate aos atos corruptos.

Outra grave consequência observada em nações com elevados patamares de corrupção é a redução nos níveis de democracia nos países. Conforme Warren,[47] a prática

---

[41] OLKEN, Benjamin A.; PANDE, Rohini. Corruption in developing countries. *Annu. Rev. Econ.*, v. 4, n. 1, p. 479-509, 2012.

[42] MAURO, Paolo. Corruption: causes, consequences, and agenda for further research. *Finance & Development*, v. 35, n. 001, 1998.

[43] ROMER, Paul M. Human capital and growth: Theory and evidence. *Carnegie-Rochester Conference Series on Public Policy*, Elsevier, v. 32, n. 1, p. 251-286, 1990.

[44] ALI, Hamid E.; SOLARIN, Sakiru Adebola. Military spending, corruption, and the welfare consequences. *Defence and peace economics*, v. 31, n. 6, p. 677-691, 2020.

[45] USLANER, Eric M. Trust and corruption. *The new institutional economics of corruption*, v. 76, p. 90-106, 2004.

[46] ROTHSTEIN, Bo O.; TEORELL, Jan AN. What is quality of government? A theory of impartial government institutions. *Governance*, v. 21, n. 2, p. 165-190, 2008.

[47] E. WARREN, Mark. What does corruption mean in a democracy? *American journal of political science*, v. 48, n. 2, p. 328-343, 2004.

comum de atos corruptos resulta não somente do mau uso das atividades burocráticas (como nas compras públicas), mas também da descaracterização dos procedimentos políticos que constituem as democracias atuais, resultando em instituições que excluem parte da população. Segundo o autor, ao conceituarmos democracia como o conjunto de processos institucionais que permitem aos cidadãos o acesso isonômico aos direitos sociais, torna-se explícito que violações às normas democráticas são, simultaneamente, causas e consequências das ações corruptas em uma sociedade.

A mútua causalidade entre as variáveis sociais e os níveis de corrupção ocorre, também, de maneira indireta, o que pode, inclusive, ocasionar efeitos inversos aos usualmente observados. A título de exemplo, embora o nível educacional dos cidadãos esteja positivamente correlacionado com a confiança depositada nas instituições, Hakhverdian e Mayne[48] demonstraram que a corrosão ocasionada pela corrupção em relação à confiança institucional é mais alta entre indivíduos com maiores níveis de educação formal, invertendo-se, assim, a relação original.

No que tange à democracia, que é usualmente correlacionada inversamente com a corrupção, situação semelhante é reportada por Rose-Ackerman.[49] Os procedimentos próprios das democracias ocidentais implicam a definição das políticas públicas por representantes eleitos e a sua implementação por meio de burocratas ou entidades do terceiro setor. Dessa maneira, uma nação em transição entre um regime autoritário para outro democrático, por exemplo, apresentará uma série de oportunidades para a captura de rendas públicas por interesses privados, seja no plano político, seja no burocrático; mas também as instituições democráticas tendem a permitir um maior controle e uma maior divulgação de atos corruptos, em comparação a governos autoritários. Assim, sociedades com baixos níveis de confiança inicial tendem a experimentar altos níveis de corrupção em sua transição democrática, o que reduz ainda mais o nível de confiança e pode ocasionar um processo de *looping*, que, ao fim, impede a redução da corrupção no país.

Diante dessas questões, fica claro quão grande é o desafio que nações em desenvolvimento com altos níveis de corrupção têm de enfrentar para alterar essa realidade. A próxima seção introduzirá o que nos parece ser uma condição necessária para que esse novo caminho possa ser trilhado.

2.4 A elevação dos padrões éticos como medida profilática

Como apresentado até aqui, há uma multiplicidade de determinantes que conduzem os indivíduos a se engajarem em práticas corruptas, assim como diversas e graves consequências adversas ocasionadas por essas ações. Tais constatações reclamam a adoção de medidas efetivas para a redução da corrupção, especialmente em um país em desenvolvimento, como é o caso do Brasil.

Importante notar, todavia, que a literatura científica mais recente tem observado que ações específicas de combate à corrupção tendem a exaurir os seus efeitos no médio

---

[48] HAKHVERDIAN, Armen; MAYNE, Quinton. Institutional trust, education, and corruption: A micro-macro interactive approach. *The Journal of Politics*, v. 74, n. 3, p. 739-750, 2012.

[49] ROSE-ACKERMAN, Susan. Corruption: greed, culture and the state. *Yale Law Journal Online*, v. 120, p. 125-140, 2010.

ou mesmo no curto prazo, como argumentam Olken e Pande.[50] Segundo os autores, uma possível e simples explicação para esse fenômeno é o fato de agentes corruptos e corruptores responderem a incentivos, implicando que, se os arranjos legais, sociais e econômicos se mantiverem suficientemente atrativos, esses indivíduos encontrarão estratégias alternativas para extrair rendas.

Evidências anedóticas advindas da Itália e do Brasil, como nos casos das operações "Mãos Limpas" e "Lava Jato", respectivamente, parecem ilustrar essa proposição. Em outras palavras: parece haver um limite para a efetividade de medidas anticorrupção, visto que a maior parte dos determinantes sociais que condicionam o comportamento dos indivíduos permanecerá inalterada no curto prazo. Em que pese possa não ser o sentido original dos nomes dessas operações, pensar em lavar as mãos e os carros pode também estar associado ao fato de que os seres humanos não vivem sem medidas de profilaxia para resguardar a sua saúde física. Nessa mesma linha de raciocínio, agir de acordo com a ética pode ser considerado uma estratégia de enfrentamento à escalada da criminalidade, pois reduz a prática de atos que adoecem a sociedade por meio de uma limpeza nos pensamentos e nas atitudes disfuncionais.

Estabelecer o que é certo ou errado, bom ou mau, não é uma tarefa simples, em especial quando se tem uma indústria de entretenimento ditando quais seriam os "melhores" valores. Para ser um herói, por exemplo, estão permitidas as técnicas de combate agressivas com o objetivo de exterminar o vilão, que, inclusive, é visto como algo feio e nojento tanto para gerar, de imediato, a repulsa sensitiva do público que assiste quanto para tornar desinteressante a sua narrativa, mesmo que também esteja agindo em defesa da sua integridade. Nem as crianças escapam: personagens como Robin Wood e Aladdin cometem delitos, mas são perdoados porque, além de serem jovens atraentes, o resultado dos seus furtos é usado para beneficiar outras pessoas, já que, afinal, eles precisam conquistar as belas princesas.

A vida real, por sua vez, não é muito diferente. Hannah Arendt acompanhou o julgamento de Adolph Eichmann por crimes praticados na Segunda Guerra Mundial e, de acordo com o que observou, o réu negava a responsabilidade por seus atos por meio de justificativas, como estar agindo corretamente por dever de obediência às ordens das autoridades superiores e às políticas institucionais do governo de Hitler. A isso Arendt chamou de "banalidade do mal", em que os monstros passaram a ser vistos como homens zelosos e incapazes de resistir ou questionar o comando hierárquico.[51] O mesmo ocorre quando são utilizadas outras linguagens para amenizar o sentimento interno e (auto)justificar a ausência de responsabilização: matar porque é judeu (condição do outro); agredir porque falou demais (ação do outro); roubar porque os colegas também roubam (pressão do grupo); furtar bens e objetos de valor ou corromper porque não se sabe quem é o proprietário (força vaga e impessoal).[52]

Aceitar esses determinantes, fictícios ou reais, sem questionar conduz à habituação coletiva do crime, aumentando-se a insensibilidade diante de atos danosos. Por isso, está mais do que na hora de colocar a ética em um patamar mais elevado, mediante um

---

[50] OLKEN; PANDE. *Op. cit.*, p. 479-509.

[51] ARENDT, Hannah (1906-1975). *Eichmann em Jerusalém*: um relato sobre a banalidade do mal. 17 reimp., Trad. de José Rubens Siqueira, Companhia das Letras, 1999.

[52] ROSENBERG, Marshall B. *Comunicação não violenta*: técnicas para aprimorar relacionamentos pessoais e profissionais. Trad. de Mário Vilela. São Paulo: Ágora, 2006, p. 43.

sistema de valores e normas sociais baseadas em evidências que sirvam de *guidelines*, a serem ensinadas desde a primeira infância até a vida adulta, em um aprendizado continuado, que se renova sempre que o ambiente tiver mudanças significativas, já que as relações humanas não são estáticas. Esse sistema, contudo, deve ser reforçado por mecanismos e métricas que possibilitem a observação das condutas e, sempre que necessário, sejam criticadas, concertadas e consertadas preventivamente, antes mesmo de se pensar em punição, medida essa que deve ser resguardada aos casos de intolerância injustificada ao cumprimento do código social.

Destarte, a ética precisa ser praticada em conjunto com a empatia, cuja base neural se encontra nas conexões dos neurônios-espelho,[53] onde se desenvolve a capacidade de compreender as experiências dos outros por meio de um processo de ressonância daquilo que já foi aprendido como sendo adequado e que, portanto, pode ser imitado. As organizações, privadas ou públicas, que são coletivos de pessoas interagindo entre si e com todos aqueles que funcionam no seu entorno, independentemente da relação estabelecida, também precisam refletir a ética e a integridade para que o seu produto gere bem-estar e seja considerado satisfatório pela sociedade.

Assim, mantendo a mente no que foi dito até o momento, a próxima seção irá explorar algumas das formas práticas pelas quais a Administração Pública poderá exercitar mais a ética, colocando-a em um patamar de destaque, a fim de que possa, efetivamente, rumar em direção ao combate do comportamento corrupto.

3 Por uma Administração Pública ética: as contribuições das novas leis e uma proposta de modelo de aprendizagem social

A constatação de que atos de corrupção possuem como determinante um longo rol de circunstâncias individuais e sociais reclama a adoção de medidas que modifiquem o ambiente no qual a sociedade está inserida, elevando a régua ética nas relações entre seus indivíduos.

A Agenda 2030 da Organização das Nações Unidas (ONU) – plano global que estabelece compromissos aos países signatários a serem cumpridos entre 2015 e 2030 –, indica, no Objetivo de Desenvolvimento Sustentável (ODS) nº 16, a Meta 16.5, que tem por finalidade reduzir substancialmente a corrupção e o suborno em todas as suas formas. Em que pese restem praticamente oito anos para o cumprimento do pacto, ainda não existem medições brasileiras com os indicadores[54] das submetas 16.5.1[55] e 16.5.2,[56] o que revela a resistência das instâncias governamentais em enfrentar a problemática. Dessa maneira, a presente seção irá destacar importantes ferramentas de controle social que podem auxiliar o Brasil a atingir tal objetivo.

---

[53] RIZZOLATTI, Giacomo; CRAIGHERO, Laia. The mirror-neuron system. *Annual Review of Neuroscience*, vol. 27, p. 169-192, jul/2004.

[54] Disponível em: https://odsbrasil.gov.br/objetivo/objetivo?n=16. Acesso em: 23 fev. 2022.

[55] Proporção de pessoas que tiveram pelo menos um contato com um funcionário público e que pagaram um suborno ou a quem foi pedido um suborno por funcionários públicos, nos últimos 12 meses.

[56] Proporção de empresas que tiveram pelo menos um contato com um funcionário público e que pagaram um suborno ou a quem foi pedido um suborno por funcionários públicos, nos últimos 12 meses.

3.1 Governo digital, transparência ativa e ouvidorias

Embora desde a promulgação da Constituição Federal de 1988 o princípio da publicidade (*caput* do art. 37) constitua, em regra, condição necessária para a legalidade dos atos administrativos, a revolução tecnológica possibilitada pela popularização dos computadores e o advento da internet modificaram substancialmente as possibilidades para a efetiva publicização das ações estatais.

As Leis da Transparência e de Acesso à Informação, datadas respectivamente de 2009 e 2011, trouxeram avanços consideráveis tanto na disponibilização de dados em tempo real quanto na oferta de canais de demandas de informações para a consulta e a avaliação da população em geral. Contudo, um estudo empírico efetuado por Gama e Rodrigues[57] durante o primeiro quinquênio de vigência dos diplomas concluiu que o cumprimento e a implementação das previsões legais foram, em geral, falhos. Analisando 3.282 solicitações efetuadas, os pesquisadores evidenciaram que somente a metade, aproximadamente, obteve respostas mais precisas, conforme classificação efetuada pelas entidades que as realizaram. Números semelhantes foram obtidos por Michener e colaboradores,[58] evidenciando a necessidade de inovações para a concretização da transparência ativa e efetiva no setor público.

Nesse sentido, a recente Lei do Governo Digital busca direcionar o governo federal, compulsoriamente,[59] e os entes subnacionais, se assim desejarem,[60] à disponibilização de ferramentas que possibilitem a participação ativa dos cidadãos em todas as etapas do ciclo de políticas públicas, o que inclui, por óbvio, o controle social.

Para a concretização dessa tarefa, a norma institui, como deveres do Governo Digital: "a transparência na execução dos serviços públicos e o monitoramento da qualidade desses serviços" (art. 3º, IV); "o incentivo à participação social no controle e na fiscalização da administração pública" (V); "[...] prestar contas diretamente à população sobre a gestão dos recursos públicos" (VI); "garantia de acesso irrestrito aos dados, os quais devem ser legíveis por máquina e estar disponíveis em formato aberto [...]" (art. 29, II); e a garantia, pelo governo, ao acesso e à conexão "com o objetivo de promover o acesso universal à prestação digital dos serviços públicos e a redução de custos aos usuários [...]" (art. 50).

Como meios de procedimentalizar tais deveres, os entes deverão garantir: "a interoperabilidade de sistemas e a promoção de dados abertos" (art. 3º, XIV); "a implantação do governo como plataforma e a promoção do uso de dados, preferencialmente anonimizados, por pessoas físicas e jurídicas de diferentes setores da sociedade [...]"

---

[57] GAMA, Janyluce Rezende; RODRIGUES, Georgete Medleg. Transparência e acesso à informação: um estudo da demanda por informações contábeis nas universidades federais brasileiras. *TransInformação*, v. 28, p. 47-58, 2016.

[58] Segundo os autores, um a cada três pedidos não foi respondido, ao passo que dois a cada cinco não possuíam informações minimamente precisas. Vide: MICHENER, Gregory; MONCAU, Luiz Fernando; VELASCO, Rafael Braem. *Estado brasileiro e transparência avaliando a aplicação da Lei de Acesso à Informação*. 2015.

[59] Lei Federal nº 14.129/2011, artigo 2º: "Esta Lei aplica-se: I - aos órgãos da administração pública direta federal, abrangendo os Poderes Executivo, Judiciário e Legislativo, incluído o Tribunal de Contas da União, e o Ministério Público da União; II - às entidades da administração pública indireta federal, incluídas as empresas públicas e sociedades de economia mista, suas subsidiárias e controladas, que prestem serviço público, autarquias e fundações públicas; [...]".

[60] Lei Federal nº 14.129/2011, artigo 2º: "Esta Lei aplica-se: [...] III - às administrações diretas e indiretas dos demais entes federados, nos termos dos incisos I e II do caput deste artigo, desde que adotem os comandos desta Lei por meio de atos normativos próprios".

(XXIII); e "a adoção preferencial, no uso da internet e de suas aplicações, de tecnologias, de padrões e de formatos abertos e livres [...]" (XXV).

Além disso, as "plataformas de Governo Digital [...] deverão ter pelo menos as seguintes funcionalidades: [...] II - painel de monitoramento do desempenho dos serviços públicos" (art. 20). No que tange às bases de dados, o artigo 29 disciplina como necessários o uso irrestrito (inciso IV), a completude (V) e atualização periódica com manutenção de histórico e padronização de estruturas de informação (VI), o intercâmbio de dados entre diferentes Poderes e esferas federativas (IX) e o fomento a novas tecnologias destinadas à gestão participativa e democrática (X).

A implementação do Governo Digital dialoga com os preceitos da NLLC, uma vez que as previsões anteriormente destacadas, além de outras contidas na íntegra do diploma legal, consignam meios para a efetivação do controle social das contratações públicas. Como regra, os atos praticados nos procedimentos licitatórios são públicos (Lei Federal nº 14.133/2021, art. 13) e preferencialmente digitais (art. 12, VI). O necessário formalismo inerente às licitações e contratações públicas permite à sociedade, em tese, o exercício de controle amplo em relação ao atendimento dos objetivos originalmente previstos. Um ponto de destaque na nova lei é o enfoque dado à necessária pormenorização dos elementos que motivaram a Administração Pública na tomada das decisões,[61] visto que grande parte delas possui, em algum grau, caráter discricionário. Contudo, a não disponibilização ativa dos dados ou eventuais empecilhos burocráticos ou técnicos poderão impossibilitar a concretização do controle social, frustrando parte essencial das prescrições da NLLC.

Os preceitos aplicados ao governo digital também fornecem meios para potencializar as previsões da Lei Federal nº 13.460/2017, a Lei das Ouvidorias. A norma estabelece que o Poder Público de todas as esferas deve manter canal de ouvidoria com o intuito de garantir aos usuários a concretização de seus direitos (art. 9º), promovendo a participação na Administração Pública (art. 10, I) e auxiliando a prevenção e a correção de atos incompatíveis com os princípios que regem a ação pública (IV). No que tange especificamente à denúncia de atos ilícitos, a Lei Federal nº 13.608/2018, com as alterações efetuadas pela Lei Anticrime, dispõe que os entes federados devem manter unidades de ouvidoria ou correição como forma de "assegurar a qualquer pessoa o direito de relatar informações sobre crimes contra a administração pública, ilícitos administrativos ou quaisquer ações ou omissões lesivas ao interesse público" (art. 4º-A).

Assim, as determinações contidas na Lei do Governo Digital – em especial no que tange à concentração dos canais de serviço e atendimento no mesmo portal, acrescidas as previsões quanto à adoção de medidas para promover ações educativas para a inclusão digital da população (art. 3º, XX) e redes de conhecimento para, entre outros objetivos, disseminar conhecimentos e experiências[62] – parecem apontar para o caminho

---

[61] Por exemplo, estão compreendidos entre os elementos necessários à caracterização da fase preparatória dos processos licitatórios (NLCC, artigo 18): "[...] I - a descrição da necessidade da contratação fundamentada em estudo técnico preliminar que caracterize o interesse público envolvido; [...] IX - a motivação circunstanciada das condições do edital, tais como justificativa de exigências de qualificação técnica, [...] justificativa dos critérios de pontuação e julgamento das propostas técnicas [...] e justificativa das regras pertinentes à participação de empresas em consórcio; [...] XI - a motivação sobre o momento da divulgação do orçamento da licitação [...]".

[62] Lei Federal nº 14.129/2021, artigo 17: "Art. 17. O Poder Executivo federal poderá criar redes de conhecimento, com o objetivo de: I - gerar, compartilhar e disseminar conhecimento e experiências;

correto no que tange à efetivação do controle social. A concretização dessas medidas tende a desincentivar comportamentos corruptos ao aumentarem as oportunidades para a coleta de informações e denúncias.

3.2 Leis Anticorrupção, Anticrime e informantes

Outro caminho percorrido dentro da última década está relacionado às medidas específicas de combate aos atos lesivos à Administração Pública. A Lei Federal nº 12.846/2013, conhecida como a Lei Anticorrupção, inaugurou alguns procedimentos e algumas medidas para a responsabilização administrativa e civil das pessoas jurídicas pela prática de corrupção. Em linhas gerais, a norma permite ao próprio Poder Público processar administrativamente, sem prejuízo das eventuais cominações penais, pessoas jurídicas que ofereçam vantagens indevidas a agentes públicos ou frustrem, fraudem, impeçam ou manipulem procedimentos licitatórios e contratos públicos, dentre outros atos enumerados na norma.[63] Entre os aspectos mais divulgados e estudados[64] está o já mencionado acordo de leniência.

No plano da responsabilização dos indivíduos, as recentes alterações no Código Penal e na Lei das Ouvidorias, por meio da Lei Federal nº 13.964/2019, popularmente denominada Lei Anticrime, dialogam com as demais mudanças. Dentre as suas previsões, complementando a determinação de que o Poder Público de todas as esferas deve manter unidades de ouvidoria ou correição (art. 4º-A, *caput*), a norma determina a

---

II - formular propostas de padrões, políticas, guias e manuais; III - discutir sobre os desafios enfrentados e as possibilidades de ação quanto ao Governo Digital e à eficiência pública; IV - prospectar novas tecnologias para facilitar a prestação de serviços públicos disponibilizados em meio digital, o fornecimento de informações e a participação social por meios digitais.
§1º Poderão participar das redes de conhecimento todos os órgãos e as entidades referidos no art. 2º desta Lei, inclusive dos entes federados.
§2º Serão assegurados às instituições científicas, tecnológicas e de inovação o acesso às redes de conhecimento e o estabelecimento de canal de comunicação permanente com o órgão federal a quem couber a coordenação das atividades previstas neste artigo".

[63] Lei Federal nº 12.846/2013, artigo 5º: "Art. 5º Constituem atos lesivos à administração pública [...]: I - prometer, oferecer ou dar, direta ou indiretamente, vantagem indevida a agente público, ou a terceira pessoa a ele relacionada; II - comprovadamente, financiar, custear, patrocinar ou de qualquer modo subvencionar a prática dos atos ilícitos previstos nesta Lei; III - comprovadamente, utilizar-se de interposta pessoa física ou jurídica para ocultar ou dissimular seus reais interesses ou a identidade dos beneficiários dos atos praticados; IV - no tocante a licitações e contratos: a) frustrar ou fraudar, mediante ajuste, combinação ou qualquer outro expediente, o caráter competitivo de procedimento licitatório público; b) impedir, perturbar ou fraudar a realização de qualquer ato de procedimento licitatório público; c) afastar ou procurar afastar licitante, por meio de fraude ou oferecimento de vantagem de qualquer tipo; d) fraudar licitação pública ou contrato dela decorrente; e) criar, de modo fraudulento ou irregular, pessoa jurídica para participar de licitação pública ou celebrar contrato administrativo; f) obter vantagem ou benefício indevido, de modo fraudulento, de modificações ou prorrogações de contratos celebrados com a administração pública, sem autorização em lei, no ato convocatório da licitação pública ou nos respectivos instrumentos contratuais; ou g) manipular ou fraudar o equilíbrio econômico-financeiro dos contratos celebrados com a administração pública; V - dificultar atividade de investigação ou fiscalização de órgãos, entidades ou agentes públicos, ou intervir em sua atuação, inclusive no âmbito das agências reguladoras e dos órgãos de fiscalização do sistema financeiro nacional".

[64] Para uma revisão sobre o assunto e análise do caso brasileiro, vide: SIMÃO, Valdir Moysés; VIANNA, Marcelo Pontes. *O acordo de leniência na lei anticorrupção*: histórico, desafios e perspectivas. Editora Trevisan, 2017.

preservação da identidade[65] e assegura a proteção dos denunciantes contra retaliações,[66] ressarcimento em dobro por danos causados em ações ou omissões retaliatórias[67] e isenção de responsabilização no que tange ao relato, conquanto os fatos sejam razoáveis e não tenham sido apresentadas, conscientemente, informações ou provas falsas.[68] Dando concretude às previsões, o Governo Federal[69] instituiu canal de denúncias por intermédio do Decreto nº 10.153/2019, com destaque à preservação da identidade do denunciante (art. 6º) por meio da sua pseudonimização,[70] feita pela própria unidade de ouvidoria antes do envio da denúncia ao órgão competente para a apuração.

Tais previsões inseriram formal e inequivocamente a figura do *whistleblower*[71] no Direito Administrativo e Penal brasileiro – termo da língua inglesa traduzido como informante pelas normas anteriormente citadas. A prática do *whistleblowing* está mais relacionada aos atos do Poder Público, porém não está limitada a esses, e é comum nos Estados Unidos da América e na União Europeia, mesmo em países cujas sociedades possuem elevados graus de desenvolvimento humano e baixos índices de percepção de corrupção e criminalidade, como Suécia[72] e Noruega.[73]

Para definirmos o que é *whistleblower* (doravante denominado informante, seguindo a legislação brasileira), possivelmente, a melhor estratégia seja esclarecer o que ele não é: a figura legal do informante não se confunde com a do delator. Enquanto o segundo é alguém que praticou uma atividade delitiva e opta por colaborar com as autoridades policiais e judiciais apresentando provas das atividades ilícitas, o informante é um indivíduo que tem a notícia do cometimento de um crime e espontaneamente o denuncia às autoridades, sem que tenha envolvimento com os ilícitos ou possua a obrigação legal de reportá-los.

Como a série de disposições inseridas na Lei Anticrime para a proteção dos informantes deixa claro, há riscos envolvidos na denunciação de ilícitos, muitos deles patrimoniais e financeiros. Nesse sentido, a norma prevê medidas para além das determinações da Lei Federal nº 9.807/1999, a qual define "Normas para a organização e a

---

[65] Lei Federal nº 13.608/2018: "Art. 4º-B. O informante terá direito à preservação de sua identidade, a qual apenas será revelada em caso de relevante interesse público ou interesse concreto para a apuração dos fatos. Parágrafo único. A revelação da identidade somente será efetivada mediante comunicação prévia ao informante e com sua concordância formal".

[66] Lei Federal nº 13.608/2018: "Art. 4º-C. Além das medidas de proteção previstas na Lei nº 9.807, de 13 de julho de 1999, será assegurada ao informante proteção contra ações ou omissões praticadas em retaliação ao exercício do direito de relatar, tais como demissão arbitrária, alteração injustificada de funções ou atribuições, imposição de sanções, de prejuízos remuneratórios ou materiais de qualquer espécie, retirada de benefícios, diretos ou indiretos, ou negativa de fornecimento de referências profissionais positivas".

[67] Lei Federal nº 13.608/2018: "Art. 4º-C. [...] §2º O informante será ressarcido em dobro por eventuais danos materiais causados por ações ou omissões praticadas em retaliação, sem prejuízo de danos morais".

[68] Lei Federal nº 13.608/2018: "Art. 4º-A. [...] Parágrafo único. Considerado razoável o relato pela unidade de ouvidoria ou correição e procedido o encaminhamento para apuração, ao informante serão asseguradas proteção integral contra retaliações e isenção de responsabilização civil ou penal em relação ao relato, exceto se o informante tiver apresentado, de modo consciente, informações ou provas falsas".

[69] Alguns estados e municípios da federação possuem regras semelhantes. A título exemplificativo: Rio Grande do Sul (Decreto Estadual nº 54.155/2018).

[70] Decreto nº 10.153/2019, artigo 3º: "Para fins deste Decreto, considera-se: [...] II - pseudonimização – tratamento por meio do qual um dado perde a possibilidade de associação, direta ou indireta, a um indivíduo, senão pelo uso de informação adicional mantida separadamente pelo controlador em ambiente controlado e seguro".

[71] Do inglês, assoprador de apito.

[72] BROMS; DAHLSTRÖM; FAZEKAS, *op. cit.*

[73] GOTTSCHALK; SMITH. *Op. cit.*

manutenção de programas especiais de proteção a vítimas e a testemunhas ameaçadas [...] e dispõe sobre a proteção de acusados ou condenados que tenham voluntariamente prestado efetiva colaboração à investigação policial e ao processo criminal".

Embora haja disposição determinando que o informante seja protegido contra retaliações, "[...] tais como demissão arbitrária, alteração injustificada de funções ou atribuições, imposição de sanções, de prejuízos remuneratórios ou materiais de qualquer espécie, retirada de benefícios, diretos ou indiretos, ou negativa de fornecimento de referências profissionais positivas" (Lei Federal nº 13.608/2018, art. 4º-C, *caput*), há dificuldades práticas em garantir tais direitos.[74] Assim, previu-se que a prática de atos retaliatórios configura falta grave, sujeitando o agente à demissão (art. 4º-C, §1º), e ocasiona o ressarcimento em dobro por eventuais danos materiais deles decorridos (§2º). Todavia, ainda permanecem riscos relevantes que podem conduzir à inefetividade da norma, conforme ponderam Abreu e Taroco.[75]

Um dos caminhos que a legislação optou, buscando equacionar riscos e benefícios esperados, foi a autorização expressa para a instituição de recompensas[76] em favor do indivíduo que apresentar informações das quais resultem ressarcimento de produto de crime contra a Administração Pública.[77] Segundo Ávila e Tinen,[78] em estudo comparado das legislações relacionadas ao *whistleblowing* no Brasil, nos Estados Unidos e na Alemanha, "[...] essa disposição se torna um atrativo para pessoas oportunistas e para os 'caçadores de recompensa', mas, por outro lado, se partirmos da boa-fé e da realidade que os *whistleblowers* enfrentam, a recompensa é uma medida compensatória dos diversos efeitos sofridos". Considerando que muitos informantes experimentam perdas monetárias permanentes, dado que não mais conseguem se reempregar na mesma área de atuação, a instituição de recompensas pode representar medida razoável para contrabalancear perdas que extrapolam aquelas advindas das retaliações, como defendido por Givati.[79]

Como se pode esperar, todavia, a recompensa não funciona como o único determinante para a denunciação, pois pode servir como desencorajador. Andon e colaboradores,[80] em experimento conduzido junto a contadores, evidenciaram que, em

---

[74] Em avaliação empírica, Nyerod e Spagnolo propõem que as previsões quanto à proteção dos informantes se mostram, usualmente, insuficientes. Vide: NYRERÖD, Theo; SPAGNOLO, Giancarlo. Myths and numbers on whistleblower rewards. *Regulation & Governance*, v. 15, n. 1, p. 82-97, 2021.

[75] ABREU, Arthur Emanuel Leal; TAROCO, Lara Santos Zangerolame. A regulamentação do *whistleblowing* e o risco de inefetividade da Lei 13.608/2018. *Revista de Direito Administrativo e Infraestrutura – RDAI*, São Paulo, v. 4, n. 12, p. 231-249, 2020.

[76] Além disso, a Lei Federal nº 13.608/2018, em sua redação original, já permitia à União, aos Estados, ao Distrito Federal e aos Municípios o estabelecimento de recompensas pelo oferecimento de informações úteis à prevenção ou apuração de ilícitos administrativos (art. 4º, *caput*).

[77] Lei Federal nº 13.608/2018: "Art. 4º-C. [...] §3º Quando as informações disponibilizadas resultarem em recuperação de produto de crime contra a administração pública, poderá ser fixada recompensa em favor do informante em até 5% (cinco por cento) do valor recuperado".

[78] ÁVILA; TINEN. *Op. cit.*, p. 23.

[79] Todavia, considerando o custo-benefício de o Estado empregar seus próprios meios ou, alternativamente, incentivar os cidadãos a denunciarem ilícitos, o autor destaca que as recompensas são mais efetivas em casos de menor vulto. Os montantes necessários para que grandes executivos, cujas remunerações são usualmente muito altas, estejam dispostos a denunciar grandes esquemas de corrupção têm de ser tão elevados que passariam a servir de incentivo à falsa denunciação. Em conclusão, o estudo propõe que a atuação direta dos agentes estatais na investigação dos grandes esquemas tende a ser mais desejável. Vide: GIVATI, Yehonatan. A theory of whistleblower rewards. *The Journal of Legal Studies*, v. 45, n. 1, p. 43-72, 2016.

[80] ANDON, Paul et al. The impact of financial incentives and perceptions of seriousness on whistleblowing intention. *Journal of Business Ethics*, v. 151, n. 1, p. 165-178, 2018.

adição aos eventuais retornos financeiros, um fator relevante em relação à probabilidade de relato de ilícitos está ligado à percepção do indivíduo quanto à gravidade da conduta. Caso o agente entenda que o ato ilícito é suficientemente reprovável, os incentivos financeiros pouco alteram a disposição de reportá-los. Porém, quando a ação delituosa é compreendida como pouco séria – por exemplo, fruto de imperícia –, a recompensa financeira aumenta a propensão a denunciar.

Feldman e Lobel,[81] por sua vez, utilizaram-se de uma série de experimentos no intuito de avaliar os impactos de diferentes mecanismos de incentivo à denúncia de ilícitos: recompensas, política de proteção a informantes e testemunhas, obrigações profissionais e responsabilização pessoal. Como as diferentes estratégias se relacionam com determinantes diversos da motivação individual, a análise permitiu explorar as relações entre os elementos internos – observar, fazer o certo, dever de reportar – e externos – recompensa, reconhecimento. Destacando que os resultados indicam inexistir estratégia ideal em todas as situações, os autores concluem que, em relação a atos considerados extremamente ofensivos pela sociedade, o senso de dever dos informantes parece ser o fator mais relevante na decisão de denunciar o ilícito. No sentido inverso, a existência de recompensas financeiras pode desincentivar os indivíduos a "assoprarem o apito" nessas circunstâncias, visto que o recebimento de um pagamento passaria a impressão de que o denunciante agiu em busca de ganhos monetários, não por obrigação ética.

Diante desses fatos, fica ainda mais evidente que, em paralelo ao desenho de políticas que aumentem os desincentivos à prática de atos ilícitos, a elevação dos padrões éticos da sociedade é condição necessária à efetiva redução da corrupção em uma sociedade. A seção seguinte apresentará alternativas nessa direção.

3.3 Próximos passos: novos canais de incentivo ao comportamento ético

O quadro pintado até aqui reclama a adoção de práticas que conduzam os agentes a "fazerem a coisa certa" no tocante à relação entre os interesses público e privado. Dessarte, o primeiro passo parece evidente: os agentes públicos precisam ser capacitados a compreender o que isso significa.

Uma medida que parece central na concretização dos princípios estatuídos pela NLLC[82] é a necessidade de treinamento dos agentes, em especial daqueles que atuam nos procedimentos licitatórios e nas contratações públicas, em relação à disciplina da ética. Importante ressaltar que a norma trouxe mandamentos explícitos em relação aos requisitos que devem ser cumpridos por esses profissionais, pois, dentre as previsões contidas no artigo 7º, os agentes devem ser, preferencialmente, servidores efetivos ou empregados públicos dos quadros permanentes (inciso I) que "[...] tenham atribuições relacionadas a licitações e contratos ou possuam formação compatível ou qualificação

---

[81] FELDMAN, Yuval; LOBEL, Orly. The Incentives Matrix: The Comparative Effectiveness of Rewards, Liabilities, Duties and Protections for Reporting Illegality. *Texas Law Review*, v. 87, p. 9-13, 2010.

[82] Lei Federal nº 14.133/2020, artigo 5º: "Na aplicação desta Lei, serão observados os princípios da legalidade, da impessoalidade, da moralidade, da publicidade, da eficiência, do interesse público, da probidade administrativa, da igualdade, do planejamento, da transparência, da eficácia, da segregação de funções, da motivação, da vinculação ao edital, do julgamento objetivo, da segurança jurídica, da razoabilidade, da competitividade, da proporcionalidade, da celeridade, da economicidade e do desenvolvimento nacional sustentável, assim como as disposições do Decreto-Lei nº 4.657, de 4 de setembro de 1942 (Lei de Introdução às Normas do Direito Brasileiro)".

atestada por certificação profissional emitida por escola de governo criada e mantida pelo poder público [...]" (art. 7º, II).

Nesse sentido, como destaca Hunsaker,[83] a obrigação profissional dos servidores públicos nos setores de compras governamentais de agirem de maneira impessoal, em prol do interesse público e, mais importante, em respeito à moralidade e à probidade administrativa, requer – para além do conhecimento acerca das leis, normas e, mesmo, do código de ética da instituição – treinamento contínuo que permita corretamente posicionar a bússola ética ao navegar em meio a zonas cinzentas. Nesse sentido, os estudos já apresentados nas seções 2.2 a 2.4 reforçam essa conclusão.

Vale ressaltar que as próprias medidas de combate à corrupção, acrescidas das ambiguidades intrínsecas às normas, além da autonomia conferida aos profissionais que lidam com as licitações, podem conduzir agentes públicos ao que Reilly e colaboradores denominaram "dissonância ética em compras".[84] Segundo eles, as pressões relacionadas à manutenção de padrões éticos elevados, muitas vezes em situações de difícil caracterização, potencialmente levam a distúrbios psicológicos, já que, embora o ineditismo do termo, os autores argumentam que se trata de um primeiro passo na compreensão de características específicas de um problema sério – já referido no início do presente estudo, que é a dissonância cognitiva. Novamente, entre as prescrições para lidar com esse problema está o treinamento contínuo dos profissionais em ética e filosofia moral, especialmente em cursos que coloquem os agentes em situações fictícias que possam vir a auxiliá-los a agirem conforme os padrões éticos exigidos quando, posteriormente, estiverem enfrentando situações reais complexas.

Por fim, cumpre destacar que a difusão de treinamentos em ética pode ou, de forma mais ousada, deve ser capitaneada pelos Tribunais de Contas. Além de constituírem a terceira linha de defesa do interesse público nas contratações públicas (NLLC, art. 169, III), compete às Cortes de Contas "[...] promover eventos de capacitação para os servidores efetivos e empregados públicos designados para o desempenho das funções essenciais à execução desta Lei, incluídos cursos presenciais e a distância, redes de aprendizagem, seminários e congressos sobre contratações públicas" (art. 173); como também, por se tratar de um órgão de controle, pode estabelecer normas e orientações sobre a implementação ou aperfeiçoamento do programa de integridade de licitantes ou contratados (art. 60, IV; art. 156, §1º, V).

Em paralelo, outra estratégia é o aprofundamento da transparência ativa seguindo as mudanças, especialmente tecnológicas, que permitem um controle social amplo e tempestivo. Os próximos passos podem ser dados por meio de medidas que incentivem fornecedores e prestadores de serviços a ofertarem seus produtos à Administração Pública buscando, além do inafastável lucro financeiro que rege as relações comerciais nas sociedades modernas, ganhos reputacionais.

---

[83] HUNSAKER, Kelly. Ethics in public procurement: Buying public trust. *Journal of Public Procurement*, v. 9, i. 3-4, p. 411-418, 2009.

[84] Tradução livre do termo Ethical Purchasing Dissonance. Vide: REILLY, Tim; SAINI, Amit; SKIBA, Jenifer. Ethical purchasing dissonance: Antecedents and coping behaviors. *Journal of business ethics*, v. 163, n. 3, p. 577-597, 2020.

Atualmente, os documentos referentes a procedimentos licitatórios, contratos públicos – conforme já exposto anteriormente – e à execução das despesas[85] devem ser disponibilizados à população. Todavia, tais elementos não são organizados e consolidados de maneira a permitir que um cidadão, sem a necessidade de cruzamentos ou tratamento de dados, tenha uma listagem dos fornecedores de bens e serviços que foram transacionados com um dado ente público e o preço que foi pago.

Nesse sentido, é consolidado no Supremo Tribunal Federal o entendimento de que o Poder Público deve disponibilizar as informações quanto a seus servidores públicos e as respectivas remunerações, afastando argumentos contrários relacionados à preservação da intimidade e, mesmo, à proteção física dos servidores e seus familiares.[86] De maneira análoga, pode-se compreender que a sistematização de informações que já são públicas, embora permitindo a evidenciação da receita que entidades privadas auferem junto aos cofres públicos em um dado intervalo de tempo, não encontrará empecilhos judiciais no Brasil.

Iniciativas, como o Portal de Compras Públicas (PCP),[87] oferecem, de maneira razoavelmente simples, informações acerca dos procedimentos licitatórios de entidades

---

[85] Conforme a Lei de Responsabilidade Fiscal, Lei Complementar Federal nº 101/2000:
"Art. 48. [...] §1º A transparência será assegurada também mediante: [...] II - liberação ao pleno conhecimento e acompanhamento da sociedade, em tempo real, de informações pormenorizadas sobre a execução orçamentária e financeira, em meios eletrônicos de acesso público; [...]".
"Art. 48-A. Para os fins a que se refere o inciso II do parágrafo único do art. 48, os entes da Federação disponibilizarão a qualquer pessoa física ou jurídica o acesso a informações referentes a: I – quanto à despesa: todos os atos praticados pelas unidades gestoras no decorrer da execução da despesa, no momento de sua realização, com a disponibilização mínima dos dados referentes ao número do correspondente processo, ao bem fornecido ou ao serviço prestado, à pessoa física ou jurídica beneficiária do pagamento e, quando for o caso, ao procedimento licitatório realizado; [...]".

[86] Nesse sentido, vide o Agravo Regimental na Suspensão de Segurança 3.902 (Min. Ayres Britto, *DJe* de 3.10.2011): "SUSPENSÃO DE SEGURANÇA. ACÓRDÃOS QUE IMPEDIAM A DIVULGAÇÃO, EM SÍTIO ELETRÔNICO OFICIAL, DE INFORMAÇÕES FUNCIONAIS DE SERVIDORES PÚBLICOS, INCLUSIVE A RESPECTIVA REMUNERAÇÃO. DEFERIMENTO DA MEDIDA DE SUSPENSÃO PELO PRESIDENTE DO STF. AGRAVO REGIMENTAL. CONFLITO APARENTE DE NORMAS CONSTITUCIONAIS. DIREITO À INFORMAÇÃO DE ATOS ESTATAIS, NELES EMBUTIDA A FOLHA DE PAGAMENTO DE ÓRGÃOS E ENTIDADES PÚBLICAS. PRINCÍPIO DA PUBLICIDADE ADMINISTRATIVA. NÃO RECONHECIMENTO DE VIOLAÇÃO À PRIVACIDADE, INTIMIDADE E SEGURANÇA DE SERVIDOR PÚBLICO. AGRAVOS DESPROVIDOS. 1. Caso em que a situação específica dos servidores públicos é regida pela 1ª parte do inciso XXXIII do art. 5º da Constituição. Sua remuneração bruta, cargos e funções por eles titularizados, órgãos de sua formal lotação, tudo é constitutivo de informação de interesse coletivo ou geral. Expondo-se, portanto, a divulgação oficial. Sem que a intimidade deles, vida privada e segurança pessoal e familiar se encaixem nas exceções de que trata a parte derradeira do mesmo dispositivo constitucional (inciso XXXIII do art. 5º), pois o fato é que não estão em jogo nem a segurança do Estado nem do conjunto da sociedade. 2. Não cabe, no caso, falar de intimidade ou de vida privada, pois os dados objeto da divulgação em causa dizem respeito a agentes públicos enquanto agentes públicos mesmos; ou, na linguagem da própria Constituição, agentes estatais agindo 'nessa qualidade' (§6º do art. 37). E quanto à segurança física ou corporal dos servidores, seja pessoal, seja familiarmente, claro que ela resultará um tanto ou quanto fragilizada com a divulgação nominalizada dos dados em debate, mas é um tipo de risco pessoal e familiar que se atenua com a proibição de se revelar o endereço residencial, o CPF e a CI de cada servidor. No mais, é o preço que se paga pela opção por uma carreira pública no seio de um Estado republicano. 3. A prevalência do princípio da publicidade administrativa outra coisa não é senão um dos mais altaneiros modos de concretizar a República enquanto forma de governo. Se, por um lado, há um necessário modo republicano de administrar o Estado brasileiro, de outra parte é a cidadania mesma que tem o direito de ver o seu Estado republicanamente administrado. O 'como' se administra a coisa pública a preponderar sobre o "quem" administra – falaria Norberto Bobbio –, e o fato é que esse modo público de gerir a máquina estatal é elemento conceitual da nossa República. O olho e a pálpebra da nossa fisionomia constitucional republicana. 4. A negativa de prevalência do princípio da publicidade administrativa implicaria, no caso, inadmissível situação de grave lesão à ordem pública. 5. Agravos Regimentais desprovidos".

[87] Disponível em: https://www.portaldecompraspublicas.com.br/. Acesso em: 1 mar. 2022.

em todos os níveis da Federação, além de uma série de bancos de dados públicos de preços praticados em compras públicas. O que se está a sugerir no presente capítulo, de maneira complementar, é que cada órgão e entidade tenha o dever de disponibilizar, em seu portal de transparência ou, preferencialmente, no governo digital, ferramenta de consulta à totalidade de suas compras e contratações – independentemente de serem fruto de procedimento licitatório, contratação direta ou aquisição de baixo valor.

Havendo a possibilidade de os cidadãos terem pronto acesso a "de quem" e "por qual valor" o seu Município, por exemplo, efetuou uma reforma na escola pública ou adquiriu um veículo novo, abre-se um canal simples e objetivo de controle social. O enfoque dessa solução seria, simplesmente, apresentar as informações – "o que, quem e quanto" – de modo que uma parcela maior da população efetivamente compreenda, deixando dados relacionados a licitações, contratos e demais formalidades em separado.

Como ponderam Hoekman e Tas,[88] embora uma maior transparência, especialmente uma que permita a aferição das receitas de empresas privadas, possa afastar alguns fornecedores, é razoável supor que os prestadores dispostos a oferecer seus serviços a preços de mercado sejam menos afetados em comparação àqueles que buscam lucros exorbitantes. Ainda, a legislação deve permitir que os próprios fornecedores divulguem as vendas realizadas ao Poder Público, como forma de possibilitar um eventual ganho de reputação advindo da comercialização com os órgãos e as entidades públicos. Atualmente, devido à alta percepção de corrupção no país, empresas escolhem não transacionar com os governos, evitando, assim, serem compreendidas como corruptoras.[89] A reversão dessa realidade, porém, deve objetivar que os fornecedores sejam vistos pela sociedade como parceiros. Independente do caráter utópico da proposta, cria-se mais um mecanismo de incentivo para empresas transacionarem com o Poder Público, situação que pode, com o tempo, alterar a imagem que os cidadãos possuem em relação às compras públicas.

A implementação desses portais e a garantia de sua eficiência, por sua vez, podem ser obtidas por meio de soluções inovadoras, unindo as prescrições do governo digital com as disposições da Lei Complementar Federal nº 182/2021. Como princípios e diretrizes gerais da norma, está previsto o "[...] incentivo à contratação, pela administração pública, de soluções inovadoras elaboradas ou desenvolvidas por *startups*, reconhecidos o papel do Estado no fomento à inovação e as potenciais oportunidades de economicidade, de benefício e de solução de problemas públicos com soluções inovadoras" (art. 3º, VIII), além de previsões específicas para a efetivação dessas contratações.[90]

As medidas aqui sugeridas, evidentemente, não excluem diversas outras que podem ser apresentadas, tampouco fornecem certeza de sucesso. O que nos parece certo, contudo, é a necessidade de serem elevados os padrões éticos atualmente praticados na sociedade brasileira e, para tanto, ações novas precisam ser experimentadas.

---

[88] HOEKMAN, Bernard; TAŞ, Bedri Kamil Onur. Procurement policy and SME participation in public purchasing. *Small Business Economics*, p. 1-20, 2020.

[89] Embora haja outras relevantes razões, como o risco de fornecer o bem e não receber o pagamento tempestivo. Vide: TOURINHO, Anna Carolina Morizot. *O poder público inadimplente*: uma busca por mecanismos para garantir o cumprimento de obrigações do poder concedente em contratos de concessão de serviço público. Tese de Doutorado. 2018.

[90] As regras simplificadas para licitação e contratação encontram-se nos artigos 13, 14 e 15 da Lei Complementar Federal nº 182/2021.

Aprofundar as mudanças que já se encontram em curso, com o aprofundamento da transparência ativa e o treinamento contínuo dos servidores, dando-se atenção aos aspectos comportamentais envolvidos nos processos decisórios, parece um caminho com baixo risco e razoável probabilidade de sucesso.

4 Considerações finais

Há diversos "Es" conhecidos quando se trata da boa versação dos recursos públicos, condição necessária para o desenvolvimento das sociedades humanas: eficiência, efetividade, eficácia e economicidade são usualmente citados. Nada obstante isso, face a eventos concretos do dia a dia, classificar quais ações cumpririam com os preceitos recitados depende de fatores intrinsecamente subjetivos, por mais indesejado que esse fato seja. Dessarte, um "E" menos repetido acaba por ser o balizador dos demais: a ética.

Combater a corrupção, um fenômeno altamente complexo, mostra-se uma tarefa igualmente complexa. O conhecimento de hoje, todavia, permite concluir que a sua diminuição demanda ações que transbordam o receituário de reformas legais e imposição das normas. Como conclui Rose-Ackerman, embora seja evidente que o Estado deva impor as leis, tais medidas possuem eficácia maior em relação a grandes casos de corrupção. As pequenas fraudes cotidianas, que acabam por minar a confiança social e impedir que as próprias medidas de combate à corrupção sejam exitosas, pouco são afetadas por mudanças legais.[91]

Jennifer Hasty,[92] em crítica à visão predominante na virada do milênio, afirma que estratégias globais anticorrupção visando alterar a racionalidade estatal por meio de práticas abstratas e burocráticas de disciplina estão fadadas ao fracasso. Segundo a autora, o combate à corrupção deve reproduzir a complexidade sociocultural, promovendo a conexão dos indivíduos e buscando transformar os desejos relacionados às práticas ilícitas em exercícios de integração social.

É com esse espírito que este artigo foi desenvolvido. A experiência e o conhecimento adquiridos pela humanidade indicam que uma sociedade somente deixa de aceitar práticas corruptas quando aprende a agir de maneira ética. Para tanto, a responsabilização de corruptos e corruptores é condição necessária, mas não suficiente, na prevenção de atos lesivos à Administração Pública. Estudos e medidas que aproximem diferentes disciplinas científicas tornam-se necessários, especialmente quando se fala em programas efetivos de *compliance* e na implementação da Agenda 2030 da ONU – ESG –, que são uma trajetória frutífera para seguir, futuramente, com a exploração da temática.

Os esforços não se dividem; pelo contrário, tendem a se multiplicar. Aprender é um processo lento que envolve recompensas, punições e muita observação de bons exemplos a serem seguidos. Sobretudo, envolve, nas diferentes acepções da palavra, as pessoas, pois é nelas que reside a possibilidade de haver um (des)envolvimento sustentável.

---

[91] ROSE-ACKERMAN, Susan. Corruption: greed, culture and the state. *Yale Law Journal Online*, v. 120, p. 125-140, 2010.

[92] HASTY, Jennifer. The pleasures of corruption: desire and discipline in Ghanaian political culture. *Cultural Anthropology*, v. 20, n. 2, p. 271-301, 2005.

Referências

ABREU, Arthur Emanuel Leal; TAROCO, Lara Santos Zangerolame. A regulamentação do *whistleblowing* e o risco de inefetividade da Lei 13.608/2018. *Revista de Direito Administrativo e Infraestrutura – RDAI*, São Paulo, v. 4, n. 12, p. 231-249, 2020.

ADES, Alberto; TELLA, Rafael Di. The causes and consequences of corruption: A review of recent empirical contributions. *IDs bulletin*, v. 27, n. 2, p. 6-11, 1996.

ALAM, M. Shahid. Anatomy of corruption: An approach to the political economy of underdevelopment. *American Journal of Economics and Sociology*, v. 48, n. 4, p. 441-456, 1989.

ALI, Hamid E.; SOLARIN, Sakiru Adebola. Military spending, corruption, and the welfare consequences. *Defence and peace economics*, v. 31, n. 6, p. 677-691, 2020.

ANDON, Paul *et al.* The impact of financial incentives and perceptions of seriousness on whistleblowing intention. *Journal of Business Ethics*, v. 151, n. 1, p. 165-178, 2018.

ARENDT, Hannah (1906-1975). *Eichmann em Jerusalém*: um relato sobre a banalidade do mal. 17 Reimp., Trad. de José Rubens Siqueira. São Paulo: Companhia das Letras, 1999.

ÁVILA, Ana Paula Oliveira; TINEN, José Eduardo. Whistleblowing e a regulamentação dos canais de denúncia: a experiência nos sistemas comparados. *Revista Científica do CPJM*, v. 1, n. 01, p. 1-27, 2021.

AZFAR, Omar; LEE, Young; SWAMY, Anand. The causes and consequences of corruption. *The Annals of the American Academy of Political and Social Science*, v. 573, n. 1, p. 42-56, 2001.

BANDURA, Albert; WALTERS, Richard H. *Social learning theory*. Prentice Hall: Englewood cliffs, 1977.

BANDURA, Albert; AZZI, Roberta Gurgel; POLYDORO, Soely (org.). *Teoria Social Cognitiva*: conceitos básicos. Trad. Cap. 1-5 de Ronaldo Cataldo Costa. Porto Alegre: Artmed, 2008.

BAUHR, Monika et al. Lights on the shadows of public procurement: Transparency as an antidote to corruption. *Governance*, v. 33, n. 3, p. 495-523, 2020.

BISACCIONI, Paola; CARVALHO NETO, Marcus Bentes de. Algumas considerações sobre o "pequeno Albert". *Temas em Psicologia*, Ribeirão Preto, vol. 18, n. 2, p. 491-498, 2010.

BROMS, Rasmus; DAHLSTRÖM, Carl; FAZEKAS, Mihaly. *Procurement and Competition in Swedish Municipalities*. Working Papers, 2017.

BUSCAGLIA, Edgardo; DAKOLIAS, Maria. An Analysis of the Causes of Corruption in the Judiciary. *Law & Pol'y Int'l Bus.*, v. 30, p. 95, 1998.

CALLEGARO, Marco Montarroyos; LANDEIRA-FERNANDEZ, J. Pesquisas em neurociência e suas implicações na prática psicoterápica, p. 851-872. *In:* CORDIOLI, A. V. (ed.). *Psicoterapias*: abordagens atuais. 3. ed. Porto Alegre: ArtMed, 2007.

DAMÁSIO, António R. *O erro de Descartes*: emoção, razão e o cérebro humano. Trad. Dora Vicente, Georgina Segurado. 3. ed. São Paulo: Companhia das Letras, 2012.

E. WARREN, Mark. What does corruption mean in a democracy? *American journal of political science*, v. 48, n. 2, p. 328-343, 2004.

FELDMAN, Yuval; LOBEL, Orly. The Incentives Matrix: The Comparative Effectiveness of Rewards, Liabilities, Duties and Protections for Reporting Illegality. *Texas Law Review*, v. 87, p. 9-13, 2010.

FORTINI, Cristiana; MOTTA, Fabrício. Corrupção nas licitações e contratações públicas: sinais de alerta segundo a Transparência Internacional. *A&C – Revista de Direito Administrativo & Constitucional*, v. 16, n. 64, p. 93-113, 2016.

FREITAS, Juarez. A hermenêutica jurídica e a ciência do cérebro: como lidar com os automatismos mentais. *Revista da AJURIS*, Porto Alegre, v. 40, n. 130, p. 223-244, jun. 2013.

GALICIA, René Molina. Neurociencia, neuroética, derecho y proceso. *In:* TARUFFO, Michele; FENOLL, Jordi Nieva (dir.). *Neurociencia y proceso judicial*. Madrid: Marcial Pons, 2013, p. 43-82.

GAMA, Janyluce Rezende; RODRIGUES, Georgete Medleg. Transparência e acesso à informação: um estudo da demanda por informações contábeis nas universidades federais brasileiras. *TransInformação*, v. 28, p. 47-58, 2016.

GANS-MORSE, Jordan et al. Reducing bureaucratic corruption: Interdisciplinary perspectives on what works. *World Development*, v. 105, p. 171-188, 2018.

GARRET, Neil *et al.* The brain adapts to dishonesty. *Nature Neuroscience*, 2016.

GAZZANIGA, Michael; HEATHERTON, Todd; HALPERN, Diane. *Ciência Psicológica*. 5. ed. Trad. de Maiza Ritomy Ide; Sandra Maria Mallmann da Rosa; Soraya Imon de Oliveira. Rev. Téc. de Antônio Jaeger. Porto Alegre: Artmed, 2018.

GIVATI, Yehonatan. A theory of whistleblower rewards. *The Journal of Legal Studies*, v. 45, n. 1, p. 43-72, 2016.

GOTTSCHALK, Petter; SMITH, Christy. Detection of white-collar corruption in public procurement in Norway: The role of whistleblowers. *International Journal of Procurement Management*, v. 9, n. 4, p. 427-443, 2016.

HAKHVERDIAN, Armen; MAYNE, Quinton. Institutional trust, education, and corruption: A micro-macro interactive approach. *The Journal of Politics*, v. 74, n. 3, p. 739-750, 2012.

HANSSON, Lisa. The private whistleblower: Defining a new role in the public procurement system. *Business and Politics*, v. 14, n. 2, p. 1-26, 2012.

HASTY, Jennifer. The pleasures of corruption: desire and discipline in Ghanaian political culture. *Cultural Anthropology*, v. 20, n. 2, p. 271-301, 2005.

HERZFELD, Thomas; WEISS, Christoph. Corruption and legal (in) effectiveness: an empirical investigation. *European Journal of Political Economy*, v. 19, n. 3, p. 621-632, 2003.

HOEKMAN, Bernard; TAŞ, Bedri Kamil Onur. Procurement policy and SME participation in public purchasing. *Small Business Economics*, p. 1-20, 2020.

HUNSAKER, Kelly. Ethics in public procurement: Buying public trust. *Journal of Public Procurement*, v. 9, i. 3-4, p. 411-418, 2009.

INTERNATIONAL MONETARY FUND. *Corruption*: costs and mitigating strategies. May, 2016. Disponível em: https://www.imf.org/external/pubs/ft/sdn/2016/sdn1605.pdf. Acesso em: 17 fev. 2022.

JUDGE, William Q.; MCNATT, D. Brian; XU, Weichu. The antecedents and effects of national corruption: a meta-analysis. *Journal of world business*, v. 46, n. 1, p. 93-103, 2011.

KANT, Immanuel (1724-1804). *Fundamentação da Metafísica dos Costumes*. Lisboa: Edições 70 Ltda., 1997.

KAR, Dev; SPANJERS, Joseph. *Illicit financial flows from developing countries*: 2003-2012. Washington, DC: Global Financial Integrity, 2014.

KHONDKER, Habibul Haque. Sociology of Corruption and 'Corruption of Sociology' Evaluating the Contributions of Syed Hussein Alatas. *Current Sociology*, v. 54, n. 1, p. 25-39, 2006.

LEHOUCQ, Fabrice. Electoral fraud: Causes, types, and consequences. *Annual review of political science*, v. 6, n. 1, p. 233-256, 2003.

MACLEAN, Paul. *The triune brain in evolution*: role in paleocerebral functions. New York: Plenum Press, 1990.

MAURO, Paolo. Corruption: causes, consequences, and agenda for further research. *Finance & Development*, v. 35, n. 001, 1998.

MAZAR, Nina; AMIR, On; ARIELY, Dan. The Dishonesty of Honest People: A Theory of Self-Concept Maintenance. *Journal of Marketing Research*, vol. 45, issue 6, p. 633-644, December 2008.

MICHENER, Gregory; MONCAU, Luiz Fernando; VELASCO, Rafael Braem. *Estado brasileiro e transparência avaliando a aplicação da Lei de Acesso à Informação*, 2015.

MORO, Sérgio. *Contra o sistema da corrupção*. Rio de Janeiro: Primeira Pessoa, 2021.

NYRERÖD, Theo; SPAGNOLO, Giancarlo. Myths and numbers on whistleblower rewards. *Regulation & Governance*, v. 15, n. 1, p. 82-97, 2021.

OLKEN, Benjamin A.; PANDE, Rohini. Corruption in developing countries. *Annu. Rev. Econ.*, v. 4, n. 1, p. 479-509, 2012.

PAULA, Marco Aurélio Borges de; CASTRO, Rodrigo Pironti Aguirre de. *Compliance, gestão de riscos e combate à corrupção*. 2. ed. Belo Horizonte: Fórum, 2020.

RAINE, Adrian. O crime biológico: implicações para a sociedade e para o sistema de justiça criminal. Editorial a Convite. *Revista Psiquiátrica*, Rio Grande do Sul, v. 30, n. 1, abr. 2008.

REILLY, Tim; SAINI, Amit; SKIBA, Jenifer. Ethical purchasing dissonance: Antecedents and coping behaviors. *Journal of business ethics*, v. 163, n. 3, p. 577-597, 2020.

RIBEIRO, Cassio Garcia *et al.* Unveiling the public procurement market in Brazil: A methodological tool to measure its size and potential. *Development Policy Review*, v. 36, p. O360-O377, 2018.

RIZZOLATTI, Giacomo; CRAIGHERO, Laia. The mirror-neuron system. *Annual Review of Neuroscience*, vol. 27, p. 169-192, jul. 2004.

ROBINSON, Terry E.; BERRIDGE, Kent C. The incentive sensitization theory of addiction: some current issues. *Philosophical Transactions of The Royal Society B*, 363, 3137-3146, published online on 18 July 2008.

ROMER, Paul M. Human capital and growth: Theory and evidence. *Carnegie-Rochester Conference Series on Public Policy*, Elsevier, v. 32, n. 1, p. 251-286, 1990.

ROSE-ACKERMAN, Susan. Corruption: greed, culture and the state. *Yale Law Journal Online*, v. 120, p. 125-140, 2010.

ROSE-ACKERMAN, Susan; PALIFKA, Bonnie J. *Corruption and government*: Causes, consequences, and reform. Cambridge University Press, 2016.

ROSENBERG, Marshall B. *Comunicação não violenta*: técnicas para aprimorar relacionamentos pessoais e profissionais. Trad. de Mário Vilela. São Paulo: Ágora, 2006.

ROTHSTEIN, Bo O.; TEORELL, Jan AN. What is quality of government? A theory of impartial government institutions. *Governance*, v. 21, n. 2, p. 165-190, 2008.

RUIVO, Marcelo Almeida; PIRES, Adriane da Fonseca. Limites do *whistleblower*: denúncia de crimes contra a administração pública, ilícitos administrativos e ações lesivas ao interesse público. *Revista Brasileira de Ciências Criminais*, v. 174, p. 41-69, 2020.

SAPOLSKY, Robert M. *Comporte-se*: a biologia humana em nosso melhor e pior. Trad. Giovane Salimena e Vanessa Barbara. 1. ed. São Paulo: Companhia das Letras, 2021.

SATO, Takechi. Habituação e sensibilização comportamental. *Psicol. USP*, São Paulo, v. 6, n. 1, p. 231-276, 1995.

SIMÃO, Valdir Moysés; VIANNA, Marcelo Pontes. *O acordo de leniência na lei anticorrupção*: histórico, desafios e perspectivas. Editora Trevisan, 2017.

SOBHANI, Mona; BECHARA, Antoine. A somatic marker perspective of imoral and corrupt behavior. *Soc. Neurosci.*, v. 6, n. 5-6, p. 640-652, 2011.

TANZI, Vito. Corruption around the world: Causes, consequences, scope, and cures. *Staff papers*, v. 45, n. 4, p. 559-594, 1998.

TOURINHO, Anna Carolina Morizot. *O poder público inadimplente*: uma busca por mecanismos para garantir o cumprimento de obrigações do poder concedente em contratos de concessão de serviço público. Tese de Doutorado, 2018.

TRANSPARENCY INTERNATIONAL. *Corruption perceptions index 2021*. Jan. 2022. Disponível em: https://images.transparencycdn.org/images/CPI2021_Report_EN-web.pdf. Acesso em: 16 fev. 2022.

USLANER, Eric M. Trust and corruption. *The new institutional economics of corruption*, v. 76, p. 90-106, 2004.

VILLENEUVE, Inés Merino. Una nueva vacuna: la vacuna del autoconocimiento. Bases neurobiológicas de la conducta humana. El juego entre el cerebro instintivo-emocional y el cerebro racional. *Revista pediatría atención primaria*, Madrid, v. 18, n. 70, abr./jun. 2016.

WARPECHOWSKI, Ana Cristina Moraes; CUNHA, Milene Dias da. A indução de um novo patamar de consciência ética como pilar essencial no combate à corrupção. *In*: WARPECHOWSKI, Ana Cristina Moraes; GODINHO, Heloísa Helena Antonacio Monteiro; IOCKEN, Sabrina Nunes (Coord.). *Políticas públicas e os ODS da Agenda 2030*. Belo Horizonte: Fórum, 2021.

Informação bibliográfica deste texto, conforme a NBR 6023:2018 da Associação Brasileira de Normas Técnicas (ABNT):

SITJÁ, Henrique Serra; WARPECHOWSKI, Ana Cristina Moraes. A ética na Administração Pública e as novas ferramentas legais como mecanismos de combate à corrupção. *In*: CONTI, José Maurício; MARRARA, Thiago; IOCKEN, Sabrina Nunes; CARVALHO, André Castro (coord.). *Responsabilidade do gestor na Administração Pública*: aspectos gerais. Belo Horizonte: Fórum, 2022. p. 269-296. ISBN 978-65-5518-412-9. v.1.

O PORTAL ELETRÔNICO DE TRANSPARÊNCIA FISCAL COMO INSTRUMENTO DO CONTROLE SOCIAL 4.0: ANÁLISE DO ALCANCE E LIMITAÇÃO DOS DADOS DISPONIBILIZADOS À LUZ DA LEGISLAÇÃO FINANCEIRA E DA LEI DO GOVERNO DIGITAL

ANA CARLA BLIACHERIENE

ANTONIO BLECAUTE COSTA BARBOSA

DANIELA ZAGO GONÇALVES DA CUNDA

1 Introdução

A Constituição Federal de 1988 traz à tona as modalidades de controle dos atos decorrentes da atividade financeira do Estado. Os mecanismos constitucionais instituí-dos abrangem os controles externo, interno e social. O controle externo é realizado pelo Poder Legislativo e pelo Tribunal de Contas. O sistema de controle interno tem lugar no âmbito de cada ente político, órgão autônomo e cada Poder. O controle social é aquele exercido pelo cidadão, de forma individual ou por meio de entidades da sociedade civil representativas, em face da Administração Pública. Nessa última modelagem de controle, ainda que cada espécie criada tenha seus próprios atores e respectivos meios de ação, espera-se atuação sinérgica no sentido de obter o máximo possível de visibili-dade e conduta ética na consecução dos atos governamentais concernentes à captação da receita e execução da despesa pública.

Existe interação institucional entre essas formas de controle estabelecidas. O responsável pelo sistema de controle interno, dentre outras tarefas, é obrigado a re-portar ao controle externo respectivo eventuais atos irregulares ou ilegais de que tenha conhecimento em razão de suas atribuições, sob pena de responsabilidade solidária. O controle externo – exercido pelo Tribunal de Contas – é incumbido de analisar e decidir acerca das representações e/ou denúncias a ele apresentadas, pelos atores do controle social, sobre irregularidades ou ilegalidades detectadas na gestão dos recursos públicos. O Tribunal de Contas, órgão de controle externo, fiscaliza a regularidade e os resultados das políticas públicas implementadas pelo governo em favor da sociedade gerando relatórios técnicos e prolatando decisões que, no limite, podem servir de base para o exercício do controle social. As três instâncias de controle se voltam para o mesmo objeto – a atividade administrativa governamental – e cada uma tem seu próprio modo de atuação, mas, para viabilizar seu objetivo-fim, muitas vezes, necessita do concurso uma da outra.

Cabe analisar se haveria assimetria de informações entre os controles – para bem exercerem suas atribuições e/ou faculdades –, sobretudo, para o controle social. É razoável pensar que o controle social pode estar entre aqueles que mais dependem de dados de terceiros para mover-se em direção a quem tem o poder-dever de resolver os problemas da sociedade, ou mesmo de punir responsáveis por eventual prática de irregularidades e ilegalidades na condução dos negócios públicos. Essa condição especial merece tratamento adequado, porquanto trata-se de um direito fundamental do cidadão ter acesso a tudo (com algumas exceções legais) o que diz respeito ao desempenho dos seus representantes eleitos, sempre salvaguardando-se, é claro, a necessária proteção de dados, outro direito e dever fundamental.[1]

Nesse contexto, exsurge a pergunta guia deste artigo: em que medida o *portal eletrônico de transparência fiscal*, fiscalizado pelo Tribunal de Contas, pode contribuir para o exercício do controle social? A hipótese é que os dados sistematizados no portal de transparência fiscal dos entes federativos – União, Estados, Distrito Federal e Municípios – fornecem informações úteis e tempestivas para o efetivo controle social pelos diversos atores sociais legitimados para o seu exercício.

O presente estudo tem, pois, como objetivo central identificar as possíveis contribuições dos portais eletrônicos de transparência fiscal, disponibilizados pelos entes federativos, para o exercício do *controle social 4.0*, observada a legislação financeira que disciplina a sua obrigatoriedade, combinada com a Lei do Governo Digital, e o papel dos Tribunais de Contas do Brasil como órgãos fiscalizadores e provedores do seu cumprimento.

Algumas questões intermediárias servem de fio condutor para a obtenção do objetivo final, como a seguir: em que consistem os portais eletrônicos de transparência fiscal? Que dados devem ser sistematizados no portal de transparência fiscal? Qual o papel dos Tribunais de Contas para a integridade dos dados disponibilizados? Que mecanismos formais podem ser manejados pelos atores do *controle social 4.0*, tendo por base as informações propiciadas pelos portais de transparência dos entes federativos? As respostas a estas perguntas permitirão verificar a validade da hipótese formulada.

No itinerário metodológico, optou-se, quanto aos fins, por pesquisa de natureza descritiva (GIL, 2021) e, quanto aos meios, pela revisão da narrativa literatura e pesquisa documental. A investigação segue, portanto, a abordagem qualitativa. A revisão da narrativa literatura e a pesquisa documental abrangeram: (1) artigos voltados à análise da transparência fiscal, controle social da Administração Pública, democracia participativa e as relações Estado e sociedade e; (2) a Constituição Federal e a legislação financeira (nacional e federal), que dispõem sobre os fundamentos da transparência governamental e a instituição e operacionalização dos portais eletrônicos de transparência fiscal pelos entes federativos.

---

[1] Conforme inciso LXXIX do art. 5º da Constituição Federal, recentemente com acréscimo pela Emenda Constitucional nº 115/2022.

Além dessa seção introdutória e das considerações finais, o presente artigo adota seu desenvolvimento em cinco tópicos, a saber: (1) em que consiste o portal eletrônico de transparência fiscal? (2) o conteúdo do portal de transparência fiscal; (3) o papel fiscalizador dos Tribunais de Contas do Brasil; (4) os atores do *controle social 4.0* e seus mecanismos de atuação e; (5) possibilidades e limites dos portais eletrônicos de transparência fiscal para o controle social.

2 Conceito e características do portal eletrônico de transparência fiscal

A adequada compreensão do que seja o *portal eletrônico de transparência fiscal* em contexto brasileiro enseja trazer à luz alguns preceitos morais, políticos, doutrinários e jurídicos que informam e fundamentam a sua obrigatoriedade constitucional e a sua função como instrumento da forma republicana de governo e do regime democrático.

O *portal eletrônico de transparência fiscal* compreende o conjunto de dados pormenorizados sobre a execução orçamentária e financeira, previamente especificados em lei, disponibilizados em meios eletrônicos de acesso público, em tempo real, por todos os entes federativos (União, Estados, Distrito Federal e Municípios), destinados ao pleno conhecimento e acompanhamento da sociedade (BRASIL, 2000).

É possível identificar nessa definição legal do *portal* três aspectos que caracterizam a sua natureza e finalidades. De início, materializa-se como corolário do princípio do dever de prestar contas porquanto se reveste da obrigação de informar por parte dos responsáveis pela Administração Pública (seja a federal, estadual, distrital ou municipal). Em seguida, traduz-se como mecanismo de transparência dos atos governamentais, nomeadamente aqueles decorrentes da execução do orçamento público. Por fim, resta destacado o destinatário final dos dados, a sociedade, em patente reconhecimento ao direito desta de ter acesso à informação produzida (ou mantida) pelo seu governo. Nesses termos, o *portal eletrônico de transparência fiscal* expressa o *dever de prestar contas*, a *transparência dos atos de governo* e o *direito de acesso da sociedade às informações*.

A Declaração dos Direitos do Homem e do Cidadão de 1789, fruto da Revolução Francesa (1789-1799), em seu artigo 15, estatui que *a sociedade tem o direito de pedir, a todo agente público, que preste contas de sua administração*. Essa declaração histórica simboliza a primeira manifestação ocidental de direitos, de índole universal, segundo o magistério de Bonavides (2017), servindo de baliza moral para as democracias ao redor do mundo desde então. Esse dispositivo em destaque (art. 15) sintetiza valor fundamental tanto à forma republicana de governo (prestação de contas) quanto ao regime democrático (direito de participação e de ser informado).

A questão do dever de prestar contas é tema de reflexão de Norberto Bobbio quando analisa a relação entre democracia e segredo. Para o pensador italiano, "a democracia é idealmente o governo do poder visível, isto é, do governo cujos atos se desenrolam em público e sob o controle da opinião pública" (BOBBIO, 2015, p. 29). E ilustra sua análise dizendo que um político somente se apropria do dinheiro público se o ato puder ser efetivado no mais absoluto segredo e tão somente se não se torna público. O portal da transparência fiscal pode ser considerado exemplo de mecanismo institucional capaz de neutralizar (ou minimizar) a corrupção (desvio de recursos públicos) justamente por tornar público qualquer ato de que resulte receita ou despesa governamental.

O princípio do dever de prestar contas – do qual é corolário o portal da transparência fiscal – está positivado no artigo 70, parágrafo único, da Constituição Federal do Brasil de 1988: "prestará contas qualquer pessoa física ou jurídica, pública ou privada, que utilize, arrecade, guarde, gerencie ou administre dinheiro, bens e valores públicos ou pelos quais a União responda, ou que, em nome desta, assuma obrigações de natureza pecuniária" (BRASIL, 1988; 2021). Esse comando constitucional é de aplicação obrigatória aos demais entes do pacto federativo (Estados, Distrito Federal e Municípios), pelo postulado da simetria.

O ato de prestar contas decorrente desse dispositivo constitucional deve ser entendido em sentido amplo, o que abrange toda e qualquer forma de prestação de contas e de informações à sociedade relacionadas às ações dos verbos *utilizar*, *arrecadar*, *guardar*, *gerenciar* ou *administrar* recursos públicos. O portal da transparência fiscal, conforme o conteúdo apresentado no tópico 2 a seguir, compõe modalidade específica de prestação de contas diretamente ao cidadão, consistente no fornecimento de informações da gestão do orçamento público, em tempo real e em caráter continuado.

A transparência constitui a dimensão mais perceptível do *portal eletrônico de transparência fiscal* e decorre de mandamentos constitucionais e legais específicos. Os dados de natureza orçamentária e financeira, sistematizados e disponibilizados em meio eletrônico para acesso público, descortinam em grande medida a forma e a substância da gestão do orçamento governamental, evitando ações sigilosas, o que se faz necessário como condição básica para o exercício do controle social.

O portal da transparência fiscal pode ser examinado no contexto do princípio da publicidade constante do *caput* do artigo 37 da Constituição Federal de 1988: "A administração pública direta e indireta de qualquer dos Poderes da União, dos Estados, do Distrito Federal e dos Municípios obedecerá aos princípios de [...] publicidade [...]". O princípio da publicidade deve ser aqui entendido de forma bem extensa. Essa exegese ampliada visa extrair dele o sentido de que toda a atividade estatal seja pautada por maior transparência possível a fim de permitir que os cidadãos, individual ou coletivamente, possam ter conhecimento circunstanciado do que os seus representantes estão realizando e como.

O mecanismo da transparência na Administração Pública, do qual emerge o *portal eletrônico de transparência fiscal*, está amplamente regulamentado na Lei Complementar nº 101, de 4 de maio de 2000 (LRF), que estabeleceu no Brasil as normas de finanças públicas voltadas para a responsabilidade na gestão fiscal. Em dispositivos específicos desse diploma legal, que é aplicável a todos os entes da federação (União, Estados, Distrito Federal e Municípios), estão especificados os diversos aspectos que materializam o fenômeno da transparência: de que forma se manifesta, qual o seu conteúdo, quais seus instrumentos e como se dá a responsabilização dos administradores públicos em razão do seu descumprimento.

A transparência fiscal se manifesta quando a União, os Estados, o Distrito Federal e os Municípios disponibilizam suas informações e dados contábeis, orçamentários e fiscais, conforme periodicidade, formato e sistema estabelecidos pelo *órgão central de contabilidade da União*, os quais deverão ser divulgados em meio eletrônico de amplo acesso público. Em outros termos, a liberação ao pleno conhecimento e acompanhamento da sociedade, em tempo real, de informações pormenorizadas sobre a execução orçamentária e financeira, em meios eletrônicos de acesso público, consubstancia o mecanismo da transparência. É o que estatui o artigo 48, §1º, inciso II, e §2º, da Lei Complementar nº 101, de 4 de maio de 2000 (BRASIL, 2000).

O que deve conter o *portal eletrônico de transparência fiscal* para bem informar a sociedade é matéria disciplinada nos incisos I e II do artigo 48-A da Lei Complementar nº 101, de 4 de maio de 2000 (BRASIL, 2000), que será tratada no tópico 2 deste artigo .

A Lei de Responsabilidade Fiscal (LRF), no *caput* do artigo 48, também identificou os instrumentos de transparência da gestão fiscal, os quais a Administração Pública deverá dar ampla divulgação, inclusive em meios eletrônicos de acesso público, quais sejam: o plano plurianual (PPA), a Lei de Diretrizes Orçamentárias (LDO) e o orçamento anual (LOA); a prestação de contas anual do chefe do Executivo e o respectivo parecer prévio; o Relatório Resumido da Execução Orçamentária (RREO) e o Relatório de Gestão Fiscal (RGF) e as versões simplificadas desses documentos. Quer dizer, além de todo o conteúdo oferecido no *portal eletrônico de transparência fiscal*, a transparência se exterioriza da mesma forma por meio desses instrumentos geradores de informação à sociedade. Cabe lembrar que estes mesmos instrumentos legais e gerenciais, juntamente com os registros e demonstrações contábeis da entidade federativa, são essencialmente as fontes primárias que alimentam o conteúdo do portal de transparência.

A responsabilização em face do descumprimento da obrigação de manter o *portal eletrônico de transparência fiscal* na rede mundial de computadores está prevista no art. 48, §4º, da Lei Complementar nº 101, de 4 de maio de 2000, que prevê o impedimento de o ente federativo receber transferências voluntárias e contratar operações de crédito, exceto se estas se destinarem ao pagamento de dívida mobiliária. Desse modo, a não implantação e a manutenção inadequada (em desacordo com a determinação legal) do portal privam o Estado, o Distrito Federal ou Município de se beneficiar das transferências de recursos por meio de convênios.

Por fim, é o momento de examinar mais de perto a terceira dimensão que aflora do estudo da transparência fiscal, qual seja, o direito de a sociedade ter acesso à informação produzida (ou mantida) pelo seu governo. O acesso à informação, de forma clara e tempestiva, é condição para o exercício do controle social.

> Tanto o escrutínio público dos assuntos estatais quanto o acesso às informações públicas são palavras-chave na discussão atual sobre o desenvolvimento da democracia, e não por mero acaso, uma vez que constituem verdadeira garantia para que as ações estatais tenham visibilidade. Ambos os conceitos se relacionam de forma biunívoca, o que significa que um precisa do outro para cumprir sua missão no Estado de Direito. Não pode haver escrutínio público na ausência de acesso à informação. Além disso, esse acesso é requisito indispensável ao exercício de outros direitos constitucionais do cidadão, tais como o voto, o direito à liberdade de expressão e, de forma mais ampla, o livre desenvolvimento da personalidade (SÁNCHEZ, 2002, p. 227).

Essa reflexão de Sánchez (2002) se faz importante porque ilumina o propósito que se busca aqui, qual seja, a verificação da existência de relação intrínseca entre o portal da transparência fiscal e a viabilidade do controle social. A visibilidade da gestão fiscal do governo permite que o cidadão, individual ou coletivamente, possa avaliar a atuação do seu governante e tomar as providências ao seu alcance a fim de aprimorar a administração, corrigindo rumos ou mesmo contribuindo para a melhoria dos resultados das políticas públicas.

O direito de acesso à informação já é tratado como a quarta geração dos direitos fundamentais, na perspectiva teórica de Paulo Bonavides. Para o constitucionalista, referidos direitos correspondem à última fase da institucionalização do Estado social. Estão contidos nesses direitos fundamentais o *direito à democracia*, o *direito à informação* e o *direito ao pluralismo*, que, nas palavras do autor, "compendiam o futuro da cidadania e o porvir da liberdade de todos os povos e tão somente com eles será legítima e possível a globalização política" (BONAVIDES, 2017, p. 586-587).

A Constituição Federal de 1988, em seu artigo 5º, inciso XXXIII, consagrou o direito de acesso à informação nos seguintes termos: todos têm direito a receber dos órgãos públicos informações de seu interesse particular, ou de interesse coletivo ou geral, que serão prestadas no prazo da lei, sob pena de responsabilidade, ressalvadas aquelas cujo sigilo seja imprescindível à segurança da sociedade e do Estado. O *portal eletrônico de transparência fiscal*, quando torna público todos os atos decorrentes da implementação do orçamento governamental, possibilita concretamente o exercício do direito fundamental de acesso à informação por parte da sociedade, o que materializa o mandamento constitucional.

A regulamentação do inciso XXXIII do artigo 5º da Constituição Federal veio com a edição da Lei nº 12.527, de 18 de novembro de 2011 (LAI), que dispõe sobre os procedimentos a serem observados pela União, Estados, Distrito Federal e Municípios, para garantir o acesso a informações. Esta lei regulamentadora, em seu artigo 5º, fixa a diretriz básica para a operacionalização do procedimento: é *dever* do Estado garantir o direito de acesso à informação, que será franqueada, mediante procedimentos objetivos e ágeis, de forma transparente, clara e em linguagem de fácil compreensão. Assim, o *portal eletrônico de transparência fiscal* deve estar configurado, para acesso público, de acordo com esses parâmetros legais (BRASIL, 2011).

Para garantir a transparência e aprofundar ainda mais o regime democrático, a Lei Complementar nº 101, de 4 de maio de 2000 (LRF), em seu artigo 48, parágrafo único, inciso 1º, estabelece que os entes federativos devem incentivar a participação popular e a realização de audiências públicas, durante os processos de elaboração e discussão do Plano Plurianual (PPA), da Lei de Diretrizes Orçamentárias (LDO) e do Orçamento Anual (LOA). Nesse sentido, além de ter acesso aos dados disponibilizados por meio do *portal eletrônico de transparência fiscal* e se nutrir dessas informações para agir no seu interesse, a sociedade ainda goza do direito de participar ativamente dos processos administrativo-políticos das escolhas orçamentárias. Ou seja, a transparência fiscal é ampliada porque permite o acesso do cidadão a todas as etapas do ciclo orçamentário (elaboração, deliberação, execução e controle).

Por fim, de nada adiantaria o pleno acesso às informações de natureza orçamentária e financeira do Estado se não fossem facultado aos membros da sociedade os mecanismos legais para o efetivo exercício do controle social. O artigo 74, §2º, da Constituição Federal, preenche essa lacuna permitindo que qualquer cidadão, partido político, associação ou sindicato seja parte legítima para, na forma da lei, denunciar irregularidades ou ilegalidades perante o Tribunal de Contas. Por sua vez, tratando especificamente da transparência fiscal, a Lei Complementar nº 101, de 4 de maio de 2000 (LRF), em seu artigo 73-A, reafirma o preceito constitucional, facultando também a qualquer cidadão, partido político, associação ou sindicato que seja parte legítima para denunciar ao respectivo Tribunal de Contas e ao órgão competente do Ministério

Público o descumprimento das prescrições relacionadas às obrigações de implementar e manter os mecanismos da transparência fiscal. Essa questão, em particular, será objeto de maior aprofundamento no tópico 4 deste artigo .

3 Conteúdo do portal eletrônico de transparência fiscal

Tão importante quanto instituir e manter o *portal eletrônico de transparência fiscal* na rede mundial de computadores é dispor de dados fidedignos, organizados e de fácil acesso e compreensão pelos usuários dessas informações. Nessa linha, para informar a sociedade adequadamente acerca da execução orçamentária e financeira dos entes federados, a Lei Complementar nº 101, de 4 de maio de 2000 (LRF), define a estrutura básica do que deve conter o portal de transparência, em seu artigo 48, §1º, incisos II e III, e §2º, e no artigo 48-A, incisos I e II (BRASIL, 2000).

O conteúdo do portal de transparência definido pela LRF abrange diversos aspectos da execução orçamentária e financeira do ente federativo. A premissa da integridade dos dados mereceu regulamentação específica quanto ao método de registro e a sistematização, de modo a imprimir confiabilidade à informação disponível para acesso público. O Decreto Federal nº 10.540, de 5 de novembro de 2020, estabelece o padrão mínimo de qualidade para a configuração do Sistema Único e Integrado de Execução Orçamentária, Administração Financeira e Controle (SIAFIC), em atendimento aos parâmetros constantes do artigo 48, §1º, incisos II e III, e §2º, e do artigo 48-A, incisos I e II, da Lei Complementar nº 101, de 4 de maio de 2000 (BRASIL, 1964; 2000; 2020).

Conforme o Decreto Federal nº 10.540, de 5 de novembro de 2020, o SIAFIC corresponde à solução de tecnologia da informação mantida e gerenciada pelo Poder Executivo, incluídos os módulos complementares, as ferramentas e as informações dela derivados, utilizada por todos os Poderes e órgãos referidos no art. 20 da Lei Complementar nº 101, de 2000, incluídas as defensorias públicas de cada ente federativo, resguardada a autonomia, e tem a finalidade de registrar os atos e fatos relacionados com a administração orçamentária, financeira e patrimonial e controlar e permitir a evidenciação desses atos e fatos (BRASIL, 2020). Em outras palavras, o SIAFIC é a plataforma digital (oficial) onde ocorrem os registros contábeis de todos os atos e fatos resultantes da execução dos orçamentos públicos e a geração dos relatórios gerenciais e dos balanços gerais de cada um dos entes federativos (União, Estados, Distrito Federal e Municípios). Esse sistema constitui assim a principal fonte primária que alimenta o conteúdo do *portal eletrônico de transparência fiscal*. Resta patenteado que o SIAFIC compõe o arcabouço legal destinado a assegurar a transparência da gestão fiscal de todas as entidades federativas.

Afinal, em substância, o que deve estar no *portal eletrônico de transparência fiscal* para que a sociedade, uma vez informada, possa exercer o controle social da Administração Pública? Em análise literal dos dispositivos legais referenciados anteriormente, o conteúdo informacional engloba em linhas gerais o seguinte:

a) informações pormenorizadas sobre a execução orçamentária e financeira (art. 48, §1º, inciso II, LRF);

b) informações e dados contábeis, orçamentários e fiscais (art. 48, §2º, LRF);

c) *quanto à despesa*, todos os atos praticados pelas unidades gestoras no decorrer da execução da despesa, no momento de sua realização, com a disponibilização mínima dos dados referentes ao número do correspondente processo, ao bem fornecido ou ao serviço prestado, à pessoa física ou jurídica beneficiária do pagamento e, quando for o caso, ao procedimento licitatório realizado (art. 48-A, inciso I, LRF);

d) *quanto à receita*, o lançamento e o recebimento de toda a receita das unidades gestoras, inclusive referente a recursos extraordinários (art. 48-A, inciso II, LRF).

Coube, no entanto, como já mencionado, ao Decreto Federal nº 10.540, de 5 de novembro de 2020, em seu artigo 8º, discriminar melhor os dados a serem espelhados no portal de transparência. Assim, o SIAFIC permitirá, diretamente ou por meio de integração com outros sistemas estruturantes, a disponibilização, em meio eletrônico, que possibilite amplo acesso público, no mínimo, das informações a seguir, relativas aos atos praticados pelas unidades gestoras ou executoras dos órgãos, entidades e Poderes Públicos (BRASIL, 2020):

I – *quanto à despesa*:

a) os dados referentes ao empenho, à liquidação e ao pagamento;

b) o número do correspondente processo que instruir a execução orçamentária da despesa, quando for o caso;

c) a classificação orçamentária, com a especificação da unidade orçamentária, da função, da subfunção, da natureza da despesa, do programa e da ação e da fonte dos recursos que financiou o gasto, conforme as normas gerais de consolidação das contas públicas de que trata §2º do art. 50 da Lei Complementar nº 101, de 2000 (BRASIL, 2000);

d) os dados e as informações referentes aos desembolsos independentes da execução orçamentária;

e) a pessoa física ou jurídica beneficiária do pagamento, com seu respectivo número de inscrição no CPF ou no Cadastro Nacional da Pessoa Jurídica (CNPJ), inclusive quanto aos desembolsos de operações independentes da execução orçamentária, exceto na hipótese de folha de pagamento de pessoal e de benefícios previdenciários;

f) a relação dos convênios realizados, com o número do processo correspondente, o nome e identificação por CPF ou CNPJ do convenente, o objeto e o valor;

g) o procedimento licitatório realizado, ou a sua dispensa ou inexigibilidade, quando for o caso, com o número do respectivo processo; e

h) a descrição do bem ou do serviço adquirido, quando for o caso; e

II – *quanto à receita*, os dados e valores relativos:

a) à previsão na lei orçamentária anual;

b) ao lançamento, observado o disposto no art. 142 da Lei nº 5.172, de 25 de outubro de 1966, e no art. 52 e no art. 53 da Lei nº 4.320, de 17 de março de 1964 (BRASIL, 1964; 1966), resguardado o sigilo fiscal na forma da legislação, quando for o caso;

c) à arrecadação, inclusive referentes a recursos extraordinários;

d) ao recolhimento; e

e) à classificação orçamentária, com a especificação da natureza da receita e da fonte de recursos, observadas as normas gerais de consolidação das contas públicas de que trata o §2º do art. 50 da Lei Complementar nº 101, de 2000 (BRASIL, 2000).

Como se pode observar, esse elenco de dados expressa o mínimo exigido para a configuração do portal da transparência. O parágrafo único do artigo 8º do Decreto Federal nº 10.540, de 5 de novembro de 2020, faculta que ato do órgão central de contabilidade da União (que é a Secretaria do Tesouro Nacional) possa estabelecer outras informações a serem geradas e disponibilizadas, além daquelas, sem prejuízo de determinações dos Tribunais de Contas do Brasil no sentido de também emitirem instruções normativas específicas com vistas a aprimorar a qualidade das informações disponibilizadas à sociedade.

No contexto dessa permissão legal, a Associação dos Membros dos Tribunais de Contas do Brasil (ATRICON), sociedade civil sem fins lucrativos, que atua, dentre outras finalidades estatutárias, na tarefa de garantir a integração dos Tribunais de Contas do Brasil e o aprimoramento do Sistema de Controle Externo do Brasil, em benefício da sociedade, emitiu diretrizes com vistas a orientar as Cortes de Contas a atuarem de maneira uniforme na fiscalização do cumprimento das regras atinentes à temática da transparência fiscal.[2] Nessa linha, alguns Tribunais de Contas editaram atos normativos dispondo sobre a fiscalização dos *portais eletrônicos de transparência fiscal* no âmbito de suas respectivas circunscrições. Esse assunto, em especial, que também impacta a natureza e o alcance do conteúdo informacional dos portais de transparência, será mais bem tratado a seguir.

Os prazos finais para implementação dos *portais eletrônicos de transparência fiscal*, por parte dos entes federativos, foram estabelecidos no artigo 73-B da Lei Complementar nº 101, de 2000 (LRF), de forma escalonada, de modo que o último se esgotou no ano de 2013. Portanto, desde então, a sociedade brasileira já dispõe (ou deveria dispor) de informações confiáveis (é o que se espera) acerca da atuação dos seus representantes na gestão dos recursos públicos.

4 O papel (para além) de fiscalizador dos Tribunais de Contas do Brasil e o controle 4.0

Os Tribunais de Contas têm inegável papel de controle na concretização da transparência fiscal, pela sua missão constitucional estabelecida nos artigos 70 e seguintes da Constituição Federal de 1988 (*v.g.* monitoramento, levantamento, inspeção e auditoria), assim como em razão das diretrizes legais anteriormente mencionadas (com destaque para a Lei de Responsabilidade Fiscal e Lei de Acesso à Informação).

Além da fiscalização do cumprimento dos ditames legais de transparência, papel que tem sido desempenhado ao longo das últimas décadas, a atuação de Cortes de Contas deverá ser mais abrangente, averiguando resultados e a qualidade das informações prestadas (*v.g.* se de fato são informações *palatáveis ao cidadão médio*), assim como desempenhando o *papel de indutor e de provedor da cidadania*. Ademais, os portais eletrônicos de transparência dos Tribunais de Contas deverão espelhar a mais *eficaz transparência* e propiciar que a sociedade tenha condições de *fiscalizar o fiscalizador*, além de consistirem em verdadeiros *bancos de dados para a cidadania* (a incluir a comunidade científica).

---

[2] Resolução da ATRICON nº 09/2018, que aprovou as Diretrizes de Controle Externo Atricon 3218/2018 relacionadas à temática *Transparência dos Tribunais de Contas e dos jurisdicionados*.

Algumas boas práticas nesse sentido merecem ser destacadas a título exemplificativo: (1) o Laboratório de Informações de Controle (*LabContas*);[3] (2) a Rede Nacional de Informações Estratégicas (*InfoContas*);[4] (3) as Diretrizes traçadas pela ATRICON, na Resolução nº 09/2018, de maneira a sistematizar a fiscalização e demais coordenadas quanto à *Transparência dos Tribunais de Contas e dos jurisdicionados*; (4) a Instrução Normativa do TCE/MA nº 59, de 22.04.2020, que dispõe sobre a forma de fiscalização, por parte do Tribunal de Contas do Estado do Maranhão (TCE/MA), dos sítios e portais de transparência dos entes da Administração Direta, Indireta e Fundacional de quaisquer dos Poderes do Estado e dos Municípios; (5) o trabalho efetuado no TCE/RS sobre transparência ativa dos municípios, que demonstra a evolução e a melhora dos repositórios oficiais de informação[5] e; (6) o importante levantamento[6] realizado pela entidade Transparência Internacional, que avaliou o nível de disponibilização das informações sobre contratações emergenciais dos entes da federação, sobre a temática referente ao combate à covid-19.

Os resultados das *boas práticas* referidas exemplificativamente revelam a importância que os Tribunais de Contas adquirem no sentido de *avaliar* e *fomentar o aprimoramento dos portais de transparência* em consonância com o papel de colaboração e orientação.

A noção de *controle externo 4.0*, que se reitera no presente estudo, deverá acolher a necessária *atuação dialógica, colaborativa e horizontal* entre controle interno, externo e social, portanto, muito além da visualização, de certa forma simplista, dos Tribunais de Contas como meros fiscalizadores.

O *papel dialógico, pedagógico e colaborativo* (no sentido de fornecer e receber informações e conhecimentos) deverá ser constante na atuação do controle externo do século XXI, propósito previsto na Lei do Governo Digital ao mencionar *redes de conhecimento* (art. 17 da Lei nº 14.129/21).[7]

Nesses novos tempos, de emergências e *insustentabilidades multidimensionais* (fiscal, financeira, econômica, social e ambiental), a gestão pública deverá ser plural (portanto, inclusiva e dialógica com a sociedade) sem o esquecimento do interesse público, que por certo abrange também os interesses das futuras gerações. A gestão pública, além

---

[3] Plataforma com centena de bases de dados resultantes de acordos de cooperação entre várias instituições públicas e o TCU, com informações que têm como destinatários os partícipes do controle externo, interno e social. Para mais detalhes, vide a Portaria nº 102/2020 do TCU, com destaque para o seu art. 4º, que elenca os objetivos, como o de garantir informações destinadas ao cumprimento da missão institucional dos Tribunais de Contas (para além de quantidade, também visando a qualidade e tempestividade). A lógica de fomentar o intercâmbio de informações e proporcionar a exploração de dados, mediante uso de recursos de tecnologia, também se encontra presente, nos termos recomendados na Lei do Governo Digital. Disponível em: https://portal.tcu.gov.br/lumis/portal/file/fileDownload.jsp?fileId=8A81881E72E6BE55017305B43F4A3157&inline=1. Acesso em: 18 fev. 2022.

[4] Estabelecida mediante Acordo de Cooperação Técnica entre a ATRICON (Associação Nacional dos membros dos Tribunais de Contas do Brasil), o Instituto Rui Barbosa (IRB), TCU, TCEs e TCMs, com diretrizes aprovadas pela Resolução nº 07/2014. Iniciativa que também poderá contribuir para o aperfeiçoamento dos Portais Eletrônicos de Transparência Fiscal, assim como na implementação das diretrizes constantes na Lei do Governo Eletrônico. Para mais detalhes, vide: https://irbcontas.org.br/infocontas/. Acesso em: 18 fev. 2022.

[5] Disponível em: http://portal.tce.rs.gov.br/docs/transparencia_2018/relatorio_transparencia_2018.pdf. Acesso em 18 fev. 2022.

[6] Disponível em: https://irbcontas.org.br/ranking-indica-bons-indices-de-transparencia-nos-gastos-com-a-covid-19-em-estados-e-municipios/. Acesso em: 18 fev. 2022.

[7] Contextualizada, *v.g.*, no art. 7º do Decreto nº 10.332/20, com a criação da Rede Nacional de Governo Digital – Rede Gov.br com a finalidade de promover o intercâmbio de informações e a articulação de medidas para a expansão da Estratégia de Governo Digital).

de plural, deverá ter *duração razoável*,[8] concedendo, por vezes, *respostas imediatas* (*v.g.* como se fez necessário quanto às demandas da crise sanitária),[9] assim como também *políticas públicas estáveis e duradouras* (*v.g.* como se requer na tutela do meio ambiente), mediante planejamento a longo prazo, e *ações de Estado* e não meramente de governo, que é transitório (restritas a mandatos de exíguo lapso temporal).[10]

A concepção de *controle externo 4.0* deverá considerar, além da noção da *atuação transtemporal* (que tutela os interesses das futuras gerações, em somatório à tutela das presentes gerações), a necessária *transparência transterritorial*, o que somente se torna possível mediante atuação conectiva e com amparo nas novas tecnologias (*v.g.* a *interoperabilidade de dados entre órgãos públicos* disciplinada nos arts. 38 a 41 da Lei nº 14.129/2021).

Embora não seja o propósito específico do presente estudo, é importante que se ressalte a relevância da *ciber@dministração pública* e do *controle externo 4.0*,[11] interligados ao que se almeja do *controle social 4.0* viabilizado pelos portais eletrônicos de transparência fiscal.

Ao se abordar os mecanismos de atuações no exercício do controle externo, sob a perspectiva da transparência de dados públicos (financeiros e/ou de outras naturezas – *v.g.* dados ambientais, nos termos de sua Lei de Acesso à Informação específica – Lei nº 10.650/2003[12]), as novas tecnologias e inovação merecem acolhida, conforme demonstram pesquisas (*v.g.* CIARLI *et al.*, 2021; GONGA *et al.*, 2020; PITTAWAYA *et al.*, 2020; PUTRIJANTI, 2019; RISTIANDY, 2020), em cotejo com as determinações legais constantes na recente Lei do Governo Digital (Lei nº 14.129/2021).

A Lei do Governo Digital tem como diretrizes para maior eficiência pública: a desburocratização, a transparência, o incentivo à participação social e o uso da tecnologia para otimizar processos de trabalho, de maneira a promover com maior efetividade o *direito e dever constitucional e legal de informação e transparência*, quer seja na perspectiva nacional, quer seja na perspectiva internacional (como os Objetivos de Desenvolvimento Sustentável nº 9, 16 e 17 da Agenda da ONU para 2030 deixam claro).

Há importância na avaliação de como a Inteligência Artificial (IA), Internet das Coisas (IoC), instrumentos disruptivos de gestão e de controle da Administração Pública poderão trazer reflexos positivos a contornar as presentes crises financeira, econômica, social e ambiental. A indagação apresentada em outras pesquisas, como *qual know-how*

---

[8]   Assim como as Leis Orçamentárias deverão estar em sintonia a curto, médio e longo prazo.

[9]   Com destaque à *transparência ampliada* inaugurada pela Lei nº 13.979/2020, tema de estudo específico: CUNDA, Daniela Zago G.; RAMOS, Letícia A. A Ciber@dministração Pública e Controle 4.0, seus desafios em tempo de pandemia do coronavírus, e a transparência ampliada (para além de translúcida). *In*: LIMA, Luiz Henrique *et al.* (coord.). *Os Desafios do Controle Externo diante da pandemia da COVID 19*: Estudos dos Ministros e Conselheiros Substitutos dos Tribunais de Contas, Belo Horizonte: Fórum, 2020.

[10] A propósito, talvez a Lei nº 14.129/2021 tivesse sido mais bem *batizada* com a nomenclatura de Lei do Estado Digital.

[11] Nos termos delimitados nos seguintes estudos: CUNDA, Daniela Zago Gonçalves da. *O Dever Fundamental à Saúde e o Dever Fundamental à Educação na Lupa dos Tribunais (para além) de Contas*. Ebook, Porto Alegre: Editora Simplíssimo Livros, 2013. E posteriormente: CUNDA, Daniela Zago G.; RAMOS, Letícia A. A Ciber@dministração Pública e Controle 4.0, seus desafios em tempo de pandemia do coronavírus, e a transparência ampliada (para além de translúcida). *In*: LIMA, Luiz Henrique *et al.* (coord.). *Os Desafios do Controle Externo diante da pandemia da COVID 19*: Estudos dos Ministros e Conselheiros Substitutos dos Tribunais de Contas, Belo Horizonte: Fórum, 2020.

[12] Disponível em: http://www.planalto.gov.br/ccivil_03/leis/2003/l10.650.htm#:~:text=L10650&text=LEI%20No% 2010.650%2C%20DE%2016%20DE%20ABRIL%20DE%202003.&text=Disp%C3%B5e%20sobre%20o%20 acesso%20p%C3%BAblico,e%20entidades%20ºtegrantes%20do%20Sisnama. Acesso em: 18 fev. 2022.

os gestores do governo local precisam para liderar a transformação digital? (PITTAWAYA, *et al.*, 2020), também é aplicável quanto ao controle externo, que deverá ser 4.0 e ser representativo, até, dos interesses das futuras gerações. Já as presentes gerações, deverão ter possibilidade de acesso aos dados públicos, possibilidade de participação nas decisões mais impactantes à coletividade, assim como realizar o *controle social e digital da qualidade das políticas públicas,* nos termos da recente Lei do Governo Digital (Lei nº 14.129/2021).[13] Em consonância, estudos afirmam (GONGA, *et al.*, 2020) que a transformação digital (DT) é um imperativo estratégico para os governos e instituições que visam a melhorar seus serviços e eficiência; na mesma linha, são as recentes diretrizes legais em nosso ordenamento jurídico, como a Lei nº 14.129/2021, e as metas internacionais, como as previstas nos ODS (com caráter instrumental) constantes na Agenda 2030 da ONU (ODS nº 16 – instituições eficazes- e ODS nº 17 – parceria global –, além do mencionado fomento à inovação constante no ODS nº 9).

Nem todos os cidadãos têm a devida noção de suas possibilidades de atuação mais ativa, das informações e dados que deveriam lhe ser disponibilizados de maneira proativa, mediante o devido cumprimento da Lei de Acesso à Informação, da Lei de Acesso às Informações Ambientais, Lei de Responsabilidade Fiscal, da própria Lei de Proteção de Dados, dentre outros diplomas legais. Nem todos os administradores públicos, de maneira espontânea, disponibilizam os vários dados atinentes às políticas públicas. Assim, cenários com *opacidade fiscal* ou com *apatia cívica ou de desinformação do direito de controle social* ensejam uma atuação firme dos Tribunais de Contas.

Tanto a noção da *Administração Pública 4.0* como a de *controle externo 4.0* não se restringem à utilização de novas tecnologias, mas deverão ser acrescidas da lógica de *atuação em rede*, de maneira *dialógica e transterritorial*, dando voz à sociedade, com ações que viabilizem o acesso responsável às informações e aos dados públicos – com zelo ao *dever de transparência* e com respeito e *proteção de dados* (CRAVO, CUNDA, RAMOS, 2021). Em cenários como esse, com possibilidade de participação ativa na tomada de decisões e na implementação de políticas públicas (*v.g.* consultas e audiências públicas, e não meros simulacros), assim como com perspectivas de controlar e se manifestar quanto aos resultados das políticas públicas, o *controle social 4.0* também terá espaço e acolhida, temática desenvolvida a seguir.

5 Atores do *controle social* 4.0 e seus mecanismos de atuação

Até o presente momento da investigação não restam dúvidas das determinações constitucionais e legais a promover a possibilidade de acesso às informações e dados públicos e o papel dos Tribunais de Contas nesse contexto. Cabe, pois, questionar a necessidade de reformulação da atuação administrativa e do controle externo, no sentido de serem mais céleres e dialógicos com a sociedade, que tem o direito de ter acesso a informações e, por consequência, possibilidade de participar mais ativamente ao diagnosticar inconsistências administrativas (no exercício do controle social), bem

---

[13] Temáticas em desenvolvimento na seguinte pesquisa junto à USP/EACH: CUNDA, Daniela Zago G. (pós-doutoranda); BLIACHERIENE, Ana Carla (Supervisora): *A atuação em rede do Controle Externo 4.0 e da Ciber@ dministração Pública na concretização do dever constitucional de sustentabilidade e dos Objetivos de Desenvolvimento Sustentável da Agenda 2030 da ONU.*

como nas tomadas de decisões na esfera pública, como verdadeiros partícipes em ações para uma maior equidade intra e intergeracional.

No que tange aos *atores do controle social* e respectivo *pacote de instrumentos de cibercidadania*, é salutar que tenham possibilidades de atuação (*v.g.* tomar conhecimento de ato ou fato irregular ou ilegal, mediante informação obtida no portal de transparência). Tais ações cívicas deverão ser propiciadas tanto na esfera administrativa (*v.g.* representação, denúncia ou notícia-fato) como na esfera judicial (*v.g.* ação popular ou ação civil pública), além da oportunidade de diálogo com o órgão do controle externo, Ministério Público e Poder Judiciário.

Na perspectiva de atuação dialógica e colaborativa referida, em momento que a democracia tem sido colocada em xeque, mais presente se torna a necessidade de viabilidade do exercício da cidadania, para além do mero ato de votar, a ensejar uma transparência efetiva, com amplo acesso à informação confiável e direito de participação mais ativa do cidadão, que há muito deixou de ser *mero administrado* e deverá ter possibilidade de exercício da *democracia direta*. Importantes passos já foram dados pelos Tribunais de Contas, mas que deverão ampliar ainda mais a fiscalização da disponibilização de dados e informações pelos gestores públicos nos *portais eletrônicos de transparência fiscal*, inegáveis deveres previstos na Constituição da República Federativa do Brasil, assim como constam estampados em várias leis infraconstitucionais, que merecem uma leitura conjunta com a nova Lei do Governo Digital – Lei nº 14.129/2021 – e ferramentas tecnológicas nela previstas.

O cidadão deverá ter condições de ter acesso a informações oficiais e confiáveis, de maneira acessível, *na palma de sua mão*, com um simples *clique* (cf. o inc. I do art. 3º da Lei nº 14.129/2021), ou seja, uma espécie de *smart information*. Na mesma linha, para além de ser informado, o cidadão deverá ter direito de manifestação em todas as situações em que houver previsão legal nesse sentido, em seu exercício de *cibercidadania*, ou dito de outra forma, mediante a possibilidade de *smart citizenship*, com ênfase na utilização das novas tecnologias para a efetivação do controle social (*smart control*), como mais uma forma de auxiliar no aprimoramento de políticas públicas mais eficientes. Na mesma lógica das cidades inteligentes, em que as novas tecnologias deverão ser utilizadas para melhorar a qualidade das políticas públicas, ampliar a interatividade entre cidadãos e governo, o controle externo deverá ser mais tecnológico e *indutor do controle social* (cf. o inc. V do art. 3º da Lei 14.129/2021), aliado para uma fiscalização mais ágil e que não chegue tardiamente, ainda mais considerando que muitos prejuízos causados pelas políticas públicas ineficientes são irreversíveis (como o colapso ambiental).[14]

Lapidada a relevância dos portais eletrônicos e da atuação em sintonia dos controles externo e social, mediante, até, a apresentação de algumas boas práticas, passa-se a um enfrentamento da temática com pinceladas críticas.

---

[14] Propostas que compõem pesquisa em andamento junto à USP/EACH: CUNDA, Daniela Zago G. da; BLIACHERIENE, Ana Carla (pós-doutoranda e supervisora respectivamente): *A atuação em rede do Controle Externo 4.0 e da Ciber@dministração Pública na concretização do dever constitucional de sustentabilidade e dos Objetivos de Desenvolvimento Sustentável da Agenda 2030 da ONU*. 2022.

6 Possibilidades e limites dos portais eletrônicos de transparência fiscal para o controle social 4.0

Em conformidade com a exposição dos tópicos precedentes, pode-se agora explorar as possibilidades e os limites que o *portal eletrônico de transparência fiscal* traz para o controle social. O assunto está situado na tríade da relação *emissor-mensagem-receptor*. O *emissor* é o Poder Público (Administração Pública). A *mensagem* é o conjunto dos dados publicados. O *receptor* é, em regra, a sociedade. Afigura-se necessário, para o êxito da comunicação, que os propósitos dos três componentes da relação sejam atendidos em plenitude (ou satisfatoriamente pelo menos). Quer dizer, o emissor tem a obrigação de informar tempestiva e adequadamente e a mensagem veiculada deve expressar conteúdo compreensível sob o ponto de vista do receptor. É nesse contexto que se analisa o alcance e os limites do portal eletrônico de transparência fiscal como instrumento para o controle social, à luz da legislação financeira do Brasil.

As possibilidades e as limitações do portal de transparência fiscal mantêm estreita relação com a natureza e a amplitude do seu conteúdo e com a forma de linguagem utilizada para comunicar as informações ao cidadão. Como se fundamenta essa racionalidade?

Nas seções anteriores, com primazia, foram demonstradas as possibilidades trazidas pelos portais eletrônicos de transparência fiscal no exercício do *controle social 4.0*. As previsões constitucionais e legais são robustas para salvaguardar os *direitos/ deveres fundamentais de informação, transparência e proteção de dados*. O papel fiscalizatório dos Tribunais de Contas recebe guarida na legislação constitucional e infraconstitucional. Contudo, a implementação do *controle externo* nessa seara requer reformulações, também ponto de análise nos itens antecessores, sob pena de se ampliarem os limites quanto ao controle social.

Nos países não democráticos, resta comprometido o grau de percepção da corrupção, mesmo com razoável nível de transparência (ABREU; GOMES, 2021), demonstrando que a possibilidade do próprio exercício da *democracia direta* é uma condição/ limite para o exercício do controle social. Noutros termos, a maturidade das instituições democráticas de um país e demais entes federativos é premissa básica para o exercício do controle social.[15]

No que tange ao *controle social* aditivado das possibilidades efetivas e concretas do *cibercontrole*, aqui denominado de *controle social 4.0*, acrescenta-se a premissa básica do *acesso às informações digitais*, mediante tutela dos excluídos digitais,[16] assim como mediante proteção de dados (no limite exato a propiciar a transparência e publicidade). Ademais, há que se ter cautela quanto à *inteligibilidade* dos dados públicos fornecidos

---

[15] Sobre variáveis fiscais e socioeconômicas que influenciam o nível de transparência fiscal dos Estados brasileiros, bem como a influência de variáveis políticas no nível de transparência fiscal desses Estados, vide: ZUCCOLOTTO, Robson; TEIXEIRA, Marco Antonio Carvalho. As Causas da Transparência Fiscal: Evidências nos Estados Brasileiros. *R. Cont. Fin. – USP*, São Paulo, v. 25, n. 66, p. 242-254, set./out./nov./dez. 2014, disponível em: https://www.scielo.br/j/rcf/a/Lct6sMGqQCCqkxHXHV8sHbF/?format=pdf&lang=pt, acesso em: 18 fev. 2022.

[16] Nesse ponto andou bem a Lei do Governo Digital ao estabelecer em seu art. 14 que "a prestação digital dos serviços públicos deverá ocorrer por meio de tecnologias de amplo acesso pela população, inclusive pela de baixa renda ou residente em áreas rurais e isoladas, sem prejuízo do direito do cidadão a atendimento presencial".

pelos gestores públicos, sob pena de se ter apenas *translucidez* e não *transparência propriamente dita.*[17]

A rigor, considerando que os dados públicos (financeiros/fiscais, objeto central deste estudo) deverão estar disponíveis nos portais eletrônicos, presume-se que o controle social, por consequência, terá vazão com a utilização das novas tecnologias, de forma que o adjetivo *4.0* ao *controle social* poderia aparentar *pleonasmo*. Entretanto, de maneira a conceder *enforcement*, assim como destacar que, para além de acesso às informações públicas, o cidadão deverá ter condições de compreender e confiar nos dados publicados, além de deter possibilidade de questionar as informações e ter voz ativa, optou-se por ressaltar o *controle social* como *4.0*. Pressupõe-se, destarte, a noção de *cibercidadania* (PÉREZ LUÑO, 2004) em sintonia com a *ciber@dministração pública*, que, por sua vez, tem como um dos seus pilares o eficiente *controle interno 4.0*.

O conteúdo expresso no portal eletrônico de transparência fiscal, como visto no tópico 2, decorre da operacionalização das quatro etapas do processo orçamentário (elaboração, deliberação, execução e controle/avaliação das leis orçamentárias do País). Assim, exceto a administração tributária, praticamente, todos os atos e fatos da atividade financeira do ente federativo estão contidos no portal de transparência ao dispor da sociedade. Essa riqueza de dados possibilita ao cidadão tomar conhecimento de múltiplas informações de natureza orçamentária, financeira, patrimonial, contábil e operacional do Estado, ao longo do ano (exercício financeiro).

Está no *Manual de Transparência Fiscal* do Fundo Monetário Internacional (FMI) que "o processo orçamentário e as informações apresentadas na documentação orçamentária são cruciais para a transparência fiscal. Salvo raríssimas exceções, o orçamento anual é o principal instrumento usado pelo governo para definir a política fiscal" (REHM, 2008, p. 47). Para além da definição da política fiscal em si, a importância dessa assertiva do FMI reside no fato de que o orçamento anual constitui verdadeiramente o meio institucional (legal e gerencial) para viabilizar a finalidade ética do Estado.

O *Código de Boas Práticas para a Transparência Fiscal*, constante do *Manual de Transparência Fiscal* do Fundo Monetário Internacional (FMI), por sua vez, estabelece algumas recomendações fundamentais para o processo orçamentário, a saber: (1) definição clara de funções e responsabilidades (no âmbito da Administração Pública); (2) abertura dos processos orçamentários; (3) acesso público à informação e (4) garantias de integridade. Desse quadro, merecem destaque os seguintes preceitos:

> A gestão das finanças públicas deve inscrever-se num quadro jurídico, regulatório e administrativo claro e aberto; a elaboração do orçamento deve seguir um cronograma pré-estabelecido e orientar-se por objetivos de política fiscal e macroeconômica bem definidos; devem ser instituídos procedimentos claros de execução, monitoramento e declaração de dados do orçamento; o público deve ser plenamente informado sobre as atividades fiscais passadas, presentes e programadas e sobre os principais riscos fiscais; as informações fiscais devem ser apresentadas de uma forma que facilite a análise de política econômica e promova a responsabilização; deve-se assumir o compromisso de divulgar

---

[17] Temática mais bem desenvolvida no seguinte estudo: CUNDA, Daniela Zago G.; RAMOS, Letícia A. A Ciber@ dministração Pública e Controle 4.0, seus desafios em tempo de pandemia do coronavírus, e a transparência ampliada (para além de translúcida). *In:* LIMA, Luiz Henrique *et al.* (coord.). *Os Desafios do Controle Externo diante da pandemia da COVID 19:* Estudos dos Ministros e Conselheiros Substitutos dos Tribunais de Contas, Belo Horizonte: Fórum, 2020.

as informações fiscais tempestivamente; as informações fiscais devem satisfazer normas aceitas de qualidade de informações; as atividades fiscais devem seguir procedimentos internos de supervisão e salvaguarda; as informações fiscais devem ser objeto de escrutínio externo (REHM, 2008, p. 4-7).

Esses preceitos constituem aquilo que deve ser observado pelos governos na institucionalização da transparência fiscal. Contém regras tanto para o conteúdo das informações quanto para a forma do seu acesso público. Busca, a rigor, fixar a estrutura e os procedimentos de transparência fiscal a fim de que haja confiabilidade nos dados que serão gerados e postos à disposição da sociedade.

Em grande medida, a legislação de Direito Financeiro no Brasil, notadamente após a edição da Lei Complementar nº 101, de 4 de maio de 2000 (LRF), e a contabilidade aplicada ao setor público, respondem adequadamente a essas recomendações do FMI e determinam o padrão mínimo dos dados a serem divulgados no *portal eletrônico de transparência fiscal*, mediante a especificação da natureza e da extensão das informações. Em princípio, com base em todo o exposto, tende-se a considerar que o conteúdo informacional do portal possui amplitude suficiente para que o cidadão possa dele fazer uso.

Esse modelo de transparência fiscal do Brasil foi objeto de uma avaliação pelo Departamento de Finanças Públicas do Fundo Monetário Internacional (FMI), que esteve em missão por aqui no período de 1º a 14 de junho de 2016, a pedido do então Ministério da Fazenda. O objetivo foi avaliar as práticas de transparência fiscal no País em comparação com as exigências do *Código de Boas Práticas para a Transparência Fiscal*, constante do *Manual de Transparência Fiscal* do Fundo Monetário Internacional (FMI). O resultado desse trabalho consta de relatório específico que traz em resumo o seguinte (CLEMENTS, 2017, p. 6-8):

a) apesar do advento da legislação sobre a responsabilidade fiscal, várias deficiências em termos de transparência fiscal tiveram efeitos adversos sobre a qualidade da política fiscal, mas muitas delas estão sendo resolvidas;

b) o Brasil obteve progresso considerável ao longo das últimas décadas na prestação de informações regulares sobre o orçamento e a sua execução em todos os níveis de governo, em parte graças à Lei de Responsabilidade Fiscal (LRF);

c) as práticas do Brasil atendem muitos dos princípios do Código de Transparência Fiscal, em níveis bons ou avançados;

d) o público em geral tem acesso a um grande volume de informações sobre o orçamento por meio de *websites* e bases de dados *on-line*;

e) a avaliação destaca uma série de áreas em que as práticas de transparência fiscal do Brasil poderiam ser melhoradas ainda mais;

f) o relatório de avaliação propõe recomendações destinadas a reforçar as informações para a tomada de decisões e garantir que o Brasil siga as melhores práticas relacionadas à transparência fiscal.

Por fim, ainda que os pontos positivos sejam relevantes, pondera-se aqui a chance da existência de alguns problemas operacionais que podem acarretar limitações e deficiências aos portais eletrônicos de transparência fiscal: (1) *simulacros de portais eletrônicos*, em situações de apresentação de dados sem atualização instantânea e/ou de difícil compreensão; (2) *apatia cívica* em situações que os dados orçamentários não são consultados e/ou debatidos pelos cidadãos; (3) ausência do cumprimento da *transparência em rede*, em especial quanto aos *direitos/deveres fundamentais* que ensejam políticas públicas *transterritoriais* e (4) complacência das Cortes de Contas que não responsabilizam a *opacidade fiscal*; dentre outros limitadores que maculam o perfeito exercício do *controle social 4.0* e ainda serão retomados nas considerações conclusivas a seguir sintetizadas.

Eventuais outras limitações do *portal eletrônico de transparência fiscal* devem ser analisadas sob o ponto de vista do receptor da mensagem. A perspectiva do cidadão deve ser considerada em primeiro lugar e com respeito (OCDE, 2002). O modo como os dados são sistematizados para consulta, por parte dos membros da sociedade, depende das ferramentas de tecnologia da informação e comunicação utilizadas na configuração dos portais de transparência fiscal. As bases para a adequada compreensão do conteúdo estão condicionadas ao tipo de linguagem (acessível ao cidadão comum?) e às funcionalidades programadas para acessar as informações (acesso amigável?). Não foram localizadas, para efeito do presente estudo, pesquisas acadêmicas voltadas para aferição do grau de compreensão da sociedade em relação às informações prestadas nesses portais de transparência.

Afigura-se razoável argumentar que a neutralização das limitações (ou mesmo sua redução no nível mínimo) ocorrerá na medida em que a linguagem e a consulta estiverem em uma condição tal que o cidadão comum possa interagir com o portal (ou plataforma) sem necessariamente ter sido treinado em profundidade em finanças públicas e contabilidade. Esse é o ponto a ser observado para que a relação *emissor-mensagem-receptor* produza comunicação eficiente e amplie as possibilidades do exercício do *controle social 4.0*.

7 Considerações finais

O estudo buscou saber em que medida o *portal eletrônico de transparência fiscal*, monitorado pelo Tribunal de Contas, pode contribuir para o exercício do controle social. Cinco questões foram analisadas como linha de raciocínio para a compreensão dessa pergunta de partida: conceito e características do portal eletrônico de transparência fiscal; o conteúdo do portal de transparência fiscal; como se dá o papel fiscalizador dos Tribunais de Contas do Brasil; quais são os atores do *controle social 4.0* e que mecanismos utilizam em suas atuações; quais as possibilidades e os limites dos portais eletrônicos de transparência fiscal para o *controle social 4.0*?

Foi possível delimitar os três aspectos do portal eletrônico de transparência fiscal caracterizadores da sua natureza e finalidades: *expressão* do princípio do dever de prestar contas por parte dos mandatários dos Poderes Públicos e demais responsáveis por órgãos autônomos, nas esferas federal, estadual, distrital e municipal; *mecanismo* por excelência de transparência dos atos governamentais decorrentes da execução do orçamento público. *Instrumento* de reconhecimento do direito de acesso da sociedade à informação produzida (ou mantida) pelo seu governo. Em síntese, o portal eletrônico de transparência fiscal expressa o dever de prestar contas, torna transparente os atos de governo e instrumentaliza o direito de acesso da sociedade às informações.

Explicitou-se a base legal para o conteúdo do portal eletrônico da transparência fiscal e a composição dos seus dados, que deve incluir todos os atos praticados nas etapas do processo orçamentário do ente federativo, quais sejam, as leis orçamentárias, a realização da receita, a execução da despesa e as prestações de contas durante e após o exercício financeiro.

Realçou-se o papel do Tribunal de Contas, enquanto órgão de controle externo, na fiscalização dos portais eletrônicos de transparência fiscal disponibilizados pelos entes federativos. O controle exercido pelas Cortes de Contas, com fundamento em sua matriz de competências, compreende o uso adequado e oportuno de suas espécies fiscalizatórias (acompanhamento, monitoramento, levantamento, inspeção e auditoria) a fim de verificar o cumprimento das exigências constitucionais e legais para a produção e manutenção desses instrumentos de transparência por parte dos fiscalizados. No limite, o que se espera do Tribunal de Contas é que sejam verificadas a regularidade e a qualidade das informações colocadas à disposição da sociedade para conhecimento e eventual iniciativa de ação de controle.

No tocante aos atores do controle social e os seus mecanismos de atuação, o exame procurou identificar os instrumentos legais de ação disponíveis aos cidadãos, tendo em vista o contexto das suas relações com o Estado. Assim, ao tomar conhecimento de ato ou fato irregular ou ilegal, veiculado no portal de transparência, o cidadão (individual ou coletivamente) dispõe de expedientes diversos para requerer providências ante a(s) autoridade(s) competente(s) para resolver a demanda. Tais meios a serem manejados são de natureza administrativa (representação, denúncia ou notícia-fato) ou judicial (ação popular ou ação civil pública) e podem ser submetidos ao Tribunal de Contas, ao Ministério Público e ao Poder Judiciário, conforme a situação-problema encontrada e a conveniência do requerente.

O alcance e os limites do *portal eletrônico de transparência fiscal* guardam relação direta com a natureza e abrangência do seu conteúdo e com o tipo de linguagem adotada para comunicar as informações ao público. A legislação financeira determina o padrão mínimo dos dados a serem divulgados, especificando sua natureza e abrangência, o que demarca o seu alcance informacional. A forma como esses dados são dispostos para visualização e compreensão, por parte dos cidadãos, depende das ferramentas de tecnologia da informação e comunicação utilizadas na configuração do portal (também objeto de tutela pela Lei do Governo Digital). Os limites para a compreensão dos dados estão condicionados ao tipo de linguagem (acessível ao cidadão comum?) e às funcionalidades programadas para acessar as informações (acesso amigável?).

Na análise dessas cinco questões intermediárias, de modo sequencial e encadeado, verificou-se que os dados exigidos para veiculação no portal eletrônico de transparência fiscal dos entes federativos – União, Estados, Distrito Federal e Munícipios – tendem a propiciar informações úteis e tempestivas para o efetivo controle social pelos diversos atores sociais aptos para o seu exercício. Entretanto, argumenta-se no sentido de que estes instrumentos necessitam fortemente de aprimoramento, quanto ao seu conteúdo e à linguagem técnica adotada, de sorte a torná-los mais inteligíveis para o cidadão comum que não dispõe em geral de formação em finanças públicas e contabilidade.

Em suma, como anunciado nas linhas iniciais, o presente estudo pretendeu trazer reflexões quanto às contribuições dos *portais eletrônicos de transparência fiscal*, disponibilizados pelas entidades federativas, para o exercício do *controle social 4.0*. A legislação financeira já consolidada há algumas décadas, com posteriores alterações legislativas a modernizá-la, combinada com a Lei do Governo Digital corroboram o papel dos Tribunais de Contas do Brasil como órgão fiscalizador e *provedor da transparência fiscal*. Passos importantes são constatados nos próprios *portais eletrônicos* das Cortes de Contas, que ao mesmo tempo deverão ser *indutores do atuar transparente* dos gestes e da fruição dos dados fiscais pelo cidadão, assim como atuar firmemente, mediante *responsabilização dos administradores contumazes na opacidade de dados fiscais*, que obstaculizam o mais amplo controle social. Para tal, será essencial a democracia propiciar instituições independentes, assim como a viabilidade da *democracia direta*, com acesso responsável aos dados públicos e com capacidade de voz ativa aos cidadãos nas tomadas de decisões e avaliação da qualidade dos serviços públicos.

Após a vigência da Lei nº 14.129, de 29 de março de 2021 (Lei do Governo Digital), a *transparência digital* ficou mais cristalina, ressaltando a importância da utilização de Tecnologias de Informação e Comunicação (TIC) de forma a ampliar o necessário diálogo entre os administradores e a sociedade, mediante a tutela (dentro de sua esfera de atuação constitucional) dos Tribunais de Contas. Na realidade, esse dispositivo legal fortifica a noção de *accountability* e transparência, concedendo maior *sindicabilidade cibernética* da Administração Pública.

Por fim, registre-se que o pouco espaço disponível para o artigo e a escassez de informações sensibilizaram os limites do estudo. Por isso, o tema apresentado não se esgota aqui, podendo ser examinado sob outras facetas, de sorte a sedimentar o *direito/dever fundamental de acesso à informação* e, por consequência, a democracia participativa.

Referências

ABREU, W. M. de; GOMES, R. C. (2021). Transparência fiscal explica a percepção da corrupção, mas Democracia importa! *Revista de Contabilidade e Organizações*, 15:e182094. DOI: http://dx.doi.org/10.11606/issn.1982-6486.rco.2021.182094. Acesso em: 18 fev. 2022.

AVELAR, Lúcia. Participação política. *In*: AVELAR, Lúcia; CINTRA, Antônio Octávio (org.). *Sistema Político Brasileiro*: uma introdução. 2. ed. Rio de Janeiro: Konrad-Adenauer-Stiftung; São Paulo: Editora Unesp, 2007, p. 261-280.

BINENBOJM, Gustavo. O princípio da publicidade administrativa e a eficácia da divulgação de atos do poder público pela Internet. *Revista de Direito Público*, Belo Horizonte, v. 13, abr./jun. 2006.

BLIACHERIENE, Ana Carla. *Controle da Eficiência do Gasto Orçamentário*. 1. ed. Belo Horizonte: Fórum, 2016.

BOBBIO, Norberto. *Democracia e segredo*. Organização de Marco Revelli. Tradução de Aurélio Nogueira. São Paulo: Editora Unesp, 2015.

BONAVIDES, Paulo. *Curso de Direito Constitucional*. 32. ed. atual. São Paulo: Malheiros, 2017.

BRASIL. Congresso Nacional. Constituição da República Federativa do Brasil de 1988. *Diário Oficial da República Federativa do Brasil*, Poder Legislativo, Brasília, DF, 1988. Disponível em: http://www.planalto.gov.br/ccivil_03/constituicao/ConstituicaoCompilado.htm. Acesso em: 6 fev. 2022.

BRASIL. *Constituição (1988)*. Constituição da República Federativa do Brasil. Organização de Alexandre de Moraes. 51. ed. versão atualizada e ampliada. São Paulo: Atlas, 2021.

BRASIL. Congresso Nacional. Lei nº 4.320, de 17 de março de 1964. Estatui Normas Gerais de Direito Financeiro para elaboração e controle dos orçamentos e balanços da União, dos Estados, dos Municípios e do Distrito Federal. *Diário Oficial [da] República Federativa do Brasil*. Poder Executivo. Brasília, DF, 23/mar. 1964, retificada em 9 abr. 1964 e em 3 jun. 1964. Disponível em: http://www.planalto.gov.br/ccivil_03/leis/L4320compilado.htm#veto. Acesso em: 6 fev. 2022.

BRASIL. Congresso Nacional. Lei nº 5.172, de 25 de outubro de 1966. Dispõe sobre o Sistema Tributário Nacional e institui normas gerais de direito tributário aplicáveis à União, Estados e Municípios. *Diário Oficial [da] República Federativa do Brasil*. Poder Executivo. Brasília, DF, 25/out. 1966. Disponível em: http://www.planalto.gov.br/ccivil_03/leis/l5172compilado.htm. Acesso em: 6 fev. 2022.

BRASIL. Congresso Nacional. Lei Complementar nº 101, de 4 de maio de 2000. Estabelece normas de finanças públicas voltadas para a responsabilidade na gestão fiscal e dá outras providências. *Diário Oficial [da] República Federativa do Brasil*. Poder Executivo. Brasília, DF, 5 de maio 2000. Disponível em: http://www.planalto.gov. br/ccivil_03/leis/LCP/Lcp101.htm. Acesso em: 6 fev. 2022.

BRASIL. Congresso Nacional. Lei nº 12.527, de 18 de novembro de 2011. Regula o acesso a informações previsto no inciso XXXIII do art. 5º, no inciso II do §3º do art. 37 e no §2º do art. 216 da Constituição Federal; altera a Lei nº 8.112, de 11 de dezembro de 1990; revoga a Lei nº 11.111, de 5 de maio de 2005, e dispositivos da Lei nº 8.159, de 8 de janeiro de 1991; e dá outras providências. *Diário Oficial [da] República Federativa do Brasil*. Poder Executivo. Brasília, DF, 18 de nov.*2011*. Disponível em: http://www.planalto.gov.br/ccivil_03/_ato2011-2014/2011/lei/l12527.htm. Acesso em: 6 fev. 2022.

BRASIL. Congresso Nacional. Lei nº 14.129/2021, de 29 de março de 2021, que dispõe sobre princípios, regras e instrumentos para o Governo Digital e para o aumento da eficiência pública, *Diário Oficial [da] República Federativa do Brasil*. Disponível em: https://www.in.gov.br/en/web/dou/-/lei-n-14.129-de-29-de-marco-de-2021-311282132. Acesso em: 18 fev. 2022.

BRASIL. Congresso Nacional. Lei º 10.650, de 16 de abril de 2003, que dispõe sobre o acesso público aos dados e informações existentes nos órgãos e entidades integrantes do Sisnama. *Diário Oficial [da] República Federativa do Brasil*. Disponível em: https://legislacao.presidencia.gov.br/atos/?tipo=LEI&numero=10650&ano=2003&ato=8a5QTUq10dRpWTaaf. Acesso em: 18 fev. 2022.

BRASIL. Poder Executivo. Presidência da República. Decreto Federal nº 10.540, de 5 de novembro de 2020. Dispõe sobre o padrão mínimo de qualidade do Sistema Único e Integrado de Execução Orçamentária, Administração Financeira e Controle [*SIAFIC*]. *Diário Oficial [da] República Federativa do Brasil*. Poder Executivo. Brasília, DF, 5 de nov. 2020. Disponível em: http://www.planalto.gov.br/ccivil_03/_Ato2019-2022/2020/Decreto/D10540.htm#art19. Acesso em: 6 fev. 2022.

BRASIL. Tribunal de Contas da União. *Diário Eletrônico*, ano 53, n. 121, 30 jun. 2020. Disponível em: https://portal.tcu.gov.br/lumis/portal/file/fileDownload.jsp?fileId=8A81881E72E6BE55017305B43F4A3157&inline=1. Acesso em: 18 fev. 2022.

CANOTILHO, José Joaquim Gomes. *Brancosos e Interconstitucionalidade:* itinerários dos discursos sobre a historicidade constitucional. Coimbra: Almedina, 2006.

CENEVIVA, Ricardo. *Accountability:* novos fatos e novos argumentos-uma revisão da literatura recente. *Encontro de Administração Pública e Governança EnAPG 2006 – XXX Encontro da ANPAD*. São Paulo, nov. 2006.

CENEVIVA, Ricardo; FARAH, Marta Ferreira Santos. O papel da avaliação de políticas públicas como mecanismo de controle democrático da Administração Pública. *In*: GUEDES, Álvaro Martim; FONSECA, Francisco (org.). *Controle Social da Administração Pública*: cenário, avanços e dilemas no Brasil. São Paulo: Cultura Acadêmica: Oficina Municipal; Rio de Janeiro: FGV, 2007, p. 129-156.

CIARLI, Tommaso; KENNEY, Martin; MASSINI, Silvia; PISCITELLO, Lucia. Digital technologies, innovation, and skills: Emerging trajectories and challenges. *Research Policy*, volume 50, Issue 7; Journal Elsevier; September 2021, p. 1-10. Disponível em: https://doi.org/10.1016/j.respol.2021.104289. Acesso em: 10 fev. 2022.

CLEMENTS, Benedict *et al. Relatório sobre Avaliação da Transparência Fiscal relativo ao Brasil*. Washington, D.C.; USA: International Monetary Fund, 2017. Disponível em: https://www.gov.br/tesouronacional/pt-br/importacao-arquivos/Relat-C3-B3rio-20de-20transpar-C3-AAncia-20-20Portugu-C3-AAs.pdf. Acesso em: 18 fev. 2022.

CRAVO, Daniela; CUNDA, Daniela Zago G. da; RAMOS, Rafael. *Lei Geral de Proteção de Dados e o Poder Público*, Porto Alegre, v. 1, p. 223, 2021. Disponível em: https://prefeitura.poa.br/pgm/noticias/procuradoria-e-tce-orientam-sobre-aplicacao-da-lei-geral-de-protecao-de-dados. Acesso em: 10 fev. 2022.

CUNDA, Daniela Zago G.; RAMOS, Letícia A. A Ciber@dministração Pública e Controle 4.0, seus desafios em tempo de pandemia do coronavírus, e a transparência ampliada (para além de translúcida). *In*: LIMA, Luiz Henrique *et al*. (coord.) *Os Desafios do Controle Externo diante da pandemia da COVID 19:* Estudos dos Ministros e Conselheiros Substitutos dos Tribunais de Contas. Belo Horizonte: Fórum, 2020.

CUNDA, Daniela Zago Gonçalves da. Controle de Sustentabilidade Fiscal pelos Tribunais de Contas: tutela preventiva da responsabilidade fiscal e a concretização da solidariedade intergeracional. *In*: LIMA, Luiz Henrique; SARQUIS, Alexandre (coord.) *Contas Governamentais e Responsabilidade Fiscal:* desafios para o controle externo. Estudos de Ministros e Conselheiros Substitutos dos Tribunais de Contas. Belo Horizonte: Fórum, 2017.

CUNDA, Daniela Zago Gonçalves da. *O Dever Fundamental à Saúde e o Dever Fundamental à Educação na Lupa dos Tribunais (para além) de Contas.* Ebook, Porto Alegre: Editora Simplíssimo Livros, 2013.

CUNDA, Daniela Zago Gonçalves da. Sustentabilidade Fiscal sob a Ótica da Solidariedade e os Direitos Sociais em Xeque. *Revista da Faculdade de Direito de Lisboa,* 2013-a, ano 2, n. 3, 1911-1967. Disponível em: http://www.idb-fdul.com/ ISSN: 2182-7567.

FONSECA, Francisco; BEUTTENMULLER. Democracia, informação e controle social: reflexões conceituais e o papel dos observatórios locais. *In*: GUEDES, Álvaro Martim; FONSECA, Francisco (org.). *Controle Social da Administração Pública*: cenário, avanços e dilemas no Brasil. São Paulo: Cultura Acadêmica: Oficina Municipal; Rio de Janeiro: FGV, 2007, p. 75-102.

FREITAS, Juarez. *O Controle dos Atos Administrativos e os Princípios Fundamentais.* 5. ed. rev. ampliada. São Paulo: Malheiros, 2013.

FREY, Klaus *et al.* O acesso à informação. *In*: SPECK, Bruno Wilhelm (org.). *Caminhos da transparência*: análise dos componentes de um sistema nacional de integridade. Campinas: Editora da Unicamp, 2002, 378-410.

GIL, Antônio Carlos. *Métodos e Técnicas de Pesquisa Social.* 7. ed. 2. reimpr. São Paulo: Atlas, 2021.

GONGA, Yiwei; YANGB, Jun; SHIA, Xiaojie. Towards a comprehensive understanding of digital transformation in government: Analysis of flexibility and enterprise architecture. *Government Information Quarterly*, n. 37, 2020, 101487, p. 1-13, disponível em: https://doi.org/10.1016/j.giq.2020.10148. Acesso em: 12 fev. 2022.

LIMBERGER, Têmis. Transparência administrativa e novas tecnologias: o dever de publicidade, o direito a ser informado e o princípio democrático. *Revista Interesse Público*, Porto Alegre, n. 39, p. 55-71, set./out. 2006.

INSTITUTO RUI BARBOSA, *Resolução nº 07/2014.* Diretrizes de ação e condução da InfoContas. vide: https://irbcontas.org.br/infocontas/. Acesso em: 18 fev. 2022.

MOTTA, Carlos Pinto Coelho. Transparência e divulgação institucional. *Fórum de Contratação e Gestão Pública – FCGP*, Belo Horizonte, n. 105, set. 2010.

MOTTA, Fabrício Macedo. Os princípios da publicidade e [da] transparência administrativa. *In*: CANOTILHO, J. J. Gomes *et al.* (Coordenação científica). *Comentários à Constituição do Brasil.* 2. ed. Coordenação executiva de Léo Ferreira Leoncy. São Paulo: Saraiva Educação. 2018 (Série IDP), p. 957-960.

NABAIS, José Casalta; TAVARES DA SILVA, Suzana. *Sustentabilidade Fiscal em Tempos de Crise.* Coimbra: Almedina, 2011.

OCDE. Organização para a Cooperação e Desenvolvimento Econômico. *O cidadão como parceiro*: manual da OCDE sobre informação, consulta e participação na formulação de políticas públicas. Tradução de Maria Emília Soares Mendes. Ministério do Planejamento, Orçamento e Gestão (MPOG); Secretaria de Gestão (SEGES), 2002.

PÉREZ LUÑO, Antonio Enrique. *Ciberciudadaní@ o ciudadanìa.com?* Barcelona: Gedisa, 2004.

PÉREZ LUÑO, Antonio Enrique. *Los Derechos Fundamentales.* 9. ed. Madrid: Editorial Tecnos, 2007.

PINTO, Élida Graziane *et al.* Política Pública da Saúde e Dever de Enfrentamento da Calamidade: Financiamento e Responsabilização. *In*: MENDES, Gilmar Mendes *et al. Governance 4.0 para Covid-19 no Brasil*: propostas para gestão pública e para políticas sociais e econômicas. São Paulo: Almedina, 2020, p. 313 e ss.

PITTAWAYA, Jeffrey J.; MONTAZEMIB, Ali Reza. Know-how to lead digital transformation: The case of local governments. October 2020, disponível em: https://doi.org/10.1016/j.giq.2020.101474. Acesso em: 12 jul. 2021.

POSTER, Mark. *CyberDemocracy*: Internet and the Public Sphere. Disponível em: www.forumglobal.de/soc/bibliot/p/cyberdemocracy_poster.htm. Acesso em: jul. 2020.

PRZEWORSKI, Adam. O Estado e o cidadão. *In*: BRESSER-PEREIRA, Luiz Carlos; WILHEIM, Jorge; SOLA, Lourdes (org.). *Sociedade e Estado em transformação.* Rio de janeiro: Editora FGV, 1999, p. 325-359.

PRZEWORSKI, Adam. Sobre o desenho do Estado: uma perspectiva *agent* x *principal. In*: BRESSER-PEREIRA, Luiz Carlos; SPINK, Peter (org.). *Reforma do Estado e Administração Pública Gerencial.* 7. ed. 11. reimpr. Rio de janeiro: Editora FGV, 2015, p. 39-73.

PUTRIJANTI, Aju. *Participation of Society in Decision-Making By Government in Industrial Revolution 4.0.* E3S Web of Conferences 125, 0 (2019), disponível no seguinte site: https://doi.org/10.1051/e3sconf/20191250. Acesso em: 11 fev. 2022.

REHM, Dawn Elizabeth; PARRY, Taryn R. *Manual de Transparência Fiscal*. Washington, D.C.; USA: International Monetary Fund, 2008. Disponível em: https://doi.org/10.5089/9781589067455.069. Acesso em: 18 fev. 2022.

RISTIANDY, Risky. Bureaucratic Disruption and Threats of Unemployment in the Industrial Revolution 4.0 Era. *Journal of Local Government Issues LOGOS;* vol. 3, n. 1, p. 86-97, March 2020. DOI: https://doi.org/10.22219/logos.v3i1.10923. Acesso em: 10 fev. 2021.

ROCHA, Heloisa Helena Nascimento. Transparência e *accountability* no Estado Democrático de Direito: reflexões à luz da Lei de Acesso à Informação. *In*: BRASIL. Tribunal de Contas do Estado de Minas Gerais. *Revista do Tribunal de Contas do Estado de Minas Gerais*, Belo Horizonte, ano 1, n. 1, p. 84-95, 2012.

RUARO, Regina Linden; CURVELO, Alexandre Schubert. A participação popular como instrumento de eficácia na prestação dos serviços públicos e acesso à informação. *In*: CANOTILHO, J.J. Gomes *et al.* (coord.). *Comentários à Constituição do Brasil*. 2. ed. São Paulo: Saraiva Educação. 2018 (Série IDP), 961-965.

SÁNCHEZ, Alfredo Chirino. Direito de acesso às informações públicas e ao escrutínio público: a transparência como instrumento de controle democrático *In*: KONDO, Seiichi *et al. Transparência e Responsabilização no Setor Público*: fazendo acontecer. Tradução de Maria Emília Soares Mendes. Brasília: Ministério do Planejamento, Orçamento e Gestão, SEGES, 2002. (Coleção Gestão Pública, vol. 6), p. 227-232.

SCAFF, Fernando Facury; SCAFF, Luma Cavaleiro de Macedo. Comentários ao art. 74 da Constituição Federal de 1988. *In*: CANOTILHO, J.J. Gomes *et al.* (coord.). *Comentários à Constituição do Brasil*. 2. ed. São Paulo: Saraiva Educação. 2018 (Série IDP), p. 1.263-1.264.

SARLET, Ingo Wolfgang. *A Eficácia dos Direitos Fundamentais*. 10. ed. Porto Alegre: Livraria do Advogado, 2009.

TAVARES, André Ramos. O dever de transparência. *In*: CANOTILHO, J.J. Gomes *et al.* (coord.). *Comentários à Constituição do Brasil*. 2. ed. São Paulo: Saraiva Educação. 2018 (Série IDP), p. 376-378.

VAZ, Kristinne *et al.* A controversa transparência dos portais eletrônicos governamentais. *Periódicos Científicos da UFMT*, abr. 2021. Disponível em: https://periodicoscientificos.ufmt.br/ojs/index.php/repad/article/view/11646/8158. Acesso em: 18 fev. 2022.

ZUCCOLOTTO, Robson; TEIXEIRA, Marco Antonio Carvalho. As causas da transparência fiscal: evidências nos estados brasileiros. *R. Cont. Fin. – USP*, São Paulo, v. 25, n. 66, p. 242-254, set./out./nov./dez. 2014. Disponível em: https://www.scielo.br/j/rcf/a/Lct6sMGqQCCqkxHXHV8sHbF/?format=pdf&lang=pt. Acesso em: 18 fev. 2022.

Informação bibliográfica deste texto, conforme a NBR 6023:2018 da Associação Brasileira de Normas Técnicas (ABNT):

BLIACHERIENE, Ana Carla; BARBOSA, Antonio Blecaute Costa; CUNDA, Daniela Zago Gonçalves da. O portal eletrônico de transparência fiscal como instrumento do controle social 4.0: análise do alcance e limitação dos dados disponibilizados à luz da legislação financeira e da lei do governo digital. *In*: CONTI, José Maurício; MARRARA, Thiago; IOCKEN, Sabrina Nunes; CARVALHO, André Castro (coord.). *Responsabilidade do gestor na Administração Pública*: aspectos gerais. Belo Horizonte: Fórum, 2022. p. 297-318. ISBN 978-65-5518-412-9. v.1.

SOBRE OS AUTORES

Aline Paim Monteiro do Rego
Mestranda em Direito Público pela Fundação Getulio Vargas São Paulo (FGV/SP). Especializada em Direito do Estado pelo Juspodivm. Bacharel em Direito pela Universidade Católica do Salvador (UCSAL). Atualmente, é Procuradora do Ministério Público de Contas com atuação no Tribunal de Contas dos Municípios do Estado da Bahia. Profere palestras e cursos na área de Direito Público.

Ana Carla Bliacheriene
Professora de Direito da Universidade de São Paulo (USP). Diretora Presidente da Escola Superior de Contas Públicas do TCM/SP. Livre-docente em Direito Financeiro (USP), doutora e mestre em Direito (PUC-SP). Coordenadora do Grupo de Pesquisas *SmartCities* (USP), da Especialização em Políticas Públicas para Cidades Inteligentes (USP/TCE-CE) e da Especialização MBA Auditoria e Inovação no Setor Público (USP/IRB). CV: http://lattes.cnpq.br/7188513922196059. E-mail: acb@usp.br.

Ana Cristina Moraes Warpechowski
Conselheira substituta (TCE/RS), mestre em Direito (UFRGS) e pós-graduada em Neurociências e Comportamento (PUCRS).

Antonio Blecaute Costa Barbosa
Professor da Universidade Estadual do Maranhão (UE/MA). Conselheiro substituto do Tribunal de Contas do Estado do Maranhão (TCE-MA). Pós-doutorando (USP/EACH), doutor (PUC-SP) e mestre (FGV). CV: http://lattes.cnpq.br/0758744152002702. E-mail: antonioblecaute@gmail.com.

Carlos Nabil Ghobril
Doutor em Ciências pela USP, onde também cursou o mestrado. Bacharel em Administração Pública pela EAESP-FGV. Mais de 20 anos de experiência em docência de ensino superior em programas de graduação e pós-graduação. Pesquisador científico do Governo do Estado de São Paulo. Foi Presidente da CEAGESP. Autor de mais de 100 artigos técnicos e científicos.

Cláudio Tucci Junior
Advogado. Pós-doutorando em Direito pela Universidade de São Paulo (USP) com a supervisão do Prof. José Maurício Conti. Doutor em Ciências Sociais sob a perspectiva do Direito pela PUC-SP. Mestre em Filosofia do Direito. Especialista em Políticas Públicas e Gestão Governamental pela Escola Paulista de Direito. Coordenador de estudos para implementação de reformas administrativas na gestão pública pela FIPE. Professor titular da graduação e coordenador da pós-graduação nas faculdades de Direito na Universidade Santa Cecília e Centro Universitário Adventista de São Paulo. Professor colaborador de pós-graduação da Universidade Municipal de São Caetano do Sul (USCS). Professor convidado das Escolas Superiores do Ministério Público do Estado de SP e da Administração Penitenciária do Estado de SP. Foi chefe de gabinete das Secretarias dos Direitos da Pessoa com Deficiência, Secretaria da Justiça e Defesa da Cidadania, Secretaria de Assistência e Desenvolvimento Social e do Instituto de Pesos e Medidas do estado de São Paulo. Ainda foi Secretário Adjunto da Secretaria da Administração Penitenciária e Secretário Municipal de Assistência e Desenvolvimento Social em São Paulo. Membro efetivo do Conselho de Governança e integridade da Ordem dos Advogados do Brasil de São Paulo, onde foi Juiz relator do VI Tribunal de Ética.

Daniela Zago Gonçalves da Cunda
Professora convidada da especialização em Direito Público na PUCRS e da especialização MBA Auditoria e Inovação no Setor Público (USP/IRB). Conselheira substituta e presidente da Comissão Permanente de Sustentabilidade do Tribunal de Contas do Estado do Rio Grande do Sul (TCE-RS). Pós-doutoranda (USP/EACH), doutora e mestre em Direito (PUCRS). CV: http://lattes.cnpq.br/7698719164060864. E-mail: dzcunda@gmail.com.

Fernando Menezes de Almeida
Professor titular da Faculdade de Direito da USP.

Guilherme Corona Rodrigues Lima
Doutor e mestre em Direito Administrativo pela Pontifícia Universidade Católica de São Paulo (PUC-SP). Advogado e professor de Direito Administrativo no curso de especialização em Direito Administrativo e Administração Pública da Universidade Presbiteriana Mackenzie.

Henrique Serra Sitjá
Auditor Público Externo (TCE/RS), mestre e doutorando em Economia (UFRGS).

Isabella Remaili Monaco
Graduada em Direito pela Universidade de São Paulo (USP), em 2019. Mestranda em Direito Econômico, Financeiro e Tributário pela mesma universidade, desde 2021. Advogada atuante na área tributária.

Ismar dos Santos Viana
Doutorando em Direito Administrativo (PUC-SP). Mestre em Direito. Graduado em Letras (português/inglês) e em Direito. Especialista em Direito Administrativo. Especialista em "Combate à corrupção: prevenção e repressão aos desvios de recursos públicos". Especialista em Direito Educacional. Membro-fundador do Grupo de Pesquisa "Constitucionalismo, Cidadania e Concretização de Políticas Públicas", da Universidade Federal de Sergipe (UFS). Membro do Instituto de Direito Administrativo Sancionador Brasileiro (IDASAN). Professor. Auditor de Controle Externo. Advogado. Autor do Livro "Fundamentos do Processo de Controle Externo".

José Maurício Conti
Professor de Direito Financeiro da Faculdade de Direito da Universidade de São Paulo. Mestre, doutor e livre-docente em Direito Financeiro pela Universidade de São Paulo. E-mail: jmconti@usp.br.

Marcelo Cheli de Lima
Procurador municipal e advogado, membro do Instituto de Direito Administrativo Sancionador (IDASAN), presidente da Comissão de Direito Financeiro e Patrimônio Público da OAB/SP, subseção de Sumaré/SP, mestrando em Direito Financeiro e Econômico pela Faculdade de Direito da Universidade de São Paulo (FD-USP) e pós-graduado em Direito e Economia pela Faculdade de Economia da Universidade Estadual de Campinas (FE-Unicamp).

Paulo Henrique Macera
Doutorando e mestre em Direito do Estado pela Faculdade de Direito da Universidade de São Paulo (USP). Especialista em Direito Público pela Escola Paulista da Magistratura (EPM). Parecerista em revistas de Direito Público. Procurador da Câmara Municipal de Campinas/SP. Advogado atuante na área de Direito Público.

Rodrigo Jacobina Botelho
Mestre em Direito Público pela Universidade do Estado do Rio de Janeiro (UERJ). Doutorando em Direito Econômico, Financeiro e Tributário pela Universidade de São Paulo (USP). Professor da Escola da Magistratura do Tribunal de Justiça do Estado do Rio de Janeiro (TJRJ). Advogado.

Rodrigo Oliveira de Faria
Doutorando e mestre em Direito Financeiro pela USP. Gestor público federal. Foi Secretário Executivo Adjunto do Ministério da Justiça de 2012 a 2016 e coordenador-geral do processo orçamentário da Secretaria de Orçamento Federal de 2016 a 2020.

Sabrina Nunes Iocken
Pós-doutoranda em Direito pela USP. Mestre, doutora e conselheira substituta do TCE/SC. E-mail: sabrina.iocken@tce.sc.br.

Thiago Marrara
Professor associado (A3) da Universidade de São Paulo (FDRP/USP). Doutor pela Universidade de Munique (LMU). Livre-docente, mestre e bacharel em Direito (FD/USP). Consultor jurídico especializado em Direito Administrativo, Regulatório e Urbanístico. E-mail: marrara@usp.br.

Wilson Accioli de Barros Filho
Doutorando e mestre em Direito do Estado pela Universidade de São Paulo (USP). Especialista em Direito Administrativo. Advogado em Curitiba, Paraná.

Esta obra foi composta em fonte Palatino Linotype, corpo 10
e impressa em papel Offset 75g (miolo) e Supremo 250g (capa)
pela Gráfica Formato.